诸葛亮

[日] 陈舜臣 著
东正德 译

海南出版社
·海口·

简体中文翻译版权由创译通达（北京）咨询服务有限公司独家授权代理。
繁体中文译文来源为远流出版事业股份有限公司，非经书面同意不得任意翻印、转载或以任何形式重制。
简体中文版权通过凯琳国际文化版权代理引进（www.ca-link.cn）。

版权合同登记号：图字：30-2024-124 号

图书在版编目（CIP）数据

诸葛亮 /（日）陈舜臣著；东正德译. -- 海口：海南出版社，2024.9. -- ISBN 978-7-5730-1726-0

Ⅰ. K827=362

中国国家版本馆 CIP 数据核字第 2024DV4688 号

诸葛亮
ZHUGE LIANG

著　　者：	［日］陈舜臣
译　　者：	东正德
责任编辑：	高婷婷
责任印制：	杨　程
印刷装订：	北京兰星球彩色印刷有限公司
读者服务：	唐雪飞
出版发行：	海南出版社
总社地址：	海口市金盘开发区建设三横路 2 号
邮　　编：	570216
北京地址：	北京市朝阳区黄厂路 3 号院 7 号楼 101 室
电　　话：	0898-66812392　010-87336670
电子邮箱：	hnbook@263.net
经　　销：	全国新华书店
版　　次：	2024 年 9 月第 1 版
印　　次：	2024 年 9 月第 1 次印刷
开　　本：	787 mm×1 092 mm　1/16
印　　张：	26.75
字　　数：	421 千字
书作作号：	ISBN 978-7-5730-1726-0
定　　价：	69.00 元

【版权所有，请勿翻印、转载，违者必究】

如有缺页、破损、倒装等印装质量问题，请寄回本社更换。

目录

上 卷

第一章　点亮黑暗时代　　003

第二章　群雄逐鹿　　019

第三章　乱世生存之道　　035

第四章　地狱行　　053

第五章　襄阳春秋　　071

第六章　英雄榜　　089

第七章　孙权登场　　105

第八章　髀肉之叹　　121

第九章　三顾之礼　　139

第十章　如鱼得水　　159

第十一章　联吴制魏　　179

第十二章　赤壁烽火　　197

下 卷

第十三章　貌合神离　　221

第十四章　兵家必争之地　　241

第十五章　入主成都　　263

第十六章　荆州三郡　　285

第十七章　浪花淘尽英雄　　305

第十八章　白帝托孤　　327

第十九章　出师表　　347

第二十章　泣血街亭　　373

第二十一章　高树多悲风　　397

后记　　421

上卷

第一章 点亮黑暗时代

第一章　点亮黑暗时代

一

东汉光和四年（181年），据记载有两次天象异变。六月庚辰，降下鸡蛋般大的冰雹；九月庚寅，出现日食。

这一年为闰年，有两个九月，日食发生在第一个九月的初一。琅邪国阳都县（治所在今山东省临沂市沂南县境内）诸葛珪的次男即在闰月九月初一诞生，取名为"亮"（光明之意）。后来，依照惯例他为自己取字号——孔明（非常明亮之意），与本名并用。

诸葛珪为泰山郡丞。当时郡的最高首长为太守，俸禄二千石。太守之下，即"长史"和"丞"。长史司掌郡的军事、治安权，丞则负责行政，两者都是六百石俸禄的官职。由于丞是责任繁重的官，诸葛珪令妻子回故乡阳都待产，自己留在任地。

获知生下男孩时，诸葛珪在备好的丝巾上写下一大字"亮"，交给管家甘海，说是孩子的名字。他还附上一封信给妻子，内容是：虽然相差一个月，但同属九月一日生。也许就如日食所暗示的，今后将是黑暗的时代，取这个名字就是希望这个孩子能为世人带来光明，而且也和他哥哥的名字非常相似。

诸葛珪还有一个八岁的儿子，名瑾。瑾是指纯粹而坚硬的玉，玉能发出温暖的亮光。兄弟两人的名字都有玉的美质，所以才说非常相似。

甘海随后策马驰往阳都。

泰山郡的郡治（太守驻地）位于泰山东麓的奉高，由此至琅邪阳都有一百六七十公里，多为山路。甘海途中在蒙阴县过了一夜——只是为传达取了什么名字，还不到十万火急的程度。

"还是住在琅邪好。"越过龟蒙顶山,沿着沂水进入琅邪时,甘海如此感叹道。

甘海也是琅邪阳都出身。甘家和诸葛家渊源由来已久。

东汉继西汉采取郡国并行制。由中央派遣太守者为"郡",皇族封王之地为"国",郡与国同等级。皇族的王只有名义之份,实际上由中央派遣的相掌管一切。因此,郡太守与国相同等级。

琅邪国位于山东半岛南端,国内有十二个县城,诸葛家所在的阳都便是其中一县。

秦始皇似乎对琅邪有所偏爱,天下统一之后,屡屡巡幸该地,纵情于山水,曾滞留长达三个月。他偏爱芝罘、琅邪,想来是这些地方面海的缘故吧。上书秦始皇说海中有三神山可求不老不死之仙药,并因此获得巨资的方士徐福,也居住在琅邪。秦始皇所钟爱的琅邪在当今的青岛市一带,诸葛家所居的阳都位于该地正南方。

据传,今青岛市西约八十公里处的诸城市,即诸葛家的原籍所在。据说其本姓葛,迁居阳都时,当地也有葛姓一族,为区别起见,才使用表示"诸县葛氏"的"诸葛"复姓。

甘海抵达故乡阳都,刚办完交付的事情,就受到故旧的包围。

"甘海先生,当前天下形势如何?可否告知?"众人来到诸葛家,怂恿甘海高谈阔论。

泰山乃天下名山,为天子祭祀天地神祇之处。有所谓在泰山顶上筑坛祭天(封),于泰山下的梁父山除地祭地(禅)的"封禅"仪式。这可不是普通的天子可以任意举行的,唯有使天下真正归于太平的圣天子才被获准。据说,汉文帝当朝时天下大治,虽然朝臣多有怂恿,汉文帝仍表示还不到时候,而未敢举行封禅之礼。

封禅可能百年难得一次,但天子和诸侯每年都在泰山祭献供物。负责供祭的使者队伍浩浩荡荡地自洛阳而至,接待这群人可以说成了泰山郡官员的主要工作之一。因此,身为泰山郡丞的诸葛珪哪怕喜获麟儿,也不得归返不远的故乡。

泰山不仅是官员集聚之处,也是各路人马汇集之地,五花八门的消息经流

此处。所以，阳都的人得知甘海自泰山而来，都迫不及待地追东问西，是很自然的事。

甘海约三十岁，大概皱纹多的关系，看来比实际年龄要老。被人称呼先生，甘海一下子涨红了脸，大声咳嗽起来，他可是地道的老实人。

"宫内发生大事了。你们可不要大声喧嚷。"

"发生了什么大事？"阳都众人也听过洛阳宫廷一些纷乱的传说，他们期待甘海能带来更新鲜的话题。

"你们可知道那边驴子的价钱跟马一样高？"最会带话头的张姓男子用惯常的口吻说道。

"洛阳宫无奇不有。我们这边想象不到的事情，那边可是稀松平常得很呢。"甘海开了个头，露出"说来话长"的神情，缓缓坐下。

他本来就是个话多的人。

二

"我听说西宫有卖官职的事。"带话头的老张说。

"这是老话题了。"甘海会心一笑，"早在三年前就开始喽，二千石的官二千万钱，四百石的官四百万钱。地方官则因地点不同价钱也不一样，靠近宫廷的地方价钱高，边境地方较便宜；油水多的地方价钱高，贫穷县城不值钱。像我们阳都县令或县丞卖起来可就相当值钱了。现在手头没钱没关系，也可以事后再给钱。当了官之后，再慢慢搜刮，会算计的人就事后再给钱——回收的少说也以倍算。真是无法无天哪。"

"刚刚你提到关于驴子价钱的事又怎么说呢？"带话头的老张把话题带回来。

"你们听过皇上在西园玩做买卖游戏的事吗？"

"我听说一群宫女排长龙卖东西。"

"岂止宫女，连皇上也扮商人呢。"甘海皱着眉头，一脸严肃。

当时的皇帝刘宏（灵帝）十一岁即位，是苦哈哈的皇室。

东汉的皇帝寿命多不长，第一代光武帝（刘秀）活了六十三岁，算是最长寿了。接下来的第二代皇帝明帝（刘庄）活了四十八岁，此后的皇帝没有一个超过四十岁。因此，历朝皇帝都是年幼即位。这意味着皇帝身边的人，也就是外戚和宦官，他们的势力膨胀。

第三代皇帝章帝（刘炟）十九岁即位，三十二岁崩殂。他之后的九位皇帝，其中有一个甚至出生才一百多天就即位，还有一个则两岁即位，这两个都在即位的翌年便告夭折。因此，皇统由旁系继承。第九代质帝（刘缵）生性聪颖，却因此遭外戚梁冀毒杀，他死时年仅九岁，改由十五岁的堂兄刘志（桓帝）即位。桓帝是章帝以后的九位皇帝中即位时最年长的了，三十六岁崩逝也是最长寿的。

桓帝极好女色，据说后宫嫔妃有五六千人，却未生一子，只好又从旁系皇室中选出皇帝，那就是灵帝。灵帝刘宏本是解渎亭侯。皇族中亲王级的可受封为王，如前所述，一王之国相当于郡，即以郡为其食邑；王之下为列侯，较大者以县为食邑，小者以乡亭为食邑。乡亭即村镇，亭侯虽贵为皇族，但收入只有一个村镇的年贡，当然捉襟见肘。

在穷皇族的少年时代，灵帝就梦想当大商贾赚大钱。后来意外当上皇帝，可是皇室的金库却空空如也，全被桓帝挥霍光了。希望落空的灵帝，一意想在现实世界中继续圆他少年时代的美梦。

卖官所得可全数纳入灵帝的私囊，事实上也卖得相当顺手。于是，接下来，灵帝就想到卖东西给在宫廷出入的宫女和宦官。他在西园造了一个店铺，弄得有模有样，宫女娇滴滴的唤客声使场面热闹非凡，生意倒也做得兴隆。

其时灵帝二十六岁，身穿少年时代所憧憬的商贾服饰，一会儿当店东，一会儿做顾客，一人扮两角儿，忙得不亦乐乎。不过，没多久他又玩腻了，接下来居然当起载客的马夫。西园虽然宽广，但毕竟是庭苑，没办法驱策大马，于是就弄了四匹个头较小的驴子拉马车，灵帝亲自持缰挥鞭，大展身手。

上行下效，全洛阳城拥有庭苑的富豪，都跟着玩起和洛阳宫西园相同的游戏。

"于是乎，个头小但毛色漂亮、照料得好的驴子，价钱就跟马不相上下，

长得好的驴子价钱卖得比劣马还高，因为大家都抢着买嘛。"

甘海说着，一环视众人，露出"说说你的看法"的表情，但无人开口。最后只有靠近出口的马夫纪寓说道："这是黑白颠倒，黑白颠倒的世界恐怕不是好事。"

事实上，颠倒黑白的事情却煞有介事地反复上演。整个世界都不务正业，而且愈演愈烈，恐将有灾祸降临。

气氛当场沉闷下来。"莫非赤眉、绿林的时代又要来临？"这是很不吉利的念头，因此谁都不愿开口。但是大家脑中必定都浮现出一百五十年前那一场大动乱。

西汉末年王莽的时代，政治纷乱至极，正是所谓黑白颠倒的世界，最后演变成烽火遍地。赤眉军、绿林军等蜂起于各地，一发不可收拾，人民饱受涂炭之苦。惨事代代传述，到现在还深深刻镂在众人心中。

"小孩好像蛮健康的嘛。"

有个反应较机灵的，这时候把话题转到诸葛家喜获麟儿之事上。

取名叫"亮"的婴儿生来个头儿就较一般婴儿大，眼睛大大的，肤色白皙。

"怪了，才呱呱坠地就一副若有所思的样子。"

"看来很聪慧。"

"诸葛家这下子可有厚望了。"

现场的确弥漫着对未来悲观的气氛，但众人仍祈望刚出世不久的小孩能生长在好的时代中。

"母子均平安是最好不过了，值得庆贺！"

虽然甘海是顺着话说的，但大家都听得出话中有话。

"为什么这么说呢？"带话头的老张忍不住问道。

"洛阳宫哪！"甘海低着头说，"王美人生了个皇子。皇子赐名叫'协'，安然活着，可是生母却被毒杀了。"

"哎哟！"

帘子后面传出女人的声音。本来只有男人在场而已，现在连妇道人家也从帘子那头围了过来，想听听甘海怎么说。"是谁下的毒手？""不能说。不

过，想一想就知道了吧。"没有人继续追问是谁下的毒手。杀死王姓美人（美人是古代后宫妃嫔的一个等级，俸禄二千石，可与郡太守相比）的，正是皇后何氏——这可是众所皆知。何必杀她呢？众人细声交谈。何氏击败众多竞争者，得以立为皇后，是在生下皇子"辩"以后的事。后宫嫔妃无数，偶有产子，也立即夭折。在今年王美人产下皇子之前，何皇后所生的刘辩可是唯一的皇子。

王美人虽遭毒杀，但她所生的皇子刘协则安然无事。日后刘辩（少帝）被董卓所废，轮到刘协被拥立，即位为献帝，背负东汉末代皇帝的命运。

诸葛孔明和献帝同年出世。

三

当时，诸葛珪之弟诸葛玄住在阳都的家中。光和三年（180年）之前，他在左中郎将府担任侍郎。这是侍从宿卫之官，俸禄虽然只有四百石，但作为中央政府官员，有很多机会和高官打交道，因此前途被看好。其兄诸葛珪官阶稍高，但属于地方官，故而一般视两兄弟不分高下。

中央政府官员虽然可以认识有力之士，但在收入方面并不丰厚。当地方官只要有贪念，自然少不了贿赂，额外收入自不在少数。就连西园卖爵的行情，相同官阶，地方官也比中央官值钱。

诸葛玄之所以辞去侍郎返回故里，是因为受不了洛阳的政争，回乡和兄长商量。

"嗯。现在阳都那边也没有较有力的亲戚，我看你就暂时回家照料家族吧。在宫中也够辛苦的了。"

诸葛珪也赞成他这么做。

甘海从泰山带信函抵达阳都的当天晚上，诸葛玄正在看一封朋友的信。他经常收到在洛阳游学时期的学友的来信。由于赋闲在家，通常是他这边主动写信，而平日看的东西也大多是学友的回函。

"听说伍文被杀了。"诸葛玄黯然地说。

"真可怜！"身边的妻子低着头叹道。

"第四个了。"

在洛阳太学游学的同窗好友中，不乏进入宦途者。有些人后来已成为官场中流砥柱，可能因此树大招风，或难免被卷入激烈的政争中，就连诸葛玄本人也在这一阵子落得如此下场。

同窗一个接一个成为政争的祭品。今天诸葛玄由来函得知同期的伍文已遭暗杀。

"不，是第五个了。"妻子轻声说。

"是吗？"诸葛玄仰望天井许久，"王勉也被杀了。没错，五个了……"

东汉政权的根基在于权贵。推翻篡取西汉的王莽政权的，的确是赤眉和绿林这类农民军，但建立新政权的却非这班人。东汉开创者光武帝，便是站在权贵领导者的立场建立新政权的。所以，东汉可谓是士大夫阶级的政府。然而，如同前面所说的，皇帝短寿、小皇帝即位的事情重复上演，政权遂旁落于外戚和宦官之手。在皇帝独裁体制下，皇帝身边的人力量变大是理所当然的事。外戚虽也偶有何氏这种庶民出身的例子，但基本为士大夫阶级。在士大夫与宦官对立的局势中，外戚被视为代表士大夫方面的势力。不过，在桓帝的时代，外戚梁冀一族遭到诛灭之后，外戚势力没落，沦为宦官专权的时代。梁冀的没落，不仅梁氏一族和孙氏一族（梁冀夫人的娘家）不分老少全被抄斩，和梁冀关系较深的大臣也遭连坐处死，株连达数十人，据说朝廷阁僚级官员仅有三人幸存。在此情形下，士大夫阶级岂有不没落之理。

专横至极的宦官政权，自然引起士大夫的反抗。被去势的宦官中不乏暴虐倾向者，他们起而弹压反抗的士大夫，其手段残忍无比。洛阳太学有三万名学生，诸葛兄弟列名其中，但绝大部分的学生都是权贵子弟。血气方刚的这批人当然站在反宦官的第一线，其中既有出自单纯理念而高举反宦官旗帜者，也有因要职为宦官所夺而反击的志在攀升者。

当时还没有科举这种考试用人的制度，官吏采取推荐制。有推荐资格的人必须是中央政府的三公九卿之流和地方郡太守等二千石以上的官员。然而，由于宦官势力扩张，宦官也被赐予推荐权。不过，甘愿接受宦官推荐的人通常也不是什么善类。有时宦官甚至推荐自己的用人、奴仆去担任县令等级的官职。

士大夫阶级的危机感日益强烈。科举以前官吏的录用称为"举孝廉",推举所谓孝顺且清廉的人物。这种德操是无法像纸上考试那般评出分数的,主要依赖众人的评价。太学学生反宦官风潮之所以流于过激,是因为有的人想借此引人注目,不引人注目便无法博取评价。

刚直之士李膺,担任司隶校尉(负责京都治安,为二千石之官)时曾经处死权势宦官之弟而遭宦官憎恨,终被以"勾结徒党,诽谤朝廷"的罪名逮捕。被视为其徒党者有二百余人亦遭逮捕。时间在延熹九年(166年),即孔明出世前十五年。

然而逮捕李膺众人兹事体大。在审理阶段,宦官的胡作非为逐一被曝光,只要一查李膺众人的"罪行",便可知道处罚他们的宦官干了何等勾当。事关宦官的恶行,"冤狱"之声不胫而走。最后,被逮捕者释放,以终身禁锢于其原籍地结案。此即"党锢之祸"。

禁锢只意味着不得录用为官,并没监禁。他们虽被宦官称为"党人",但士大夫方面却兴起以被捕为荣的风潮。某位将军甚至因没被逮捕而自觉羞愧,遂供称自己推荐的人系党人,要求尽速将其逮捕。

第一次党锢之祸只是对反宦官运动的弹压,但三年后发生的第二次党锢之祸,则肇因于诛杀宦官的密谋走漏风声。宦官方面认为这是第一次处分过轻所致,于是这次断然酷杀一百余人,党人五等亲以内或门第任官者一律解职禁锢。

一旦下狱即受到残酷的拷打,被套上首枷、手铐、脚镣,蒙受阶下之辱。手段之残忍远非外人所能想象。

诸葛玄的同窗中,有四人因此事遇害。其中一名同窗王勉系接受宦官推荐就任官职,为宦官效劳,成为党人报复的对象而被暗杀。

"哥哥说今后的日子可能愈来愈糟、愈黑暗,希望这孩子能带来光明。但愿这不仅仅是希望而已。"诸葛玄边将信搁在桌上边说道。妻子深深点了几次头,喃喃道:"但愿这孩子能幸福。"

诸葛玄夫妇膝下并无子嗣。

四

诸葛孔明生于宦官弄权、以恐怖政策压制士大夫的时代。

这是孝廉失色、铜臭弥漫的时代,万事金钱第一。宦官一直被众人视为废人、怪物,自然没什么廉耻心,因此也不刻意掩饰对金钱的贪爱。他们赤裸裸地表露贪欲,周遭的人也不以为异。

灵帝在西园卖爵、在西园开店做买卖的离奇行为,和时代的风气不无关系。灵帝生长在铜臭弥漫的时代,可能也认为自己的行为理所当然。

然而,虽说洛阳一片铜臭味,地方却还存有士大夫的骨气。

孔明于阳都出生,但不久即被带去父亲任职的泰山,在父母身边度过幼年时期。母亲章氏由于健康欠佳,常卧病床。孔明三岁的时候失去母亲。其兄诸葛瑾当时正在洛阳游学,未及赶上为母亲送终。

对少年诸葛孔明而言,没有比母亲去世更严重的事情了。然而,早在这之前,他所居住的国度已经进入了激荡期。

黄巾之乱发生在光和七年(184年,十二月改元为中平),当时孔明虚岁才四岁。

没有道义、政治理念的宦官岂能治理国家?露骨的金钱至上的政治,在人民心中无疑是无血无泪的剥削政治,而蒙受战乱之苦的人民当然也愈来愈多。

众人既然对政治不抱理念,便只有追求信仰上的寄托。于是,原本为西域人所信仰的佛教,慢慢地受到国人的注意。自古相传的老庄思想也受到佛教影响,逐渐体系化。信徒们组织教团保护自己,并开始思索如何对抗不可理喻的力量。

自称"太平道"的道教团体,在十数年之间召集数十万信徒,教主张角将信徒组成三十六"方"。

"苍天已死,黄天当立,岁在甲子,天下大吉。"起事之前,太平道信徒把这些口号涂写在各机关门墙上,多多少少造成人心惶惶。

太平道信徒以黄巾为标记,所以也被称为"黄巾军"。不过,黄巾军的起义很快被平定。担任讨伐军指挥官的众将军一手掌握军队,日久便成了军阀,他们几乎全出身于权贵、豪族。

首当其冲的是宦官。让对立势力的士大夫自由掌握军队，宦官便已经失去胜算。黄巾之乱平定后，中平六年（189年），士大夫阵营一举诛绝宦官。

黄巾之乱和诛杀宦官两大事件，就发生在诸葛孔明失去母亲一事的前后。黄巾之乱的主战场在河北，住在泰山、正值懵懂之年的孔明对此动乱几乎没什么记忆。到诛杀宦官时，孔明已经九岁，虽然事件的舞台在洛阳宫廷，但他经常听大人们提起——宦官是被赶尽杀绝了，但听说有一些没胡子的也遭到误杀。

听这种故事对小孩子而言也异常刺激，曾使孔明整晚兴奋得无法入睡。

诸葛家既属士大夫之家，宦官全灭自然被当成好消息，因此举家弥漫着欢悦之气。家族中亦有年轻人从军参与平定黄巾之乱，孔明经常听他们吹嘘功勋。其叔诸葛玄也曾在战场当文书，孔明很专注地聆听叔叔所说的话。

日后孔明所臣侍的主君刘备，同属幕僚的关羽、张飞，和宿敌曹操等人，都曾参与平定黄巾之乱。后来，孔明和同时代的人聊起黄巾之乱的情形，他们经常诧异于他居然能知道那么细微的事情。

孔明既听过士兵说起，也听过军官级的叔叔说起，而且非常专注地聆听。虽然还是小孩，他却懂得去严格批判、取舍、分析他所听到的内容。

诛杀宦官事件发生时，灵帝已经崩逝，何皇后所生的刘辩即位不及半年，才十四岁。这刘辩实非帝王之才，当时一手掌握国家实权的董卓，有意显示自己的权威，遂将甫即帝位的刘辩拉下宝座，代之以王美人所生的九岁刘协，此即和孔明同年的献帝。

"嘿，你和皇上同年啊。"曾有人这么对孔明说，并伸手要去摸他的头，却被他的个子吓着了，"你真的才九岁？"

长大后的孔明身高超过一米八，相当魁梧。"山东大汉"多半很高大，而孔明又特别突出。

山东琅邪以文人辈出而闻名，三国之后的六朝时代，"书圣"王羲之所在的琅邪王氏一族尤其有名。

琅邪孕育出这样的文化，可能和它面临一望无际的海洋有所关联。海洋让人编织各种各样的梦想，这一点也反映在艺术上。此种风格绵延数世代，自

然亦渗入诸葛家族的血液中，并在某个时候绽放出来。

诸葛孔明虽然生于琅邪阳都，但少年时代却在泰山山麓度过。泰山乃仙山，亦封藏有许多的梦想。

五

泰山底下有名为梁父（一书"梁甫"）的山冈。祭天之处在泰山，祭地之处则在梁父山。在山顶堆土，即所谓"封"，使高处变得更高，这是将上达天际的愿望仪式化。至于扫除梁父山的土以祭祀地神，想必是与地下神灵沟通的仪式。

有一首名叫《梁甫吟》的民谣，诸葛孔明少年时候很喜欢吟唱，长大之后，想起来也会哼唱一番，整理思绪的时候也会自然脱口而出。由于孔明和《梁甫吟》的关系如此密切，后世有人说《梁甫吟》是孔明所作。

也有传说，这首民谣是孔子的弟子曾子所作的琴曲，系其在泰山山麓耕作，因雨雪不得归，忆起父母时所作的。这种说法倒是挺符合《孝经》作者曾子的作风。不过，《梁甫吟》似乎被认为是古代的挽歌：

> 步出齐城门，遥望荡阴里。
> 里中有三坟，累累正相似。
> 问是谁家墓，田疆古冶子。
> 力能排南山，文能绝地纪。
> 一朝被谗言，二桃杀三士。
> 谁能为此谋，国相齐晏子。

"二桃杀三士"是齐国的传说，它载于《晏子春秋》，是和春秋时期齐国名臣晏婴有关的故事。

这首歌只列出田疆和古冶子二人，"三士"其实是公孙接、田开疆、古冶子三人。齐景公时代，三人以武勇而闻名。宰相晏子（晏婴）担心三人联手，

恐怕会成为齐国的大祸患，便想办法加以离间。

于是，晏子假借景公之名，赐予三人两个桃子，令三人"计功食之"，也就是认为自己功绩大的人就拿桃子去吃。但三位齐国勇士实在难分轩轾，而桃子却只有两个，纷争遂在所难免。

公孙接曾徒手搏杀大山猪和猛虎，田开疆曾埋伏兵击退敌国大军，然后二人各自取了一个桃子。然而这可不是一个桃子的问题，而是在比较功勋，古冶子岂有默不作声之理？于是，他诘问道：

"以前，有一次主君渡河时遇到大龟，马车的马被吃掉了，主君掉入水中。当时我还年轻不会游泳，却潜入水中，逆水百步（当时一步约一点四米），再顺流九里（一里约四百米），好不容易捕杀了大龟。难道这样不值得一个桃子吗？"

公孙接和田开疆还回桃子，并为自己先拿桃子而羞愧，便自刎身亡。拿回桃子的古冶子也觉得独自存活是不仁，使人蒙羞是不义，亦自杀而死。

这则故事不能当成史实。《晏子春秋》也不是晏婴本人所作，而是年代相隔甚远的战国时代至汉初之间，有人假借晏婴之名写成的。

虽然不是史实，但不难想象春秋时代的齐国，为防止几名深具武力的实力派家臣的联合，遂施以各种离间策略。

只利用两个桃子就消灭了三个可怕的对手，这是以智取胜，完全不折一兵。后人将成语"二桃杀三士"用来形容出奇计杀人收奇效。

齐景公虽斩除祸根于未然，但亦惋惜三位勇士，故而予以厚葬。一般认为地点即在梁父山。

孔明自小便吟唱《梁甫吟》。这是大家都会唱的民谣，孔明会唱却不明白它的典故，直到家庭教师教他朗读的时候，才似懂非懂地知道它的意思。

小时候只当它是争桃子的童话故事。

"堂堂大人争一个桃子，为的只是想表功……"

不久，孔明便了解到这层意义，才五六岁的他已经有高人一等的批判，他也了解到故事背后所隐藏的恐怖。

"齐景公和晏子都不想杀这三人，却为什么不得不杀？"

少年孔明也逐渐明白现实世界的矛盾。父亲和蔼地回答他的疑问。虽然叔父偶尔才来泰山一趟，但总是带来一大堆话题。孔明整天缠着叔父，想尽量吸收点东西。

"古冶子不畏死地拯救主君，明明不会游泳还跳入激流中。这样的人，难道会背叛主君吗？"孔明以同样的问题问父亲和叔父。

"人并不是永远不会变的，原本是好人却做坏事的例子多的是。小时候谁都很纯真，但有的人慢慢就变得阴险，生出歹念。你以后要多注意身边有没有这样的人。"父亲如此回答。

"古冶子地位日益高升，身边也围绕着想攀龙附凤的人。这些人难免会煽动、讨好他。可能因此他也慢慢觉得主君不太看重他，因而心生不满。例如，他们可能告诉他：'你应该当宰相的，可是却只让你当将军……'你今后要多注意对你说好话的人。等你年纪愈大，就愈可能碰到这种事。"这是叔父的答复。

少年孔明最大的疑问，在于"为此谋"的宰相晏子。晏子担心三位武勇之士将来恐成为国家的祸患，为防患于未然而将其除掉。但是，晏子本身又如何呢？他身为宰相，权力当然远大于三勇士。

"力量这种东西很可怕。力量并不仅限于腕力和武力而已。"在快十岁的时候，孔明明白了这个道理。然而他并无意向父亲和叔父提出这个疑问。

"我要自己来寻求答案。"少年孔明将此问题当作人生习题。

"谁能为此谋，国相齐晏子。"孔明重复诵读末尾的部分，他相信自己一定可以解答这个问题。也许冥冥之中正用自己的成长、作为在解答，他从很早开始就有这样的预感。

第二章 群雄逐鹿

一

少年孔明颇为好学，经常一副若有所思的样子。姐姐诸葛铃担心他，总是劝道："阿亮！到外头跟大家一起玩嘛。不要老看书，多少和大家聊聊嘛。"

"我聊了啊。前阵子就和叔叔聊了好久。姐姐也知道的。"孔明回道。

"不能只跟叔叔聊啊。你也只是问东问西，并不算数。"

"是吗？我本来也想好好聊聊的。"孔明搔着头说。

铃和孔明只差一岁。而真正让孔明觉得像兄弟姐妹的，也只有铃而已。哥哥瑾大他七岁，弟弟均则小他八岁。孔明的母亲产下均没多久，即死于产床上。虽有三男一女，但铃和孔明与前后的兄弟差这么多岁数，这表示其中有夭折或胎死的兄弟姐妹。

诸葛珪又娶了后室，但没再生子。前妻死后五年，诸葛珪逝于泰山郡丞任上。

东汉是儒教道德观最严厉的时代。只要是父亲正娶的妻子，非其亲生的子女也要将其视为母亲侍奉。父亲去世时，孔明八岁，哥哥瑾已经十五岁。当时瑾跟在父亲身边，孔明则在老家的琅邪阳都。

瑾侍奉继母颇为恭谨，受到世人好评。父亲在世期间，瑾偶尔会回阳都老家，常对弟弟妹妹说："因为不是我们的生母，更得要孝养。"

"比侍奉生母还要周到嘛。"铃话中带刺。她很疼弟弟孔明，但对哥哥瑾常说些尖言酸语，主要是因为继母并没有给她留下好印象。

"除了哥哥，还有人等着孝顺呢。这样子反而让人家为难呢。"这是铃常挂在嘴边的讽刺话。

继母宋氏是诸葛珪同僚的未亡人，她的丈夫姓张，是泰山郡的长史。担

任郡的行政工作的是丞，负责军事、治安工作的是长史。因此，他们二人属于等级相当的同僚。孔明姐弟一年有半载住在父亲的任地，也认得张姓长史，并且见过其夫人，只觉得那个阿姨不爱说话，有点阴沉。

母亲死后，铃、孔明和均都住在阳都老家，唯独长子瑾辍止洛阳太学课业，留在父亲身边。铃获知父亲再婚的对象之际，颇为震惊——至少少年孔明这么觉得。

"说什么不好换掉良师，哼！"铃丢出了这一句话。

十岁的孔明当时还不能理会姐姐的话，但等到父亲辞世的时候，总算会意过来了。

张长史在孔明母亲过世的两年前身亡，他本人出身于江东（长江下游），夫人宋氏亦是同乡。按理说，遗族应该归返江东，但未亡人宋氏却留在泰山郡，理由似乎是"儿子张怡跟着良师求学，中途更换老师不好"。张怡较孔明大两岁，的确也正值求学的重要时期，但铃怀疑："莫非母亲在世的时候，继母就已经是父亲的红颜了？"

继母和瑾运送父亲的灵柩回到阳都时，诸葛家终于发生事端。

诸葛一家跪在摊铺于家门前的草席上，迎接灵柩。铃突然凑近孔明耳边嗫声说："张怡要是一块儿来，可别怪我不给面子。"

虽然声音细小，但孔明听得耳根发烫，因为他脑中浮现出张怡跟在灵柩后面，正欲爬进诸葛家大门，铃突然跃起身子将他推倒的景象。

在护守灵柩的一行人中，并没有看到继母的"拖油瓶"。孔明约略感觉得出身旁姐姐的肩膀逐渐松弛下来，反倒是自己的肩膀不知什么时候紧紧地绷着，这是他不曾有过的体验。也不知维持这个姿势有多久了，一直到姐姐喊说："阿亮，干吗？有什么好伤心的？你是男生！还不快站起来！"他才觉察出自己的姿势。

孔明似乎在一时之间失去了魂魄，不是因为悲伤，而是被继母的美丽慑住了。少年孔明不知道要怎么形容她的美艳——虽然他读过不少书，可是找不出任何可以形容的语汇。

母亲死后，孔明不曾再去泰山郡，因此有三年以上没见过成为继母的宋

氏，之前虽然见过，但时间极为短暂。听说父亲和她再婚时，孔明闭着眼睛拼命回想她的容貌，却连轮廓都想不出来。

"怎么回事？"

孔明为之愕然。在记忆中根本不曾存有过这种美丽，莫非自己脑子出了什么大毛病？这种感觉毋宁是恐怖的。

"也许七八岁那时候，对女性的美还没有开窍。"孔明只能如此解释。

"我应该还有很多地方没有开窍，此后必须好好去发掘。"

愕然之余，立即找出理由，并且加以推衍，这是孔明的作风。

失去栋梁的诸葛家如何商讨未来，孔明并不很清楚。年甫十二岁的他还不够格参加这种商议。但是，只大他一岁的姐姐却常能在场。倒不是她自己要求，或人家准许的，可能是她自己不请自来的。过了一段时间，孔明只知道结论，那就是：一切全由叔父做主。

"到底有什么问题？谁有什么意见？我完全不知道，情况到底怎么了？"

孔明只问过姐姐这么一次。

"这种事情你不用知道，这样反而好。男子汉要知道的事情多得是，不是吗？"

被铃这么一说，孔明对这件事就绝口不提了。事实上，不用问人，就慢慢会知道到底是怎么一回事了。

二

孔明的叔父诸葛玄，当时滞留荆州。

荆州涵盖今河南省南部至湖北、湖南两省的广大地域，据《后汉书·郡国志》，荆州有七郡，下治一百一十七个县，当中还包括县级的侯国，但并不包括和郡相当的国。

当时荆州为拥有实力的刘表司掌。诸葛玄在洛阳担任城门屯卫军书记时，与当时官拜中侯（屯卫军司令官）的刘表熟识，因此才转赴荆州。刘表驻在荆州北部的襄阳（今湖北省北部，与河南省接壤），心怀中原的刘表当然选择最

接近洛阳、长安的地点，作为自己根据地。

诸葛玄在洛阳结识许多人，以交情而言，像刘表这种身份的人应该超过十位，但真正在乱世中可以托身、遂愿的人物就屈指可数了。真正符合自己理想的人物大概一个也挑不出来。诸葛玄也认识堪称当时最有实力的渤海太守袁绍及其堂弟袁术。虽然也曾注意到西园八校尉之一的曹操，但觉得他与自己格格不入，最后选择了出身良好、性格开朗宽宏的刘表。

诸葛玄在襄阳得知兄长的死讯，接着又收到侄儿瑾的来函，要他尽速返家指示阳都诸葛老家该如何是好。对诸葛玄来说，兄长一家是其本家，身为家族长老当然要予以眷顾。

"阿瑾毕竟还年轻，哪知道我现在没法离开襄阳……孙坚被杀，长安的董卓又为吕布所弑。青州黄巾贼嚣张，兖州风云告急，琅邪所属的徐州也不稳。"

阅毕来函，诸葛玄如此叹道，脑中却浮现出瑾之弟孔明的影子，心想这孩子聪明伶俐，求知欲极强，而且能立即吸收所学，也许就能识得大体。但诸葛玄想到这儿却又立刻摇头。

"再怎么聪明，他终究才十二岁而已。"

诸葛玄提起笔，又留意到瑾信上说琅邪情况也不稳，已经有人开始往南方避难，烽火虽然蔓延，大概仍未扩及江东吧。

"江东？"

诸葛玄想起其兄后妻宋氏。宋氏便出身江东，诸葛玄初次看到宋氏，她还是泰山郡的长史夫人。

"太漂亮了！"这是诸葛玄对宋氏的第一印象。她和肥胖的张长史根本不相配。当时诸葛玄微微有种莫名的恐惧。而恐惧真正变强烈，则是在第二次见到她的时候，距离初次见面已隔三年。这当中诸葛玄几次由洛阳去泰山，但都没遇到宋氏。第二次见面，她已是未亡人，因儿子教育的理由，暂时不回江东。诸葛玄不知是否个人的错觉，当时总觉得大嫂的神情有点沉郁。

大嫂过世，宋氏成为大哥的后妻。后来大哥也过世，美丽的宋氏又成为未亡人，只是这次换成诸葛家。然而诸葛家当时有一位正值善感时期的十九岁的瑾，令诸葛玄不由得产生新的恐惧。

贤侄：

　　你从小就有律己的优点，为叔很欣赏你这一点。也因此想给你一些建议，希望你现在不要操之过急，应该留在阳都服丧一年，这是人子之道，免得遭人非议。

　　关于避难一事，徐州刺史陶谦扫荡徐州黄巾贼卓有成效，与当地士绅、豪族关系日善，当下还不至于有太大的战乱。只不过他的部下张闿杀了曹操的父亲，恐遭曹操兴兵报复。但曹操的兵力杀到徐州之前，必须先击破强悍的青州黄巾贼。而这看来至少要一年的时间。

　　然而，无论如何，丧事是人生大事，希望今年你能谨慎行事。为叔目下有无法离手的公务，不能返回阳都。这件公务可能要耗上一年的时光，希望你能耐心等到那时候。我也会另外写信告知家族众人，请求他们谅解，但还请你代为致意。

　　写完之后，诸葛玄叹了口气。所谓一年无法离手的公务，其实只是要留在荆州的说辞而已。

　　乱世，从另一方面来说，也是出头的好机会。现有数位英雄在逐鹿天下，许多人拿自己的一生赌他们中的一个人，诸葛玄也是这众多人中的一人。在刘表麾下，聚集着许多和诸葛玄抱有同样动机的人。对诸葛玄而言，他们就是竞争者。

　　所谓竞争，便是要争得刘表的肯定，尽可能争取到最高职位。而要获得肯定，就不能离开刘表的身边，万一自己被中伤，也可以尽快辩解。广泛交际、多搜集情报亦属必须，因此须留在荆州，尤其是其中心地——襄阳。"这也是为诸葛家。"诸葛玄并不觉得这是借口，而且坚信这乃理所当然的事。但在给侄儿的信函上，他并没写明这一点，只说是重要公务。这并非欺瞒。

　　留在此地，表明自己的存在，是当前题中应有之义。

三

　　189年，董卓趁混乱之际举兵至洛阳，废掉皇帝，揽权霸道。于是，因讨

伐黄巾军而拥兵自重成为军阀的诸将，遂将矛头指向董卓。而军阀联盟的盟主，则是袁绍。

190年，董卓焚烧洛阳，将甫满九岁的献帝移至长安，亦即所谓的迁都长安。但董卓自己则留在洛阳，以防诸将的攻击。后来董卓之所以放弃洛阳，转赴长安，乃因遭江南猛将孙坚攻破。孙坚隶属于拥有自河南南部至江苏一带广大地盘的袁术。

董卓远走长安之后，反董卓联盟自然瓦解，变成群雄争霸的局面。原本身为反董卓联盟盟主的袁绍，力量当然远超其他英雄。他被推为盟主，并非只是因为谋划诛灭宦官，出身于东汉屈指可数的名门更是重要因素。东汉是看重家世的朝代，袁家至袁绍一代，是四代出任三公的名门。所谓三公，即司徒（丞相）、司空（副丞相）、太尉（国防部部长）这三大国政首长。

袁绍之父为曾任司徒的袁成（史书对袁绍生父有争议，一说为袁成，一说为袁逢）；袁成之弟，即袁绍的叔父袁逢则官拜司空；袁逢之子袁术，和袁绍是堂兄弟。在群雄割据初期，冠绝群伦相互对立的两大势力，居然是袁绍和袁术两堂兄弟（或亲兄弟），委实讽刺。

比起堂兄袁绍，袁术相貌和才能都较为逊色，但时运不差。董卓废帝，袁术避走于南阳（今河南南部），在此晤见猛将孙坚，收纳其军队。

孙坚当时为长沙郡太守，虽然参加反董卓联军，但并非出身名门，这在东汉有诸多不利，绝非后世的吾人可以想象。孙坚凭其果敢当到太守，已属罕例。他曾因南阳郡太守张咨不肯提供军粮，怒而杀之。出身名门的袁术就在此时来到南阳。孙坚一方面想利用袁术名门的招牌，一方面想赋予杀张咨一事的正当性，所以甘愿为其部下。

这种关系对双方都有利，孙坚因此得以捷足先登洛阳，击退董卓的大将、以勇猛著称的吕布，董卓也不得不撤至长安。袁术成为孙坚的主君，掌握了南阳这一丰沃之地，进而统领其南方的富饶地域，可以和他一贯厌恶的堂兄袁绍别一别苗头。

"这个乳臭未干的小子，没什么本领居然也……没多久就要出纰漏了！"袁绍如此瞧不起堂弟。

"袁绍算什么东西？我的堂兄？没这回事！袁家没有这种货色。他只是胡

乱假借袁氏的名讳罢了。不过是奴才一个！"袁术一喝酒一定会如此叫嚷。

有说袁绍和袁术其实是异母兄弟。父亲袁逢在正妻产子之前，妾已为其生子。而袁逢之兄袁成虽然有妻妾多人，却生不出儿子。袁逢于是将妾生的儿子过继给其兄袁成，此子即袁绍。因袁成为嫡系，袁绍遂成为继承本家的长子。

袁术为袁逢正妻所生，二人虽为亲兄弟，但因各自继承袁家不同的家业，却成了堂兄弟，也造成"妾腹之子继承本家"的不合常规的情况。

"庶子有什么好神气的！"没有什么作为的袁术一直有反弹的情绪，一旦喝了酒，就更激动，无所顾忌地大叫，"他不是袁家人，是奴才！"

这话当然会传至袁绍耳中，袁绍当然不高兴。这样一对"兄弟"，在东汉末年成为争霸的对手似乎也不是很意外。

在那个分合激烈的时代，昨日的敌人可能是今日的朋友，也可能正好相反。例如，幽州（以北京为中心）之雄公孙瓒原本与袁绍通好，借此扩张势力，但不久却又与袁绍的敌人袁术结盟。《三国演义》的主角刘备当时就隶属公孙瓒麾下。此外，徐州之主陶谦也靠向袁术。

与之相对的，与袁绍联手的，有荆州刘表。此外，逐日崭露头角的曹操也隶属袁绍阵营。后来，曹操灭掉袁绍一族，但也抹杀不了两者曾经并肩作战的史实。

曹操会投入袁绍旗下，是因为徐州陶谦加入袁术阵营——曹操因父亲为陶谦部属所杀，一意复仇——仇敌陶谦既然跟随袁术，曹操便选择跟随其对手袁绍。

曹操之父曹嵩，在董卓作乱时避难于琅邪。由于贵为太尉，即使避难，行李也有一百余辆马车。徐州陶谦授意部属张闿骑兵二百予以护送。但张闿觊觎百余辆马车上的财物，遂杀害曹嵩，夺财而逃。虽说陶谦好意派遣护卫，但父亲被害的曹操认为责任完全在于陶谦。

就在诸葛玄接获其兄讣讯之前，发生了袁绍阵营的刘表大战袁术阵营主将孙坚并将其杀死的大事。

起先，刘表部将黄祖被孙坚击破，襄阳遭围，诸葛玄亦陷入包围中。刘表命令黄祖夜战，但将兵丧失战意，再度战败，黄祖败走岘山中，孙坚乘

势追击。假如黄祖军惨败，则襄阳陷落，刘表势必无法称雄，诸葛玄也将不得不另觅依靠。但孙坚追击至岘山时，为黄祖军伏兵射杀，遗体留于黄祖军中。孙坚部属桓阶充当军使乞求归还遗体，刘表答应，襄阳因此解围，其险可谓千钧一发。

局势终于缓和下来，否则诸葛玄可能两三个月后就要回到阳都也说不定。但是，长安陆续发生政变，局势接下来会如何演变，无人可以预料——此时果敢、刚勇甚于孙坚的吕布出走长安，投靠南阳的袁术。

在对立的近邻阵营中突然跑来这一位问题人物，襄阳的政情再度陷入紧张。紧张中势必会出现各种状况，为留意状况发展，诸葛玄已无法离开襄阳。

四

在此必须说明吕布亡命事件的经过。

董卓能在洛阳获得权势，说起来也是偶然。

本来最热衷于诛灭宦官行动的是外戚何进（何太后之兄），但他因大意反而被杀。何进的部下欲进入宫殿，无奈宫门紧闭，因得袁术在南宫青琐门放火才得以进门——当时袁术担当虎贲中郎将（护送天子的近卫司令）。之后，又有袁绍率兵攻入宫殿，展开诛杀宦官的行动。

两千名宦官被杀，但中常侍（宦官之长）和数十名朝臣拥皇帝和陈留王（皇帝之弟刘协）一起逃往城外。卢植、闵贡等人追至，中常侍投河自尽。皇帝一行人靠萤光南行，慌乱之际遇到率兵三千正要前往洛阳的董卓。董卓询问发生何事，十四岁的皇帝说话都说不清，还是九岁的皇弟陈留王有条不紊地说明了事件始末。后来董卓废掉皇帝，改立皇弟陈留王，便因为他觉得"这个稍微好一点"。

董卓本来也是为讨伐宦官而往洛阳的，但还没到洛阳之前宦官就全被杀光了，本以为就要成为慢半拍的蠢将，没想到居然意外地在途中捡到皇帝这张王牌。接着，他又废掉皇帝，改立皇弟陈留王，借此加强自己对新皇帝的掌控权。

董卓打的如意算盘是日后逼自己所立的皇帝退位，取而代之。为展示权

威，董卓更加独断专行，并严厉压制诸将，试图清扫任何可能妨碍计划的人。诸将也心知肚明，袁绍、袁术和曹操都意识到自己危在旦夕，遂逃出洛阳，而留在洛阳的袁氏家族则几乎被赶尽杀绝。

如前所述，袁术逃至南阳，收纳在此相遇的孙坚为部将，令他进兵洛阳。

董卓已转往幼帝所在的长安，在这儿他是一手操纵皇帝的最高权势者，其专横一如在洛阳的时候。司徒（丞相）王允以下，朝臣皆对他不满。他们打算拉拢董卓的部将吕布，刺杀董卓。

据《三国演义》记载，绝世美女貂蝉随之登场，迷住吕布的心窍，唆使他杀掉董卓。其实，对吕布这种人根本不需用这么麻烦的方法，只要晓之以利即可。他本来就是对主不忠的人，这之前他已有背叛的前科。

吕布出身九原（位于现在的内蒙古），本是并州刺史丁原的部将，颇受其信任，以武勇而闻名。丁原顺应诛灭宦官的檄令，前往洛阳，不久却与专政的董卓交战，成为反董卓阵线的一将。但吕布为敌人董卓利诱，弑杀主君丁原，并夺取其兵。

董卓唯恐遭这名可怕的男子背叛，便收吕布为义子。但父子的誓约对吕布也并没什么约束力，后来他即为王允所诱，轻易地杀害董卓。吕布获得的好处，是被任命为奋威将军，并受封为温侯，得以参与朝政。

然而，杀掉董卓之后，王允等朝臣却做了错误的处置。吕布主张杀尽董卓的部下，王允反对，认为"他们无罪，不可杀"。

这种做法应该是正确的，只是却未能贯彻到底——在位于河南的董卓部将李傕派遣使者到长安乞求赦免时，他们给对方的答复是："一年恩赦二次，不符朝规。"不准所请。

李傕走投无路，不知如何是好时，其部下贾诩建议："如果就此解散，连小官差都可以捉拿我们，倒不如大家一起往西直取长安，如此亦可一报董公之仇。如果长安攻不下来，到时候再解散也不迟。"

李傕赞成此建议，便向西方的长安进军。其时，董卓一系的军队大多解散成小撮部队落荒而逃，看到李傕的大队人马出现，便纷纷加入。于是，当李傕抵达长安时，兵力已增至十余万。

长安攻防战延续八日，负责防御的吕布军中的四川兵为攻击军内应，导

致城门被攻破。一再背叛其主的吕布这回尝到被背叛的滋味。吕布战败，率数百骑逃出城外，越过武关投靠南阳的袁术。

吕布杀董卓是在四月廿三日，败走则在六月一日，也就是说，王允掌握政权才一个多月，即被李傕等人所杀。此后长安落入李傕、樊稠、郭汜等董卓系的军人手中，年幼的献帝成为傀儡，情况和董卓时代毫无两样。

袁术起先对亡命的吕布很优遇，因为董卓进入洛阳，以恐怖政策强行独裁时，袁家有二十名男女被杀，其中包括袁术之兄袁基、叔父袁隗。董卓对袁家而言，是不共戴天的仇人。吕布杀掉董卓，无疑是替袁家报了仇。袁术殷勤欢迎自属当然，但对于吕布曾经杀害两位主子的前科，袁术胸怀戒心也是当然。

刘表所在的襄阳和袁术作为根据地的南阳，相距仅一百多公里。襄阳被袁术麾下的孙坚包围，即在这段时间。因为发生孙坚被败逃的黄祖军射杀的意外事件，襄阳才得以安然无事。

"可怕的是孙坚，乳臭未干的袁术根本不足为惧。"

刘表一直这么说。他和袁术在洛阳属同阶层的子弟，从小就认识，因此很看不起对方。袁术这个人没什么内涵，却有出身名门的招牌，因为看上这块招牌而撞进来的人当中，却不乏厉害的人物。当然，这些人看中的不是袁术这个人，而是他身上所挂的招牌。以前孙坚如此，现在的吕布亦如此。

孙坚自称是《孙子》作者——春秋时代兵法家孙武的后裔，但这在东汉时代的观念中，并不算是名门。孙坚年轻时当过县吏，名门子弟是不会干这种差使的。他的出头是从击退海贼开始，本来他就是具有海商气息的武人。后来他总算学会了士大夫的身段。

孙坚讨伐董卓时，曾杀害荆州刺史王叡和南阳太守张咨，理由是他们不协助义军，他所杀害的对象不像吕布所杀之人——是自己的主子。正因为如此，吕布较孙坚更为可怕。

差一点就被孙坚攻破城门的襄阳人，对吕布进入南阳可真捏了一把冷汗——论凶暴，吕布可比孙坚厉害多了。所幸，不久这种紧张气氛即因吕布离开南阳而得以缓和。

虽然吕布替袁家报了仇，却是恶名昭彰的弑主凶手，当吕布的主子可是件要命的事——袁术当然小心提防。吕布也察觉袁术的戒心，换成他站在袁术

的立场，也会想办法尽快除掉这种危险人物。吕布所带来的数百骑士兵和主子一样勇猛，但也一样粗暴，襄阳附近便遭其掠夺。

"不行，这会成为我被诛杀的借口。"猛兽般的吕布还是机敏的，他野性的本能嗅出自身的危险气息，于是便整合手下，转往东北，越过中原投靠河内（古代对黄河以北地区的称呼，辖地主要为河南西北）太守张杨。

吕布如风一般地来到南阳，又如风一般地离去，而襄阳则感受了这股疾风的余威。

河内的张杨本是丁原的部将，和吕布算是同僚，同时也是其杀主的仇人。因此，吕布这次投靠的对象，可以说也蛮危险的，不过，吕布并不在乎这点。

长安的李傕也催促他把吕布捆送至长安——任命张杨为河内太守的是董卓，因此张杨并没有道义去庇护杀害董卓的吕布——这干人不能与董卓相比拟，却依然能"挟天子以令诸侯"。

"将我抓去卖给长安，比杀了我还划算，一定少不了赐爵封位。"吕布故意讥讽昔日同僚加以牵制，一边伺机离开河内。张杨不愧为乱世一雄，并不至于为求生存而出卖旧友，吕布就料准这一点。

"听说吕布还想去投靠袁绍，摆出要人回报的嘴脸。"一天，诸葛玄向刘表请安，刘表告知他这件事。

"大概去吹嘘自己如何干掉谁都杀不了的董卓吧？"

"话说回来，诸葛先生，您认为袁绍会如何对待吕布？"刘表问。

"大概寝食难安吧？这种烫手山芋，敷衍他一下，就会想办法打发掉吧？"

"我倒不这么认为，"刘表自信满满地说，"袁绍既要与公孙瓒交战，又要应付黑山贼等盗群，正需要刚勇的将军。为免寝食难安，大概会让他离开身边，派他去打仗吧？当然一旦没有利用价值，就会毫不留情地除掉他。"

诸葛玄点头赞同，其实他想的也是一样。所谓"敷衍一下"也含有令他和盗群交战的意思，"打发"则包括杀掉的意味。

"对了，有件事想麻烦先生，可否请先生出使长安？"刘表说。

五

刘表和皇室的关系虽远,但还是沾上了边。他号称西汉景帝之子、鲁王刘余——武帝的异母兄——的后裔。当时自称和皇室是远亲的人必定有数万人,孔明后来臣侍的刘备也是其中之一。刘备也号称武帝庶兄中山王刘胜是其祖先。

不过,比起刘备家贫得织席卖履,刘表可是生于山阳高平(今山东省)的名门,年轻时还被荐为郡内八俊之一,是身高八尺余的彪形大汉。

所谓"北有刘虞、南有刘表",刘表还是有点来头的。而幽州刺史刘虞也和皇室有关系,他为人质朴,重视农政,政绩良好。黄巾乱起,中原动荡,据说仰慕刘虞之治,移住幽州的人有数百万之巨。刘表亦有所悟,他拉拢荆州有势力的豪族蒯越、蔡瑁等人,也有一番政绩,许多人因此移住此地——诸葛玄也在此中。

继被孙坚所杀的王叡之后,刘表被任命为荆州刺史。

州包括的地域很广大,其中有郡,郡下有县。郡实际负责行政的首长叫太守;巡察诸太守及其下的县令是否尽职的,则是州刺史。刺史原来并非地方行政长官,而是负责监察。起初,和郡太守二千石俸禄相比,州刺史只有六百石,但是后来刺史力量逐渐增强,兼为州中心地的行政长官,俸禄同于郡太守。至东汉末年,刺史不仅有行政权,还掌有军权。

刘表担任荆州刺史,掌管襄阳地方的行政、军事,形式上应巡察整个荆州,但政敌袁术的根据地南阳事实上也隶属荆州,刘表的力量当然未及此。那个时代也有自称刺史或太守的,但通常都是由有实力者自行任命。

兼有行政权和军权的刺史,已不同于往昔的刺史,因此被改称为"牧"——刘表正式的官名便是"荆州牧"。至于是谁任命他为荆州牧的呢?其实也无可追究。他是有实力者,可以任命仰其鼻息者为太守或县长,而不需听人任命。

不过,自封的说起来总归不好听,州牧这种要职当然要天子任命才名正言顺。因此,刘表派人出使长安,想获取正式的派令——被选为使者的人即诸葛玄。

虽说只是形式上的使者，但能被选上，可以说明他受刘表重视。诸葛玄不回阳都而滞留襄阳，代价总算有了回报。

刘表是有实力者，乃天下周知的事实，天子只是追认罢了。

刘表很快正式获得"镇南将军、荆州牧"头衔，并还被封为成武侯，得到爵位。

长安当时由董卓旧部属掌握政权，一干人各自有所任命：李傕为车骑将军，樊稠为右将军，张济为骠骑将军。

"诸葛先生，有赖您多观察。"

诸葛玄临去长安前，刘表对他这么说。言下之意当然是要他多观察长安政情，回来好向他报告。诸葛玄回来之后，报告说："现有三四个人在卖力扮演董卓的角色。李傕和郭汜较其他人好一些，两者大概半斤八两。不过两人关系似乎不太好，彼此互有猜忌。两人都各有人马，想必乱说一通，似乎有内讧。"

"两个都是小人物。"刘表吐出一句话。

"李傕并不为部下信赖，在下就曾在酒肆听到他的部将抱怨挑错主子。"

"他的部下是杨奉、宋果这批人。信任部下，部下才会信任你，这是在上位的人该有的观念。如果不信任自己的部下，那该相信谁呢？"刘表叹气道。

"李傕似乎宁可信任鬼神，也不肯信任部下。"

据诸葛玄在长安的见闻，李傕经常找道士、道姑，招神降恩。据说李傕在朝廷省门外摆了董卓的牌位，经常拜祭。

"我看李傕最后不是被部下背叛，就是和郭汜起冲突而丧命吧？依先生之见，他和郭汜可能重修旧好吗？"

"不，裂痕只会加深，"诸葛玄回答，"郭汜的妻子嫉妒心极重，李傕家有美貌的侍女，她不让郭汜去，甚至连李傕有事要和郭汜商量，刻意在家设宴招待，也遭到郭汜夫人拒绝。"

"啧！啧！女人吃起醋来真可怕。"

"女人看来柔弱，其实强悍得很呢。"

诸葛玄霎时想起阳都美艳的大嫂。

孔明的父亲死去那年，连阳都也吃紧了。

青州的黄巾军入兖州,兖州刺史刘岱率兵讨伐,反而吃了败仗,赔上一条命。刘岱此次唐突出兵,乃出于前济北国相鲍信的建议。后来鲍信等人迎接在东郡的曹操,拥立曹操为兖州刺史。曹操多次率兵和青州黄巾军死斗——交战中曹操失去盟友鲍信——前后历经半年的激战,曹操终于制服了青州黄巾军。

《三国志》记载黄巾军被赶至济北,全数投降,曹操得其戎卒(武装兵)三十余万,男女百余万人,收其精锐,名为"青州兵"。

严格说来,这次收编是和谈。曹操在形式上隶属于袁绍的阵营,但目标当然是寻求自立。他期望报父仇、平定徐州,进而称霸天下,但现实上兵力并无法与袁绍和袁术相比。曹操心想,当前为敌的黄巾军有朝一日要能成为"我军"该有多好,于是便想拉拢这支强盛的敌军。

至于黄巾军方面,也觉得与其一直被视为"贼"而四处流窜,倒不如投靠哪个英雄的阵营,过安定的军队生活。曹操和青州黄巾军谈拢,将之收纳,时间是在孔明父亲去世那年年底。

兖州刺史刘岱战死之后,朝廷派金尚接任,但曹操已自称兖州刺史,并击退前来就任的金尚。金尚只好亡命投靠袁术。

同年,扬州刺史陈温死亡,袁绍令袁遗接任,但对立的袁术阵营却派陈瑀为扬州刺史——两位扬州刺史当然针锋相对。袁术袭击赴任途中的袁遗,袁遗败走沛地,为部下所杀。

消息传至刘表所在的襄阳,时值诸葛玄自长安归来不久。刘表召诸葛玄前来,说:"我现在也有能耐任命刺史或太守,想请先生选个地方当太守。"

"这之前,在下有个请求。"

"请说。"

"故乡的家兄过世,在下因事一直未能还乡,家兄遗族也必须安置,所以能否暂时……让在下告假三四个月?"

诸葛玄心想:出使长安一事应该可以保住自己在襄阳的地位了,暂时离开荆州亦无妨。

"没问题,希望先生早日归来。对了,顺便请先生多注意天下形势,譬如袁绍的动态,特别是曹操的动态。"刘表回道。

第三章 乱世生存之道

一

"要不要请子将先生来看看？"诸葛家的管家甘海对久未返乡的诸葛玄说。

"就爱说笑！"诸葛玄笑道。

子将是许劭的别号。《后汉书·许劭传》中记载他"好人伦"，也就是说他喜欢相人，对人物品评很有心得。换句话说，他是个人物品评家，敏锐的观察力已有定评。此人系汝南（在今河南省）人，目前在徐州广陵（在今江苏省），距离琅邪阳都县不远。

诸葛玄在其兄珪的周年忌之后，才回到故乡阳都。他必须安置本家的遗族。

"人在何时、何处会发生何事，完全无可预料。在这种时代——也许我这么说不太负责任——我实在没办法给大家任何指引。"

诸葛玄面对聚集一堂的族人，摇着头如此说道。这时候甘海建议，既然自己无法决定何去何从，何妨去请教观相大家许劭。

"俗语说'凡事贵在一试'，很多人都相信子将先生的话——人家既然有那样的好评，应该就有那样的本事。"

甘海坚持要去请教许劭，甘海一位好友正是许劭的秘书，刚好有门路。

风评佳的鉴定家必然有许多人去请教，但像许劭这样的大家，除非对方是相当的人物，或有相当的关系，否则不会答应的。

"别人是别人，我是我。何况也没必要大老远跑到广陵去。"诸葛玄不以为意。

"不用，我们不用跑到那边拜托他，可以请他来我们阳都这儿。"

"我听说子将先生不是那么容易请得动的。"

"是没有错，不过，我有自信请得动。如果能请到他来，要不要让他看看？"

"亏你那么热心,不过,我不想请教他。就算他来这儿,我也不会见他。命运这东西,不管什么人都得靠自己开创。"

"话是没错……"

甘海一脸失望的表情。这也难怪,事实上他已经透过许劭的秘书,探询是否可以请他就驾阳都,也已获得良好的回应。

"如果是琅邪诸葛家,那我这边登门也无妨。"据说许劭这么回答。

"太可惜了……"甘海不自觉溜了这么一句。

"什么事情太可惜?"

"普通人怎么拜托,都见不到他。我特意托人,对方已经表示如果是您的话,他愿意来一趟。"

"喔?已经都张罗好了?"

诸葛玄转过头来。甘海是够忠心的了,大凡诸葛家的事情总是费心张罗。既然都费心张罗好了,就给甘海一个面子,请许劭来一趟吧——诸葛玄差点就要说出口,但最后还是没说出来。

因为诸葛玄想起曹操去找许劭的事。曹操是不请自到的,许劭心里不舒服,但是不得不见他,也不得不告诉他鉴定的结果。

"你是治世之能臣,乱世之奸雄。"

据说曹操听了高兴得跳起来。

谁都知道现在是乱世。曹操的面相显示,如果是天下太平的时代,他能当有作为的官员,乱世则可以变成"奸雄"。许劭说得斩钉截铁,虽然"奸雄"这两个字不是什么好字眼。

诸葛玄在洛阳也见过曹操,而且仔细观察过曹操。据他所见,曹操这个人很滥情,内心狂妄,但这股狂妄劲却成了他的魅力。这一点令诸葛玄不敢领教,虽然有机会攀交,诸葛玄总是尽量回避他,原因无他,实在讨厌这样的人。

普通人如果被说成奸雄,一定火冒三丈,但曹操却很高兴。许劭必定知道他的个性,故意说来讨他欢喜——诸葛玄这么认为。

"只会说一些迎合的话罢了。"诸葛玄打心底讨厌许劭——当然,这和讨厌曹操是两回事。

"就算他来阳都,说的还不是讨我欢心的话?"

既然如此，这件事就作罢。更何况也无须为顾及甘海的颜面，而平白花那么庞大的旅费。诸葛家虽然为名门，但经济状况并不好——事实上，诸葛玄返乡之后，整理家计，发觉情况比预期的还差。

"怎么样？阿亮，你对自己以后的生活可有什么打算？"诸葛玄问侄儿孔明。孔明摇摇头。

"那么，你想听听子将先生的建议吗？"

"不，我想听叔叔您的建议。"

"可是，为叔并不宽裕。"

"我们五个不能全都让叔叔照顾。"

"那该怎么办呢？"

"可否请叔叔照顾'志学'以下的三个？"孔明说着，直盯叔父的脸。

"你这家伙！"诸葛玄回瞪他一眼。

照顾大哥遗留下来的子女并没有多困难，经济负担也不算太严重。问题在于这当中夹着一个美丽的未亡人宋氏，此后可能问题重重。想到这一点，诸葛玄的心情就沉重起来。

十四岁的孔明建议把他们五个人分开。

《论语·为政篇》写道："吾十有五而志于学，三十而立，四十而不惑，五十而知天命，六十而耳顺，七十而从心所欲，不逾矩。"

后人便以"志学"（有志于学）意指十五岁。所谓"志学以下的三个"，便指十四岁的孔明和六岁的弟弟均，以及刚好"志学"的姐姐铃。

二十一岁的哥哥瑾是诸葛家的嫡男，必须奉养母亲，继承家业。至于其他几个小孩，诸葛玄原本希望他们从"留在阳都"和"去母亲娘家江东"中选择其一，没想到少年孔明若无其事地提出他所畏惧的另一个选择：投靠荆州的叔叔。

"这个吗……"诸葛玄喃喃自语，耳边响起离开荆州时妻子所说的话，"你不会把大嫂带来荆州吧？"

妻子是什么心理说这样的话，诸葛玄心知肚明。他们夫妻膝下无子，照顾这些侄儿也是件好事，但美貌的大嫂跟着过来，当妻子的心里可就不平衡了。

"我身为嗣子，想暂时还是留在家里。"瑾说。

"但是，日子可愈来愈坏了……"

诸葛玄说这话时，表情并没改变。年少的均不论，瑾、铃和孔明都偷偷地察看叔父的表情，诸葛玄再无动于衷也察觉得到三人的眼神。

"在父亲墓土未干之际，我怎能离开阳都？将来的事我会慎重考虑。我和洛阳念书时期的同窗学友也有所联络，我想仔细观察时机，再决定何去何从。本来照顾弟妹是我的责任，只是我担心自己未成熟，所做的决定会害了年幼的弟妹。我想还是把他们的命运委交给叔叔比较妥当。"瑾说着，低下头。事情也就此告一个段落，嗣子瑾的这番话大概成了定案。

诸葛玄凝视瑾的长脸。诸葛家兄弟都长得人高马大，而长男瑾的脸生来特别长。

诸葛瑾后来仕于吴国，历任大将军、左都护，后被封为宛陵侯，拜领豫州牧，位极人臣。关于他的长脸，还有这么一段有趣的故事：据说吴国皇帝孙权生性好戏谑，有天在驴子脖子上挂了一块写着"诸葛瑾"的牌子，嘲笑诸葛瑾脸长。又据说，后来诸葛瑾的儿子恪又在牌子下方添写"之驴"二字，以挽回父亲的名誉。

二

关于丁忧的时限，原先正式的规定是三年，但春秋以后便缩短了。汉文帝曾下了服丧三十六天的诏敕，那是朝臣免上朝的期间，真正服丧的时间应该更长。到了东汉，辞职服丧的期间反而变长了。

诸葛瑾所谓"墓土未干之际"，并非指整整三年，而是指作为人子哀伤的时间。此期间一过，一般都会再上朝出仕。瑾还未任一官半职，既然没有就职，当然要谋职。

叔父所谓"日子愈来愈坏"，是指汉末朝廷已失权威，官员的任免权落于实力者之手。而谁是真正的实力者则又不得而知。

至于"仔细观察时机"，当然指的是寻找下个时代的主角。人物品评名家许劭大受欢迎，背后也隐藏着如此异常的时代因素。

看时世也就是看人物。

人物品评家首先必须鉴知自己的去向。许劭自洛阳移居广陵，即判断留在中原相当危险。而选择徐州广陵，则因当时有很多中原——黄河中游流域——的人都到徐州寻求新天地。

昔日的政治中心洛阳及其周边所属的中原甚为凋零，洛阳市被董卓放火一烧，遭到彻底的破坏，居民亦被强制带往长安，原本依赖洛阳消费的周边村落和市镇已无以维持。

当时世人本能地往南迁移，一方面，因为北方在世人印象中是北狄之地——酷寒、不毛；另一方面，世人认为长城是难以越过的屏障。南方虽然是南蛮的瘴疠之地，但其疆域划分已大为后退，中原文化已延及江南。至少黄河和长江之间的淮河流域，已被认为是堪与中原相比的文化圈。淮河流域的中心是徐州，难民多以徐州为目标。许劭也在其中。

"徐州的土地还好，但人不行，不宜久留。"来到徐州没多久，许劭如此说道。徐州刺史是陶谦，他殷勤迎接中原名士许劭。普通人被如此殷勤接待，可能就得意忘形了，但许劭不愧是人物品评高手，一下子就看穿陶谦只是虚有其表的人。他曾对秘书文波说道："陶恭祖喜欢外在的声名，内心却不似其外表。虽然待我优厚，但其行径必定酷薄。"

《后汉书·许劭传》说"不如去之"，也就是说，许劭认为必须急速离去。恭祖是陶谦的字。许劭看穿陶谦是喜欢虚名，内心薄情的人。他也预测曹操之父被陶谦部下所杀，曹操必然兴兵复仇。较之势力圈的争夺战，复仇战是非理性的，很可能会陷入不分青红皂白、累及无辜的杀戮。

许劭的秘书文波与诸葛家的管家甘海，在洛阳结成挚友。二人曾戏称"海、波一家亲"，彼此情谊已深至可以交心。

身为名士的许劭，乃是多方拉拢的对象，但他想从中做最好的选择。

"琅邪这地方不错。"听文波说琅邪阳都县的诸葛家有意延揽，许劭喃喃说道。

"您是说土地吗？"文波问。

"土地不错，人也不错。"

"人是不错，但已故的诸葛珪只是泰山丞而已，其嫡子也无任官职。甘海是我的旧友，我基于人情向先生拜托。我知道对先生而言，对方分量并不够，因此，先生也无须勉强。"

"不，琅邪没有耀眼的人，这是它好的地方。"

"所谓没有耀眼的人，就是说不会成为群雄争霸之地？"

"不，在这个时代，哪有什么地方不是群雄争霸之地？"

"那是说……"

"我也已经四十过半了，能做事也只有几年而已。"

"那么……"文波咽了一口口水。

琅邪并没有傲世的英雄——许劭也并不甘心只当个人物品评家。

"我也够格成为群雄之一……"许劭偶尔也有这样的念头。

许劭的叔祖父许敬，是官至三公的高官。许敬之子许训也当上三公，甚至许训之子许相也因贿赂宦官而位列三公。许劭非常看不起许相，但是许相想利用许劭的声名，所以经常邀聘他。

"我死也不到许相那儿去！"许劭嗤之以鼻。

许劭偶尔也想追求超乎人物品评家之上的东西。如果想有一番作为，不把握现在就失之晚矣。

"先生好像盘算过了。"文波看出许劭的心思，如此说道。

"不，我尚未盘算。我只是想趁现在赌它一赌。如果诸葛家肯对我礼遇，我也想一争天下。如果不成，也甘心托身于适当的英雄，当个局外人。"许劭笑着说。

数日后，文波接到阳都诸葛家使者来讯，告知邀聘一事作罢。

"看来要置身局外了，这样也落得轻松。"许劭的笑容有点落寞。

"其他还有什么地方来邀聘的吗？"许劭从文柜中拿出函件，一一过目，时而点头。

"曲阿嘛……"许劭把函件放回文柜，喃喃说道。

曲阿乃地名，是现在江苏省丹阳市，战国时代以前叫云阳，但秦始皇讨厌该地有"天子之气"，而削其山、改其名。

当时的扬州刺史是刘繇。本来扬州刺史的驻地在长江的寿春（在今安徽

省），但该地已被袁术占据。刘繇本为反董卓联盟的主将之一，系兖州刺史刘岱之弟，其时任侍御史，后来才被任命为扬州刺史。不过，袁术却私自任命惠衢为扬州刺史。

扬州在刺史陈温死后，情况变得很复杂。如前所述，实力者袁绍任命袁遗为新的扬州刺史，却遭袁术袭击而败逃。袁术起先派陈瑀为扬州刺史，但后来袁术为曹操所败，欲逃往九江（在今江西省），陈瑀便不接受该项任命。袁术大怒，遂向陈瑀进兵，陈瑀逃至故乡下邳（在今江苏省）。于是，袁术重新委任惠衢为扬州刺史。刘繇虽为朝廷命官，但江北既在袁术势力之下，只好驻在江南的曲阿。

"曲阿，不是刘繇之地吗？去那儿蛮辛苦的。"秘书文波说。

"为生存，谁都要辛苦，我只是想辛苦得有趣一点罢了。"许劭苦笑道。

两位扬州刺史之一的刘繇，当然和江北的袁术对立，而且和袁术统领下的江南的孙策也成敌对的关系，处境想必非常辛苦。

这一阵子，江南的孙策正逐步在扩展，巩固亡父孙坚打下的地盘，有时也未必听从袁术的指挥。

许劭所谓的"想辛苦得有趣一点"，可能就是指处于那样的状况吧。

三

"真惨啊！"

诸葛玄带着哥哥的三个小孩铃、亮和均，返回襄阳途中，路过徐州下邳，放眼一看，满目疮痍。十个月前他返回阳都时也路过此地，当时可谓繁荣至极。从中原移民过来的人相当多，热闹非凡，房子当然不够住，因此到处都在搭建临时的小屋。

现在一眼看去，那一大片临时搭建的小屋居然梦幻般地消失无踪了，全部成为灰烬。据说一般的民宅先被焚烧，男女老幼全遭格杀。那种风一吹就垮的小屋，里面如果不住人，摆着不管，没多久就自行崩垮了。尽管如此，还是一一被放火，整个地面都被烧成黑褐色。

曹操的复仇战,从初平四年(193年)的夏天一直持续到秋天,在徐州杀将开来。徐州牧陶谦的部下杀死逃避董卓之乱的曹操父亲曹嵩,夺其财物潜逃的事件,发生在四年前。曹操为了复仇,加入与陶谦敌对的袁绍阵营。

闯入徐州的曹操军,见人就杀。数十万人被杀死,尸体投入泗水,留下"水为之滞流"的凄惨记载。

陶谦从彭城(在今江苏省)遁走,躲入郯城(在今山东省),紧闭城门。曹操军队攻不下郯城,粮尽离去,但在下邳一带掠夺、杀戮和放火,连鸡犬都不放过,当然不会让人活着离去,尸体就地遗弃,纷纷化为白骨。

一向胆大的铃走过遗骸散弃的地方,也不敢睁开眼睛,倒是孔明驻足尸体旁,看得目不转睛。

"为什么会发生这种事?"孔明回头问叔父。他才十四岁,却快和叔父一般高了。叔父沉默不语——因为不管用什么言辞,都不可能说明眼前地狱般的场景。

"曹操是诗人。"一阵子之后,诸葛玄黯然说道,"感情太过激烈,纵令对好事也不可过激,更何况是对这种事……"

"诗是悠闲的人作的,不是吗?"孔明说。

"是啊。"诸葛玄点头,不断眨着眼睛。十个月前的劫火残烟还弥漫着,似乎熏刺了他的眼睛。

万籁俱寂的死亡世界,突然响起声音,那是急促的马蹄声,沙尘霎时笼罩四周。

"难道又开打了?"孔明望着沙尘的方向。

"真是乱世……"诸葛玄回答。

一支骑兵队正要通过诸葛玄一行的面前,一骑突然脱离队伍,奔向他们。

"你们要去哪里?"粗野的声音带着河北腔。

"我们回家乡奔丧,现在要往荆州。"

马上的男人满脸日晒的痕迹,脸一直红到眼下,连胡子都带红——也许是沙尘的关系。

"是吗?"男子说了这么一句,就扭转马头,用靴子踢了踢马腹,扬长追赶骑兵队。

"的确是乱世！"孔明说。

"那是刘备的军队，听说是应陶谦之邀。"诸葛玄牵着年幼的均的手。

曹操虽因粮尽撤军，但不杀陶谦必不甘休，再度进兵徐州是可想而知的事。陶谦当然不会坐以待毙，因此才向刚被任命为平原相的群雄之一的刘备求援。

"陶谦也是蠢蛋一个。他就算不被曹操毁灭，也会被刘备吞食。"诸葛玄自言自语。

"这支骑兵队是不是既没胜也没败？"孔明说。

"他们正要去救援。"

"行进的方式很奇怪。"

"你懂马的行进方法？"诸葛玄半开玩笑地问。

不过，他已有多次为这位侄儿显露的敏锐观察力所惊。

"脚步很轻，不怎么急迫。看起来似乎怕赶得太快，故意放慢脚步。"孔明仍望着沙尘的方向说道。

"怎么说呢？"

"战胜的话，必然乘势追击；而战败的话，则会跑得更快、更慌。至于敌方嘛……没有食物、没有箭的他们可能想在撤退途中赶上战败方，不过要是赶得太快，太早追上对方，也许会导致对方反扑，交战就在所难免，如此便不能掉以轻心了。所以脚步适中，喊叫声也不怎么用力。"

"这是你的观察吗？哈！哈！哈！对不对，过一阵子就可以揭晓了。"

诸葛玄虽然这么说，却也有恍然大悟的感觉——较诸感佩侄儿的观察力，他更赞叹侄儿的表现力。他确定孔明的观察是正确的，则是在十天后——他们一行进入豫州境内，听到关于群雄的种种消息。

引兵而返的曹操，命令部将荀彧、程昱等人留守鄄城，他自己则率领大军前去攻打陶谦。应陶谦所请而来的刘备，则在郯东防守。战事初期曹操军占优势，刘备军多被击破。马商保镖出身的刘备，擅长小部队游击战，虽然战败，但仍顽强地躲在战线边缘等待机会。他的军队不同于正规军，遭敌击散后，反而各自成战斗单位而不会瓦解。曹操军必须一一加以击溃才行。

战争陷入胶着状态，不知何时会发生何事——这当然也不仅限于战事。

曹操军原先一直围赶分散的刘备军，不知何时却开始后退。"会不会使诈？"刘备小心翼翼地观察曹操军的动态，后来确定对方是真的在撤退——刘备这儿也掌握了一些情报。

原被视为依附曹操麾下的陈留太守张邈，居然易帜背叛，而且接纳乱世问题人物吕布。这对曹操乃一大冲击，因为张邈是曹操交情可追溯至少年时代的好友。年轻时候的曹操和张邈、袁绍等喜欢游侠的贵族子弟在洛阳共掷青春，其中的袁绍首先崭露头角，成为反董卓联盟的旗手，难免流露傲慢之色。

"你有多了不起我是不知道，但少在旧日兄弟面前装老大。"

同伙当中最流气的张邈曾当面讥讽袁绍，缺乏包容力的袁绍为此甚为愤怒。

"张邈太过分了，你替我把他给宰了！"袁绍愤愤地命令曹操。

"恕难从命，孟卓（张邈的字）是咱们好友。这种事情大家互相包容嘛，何苦在这乱世中互相乱咬？"曹操加以拒绝。

上回出兵攻打陶谦，曹操郑重其事地告诉家人："我万一有三长两短，你们就去托付孟卓。"

俨然是将之当成可以交付后事的好友——没想到这张邈竟然背叛他，曹操既愤怒又狼狈。当前最重要的事，便是折回拯救鄄城的留守部队。

曹操军队的总撤退，使窘迫的刘备得以喘息，并且展开追击。虽说追击，但可不是乘胜，而是在溃灭前一刻又再度站直，趁对方撤退从后面开打。不过，这之前对方可还打胜仗，并无损伤，如果追得太过火，恐怕会回头反击，如此对刘备军就不利了。所以，一开始便无紧追之意。

如果事后解释，一般都可理解，但仅从追击的情景就做出正确的推理，可就极为困难。十四岁的孔明居然轻易言中，诸葛玄为之咋舌。

四

诸葛玄回到襄阳没多久，即接获好消息：刘表任他为豫章郡太守。郡太守和州刺史都是二千石薪俸的实力职位，以此官职将扬名天下，此亦大丈夫的

夙愿。

诸葛玄内心雀跃不已:"如此,侄女阿铃也可以找个好亲家。"

这的确是个喜讯。

"诸葛兄,有劳你了。这地方不简单。"刘表勉励诸葛玄。

诚如他所言,要当豫章太守(豫章郡位于现在江西省南昌市一带)。可不简单。眼前就有一个人挡在他的前头,阻挠他就任,这人正是许劭有意前去投靠的刘繇。

只要有郡太守或州刺史亡故,天下的有实力者就争先派自己人去接任,毕竟先下手为强。

豫章太守周术死亡,刘表此番派遣诸葛玄接任,而曹操的阵营也派朱皓来当豫章太守。和前面扬州刺史"闹双胞"一样,这一次也出现两个豫章太守。诸葛玄早一步抵达豫章。孔明姐弟也跟随叔父来到任地。

无法进入任地的朱皓于是向刘繇求援——刘繇俨然也被视为江南有实力者之一。

两位扬州刺史之一的刘繇也是因为无法进入袁术所据的江北,而留在江南曲阿,与袁术系的孙策对立。但孙策听从朱治的建议,当时已有意脱离袁术自立。

也就是说,后来三分天下、成为吴国霸主的孙氏,当时还隶属于袁术。以出身名门而自豪的袁术并不得人望,曾任孙策之父孙坚的校尉一职的朱治,热心建议孙坚不要老跟着无德的袁术,早日脱离袁术好为自己打算。

朱治出主意让孙策对袁术说:"我是江南出身,现应收服江南,为大人平定天下。"

袁术平日对刚勇的孙策存有戒心,他心想:江南地方曲阿有刘繇、会稽有王朗这等豪杰,可不是那么容易收服的,正好可以借此消减孙策的实力,免得他过分坐大。

"好吧!你就带一千兵力过去,好好干。"

袁术答应他的请求。孙策只要能回江南,就可以自由自在,形同半自立。

"一千兵力?"孙策回官邸后,啐了这么一句。

江南孙氏自称兵法家孙武之后,但此家系算不得名门。在那个时代,不

是名门出身就难以出头。孙策之父孙坚堪称洛阳第一勇者,但亦得隶属袁术之下,乃出身非名门之悲哀,为的是要仰仗袁术这块招牌。

袁术曾恶言批评堂兄袁绍是细姨(妾)子,不是袁家人,可谓名门至上主义者。他只将孙氏看成拥有军队的奴仆罢了。

"跟这种人没有出息。"朱治建议自立理由的最有力的根据也在于此。

孙坚攻取荆州之际,不幸在岘山中伏兵之箭身亡。袁术立刻接收其军队,他认为奴仆的所有物应归主人所有。

"请归还家父的军队。"

孙策多次请求,均遭冷淡拒绝,理由是当前兵力不足,无法拨出人马。袁术还大开空头支票,一面答应让孙策当九江郡太守,一面任命陈纪接掌该职。后来又告诉孙策说:"我碍于情缘,任派舅舅吴景为丹阳太守,你再忍耐一下。"

袁术似乎无意任命非名门出身的孙氏一族为太守。

后来,袁术想攻打庐江太守陆康。理由是在出兵徐州之际,他向陆康借三万石军粮,被陆康一口回绝。于是,他命令孙策出兵以示惩罚,并又向孙策约定只要打败陆康,就让孙策当庐江太守。然而孙策击败陆康之后,袁术又任命刘勋为庐江太守。孙策提出原先的约定,袁术若无其事地说:"刘勋跟我很久了,我一直没能让他当太守,对他过意不去。"

袁术完全不觉得对孙策过意不去,反正决定权全在名门出身的自己身上。

其实即使朱治不建议,孙策在与陆康交战之后,对袁术也灰了心。孙策当时只是在考量到底依附袁绍、曹操、刘表、陶谦等一流英雄中的哪一位,朱治则怂恿他"自立,然后自己当一方的英雄"。

于是,孙策渡过长江,进入江南。

孙策的军队军律甚严,绝不向民间要一只鸡、一把蔬菜;再加上孙策又是土生土长的当地人。此外,又如史书所记,孙策"姿颜美,善笑语,阔达而听受,善用人",极富魅力。孙策军所到之处,极受众人欢迎,人们主动奉上肉、酒等佳肴慰劳他们。

孙策渡江的地点,一般认为在当今南京附近,那一带属于扬州刺史刘繇的势力范围——当时刘繇已有从广陵来的人物品评名家许劭做其幕僚。

五

获知孙策渡江的消息,刘繇赶至牛渚营指挥军队,地点即在当今安徽省当涂县。但是,孙策很轻易地就攻陷该地,刘繇只好撤至丹徒(在今江苏省)。

刘繇的阵营又加入原在徐州陶谦幕下的笮融和彭城国相薛礼等人。

已成"复仇鬼"的曹操,破坏徐州各地,这一干人不得不避至南方。

笮融以中国初期的佛教徒而闻名,出身地方豪族,曾为有实力者提供军需品。陶谦也曾托他负责广陵、下邳和彭城三郡的粮运。对时局敏锐的笮融认为,被曹操视为眼中钉的陶谦恐怕来日不多了,便将三郡的收入全部纳为己有。

所谓负责粮运,其实就是负责收税。笮融必须将米、谷等主要的税收交付陶谦,现在则悉收纳入私囊。他具有经营之才,还擅长聚集人气。虽号称是佛教徒,但从他的行为来看,实在算不得虔诚,可能只是作为招揽人群的手段罢了。史书上对他如此记载:

> 大起浮屠祠,课人诵读佛经,招致旁郡好佛者至五千余户。每浴佛,辄设饮食,布席于路,经数十里,费以巨亿计。

也就是说,笮融招揽各地佛教徒五千余户,当避乱移居广陵时,这批信徒也与他同行,人群当然浩浩荡荡,多达数万人。

广陵郡太守为赵昱,他殷勤对待身为下邳相又为天下知名佛教徒领袖的笮融,却被笮融杀于宴席上。

笮融系丹阳人,丹阳、广陵、彭城等江淮地区乃齐、楚之地,自古以来,老庄之学就极为兴盛。倡导无为之说的老庄,和标榜空无哲学的佛教有相通之处,本质上易于接纳佛教。

东汉第二代皇帝明帝的异母弟楚王刘英,被视为中国最初的佛教徒。他受封彭城王,永平八年(65年)遭人告谋叛而被贬至丹阳——之后百年以来,这个地方和佛教一直有着很深的渊源。

楚王刘英蒙受谋叛嫌疑时,明帝下诏说,"楚王诵黄老之微言,尚浮屠之仁祠,洁斋三月,与神为誓,何嫌何疑",此诏的论调是,刘英既为佛教徒,

就无谋叛之嫌疑。不过，刘英似乎是佛教徒，同时亦是黄老（黄帝与老子，同老庄）之徒。

杀死赵昱、掠夺广陵的佛教徒笮融，后来投靠渡过长江、成为当地实力者的刘繇。曾为彭城相的薛礼在这之前也渡江来到江南，加入刘繇麾下。

"收留薛礼还好，但收留笮融可就有问题了。所谓北之吕布，南之笮融啊。"许劭对刘繇如此说道。意指北方九原的吕布杀了主子丁原和董卓，南方丹阳的笮融则杀了礼遇他的赵昱。

"我知道。可是，我现在正需要兵力。"刘繇回答。

"大人知道就好。您说需要兵力，但笮融的那些算得了兵力吗？"许劭提出疑问。

"他不是带领数万之众过来了吗？"

"他们尽是些诵念佛教经文的人。据在下所知，佛教教人不可杀人，他们可上不了战场。"

"孔孟也没有说可以杀人。人在乱世不得不战啊！"

"大概是吧。笮融似乎在广陵也杀了不少人。不过，请大人务必多留心这个人。"

"听说赵昱酒醉被杀，那我就不和笮融饮酒。"

"这就好。"

"再怎么说，我们得提防孙策之兵。"

这就是刘繇需要兵力的理由。他令薛礼防守秣陵城（今之南京），笮融驻屯县城南边。但是，这样的布阵仍无法防御孙策的精兵。兴平二年（195年）十月，孙策拔牛渚营，并一口气攻破秣陵和县南。刘繇暂退至曲阿。孙策仍未减缓攻击，曲阿没多久又被攻陷，刘繇再走丹徒。

孙策进入曲阿，立即慰劳将士，并论功行赏，同时在诸县发出布告：

曾为刘繇或笮融的部下者，只要投降则既往不咎。如果愿意亦可加入我军，不愿从者亦听其自由。

这个布告发出十天后，有二万余人投降。

刘繇逃入丹徒后，召许劭商讨未来的方针。

"我看远走会稽吧。"刘繇说。

浙江自越国时代以来便很丰饶，也远离群雄争霸的舞台，刘繇想暂时在那儿培植实力。

"如何？想听听子将先生您的意见。"多日未修边幅的贵公子刘繇拍着许劭的肩头说。

"在下为依靠大人，才从广陵转至曲阿。大人岂可依靠在下？"

"不只是我，天下人都将依靠先生。"

"在下只对观人相略有心得，对作战可不在行。"

"先不谈作战，请先生判断远走会稽如何？"

"走会稽不大好。"许劭摇头。

"为什么？"

"会稽太丰饶了。"

"太丰饶为何不行？治疗败战之伤，丰饶的土地岂不正好？"

"丰饶的土地必有他人觊觎。熟悉地理的孙策正得意，一定进兵会稽，继续追赶我军。况且，会稽位于海滨，一旦被追赶就无法动弹。"

"那么，该往何处呢？"

"腹地较深的土地！换成在下，会选择豫章。"

"豫章？太守周术不是刚死吗？"

"没错。刘表立即任命诸葛玄，而曹操也任命朱皓。结果，诸葛玄捷足先登，老实的文明正在伤脑筋呢。"许劭笑着说。文明是朱皓的字。

"这可是麻烦的土地啊。"

"不，并没那么严重。"许劭伸手摸摸下颚说道，"诸葛玄和朱皓都没什么兵力。朱皓想不出办法，还来求援呢。"

"哦？向败军之将求援？"

"不，是来向在下求援，是在下许劭——许子将。"

"哈！哈！哈……"刘繇大笑。

刘繇如果继续被孙策这样穷追猛打，恐怕也无以招架。他出身东莱（在今山东省）名门，算是汉皇室的后裔，其远祖乃西汉武帝兄弟齐孝王末子刘渫，受封为牟平侯。刘繇的伯父刘宠官拜三公之一的太尉，哥哥刘岱则为兖州刺史。虽然看起来家世显赫，但打了败仗，刘繇充其量也只是败军之将。

身为败军之将幕僚的许劭，还保有人物品评家的声名。正为无法就任而苦恼的朱皓，求援的对象居然不是刘繇而是许劭。

"他向你求援？"刘繇止住笑声，问道。

"是的。在下也答应给予援助——当然是在下许劭个人。"

"许劭的名声可真响亮……至于让朱皓没法就任的人……叫诸葛玄是吗？他是何许人？"

"在下和诸葛家略有熟识。诸葛玄之兄前年刚死，官职为泰山丞。诸葛玄在琅邪是代代人才辈出的家系。"

"诸葛玄……我和他素来无恩怨。如今一旦援助朱皓，我的命运必然会有所转变。"

"这是乱世的生存之道。"许劭这么说，脸上有点黯然。

第四章 地狱行

一

豫章郡的行政中心位于现在的江西省南昌市，赣江流经市镇之侧，注入鄱阳湖。鄱阳湖是当今中国数一数二的淡水湖，但当时似乎没今天这么大。鄱阳湖的名称出于隋唐以后，东汉时名为彭泽。

诸葛玄前往豫章就任，所走的路线是：由襄阳南下至长江，再搭船从柴桑（现在的九江市附近）进入彭泽。其兄的三子铃、亮和均也随行。进入彭泽之后，可以看到西方的庐山，庐山一名嶂山。

豫章亦称灌婴城，相传是汉高祖时代的开国功臣灌婴所筑。诸葛玄就任的时间，距离灌婴的时代约四百年。他甫进灌婴城，就接获朱皓被曹操任命为豫章太守、近日内也即将到来的消息。

"是文明？"

诸葛玄和朱皓在洛阳时就已相识，他直呼朱皓的字。朱皓是个一板一眼的人，既被任命，想必会前来就任。为回报刘表的恩顾，诸葛玄也一步不能退让。

"要和他打一仗吗？"十五岁的孔明问。

"大概吧。"

诸葛玄已经召集军队。他从荆州带来的士兵只有三百余人。豫章虽然有五百名左右的士兵，但忠诚度可疑。郡的常备兵原本有千余人，在太守周术死后，却只剩下一半。他们本来就归周术所管，现在主子死了，便跟着解散了。新太守诸葛玄只好征集附近的壮丁，否则他们必然被另一个豫章太守朱皓给征走。在对方未征兵之前，当然先下手为强。

"他会不会怨恨您？"孔明半提醒地问道。

"一点儿也不会，他反倒会怀念我。我们在洛阳就认识了。"

"可是，不是说难免一战吗？"

"大概无法避免吧。"

"真是无意义之战。"

"哪个战争不是无意义之战……"

"如果只任命一个人当太守，就可以不用战了？"

"哈！哈！哈……是啊，因为有两个太守，所以不得不战。只有一个人，就算要战也没有对手，不是吗？"

"说得也是。"孔明点头。

被带至城内的那些年轻人，都一脸悲伤。原因无他，他们被迫和无冤无仇的人作战，敌我双方都在同样的地方征调兵员，有时骨肉之亲甚至会在战场刀刃相见。

"皇上圣威一衰，就变成这步田地！"诸葛玄叹道。

与孔明同岁的皇帝刘协（献帝），因董卓之故移驾长安，名为迁都，实则被迫离都。董卓想借天子之名恣意操纵天下。后来，董卓为部下吕布所杀，随后吕布又被董卓部将李傕、郭汜逐出长安。

天子近侧尽是此等小人物，当然无法号令天下，于是曹操、刘表、袁绍、袁术等一干人便随意任命地方长官。

"虽说是无意义之战，但英雄过多，无意义之战便不可避免。"孔明说。

"英雄太多？说的也是。如果这当中没出现大英雄，无意义之战就会一直打下去。"

"荆州刘表算是大英雄吗？"

"为叔认为群雄当中他是比较杰出的。"

"是吗？"

孔明不再发问。他明白必须有大英雄出现才行。如果把无意义之战视为过渡，那世局就还有可为。

诸葛玄早一步抵达豫章，也许因此掉以轻心，加之朱皓又是旧识，他眼中的朱皓并没什么军事上的本领，所以便小看了朱皓。

"什么？刘繇的军队！"

当诸葛玄获悉朱皓有刘繇的援军当后盾，一时相当狼狈。扬州刺史刘繇

被孙策的精兵击退，如今却率领败走的部队逼近。虽为败军，但可是有实战经验的部队。诸葛玄仓促组织的守备军人心惶惶。

"完了！属下认为及早把城交出去，暂时避难再说。"

担任秘书的甘海建议道。搜集情报是他的工作，由于刘繇阵营的参谋许劭的秘书文波是他的挚友，因此常能获得敌方的情报。以兵力来说，很难招架对方。

"避难是好，可是往哪儿避呢？"诸葛玄问甘海。

"属下以为无须太远。"

"对方不会乘势追击吗？"

"追击嘛……属下以为不会深追，因为朱皓与刘繇两人才刚合作，且刘繇阵营有笮融这号人物，彼此深有戒心，不会远出追击的。"

"说的也是。对笮融这种声名狼藉的人，应该不会掉以轻心才对。"

诸葛玄双手抱胸想了一阵子。

自称佛教徒的笮融似乎借信仰聚众，在江北杀了厚遇自己的赵昱，这种事情可不是佛教徒做得出来的。渡江之后，还杀了秣陵的薛礼。薛礼本为彭城国相，因为徐州陶谦的压力而转往江南。笮融为夺其麾下军队与军需品，而将其杀害。有这么心机深沉的人在身边，不知道什么时候老命会丢了，任谁也不敢放心而行。

"好吧！"诸葛玄放开双手，站了起来，"先将半数人马移至西城，敌方攻至时，另外半数跟着撤退。现在就把船准备好。"

所谓西城，即豫章城西方的一座小城，背靠名为南昌山又称厌原山的山岭，易守难攻。西城虽离豫章城不远，但必须渡过赣江才能抵达。如果事先准备好渡河事宜，一旦动身渡河，当可摆脱追击。更何况敌方阵营内还有一个忘恩负义的笮融，彼此必互不信任。只要进入西城，应可保有相当时日的安全。如果在此观望形势，等待敌方阵营的变化或天下情势的转换，夺回豫章城也绝非不可能。

二

　　大河以三十里距离相隔，豫章城一带发生的事情，大概当天就会传到诸葛玄所撤退的西城。

　　诸葛玄按预定计划撤退，另一个豫章太守朱皓进入豫章城。虽然这是得助于刘繇的后援，但入城一事可是独力而行，原因是诸葛玄几乎毫不抵抗，他可谓兵不血刃地入城。然而，数日后，笮融的军队声称奉刘繇之命，浩浩荡荡进入豫章城。

　　这是预料中的事。透过投入刘繇阵营的人物品评名家许劭的秘书文波，甘海获知大致的情报。

　　"子将先生反对让笮融进豫章城，可是又别无他法，毕竟笮融人就在最接近豫章的地点。"甘海向诸葛玄报告敌方阵营的状况。

　　"笮融以前的所作所为，刘繇不是也一清二楚吗？"

　　"所以才附上严加提防这个前提。为提防朱皓，他特地派人监视，那个人就是文波。"

　　"你见过文波吗？"

　　"见过。"甘海可真是东奔西跑，他和文波不仅有联络，还经常会面。

　　"那么，文波有何看法？"

　　"文波担心朱皓过分相信别人。"

　　"他正是那种人……"

　　果然，笮融一进豫章城，就很干脆地杀了轻易相信人的朱皓，并夺取其军队。

　　朱皓的军队，其实也是在附近临时征用的一千新兵，和朱皓个人完全没有关系。谁能够供给他们吃穿，谁就是他们的主子。因此，只要杀了他们的主子，就可以轻易将之收编。

　　"笮融真能狠得下心！看来已有所觉悟。"甘海说。

　　"当然啰。他在江北杀害赵昱的时候，就已经狠下心了。"诸葛玄回答。

　　"刘繇难道不知道吗？"

　　"知道又有什么用？问题是他当下亟须兵力啊。"

第四章 地狱行

"现在在彭泽城的刘繇,想必会进兵讨伐笮融。"

"这还用说?不出兵的话,扬州刺史的威严就扫地了。"

笮融比别人强的地方,在于部众的主干是佛教徒众。同属信徒,和他本人有精神上的关联,这是极为强大的,与在附近临时雇用的军队不可相提并论。

"据文波说,"甘海道,"他的主子认为强处即为弱处,并说他有自信可以将笮融的强处转为弱处。"

文波所谓的主子,当然是人物品评权威许劭。

"这简直是奇术。"诸葛玄笑道。

"的确,听他这么说,会认为是奇术。"

"那么,许劭是怎么做的?"

"这一点属下还不知道。"

"闭门勤练战术吗?"

"属下听说是在研读经典。"

"你说经典,是指佛教的经典?"

当时"佛教"二字还未通俗化,大多使用直接的音译"浮屠"或"浮图"。

"是的。"

"不读兵法书,而读佛教经典,这就奇怪了。"

诸葛玄说到这儿,转眼看侄儿孔明。十五岁的孔明也在场,他对甘海的报告微微点头。诸葛玄注意到少年孔明比起同年的人显得沉默,没有引人注意的张扬,在感情的表达方面也很含蓄。现在孔明居然会点头,想必有所领悟。

"阿亮,你有何看法?这一阵子你好像在看佛教的典籍。"

诸葛玄看过这个聪明侄儿阅读佛教经典,因为不是什么坏事,就任由他去。诸葛玄未曾看过佛教的书,只听说上面写一些世事皆空之类的。

"一定是经过徐州时,看到曹操残酷的杀戮,受到冲击,而一时被阐释世事皆空的佛教教义所吸引吧?"诸葛玄心想。后来看到他又一板一眼地研读《四书》《五经》,没再深入研读佛教,也就放心了。

"为什么有那么多人会迷上佛教的教义?我是为了弄清楚这一点,才去看它的经典。虽然还有很多地方不懂,可是,我知道它有一种奇妙的力量。刚才我听说许先生也在看佛教的经典,总算意会过来了。"孔明的语气有点害羞。

"你说'总算',岂不太含糊了吗?"

被叔父这么一说,孔明坦白地回答:"叔父说的是。我会再努力研读。"

"不,含糊也无妨。你想到什么就说什么。"

"好的。是这样子,"孔明有点腼腆,但毫不犹豫地说,"听说笮融的部众并非征雇的,而是一批信奉佛教教义的人。把这批人聚集在一起的,并不是笮融,他们是在有意无意中聚集起来的。"

"是啊,我也这么听说。笮融以前因为徐州陶谦的缘故,负责监督漕运,听说从事这工作的人多是佛教的信徒,笮融似乎是为了利用他们,才自称是佛教的信徒。"

在这个信义扫地、谁也不可信的时代,力量就是正义,弱肉强食,时时刻刻都大意不得。在这样的时代中,佛教徒众是很难得的可以信赖的。

所谓漕运从业者,从淮南以南,多是水路,这个行业的人实际上就是水夫集团。他们将顾客委托的物资,运至远地,正确送到指定的对象手中。如果没有送到,下一次就做不到生意了,因此最重要的是信用。

当时佛教徒仍属少数,但信徒之间有很深的联系。只要是必须讲求信用的事,他们之间绝无问题。换句话说,漕运的工作已非他们莫属。

笮融透过陶谦负责漕运的事,知道有这么奇特的集团存在。

"要是能掌握这批人,就可以好好干一番事业……"

而掌握他们的最好方法,便是自己成为佛教的信徒。为成为佛教徒,笮融的做法可谓大手笔:造寺、造像、普度(祭饿鬼)等,规模都很大。而这一切都为了宣告大家:我是佛教的信徒,我做了这样的事,当然佛教徒的领袖就非我莫属了。

信徒们很淳朴地相信笮融,跟随他到现在,他们一直相信他们作战、流血是为了佛法。笮融一再背信的行为只是对付外面的人,对里面的人想必说是"为了佛法"。不过,再怎么淳朴的信徒多少应该会觉得奇怪。水夫和他们的家人大多行过船,见识比一般人广,不会任由他一直欺瞒下去。

"笮融杀了赵昱、薛礼、朱皓……这些和他无冤无仇甚至有恩的人,佛教徒众可能已经开始怀疑了。"孔明说。

"接下去啊。"叔父催他快说。

"一旦知道笮融不是真正的信徒,他的部众中最强大的部队可能会群起而背叛他。我想许先生被我们认为是奇术的那番话,可能和此事有关吧。"

"原来如此。许先生为揭开笮融的假面具,才研读佛教的经典……佛教的教义是如此这般,因此笮融不是你们的兄弟,不是信徒,所以不是领袖……要是能说服他们相信这一点,那他的奇术就应验了?"

诸葛玄盯着侄儿的眼睛说道。他自己都还搞不清楚的事情,十五岁的少年居然能勾勒出鲜明的轮廓,一五一十地讲了出来。诸葛玄再度为孔明非凡的才能吃惊。

三

笮融是细心的人,知道佛教徒众的动向足以置自己于死命,他也料准三次背信杀人的行为可能会动摇他们的信任。

盘踞江南,独霸一方,这是笮融的一大野心。

笮融在担任陶谦的经济官员时,经常聚集庞大的物资,将之运送到徐州,偶尔想到:"陶谦当徐州刺史威服天下,还不是因为有我为他生财?"

想了想,忽然又有个念头闪过:"我也可以独当一面啊。"

这个念头在心中浮现的次数日益频繁,而随着陶谦陷入苦境,笮融自立门户遂成为现实的行动。

笮融并非时机成熟才独立的。陶谦被政敌曹操逼得走投无路,才施苦肉计引进刘备。后来,陶谦卧病在床,刘备自然成为徐州之主。也因此,刘备必须和曹操对决。徐州顿时沦为战乱之巷——在袁绍、袁术、刘表等群雄唾手可得的地域,是容不得其他势力存活的。

"到江南去吧。"

笮融出生于江南丹阳郡,自然会想到要盘踞江南,何况江南又无大势力存在。孙策也有如此想法,得到主子袁术的谅解之后,便执意迁徙江南。这之外,曹操所派遣的朱皓和刘表所任命的诸葛玄,皆非武将。

当时的孙策,只是袁术麾下的一名年轻部将,正要迈开独立的第一步,他

可是拥有兵力的武将，只不过兵力并不强。扬州刺史刘繇为躲避袁术的武力也迁往江南，他虽名门出身，兵力却不够强大。这一干人可谓半斤八两。笮融则因统率可信赖的佛教徒众，而显得略占上风，他所欠缺的是名门出身的美誉。

屈身作揖对笮融并不算什么，他已经习惯了。他先屈就于刘繇，投入其麾下。因为最后最管用的是兵力，所以他可以忍受任何屈辱，只要能增加、蓄养兵力即可。而增加兵力最简单的方法，就是杀掉军队的主子，夺取其兵力——这种事他重复干了三次。

笮融也想过，身为领袖，背信行为会动摇佛教徒众的信赖，但为了换取大利益，只好牺牲小利益。

"简直是卖命走钢索……"

笮融本人也十分清楚自己的立场，因此努力想从增加兵力和失去信徒人望两者中取得平衡，以从窘境中解脱。

笮融以刘繇麾下一名部将的身份，打着援救豫章太守朱皓的旗帜前赴豫章，随即将应该援救的对象朱皓给杀了。此事使他和主子刘繇处于敌对状态，也让自己陷于孤立。

早一步进入豫章的诸葛玄，也早一步逃出豫章，据守于西城。

笮融一方面与西面的诸葛玄对立；又背叛了在北边彭泽县的刘繇，与其敌对；东面则有孙策逐步逼压。

笮融计划先杀诸葛玄，夺其兵力，再乘势击破刘繇，如此可以盘踞江南西部，与东部的孙策并立。至于在二分江南的情况之下，要保有其一，还是与孙策决一雌雄，则视情势而定。

然而，笮融无法立即袭击诸葛玄。

"只要西城维持这个样子，随时都可以拿下。"笮融心里如是想。

说起来，朱皓及其援军笮融才一逼近豫章城，诸葛玄就不战而逃，避走西城，算不得什么敌人。如果在处理这种敌人之际，背后受到刘繇军的攻击，那麻烦可大了。因此，笮融决定暂且不管诸葛玄，全力防备北方的刘繇。

除了要注意刘繇的动向，他也得担心佛教徒众的异心。杀死朱皓之后，如果立即杀害诸葛玄，将会加深厌恶杀生的佛教徒众对笮融的疑虑。他有必要腾出一段时间，使因其杀害朱皓而心生动摇的佛教徒众平静下来——笮融很明

显地感受到他们的动摇。

"为什么要杀掉太守？我们不是要来援救他的吗？"信仰指导者中有一人发出怯生生但语意明确的疑问。

"因为太守在得到我们援助、击退诸葛玄之后，打算杀害我们这些没有利用价值的人。我们有明确的证据。"笮融回答道。

他知道在这种时候说话不可含混不清，最好坚决果断。他对自己的口才很有自信。他将挖空心思所想到的话，准确地射中对方的胸口。力劲不可太强，也不能太弱，话要刺进去，却不可刺穿。他惯常反复搅动停滞在对方胸口的话，以加强效果。如"懂吗""觉得怎么样""明白了吗"之类，且通常他都可以得到预期的回应。

但是，这次笮融对于杀害朱皓的说辞，却没有得到回应。

"怎么了？是杀得太过频繁了？"

笮融想在军中确认这一点。

你们有什么不满吗？有不明白的地方可以说出来。

笮融展开说服的工作，却发现一件奇怪的事：正当他在说服他们、询问他们的看法时，他们的回答却充满一致性，不仅不满之处相同，连表达方式也类似，想来一定是从谁那儿听来什么话，再各自转换成自己的口吻，说了出来。

"这个人到底是谁？"

这是个大问题。笮融脑中浮现数名信仰指导者的容貌。他一个一个过滤。

结论出来了，似乎是外面的人进来散播的，说了一大堆话，动摇佛教部众的心。

豫章附近有数百名佛教徒，笮融的军队进来时，曾受到他们热烈欢迎。但朱皓被杀之后，他们之间的气氛就有了变化。

朱皓是重信义的人，做梦也不相信他会想杀援军主将。

他对佛教教义也有深厚的理解。

这种说法不可信！

似乎当地信徒有人用这种话点燃军中信徒心中的疑火，并更进一步煽动火势。更严重的是，这似乎是有计划的。

四

笮融心慌了。刘繇阵营有许劭这么一位精通心理的人，他既为参谋，必然展开心理战。

"许劭必定派遣奸细动摇信徒的心。"

笮融虽然掌握到这一点，却找不出那名奸细，可是又不能放任不顾，便决定采取恐怖政策。他逮捕豫章郡佛教徒的领袖徐习，罪名是"通敌"，通敌的对象是诸葛玄，处以斩刑，用意在于杀一儆百，让其他人知道以后谁敢乱说话，下场就如此这般。

诸葛玄来到豫章时，徐习曾立刻要求晋见，说明佛信徒为信仰聚会，这是和平的，希望能给予保护。诸葛玄高兴地答应了。二人只见过此次面，日后没发生什么问题，也就不曾再见面。但即便这样，徐习仍然被指为"通敌"。

笮融进入豫章时，徐习也曾请见致敬，但这次并没有请求保护，因为军队主干是信徒，这是众所皆知的事。笮融为怀柔当地的信徒，便给予徐习高位的官职。

此事曾在军中引起小波澜。

"我们在军中少说待了十年，都没得到这样的官位。他才刚加入，就获得这种优遇，这哪算公平？"

此话亦传入笮融耳中。

笮融本意在怀柔，原以为豫章的信徒很多，后来才知道只有数百人而已，便后悔擢用了徐习，徒然引起军中的不满。他正想办法要将徐习降级，以纾缓军中的不满。恰好这时候，刘繇阵营前来扰乱军心，出于整肃军队的需要，徐习成为杀一儆百的牺牲者。

笮融军中的信徒多达万名，而豫章的信徒男女加起来才数百人，他想牺牲少数以消除多数的不满。如果军中的信徒是"旧"，那么，进驻地豫章的信徒便为"新"，任何世界都有新旧的对立。但是，选择让两者对立的笮融，反而暴露出他本人是假信徒这回事，因为这两者之间，同属佛教徒的亲近感远较新旧的对立更为强烈。

处斩徐习非但没有镇压笮融军中的动摇，反而使之更为严重。

第四章 地狱行

徐习被处斩的消息当天传至西城。

"真残忍！像徐习这样的人物很难得啊。"

了解徐习人品的诸葛玄，心情甚为沉重。他询问身旁的孔明："你读过一些佛教的书，如果就教义来看，这件事会如何收场？"

"我对佛教的学识很浅薄，但我知道它严禁杀生。这次被杀的人是信徒，笮融将使自己陷于穷途末路。"孔明回答。

"连小孩都知道这么做是愚蠢的，笮融已经什么都看不到了，再摇一下就垮了。"诸葛玄摸摸下颚。

"不，不会再去摇动他了！子将先生可不是这么慢条斯理的人。"甘海说。

刘繇阵营视许劭之意而动，这已是众人皆知的事。

"是吗？甘海，你和那个文波交情很好，对子将的事似乎知道不少。不过，笮融的军队不同于普通军队，我认为还有另一次的撼击。我们哪一个猜得对？"

"属下认为现在已不是打赌的时候，"甘海摇头说，"要到豫章城，就属我们最近，刘繇先生和子将先生都还在彭泽县。我们应该趁现在整军……"

"哦？那么说，我要跟他们交战啰？"诸葛玄继续摸着下颚说道。

甘海建议趁笮融阵营动摇之际，大举进兵。夺回豫章城也许并不困难，问题是，接下来必须与拥有许劭这位令人畏惧的军师的刘繇交战。甘海一时为之语塞，但还是说了一句："不过……这不是乱世之常吗？"

"乱世之常？阿亮，你的看法如何？"诸葛玄转头问孔明。

"派遣使者到彭泽，请其共同夹击，如此不就不用与之为敌了吗？"孔明说完，略微低头。

"我想也只有这个办法了。"诸葛玄表情转为严肃，停止抚摸下颚。

"也就是说，要投降。"过了半晌，诸葛玄慨然地加了这句话。

"投降不也是乱世之常吗？"孔明立即接口说道，"我认为交战是乱世之常，不战而降也是乱世之常。不战的话，也许还可以救许多人的性命……而且，这也是成为大英雄的踏板。"

"大英雄？"

大英雄可以救乱世，一定要出现才行。

"你自己何不当大英雄……"孔明偶尔会在自己心里听到这样的声响。

"我想磨炼辅佐的才能,镇服乱世的英雄必须具备别种才能。至于能否遇得到这个英雄,则要看我自己的命运。"孔明如此回答自己。

刘繇到底是否具备大英雄的资质,现在还看不出来,但至少他能肯定善于品评人物的许劭,不妨把他视为有实力的候选人。

五

刘繇很有自信地进攻豫章城。除了军师许劭,又多了一位名将——同乡的太史慈。太史是姓,慈是名,字子义,在渡江作战中,他曾与随有十三骑的孙策发生遭遇战。正打得难解难分之际,两阵营的大军来到,因而未分胜负,这便是著名的"神亭之战"。

豫章城意外得脆弱,不过所谓"意外"是一般人的看法,许劭则视为理所当然,因为笮融的军队士气骤然低落,几近战意全失。

"收并西城兵力,日后再一雪耻辱!"

笮融放下此话,舍弃豫章城,渡赣江逃往西城。刘繇并没进一步追击——他原本有意追击,但为许劭劝止。

"交给诸葛玄去办好了。"许劭说道,命令将兵暂且休息。

笮融老早就想夺取在西城的诸葛玄军队。当然夺取军队之前,先得杀掉诸葛玄——这是笮融一贯的伎俩。

笮融在豫章失去一半兵力,败退中又逃走一些人。虽然如此,进入西城时,还保有四千兵力,他们几乎都是佛教徒众。而西城的诸葛军才一千二百人,就兵力而言,完全不成问题。笮融军攻城之前,诸葛玄的部队却早已撤离。

虽然兵不血刃地入城,但笮融的目的在于收并西城兵力,因此交战这才要开始。笮融军在城内展开搜索。没多久,笮融面前堆满值钱的物资,只是住民和军队都走避了,留在城内的人为数极少。

孔明却留了下来,他被带到笮融眼前。孔明毫不隐瞒自己是诸葛玄的侄儿。

第四章 地狱行

"哦,你就是人家所说的君贡的儿子啊。"

笮融叉开双脚说道。君贡是孔明父亲诸葛珪的字。

"是的。"

"你为什么不逃呢?"

"我是出家人,战争胜负与我无干。"

"哦?出家人?"

笮融心生好奇,他刚被逐出豫章城,心情当然不佳,故而好奇的眼光中带有恶意。

"是的。因为年龄不足,还不能得度,现在修行中。"

"你几岁?"

"十五。"

孔明低着头。他个子高大,加上态度极为镇定,一点也不像十五岁。

"你说修行,是做什么修行?"

笮融微笑,环视四周。城楼的大广场,聚着笮融军的将领百余人,每人都一脸疲惫之色。笑的人只有笮融而已。

"我正在研修支谶师的《道行般若经》。"

"哦?那你讲解看看。喏,就在这儿。"

笮融是以受凉似的鼻声说着,声音里的鄙夷似乎在说:"你这乳臭未干的小子还真神气!"

支谶师即大月氏国出身的支娄迦谶。据说在桓帝末年,大约公元165年来到洛阳,从事翻译的工作。在长达三十年的时间里,他将许多经典翻译成汉语,其中最重要的是《道行般若经》。此书以"空观"(认为万物的存在都是虚无的)阐释般若(智慧的启悟),在原本咒术意味甚强的中国佛教中,注入浓厚的哲学要素,是一本独特的经典。

一直利用佛教为工具的笮融,其实对佛教并没有多深的研究。不过,他也知道《道行般若经》当时是佛教学最前端的经典。

笮融拔出剑,直直插在土上。

"据说地狱有所谓剑海刀山,如果你胡说八道的话,小心被推下地狱。"

讲道和地狱根本是两码事,笮融想威吓少年孔明。

处斩徐习以来，周围的人都提心吊胆，笮融看在眼里，有股快感。所有的人都伏地而跪，唯独他昂首睥睨天下。谁也不敢拂逆他，他的恐怖策略似乎起了效用。他被迫放弃豫章城，也许是部众过度畏惧的缘故——笮融因此有意略微放松紧绷的缰绳，希望多少提升一下士气。放松之前，还要再勒紧一次，这是放松马缰的常识。笮融想以这个十五岁的少年为对象，对部众进行战术性的勒紧示威。

"诸葛玄的侄儿，哼！乳臭未干还真神气，看情形把你给宰了！"

孔明从笮融充血而通红的眼睛里，感受到他在打什么主意。

"股栗"这个形容词，一如字面的意思，即腿股战栗。孔明也不免股栗，但一点也不后悔留了下来。

"叔叔，我想留下来。"

听孔明这么说，叔父问道："你留下来干什么？"

"我想留下来增广见闻。"

"见闻？嗯，好吧。"

没想到叔父很干脆地答应孔明留下。但相对地，孔明的姐姐铃也说要留下来，却被他斥声反对："拖也要把你拖走！"

被这么一吼，铃即使再任性，也只有打消留下来的念头。

少年孔明强忍股栗，缓缓地环视四周。只见唯独笮融箕坐着，后面的将领不是盘坐就是正襟危坐。盘坐又称"胡坐"，据说是异域民族的坐法。东汉的人，尤其是军人很流行这种坐法。

"喏。开始讲道吧。"

笮融站起身子，拔起插在土中的剑，紧握剑柄。

孔明吞下口水，张开嘴，嘴唇不住颤抖。笮融看了，一边脸颊歪扭起来。

"我们眼睛所看到的一切东西，其实都不是实体的东西，全都是虚幻的……"

"等等！"笮融把剑高举过头，"我的眼睛就看得到你，十五岁的大个子，这也是虚幻的吗？不是实体吗？你是这么说的吗？"

"是的。"孔明用力点头。

"那么，我就让你变成这个样子——没有你这个实体存在，你没活在这个

世上,你恢复成虚幻的尸体!"笮融往前踏进一步。

孔明闭起眼睛,等待剑挥下来的咻声,但没听到。奇怪的是,股栗居然停止了。他睁开眼睛。

映入眼中的是笮融涨红的脸,两眼赤红如着了火,嘴巴张得像裂开一般,整个人却动也不动,异样地静止,两眼睁开却没有焦点,根本没在看东西。

只一下子,右唇边流出血来,血从下颚顺着喉结,渗进衣领,笮融的身体就在这时往前倒下。笮融的头发散开在孔明的脚边,背后赫然插着一把斧头!

"不要怕!这是我们大家一起干的。大家一致决定要杀掉他。我们想去投靠诸葛玄先生,请你帮我们传达。"

一位个子瘦小、头发斑白的老人蹒跚地走出来,对孔明这么说。在场的笮融军将领也都站起来,凝视着孔明。

第五章

襄阳春秋

第五章　襄阳春秋

一

东汉末年，洛阳遭董卓彻底破坏，长安则有军阀混战，因此当时中国最繁荣的城市当属襄阳。

春秋、战国时期这一带属于楚的版图。秦统一天下之后，以此地区的汉水以北为南阳郡、汉水以南为南郡，汉亦沿袭之。

襄阳城位于汉水南岸，隶属于南郡，对岸是樊城。但现在的行政区则将两者合并为襄阳市，隶属于湖北省。如以州而言，襄阳当然隶属于荆州，此州刺史原本驻在武陵郡汉寿，但刘表令其移至较靠北的襄阳。

"跨连荆、豫，控扼南北。"如地理书所示，襄阳跨越江北的荆州和河南的豫州，与黄河和长江相连。流经襄阳城北的汉水，南流注入长江，注入长江的地点，即汉口。在襄阳周边，自北下流注入汉水的白河，其源头在老君山。同样地，伊河的水源也在老君山，它北流注入黄河。伊、洛并称，联结中原中心洛阳。汉水的上游直溯秦岭山脉之南，上至汉中。

襄阳为联结中原（洛阳周边）、关中（长安周边）和长江沿岸这三个堪称中心地区的要冲。在东汉动乱时期，有许多人来此避难。此地虽为要冲，但群雄忙于争霸中原、关中，尚无暇顾及。因此，刘表可以说割据了一块真正的上好地盘。

襄阳城东北有名为"大堤"的地方，由于汉水经常泛滥，此区并非直接建在河边，而稍有隔离。汉水两岸筑有城壁般的堤防，周边一带不知何时成为风花雪月的烟花区，汉代乐府（搜集民间歌谣的乐集）中有所谓的《大堤曲》，后来历代诗人都作有以大堤为主题的诗。

唐代张柬之诗曰：

南国佳人多，
莫若大堤女。

同属唐代的李贺的《大堤曲》则续之以：

莫指襄阳道，
绿浦归帆少。
今日菖蒲花，
明朝枫树老。

这是叙述大堤妓女对客人所说的话。意思是说："你不可以离开襄阳，返回绿岸的船只可是很少的。今天虽有菖蒲花开，明天枫树可就凋萎了。"这是在劝诱客人，人生苦短，要及时行乐啊。

东汉末年至三国时代，中原和关中荒废不堪，襄阳可谓繁荣异常，当然，大堤一带也就热闹非凡。

大堤街上不仅青楼林立，还间杂着汉水漕运业者的商店。船只在樊城靠岸较方便，因此行往襄阳的船只就没那么多。

在大堤某座邸宅的楼上，诸葛玄卧在床上，床边坐着一位郎中。

"疲劳甚于伤势，先生不应该回襄阳，而应在豫章静养。"郎中说。

诸葛玄不禁苦笑。豫章怎能静养呢？起先遭笮融的佛教徒军队攻击，从西城撤出，所幸笮融军发生兵变，才好不容易脱险。但还没来得及喘息，这次又受到刘繇攻击。

佛教徒军倒戈支持诸葛玄，诸葛玄总算愁眉一展。可是与刘繇交战，却负重伤。他心想此番死命难逃，便拜托徐季说：

"我的命运要到此为止了。希望你能帮助我的家人，请你护送他们至襄阳；并请你把此信交给刘表先生。"

徐季是豫章地方佛教徒的指导者，也是被笮融杀害的徐习之弟。

"如果只护送先生的家人，在下无法答应，除非连先生一起护送到襄阳。"这是徐季的答复。

"你看我伤得这么重，身体动不了。"

"我会用担架护送先生到襄阳。"

"会碍事的，还是不要管我吧。"

"身为佛教徒，不能舍人不顾。"

徐季执意一定要连他一起护送，身负重伤的诸葛玄已无法坚持。

据甘海所得的情报，在攻打诸葛玄的刘繇后方，孙策正蠢蠢欲动，想予以袭击。这是一场混战。民心慌乱，百姓被拉去充军，许多人丧失性命。更有不少人成为自暴自弃的亡命徒，他们专以逃亡者为猎杀目标，身负重伤的主将脑袋必然可以卖得高价。诸葛玄如果一人留在豫章，性命必定难保。

诸葛玄善待佛教徒，徐季为报其恩义，愿护送他至襄阳。此行一共有二百余名佛教徒众跟从，由徐季指挥。

为了尽量不影响诸葛玄的伤势，队伍行进很缓慢，以便有休养的时间。但这终究有限度，如果在一处地方停留稍久，可能会引起附近居民的注意，造成气氛的紧张。

十六岁的少年孔明参加了这趟亡命之行。姐姐铃和弟弟均早已跟随婶婶从彭泽进入长江，由水路自江夏转入汉水。水路行进对病人来说较为轻松，但因彭泽、柴桑一带已有孙策军戒严，诸葛玄绝对过不了。

"再怎么伪装都没有用。所有旅客都被要求洗脸，认得太守容貌的人正在那边守候。"

甘海的情报应该是准确的。

"我露脸过多了。"

诸葛玄虚弱地笑着——他在就任的旅途中太过大意了，在每个地方他都以真面目示人，即使进入豫章城以来也是如此。孙策这才召集认得诸葛玄容貌的人，并组合其中互不相干的数人，分派于要处。

发现即格杀勿论——杀戮被视为是提高权威最简单的手段。在这个时代，企图称霸的人首先必须使别人惧怕自己。自称佛教徒的笮融多次杀人，除了想接收对方的军队，也想借恐怖政策展示自己的权威。

选择孙策军队尚未渗透的山路,理由也就在此。但山路虽然没有孙策的军队,却有想猎获值钱落难者以领赏的饥民。

"我并不恨这些人,说起来,他们也是可怜人。"徐季对孔明说。

接触到充满敌意的居民,孔明不觉露出愤怒神情,徐季以温和的口吻责备他。此事重复几次后,孔明慢慢了解徐季的话。

二

自豫章启程的山路,是沿着赣水支流南山往上攀行。现在的地图有"袁水"的地名——因隐士袁京曾住附近,而有袁山、袁水的地名——东汉末年当然尚无此地名,只笼统地称呼为南水。

进入宜春县(在今江西省),诸葛玄一行在仰山停留约两个月。山麓有二十几户民家,全是佛教徒,总算可以松懈一下。

仰山周围是数百里的大山,顶高危陡,只能仰观,无法攀登,故而被称为仰山。传说后来晋代仙人邓表在这一带潜居修行,提炼仙丹,而被取名为邓表峰。他们打算在此待体力复原之后,再往西行。原本还想再停留的,但听村人说孙策的使者来到宜阳城,他们决定尽快启程。

诸葛玄躺在担架上,由佛教徒轮流抬,孔明则跟在旁边。徐季通常都陪在他身旁,偶尔跟他交谈。孔明用心吸收他的经验之谈。

他们由宜阳来到萍乡。据说以前楚昭王曾在此渡河采萍,而有此名。所谓萍,即在水面漂浮的浮萍。徐季为少年孔明讲解地名的由来。

接下来,一行人又由萍乡出醴陵,流经此地的界河已非属赣水系,而是湘江系的绿水。此地不属江南,已经进入湖南。这意味着他们已经逃出孙策的势力范围。虽然不知道刘表的力量及于何地,但至少已经进入不用畏惧孙策的势力范围了。

他们在湘潭进入湘江,随着水流经长沙,泛浮洞庭湖。虽然是刮风起浪的日子,却可享受无须避人耳目的旅程。在洞庭转进长沙之际,护卫的佛教徒众大部分都下长江归返豫章,只有徐季等数人同行至襄阳。

第五章 襄阳春秋

刘表派遣特使在江夏迎接诸葛玄。江夏郡太守系刘表的部下，是曾在岘山射杀孙坚的黄祖。江夏时常有孙策来袭的谣言。孙策想报父仇。的确，对孙策而言，即使他已自袁术麾下独立，但为了被认定为独当一面的霸者，他必须先报父仇才行。

"大家都在说就因为太守黄祖杀孙坚有功，才使江夏成为小霸王觊觎的目标，添加众人的烦恼。你将来长大可能也会在人之上，可不要做添加众人烦恼的事情。"

徐季对孔明说道。小霸王指孙策，这是当时人们给他取的别号。

刘表给回到襄阳的诸葛玄一座二层楼的官邸，地点在大堤，隔壁还安置一名郎中，照顾得相当周到。《资治通鉴》记载：

> 刘表爱民养士，从容自保。境内无事，西、兖、豫学士归之者以千数。表乃起立学校，讲明经术。命故雅乐郎河南杜夔作雅乐。

意指刘表在襄阳保存洛阳、长安快要消失的东西。诸葛玄是刘表所养的士之一，一旦为刘表所养，刘表就照顾到底。

诸葛玄察觉自己的病已回天乏术，没有子嗣的他，便期待侄儿孔明，还令孔明服侍于床侧。由于他的病不是传染性的，襄阳名士陆续来探望，他有意让孔明听取他们的交谈。

"我已经不久于人世了。老实告诉我，现在世局如何，又该当如何？"

诸葛玄问探病的客人，客人看看四周，只有孔明一人。

"这孩子绝不会对外透露任何事。"

诸葛玄说。虽然不是全部，但有不少访客吐露内心话。

关于时事，则有赖甘海四处走动，搜集情报。

在诸葛玄一行受佛教徒众护卫，展开自豫章至襄阳的旅途期间，发生了一件大事：被董卓从洛阳挟持至长安的献帝，已逃出长安。董卓已为吕布所杀，而吕布也被放逐。因此，长安并没有值得称道的突出人物，而李傕、郭汜、樊稠一干二流军阀相互猜忌，这才给献帝脱逃的机会。

献帝离开长安宣平门，时值兴平二年（195年）七月，正好是诸葛玄在豫章的时候。献帝一行在旅途中度过岁末，改元建安。同龄的献帝和孔明都在极艰辛的旅途中迎接十六岁的到来。献帝回到洛阳，已是建安元年七月的事了，距离逃出长安正好一年。

当时洛阳荒芜，自长安随行的百官无屋可居、无粮可食。连献帝也屈居在未烧毁的前宦官赵忠的官邸里。后来洛阳实力者曹操才迎接献帝至自己的势力城池——许昌。

"今曹操拥天子而立，而后曹操的意思将被视为天子的意思。显然，他已在群雄中鹤立。说一句不好听的话，景升（刘表的字）先生也太糊涂了，为什么不迎接天子来襄阳呢？委实令人失望。"一名访客这么说，流露出一副遗憾的神色。

"洛阳是天子降临之地，天子当然会怀念。襄阳虽然繁荣，终非天子熟悉之地。可能对天子没有什么吸引力吧？"病床上的诸葛玄为刘表辩护。

"洛阳已经烧成废墟了，天子才会去许城当曹操的人质。去许城或襄阳，有何差别？许城还是穷乡僻壤呢。为什么不早点探知天子出长安的事？然后夺下风辇，进入终南山。只要越过秦岭，汉水的支流洵水就在咫尺之间，这条河就直通襄阳了。"

客人说了一番自我陶醉的话，但立刻又察觉说这些完全无济于事，便闭口不语。

"比起早一步知道天子脱身的事情，更重要的是，景升先生要是有此意，就应该积极地迎接天子来襄阳。"

一直保持静默的孔明，内心如此批评。

三

徐州的情势也混沌不明。

被曹操的复仇战打得落花流水的徐州陶谦，于兴平元年（194年）抑郁而死。他将徐州托付给刘备。

袁术觊觎徐州，频频动兵。刘备的猛将张飞驻屯下邳，坚守不退。袁术疲于攻击。

下邳乃封国，当然有朝廷所任命的相，即陶谦的旧部属曹豹。曹豹素来与张飞不和，在曹豹眼中，张飞充其量只不过是旧主陶谦的食客刘备之部下。张飞的脾气是对上客气，对下傲慢、嚣张。张飞认为曹豹在他之下，态度自然傲慢，因而埋下不和的种子。最后张飞杀掉曹豹，造成下邳的混乱。

袁术一看机不可失，便以供应军粮为条件，令吕布攻击下邳。刘备赶来援救下邳，却为吕布击破，家人亦被吕布抓去当人质，刘备只好投降。然而袁术并没有履行供应军粮的约定，吕布怀恨在心。

"我不甘再屈居这家伙底下，我要当一方领袖！"

吕布心里这么想，无奈手下兵将太少，他是为收刘备为义子，才接受他投降的。吕布取代刘备，自称徐州牧，并任命刘备为豫州刺史。

袁术的部将纪灵带领三万军队攻打刘备，刘备向吕布求援。吕布的部将劝说："这是消灭刘备的好机会，不必再理他。"

吕布说："不行，袁术一旦攻破刘备，就会联合泰山诸将包围我等。这时候非助刘备一臂之力不可。"

于是，吕布进兵。他一旦出兵即形同调停，刘备和纪灵都退兵。吕布对刘备本来就不具好感，他的部下劝他乘此机会除掉刘备，但吕布为保持牵制袁术联合泰山诸将的态势，才想暂时利用刘备的势力。后来，刘备兵马聚集到相当人数时，吕布便毫不迟疑地出兵攻击——吕布此人便是如此任性。

遭吕布大军攻击，刘备逃去投靠曹操。曹操为培植足以和吕布对抗的势力，便接纳刘备军队，并提供粮食，令他驻屯沛地。

在这种情势下，迈入建安二年（197年）。

诸葛玄的病状日益加重，连说话都显得吃力。有时别人不说话，他便不高兴，因为他想多听别人说话。

住在隔壁的医生张仲景，每有访客时就会事先问对方要说些什么话。如果是他认为足以影响病人心情的话，便很严肃地告诉对方："这些话请勿提起。"

新年开始没多久，袁术在寿春自称皇帝。黄巾之乱后，各地群雄割据，

但包括嚣张的董卓在内，还无一人敢自称皇帝。这是一件富有冲击性的事件，张仲景却允许探病的客人提及此事。

"为什么呢？让叔父知道此事，不是会影响他的身体吗？"孔明问医生。

"哈！哈！哈！"张仲景笑得很怪异，"如果自称皇帝的人是曹操，那这件事就可能影响令叔的健康。可是，主角是袁术，这个蠢蛋所做的蠢事，倒是毋庸担心。"

"原来如此……"

孔明总算会意了。

访客告知袁术称帝的事，病床上的诸葛玄说："这可能对曹操有利。"

连说这么一句，似乎都很辛苦。

"为什么？"

孔明很想问，可是眼看叔父那么难受，话就没有说出口。自叔父病情转重之后，能回答孔明疑问的，就是医生张仲景。张仲景虽是诸葛家的医生，但在众人眼中，他是通晓万般学术的大学者。

"先生为何想到要学医？"

有一次，孔明问张仲景。像他这样的大学者通晓医术，可以说反而不利——因为当时的社会将医师和命相师、巫师同列为方术之士——孔明有此疑问是极自然的。

被如此一问，张仲景脸上略浮郁色："我的父母、兄弟都不在人世了，全都死于伤寒。"

张仲景只说这么一句，便不再多言。对孔明而言，这样的答复已经十分足够了。

日后，张仲景成为长沙太守，可见他并非普通的医生。不过，后世知道张仲景是《伤寒论》的著者，远甚于长沙太守。对当今中国医学研究者而言，张仲景的《伤寒论》具有极高的地位和权威。伤寒是一种传染性的急性热病，张仲景一家人全被这个疾病夺走生命。因此，他以学医对疾病展开"复仇战"。

张仲景如此解释病床上诸葛玄所说的简短的话："曹操挟持着天子，他可以用勤王军的名义讨伐袁术，袁术是自己制造这个罪名的。袁术阵营的人不愿

成为叛贼,势必纷纷逃离,时日愈久,曹操愈容易对他进行讨伐……令叔做如是的预料。"

四

孔明的姐姐铃自豫章回到襄阳,没多久便嫁到庞家。十八岁出嫁在当时算是有点晚了。

庞家乃襄阳名门。当家的庞德公住在岘山南麓,未曾进过襄阳城之门,过着悠闲的晴耕雨读的生活。

刘表决定割据此地时,当然想和当地望族广结善缘。蒯家的蒯越和蔡家的蔡瑁等人,便成了刘表的高级幕僚,参与军事和行政。刘表曾多次邀聘庞德公,但一直被他婉拒。

"不登城门是在下的生存之道。"

惜士的刘表特地到岘山南麓拜访庞德公,展开最后的游说。

《后汉书·逸民传》中,引用刘表的话:"夫保全一身,孰若保全天下乎?"意思是:既为士,就要为天下之安泰而尽心尽力,甚于为自己一身之安泰,这不正是身为士的最大愿望吗?既然如此,先生为何要拒绝出仕呢?

对于这个质问,庞德公回答如下:"鸿鹄巢于高林之上,暮而得所栖;鼋鼍穴于深渊之下,夕而得所宿。夫趣舍行止,亦人之巢穴也。且各得其栖宿而已,天下非所保也。"

——大鸟在高林上筑巢,为的是夜晚可以在那里栖息;鳖、鳄在深渊下挖穴,为的是能在那儿安身;人类的生存方式如同动物之筑巢穴。想得到可以安详休息的场所,乃是人的本能,又何须顾及天下大事?

庞德公说着,就停止了耕作,坐在田埂上,妻子则在其面前拔草。刘表指着庞妻说:"先生苦居畎亩(乡下)而不肯官禄,后世何以遗子孙乎?"

既然以士之大志,不能令其动心,刘表便想从利害方面去游说,告诉他"官禄"可以使他留很多东西给子孙。

庞德公回答:"世人皆遗之以危,今独遗之以安,虽所遗不同,未为无所

遗也。"

——阁下说在下没遗留东西给子孙，未必吧。世人遗留危险给子孙，在下则遗留安全给子孙。只是遗留的东西不同而已，不能说没有遗留下东西。

刘表叹息而去。

之后，庞德公遂携其妻子登鹿门山，因采药不返。

《后汉书·庞公传》中以此作为结尾。他有几个儿子不得而知，可能有儿子跟随他进入鹿门山后就不再外出。但其中一个儿子庞山民则娶了诸葛孔明的姐姐铃，后来出仕魏国，官至黄门吏部郎。

也许是隐者庞德公看中孔明的姐姐铃，因此娶她当儿媳妇；也许是病中的诸葛玄肯定庞山民这个人，让他成为侄女婿。不管怎么说，叔父有病在身，在姐姐的婚礼上，便由孔明代表一家之长。

如同《礼记》所言，婚礼不贺，人之序也。

古时候婚礼并非喜事，人之序即为人之道，不可祝贺婚礼。新娘的娘家必须三天不熄灯，以表示双亲和兄弟姐妹为新娘的离别而伤心，以致夜不成眠。新郎之家也要三天不唱歌听乐，因为迎娶意味着双亲年老，自己继承其后，必须表达出为双亲衰老而悲伤的心情。不过，这种周朝的礼节到汉朝就不被遵行，反倒出现祝贺的风俗，形成各种规矩，十七岁的孔明当然也随俗而行。

"婚"中有"昏"，是在傍晚举行的。属阳的新郎迎娶属阴的新娘，一般以为仪式适合在阴时即将到来的黄昏举行。因为迎阴，包括新郎，其家人全都身穿缁衣（黑衣），乘坐的车子也全漆成黑色。但可能觉得这样太过阴沉，到汉代已改成蓝色。

青庐，即以蓝色幕布覆盖的房间，新郎新娘在此相互拜礼，这便是婚礼的仪式。新娘向新郎双亲拜礼，则在隔天早晨。

"庞家虽非富裕，可还是荆州人尽皆知的名族，阿铃的父亲应该会满意吧？"婚事举办之后，诸葛玄如此说道。

庞家位于岘山南麓，覆盖蓝色布帘的新娘车从大堤驱向南方。孔明身着蓝衣随车而行。

"阿亮，不要紧张，你可是诸葛家的栋梁啊。琅邪诸葛家绝不输给襄阳庞家。"

新娘铃人在车上，还特意鼓励代表家长的弟弟。孔明不禁苦笑，心想姐姐就是姐姐。跟在孔明后面的，是媒人司马徽。

司马徽，字德操，颍川阳翟人，是知名的人相鉴识泰斗，为避战乱而移居荆州。他也拒绝刘表的延揽，理由是："我生平最喜欢培植人才，我认为自己适合这样的工作。现在与其叫我出来当官，不如让我多培植一些人才，这样更有意义。"

司马徽也劝自己的弟子不要去臣侍刘表。

"为什么？"

有一次，司马徽前来探望叔父，回去时孔明送他至门口，悄悄问他。

"你每天都在病人身边，难道不明白吗？"这是司马徽的答复。孔明没再多问。

司马徽把刘表看成"昏君"。

"世上有看来不像昏君的昏君，这是麻烦，特别是看来像明君的昏君。"

孔明想起司马徽曾经这么说过，他指的是刘表。因为刘表爱民、养士，所以看起来像明君。如果一看就像昏君的昏君，众人一开始就会对他心存戒心，受害者便在少数。但因他是看起来像明君的昏君，所以才会出现诸葛玄这样的牺牲者。

随着新娘车来到岘山南麓的庞家门前时，司马徽趋身靠近孔明，说道："令叔应该学学这儿的主人。"

五

"本来你应该到外面走动，多和别人交往的，却因为叔而足不出户，真对不起你。"病床上的诸葛玄有一天对孔明说。

"不，我在这里，虽然不出门却可接触到天下的大人物。"孔明回答。

"说得倒也是……"诸葛玄的声音日益微弱，容貌也日益憔悴。

"我每天可以看到张仲景先生，学到很多东西。"

"这就好。我死后，你就到德操的塾里进学……"

说到这儿，诸葛玄噎住了，可能是痰的关系，喉咙清痰的力量也一天比一天衰弱。

司马德操因仰慕庞德公，从颖川来到荆州。德公之子山民和孔明姐姐铃的婚事，便由司马徽媒妁促成。

袁术称帝之后，发生张绣返回穰地的事件。张仲景禁止人家告知诸葛玄这个消息。

"我原以为袁术称帝这件事比较严重……"孔明想知道究竟怎么回事。

张绣是凉州出身的董卓系将军张济的侄子。献帝逃离洛阳之后，张济进兵荆州的穰地，侵入刘表的势力范围。然而张济却不慎中流箭身亡。荆州驻防人员向刘表报告此事，并说："这可好了！"但刘表却皱起眉头向众人说："张济因走投无路来荆州，身为荆州之主的我，未能尽待客之礼，而与其交锋。这绝非我的本意。对于张济的事，我应该哀悼，而非庆贺。"

失去主子的张济军队，衷心地归顺刘表，一时传为美谈。刘表的确显露一副明君的模样。

张济的侄子张绣承接军队，被视为刘表系的将军。张绣在年初曾与曹操交战，败北投降。然而，当曹操纳张绣之婶，也就是张济的未亡人为妾时，引起张绣的愤慨，而突袭曹操军。曹操因此战失去长子曹昂。曹操军退至舞阴，张绣未深追，却返回荆州穰地。

"袁术称帝那是发生在寿春的事，从荆州来看，是不相干的大事。但杀死曹操长子的张绣回到我们荆州可就不同了。令叔要是知道此事，可能会痛心。"张仲景如此说明。

铃新婚回门后没多久，甘海就带来不好的消息：刘繇和许劭相继去世。

诸葛玄和刘繇是洛阳时期的旧友，却在豫章为太守之职相争。刘繇后来被孙策追逐，也和诸葛玄一样亡命于山中。许劭似乎追随刘繇到底，刘繇先死，十数天后许劭亦死。

"子将，你可先走一步了。"

经常来大堤探病的司马徽仰天叹道。二人同为人相鉴识名家，而且一直为人并称。

"人世是虚无的。"孔明耳边响起旅途中徐季经常说的一句话。

第五章　襄阳春秋

"再看看身体状况，现在最好不要告诉他。"

"的确。不要再提去年、前年的事，就连提豫章的地名也可能对他的身体有影响。"

大人们交头接耳地谈着。但是，诸葛玄还是在十天后去世。死前三天，刘表来探望说："诸葛兄，你不好起来可不行！还要仰赖你呢！"

刘表走出房间，泪眼滂沱。孔明盯着他的眼泪看。

"这是看来像明君的昏君吗？"

孔明意会到自己还有很多地方要学，尽管形同父亲的叔父已濒临死亡边缘，孔明这时却觉胸口有股气息奇妙地跃动着。

诸葛玄弥留之际，司马徽轻声地在他耳边说："正礼（刘繇）和子将都过世了。"

诸葛玄的嘴唇微微开启，司马徽和张仲景专注地看着他的嘴形，然后，张仲景点头说："是啊！是啊！"

后来，张仲景告诉孔明他从临终病人唇形读取的话："是吗？他们都在那儿等我了……就像徐季先生所说的……"

话只说到这儿便停住了。

一个月之内，孔明以一家之长的身份先后独力主持婚礼和葬礼，并且不是形式，而是实质的。虽然有监护人，但他们全交给孔明去处理，似乎认为这是对旧友的侄儿最好的教育。

"我想把大堤这座房子还给州牧大人（刘表）。"

葬礼之后，孔明对叔父的友人说。

"你打算住什么地方？"司马徽问。

"我已经找好住的地方。"

"哦？在哪里？"

"隆中。我和均两人住在一块儿。"孔明回答。

隆中在襄阳城西方约十公里处，现在仍保留同样的地名。孔明想离开烦嚣的城镇，耕田为生，过着比较惬意自然的生活。

叔父在世的时候，孔明不曾离开叔父身边。但他一想到人生是自己的，便兴起不可虚掷的念头。他决定真挚地过活，他还年轻，尚未面临烦人的问

085

题。不过，他已暗下决心，就如司马徽所言，不出仕刘表政权。

今后孔明要进学的司马徽学塾，正好在隆中到襄阳城的中间。不仅自己的学业，他还必须考虑弟弟均的教育。诸葛孔明虽然年事还轻，却是个好家长。

"你太常和大人在一起了，都没跟同辈的小伙子玩，以后应该多和他们交朋友。"这是张仲景对孔明的忠告。

附　记

关于诸葛玄的死，《献帝春秋》一书有不同的说法，广为人知的是：

> （朱）皓入南昌。建安二年正月，西城民反，杀玄，送首诣繇。

也就是说，诸葛玄在豫章的西城被叛乱的百姓所杀。

《三国志·蜀书·诸葛亮传》则记载：

> 玄将亮及亮弟均之官，会汉朝更选朱皓代玄。玄素与荆州牧刘表有旧，往依之。玄卒，亮躬耕陇亩……

大意是说，诸葛玄被任命为豫章太守，带着侄子亮和均前往就任，但朝廷另外又任命朱皓为豫章太守，因此玄只好投靠荆州旧友刘表。后在此终其一生，诸葛亮则从事农耕。

《三国志·吴书·刘繇传》记载：

> 笮融先至，笮音壮力反。杀太守朱皓，入居郡中。繇进讨融，为融所破，更复招合属县，攻破融。融败走入山，为民所杀。繇寻病卒，时年四十二。

内文并没提及诸葛玄。

依拙见,《献帝春秋》所谓的诸葛玄被百姓所杀,可能是将笮融被杀给搞混了。

《献帝春秋》已经佚失,只留下作《三国志》注的裴松之(372年—451年)所引用的部分。著作的年代不明,作者系袁迪之孙袁晔。祖父袁迪比孔明稍微年长,属于同年代。《三国志》作者陈寿,也是《诸葛亮集》的编者,算是诸葛亮研究专家。如果诸葛玄真的在豫章西城死于非命,应该会有所记述的。陈寿在蜀出生时,孔明还在世。

后来,《续后汉书》《资治通鉴》等著作,当然全都排除诸葛玄死于豫章的说法。但现代学者也有人采取《献帝春秋》的说法,就连笔者在拙作《秘本三国志》也写道诸葛玄死于豫章。

此外,也有人说诸葛玄自荆州往豫章就任时,只带其兄长子瑾同行,年幼的孔明和均都留在襄阳。后来玄死于豫章西城,瑾留在江南,不久出仕吴国。此说涉及孔明兄弟为何离别的缘由,有相当的说服力。

第六章 英雄榜

第六章 英雄榜

一

襄阳是平和的,离襄阳城十公里的隆中更为平和。

没有战争的襄阳却到处听得到关于战争的种种,有关战争的各种讯息不断地流进来。为寻求和平,有不少人从沦为战场的土地来到襄阳,从他们口中可以听到历历如绘的战争描述。

刘备遭吕布攻击转而投靠曹操,并在沛地聚集兵力,曹操为他提供军粮。自称徐州牧的吕布,企图一举击破刘备,为进出中原寻求踏脚石。

当时,原来的徐州牧在下邳,吕布也在那里,该地即现在的江苏省邳州市,彭城在其西约七十公里处,即现在的徐州市。吕布的势力范围一直到那一带。

刘备所据的沛城,位于彭城西北六十多公里处。如果攻下沛城,可以右凭泰山,直取黄河流域。群雄最终的争霸目标——中原,位于黄河中游。对吕布而言,这当然是令他垂涎的土地。

刘备背后有曹操,吕布自忖凭一己的力量无法遂愿,便和称帝的袁术联手。他命令高顺、张辽诸将攻击刘备。九月,沛城落入高顺手中,刘备甚至不及带走家人,自己一人狼狈而逃。

曹操在此时发军讨伐吕布,会合刘备残败的兵力,于十月攻陷彭城,逼至吕布的居城下邳。

吕布的参谋陈宫主张固守城池,但吕布不听,迎击曹操军,大败归城。陈宫再建议二分军队,吕布率一军驻屯城外,与城内之军里应外合,让远来的曹操军疲于奔命,再予以击溃。但这个建议因吕布之妻反对而胎死腹中。如果二分军队,守城的将军为高顺,参谋陈宫当然留在城内,然陈宫和高顺素来不

和，因此吕布之妻的担心也不是没道理。加之，陈宫与曹操原为旧好，她唯恐陈宫倒戈。

既然如此，只有向袁术求救了，于是吕布派遣使者前去。然而这之前袁术想娶吕布的女儿，被吕布拒绝，两人的感情因而破裂。

"吕布不肯将女儿嫁给我，当然会输。你现在还来干什么？"袁术极为冷淡。

"吕布一旦战败，曹操的兵力就会逼向此地。"

使者拼命游说。袁术却仅摆开阵势，止于牵制。

吕布的挚友、河内太守张杨进兵至野王县东市，有自远方前来救援之势，但却为部下杨丑所杀。杨丑想率兵投靠曹操阵营，又被另一名部将眭固杀死。眭固领军加入北方的袁绍阵营。

吕布当然坐立难安，心急如焚。他属于喜怒哀乐变化相当激烈的人，在抵挡一个多月的水攻期间，常为小事斥责部下，埋下灭亡的祸根。

建安四年（199年）春，襄阳城内的市场里，有一名自下邳前来避难的男子，正在描述当时的情景。数十名听众当中，夹着甫十九岁的孔明。

"吕布有一名部将叫侯成，"男子说道，"这个人极疼马。有一天，他的名驹不见了，弄得他魂不守舍，别人看了都不忍心。没想到有一天那匹名驹悄悄地跑回来了，他可真乐坏了，便邀集部将同僚一起庆祝。虽然这只是同僚间的庆祝，侯成心想好歹也得拿美酒、佳肴去孝敬一下大将军吕布。不料，吕布将军却一脚踢翻侯成拿来的酒菜，并把他骂得狗血淋头。"

"这又是为什么呢？"最前排的老人一边捻着斑白胡须，一边问道。

"这已经没理可说了。不过，也不难明白，吕布将军正处心积虑要击退曹操，本喜欢喝酒的他已经久不沾酒了。因此，看到酒就一肚子气，与其说是气酒，倒不如说是气喝酒的人。他大骂说：'你们这些家伙莫非喝酒商谈怎么背叛我？'侯成被骂得莫名其妙，可真是一肚子火……"

"也难怪侯成生气。"老人点头。

"侯成盛气难消，回头怂恿同僚不要再跟从这种人。众人本来内心就讨厌吕布，因此对侯成的话颇有同感。侯成一脸苍白，全身发抖，说道：'好吧！

就来个真的！'于是真的干起来。"

"干了什么事？"老人以酸苦的表情问道。

"这你也猜得到，就是投靠曹操。我们当时就被召集起来……我们只是小兵卒，只能听命行事……他们心想与其蹑手蹑脚地去投靠，不如带个见面礼去。"

"见面礼？是什么？"老人眯着眼问。

"虽然是去投靠，他们这些有点来头的人总想做一件令人刮目相看的事。能杀掉吕布将军当然最好，不过，你们都知道他可是天下豪杰，他们还是有点畏惧。于是，就决定活捉军师陈宫和部将高顺，拿他们当见面礼。结果就这么办了。"

"接下来怎么了？"老人催他往下说。

"接下来就不知道了。我们抓着军师和部将到曹操那边去……我现在已经是曹操的士兵了。我一直想，这种事要干到什么时候？从生下来，都没好好休息过，也没什么事可以高兴的。生到这个世上到底为的是什么？其实想这些又有什么用……到处都在打仗嘛！战争成了稀松平常的事。我到处打听看有什么地方没有战争，听人家说襄阳没有战争，虽然远了一点，我还是凭这两条腿一步一步走了过来……没错！我是逃兵，不过因为是降军，没有人来追捕，很庆幸能投入不打仗的主子麾下。"

"这么说，接下来就没了？"

"没了。"男子微微扬起低平的鼻子说道，"我是逃出来的，以后的事情当然看不到啰。"

二

"你对那个人有何看法？"

走出市场，徐庶问孔明。

徐庶出身于颍川，是较孔明稍年长的友人，住在隆中附近的坛溪，常邀孔明到襄阳。另外，坛溪有一位广陵出身的青年崔州平，也经常同行。不过，今天只有孔明和徐庶。

093

"听他说是徐州人。"孔明说。

"对啊,是你家乡隔邻的。怎么样?你认为他所说的话?"徐庶停住脚步,问道。

诸葛家出身琅邪,而琅邪郡隶属于徐州。那名逃兵自称是下邳的人,诸葛家所在的琅邪郡阳都县面临沂水,沂水南流在下邳附近与泗水汇流。曹操水攻吕布,便利用此两河水流。河流相连,意味着方言也相似。

"那人偶尔带点徐州腔,不过,听起来怪怪的,让人觉得他是刻意说徐州腔的。"孔明回答。

"哈哈哈!果然是在演戏,一定是有人教他这么说……你第一次听到吗?"

"嗯,第一次。"

"我和州平在大堤都听过那个人的话,而且一模一样。对了,那位白胡子的老先生也都在。二人在唱双簧。"

"谁教他们这么做的?"

"想想就知道了。"

"就是啊。"

二人又迈起脚步。好友之间毕竟是有点儿默契的。

那名鼻子低平的男子叙述吕布如何遭部下背叛,重点却放在结尾的部分:"很庆幸能投入不打仗的主子麾下。"

由于过分强调,令人记得特别清楚。

"不打仗的主子……他在大堤重复说了两遍,比今天还要不自然。"徐庶说。

"戏重复演几遍,演技也更好了。"

"你注意到那位老先生了吧?"

"是老先生在主导的吗?"

"老先生大概也是由他主子主导的吧?"

在襄阳听得到人家谈论战争,一回到僻野的隆中,听到的只是风鸣鸟叫,宁静得让人有远离尘世之感。所以,孔明才常到襄阳城走动。

"后来的事——吕布的下场,你听说了吗?"徐庶问。他从乡下来襄阳的次数较频繁,所得的情报也较多。

"听说是被勒死的。"孔明只听人这么说。

"听说众叛亲离，只带着剩下的贴身数十骑人马登上白门楼。吕布对忠诚到底的部下说：'砍下我的脑袋去见曹操，就会被看重。'"

"大概没有人去砍吧？"

"他们都是死心塌地跟到底的部下。如果真有那种心，早就跟侯成一起背叛了……不过，要给部下脑袋，倒也够豪勇了。"

"的确像是那么回事，其实不然。吕布向曹操投降之后，似乎还想活命。"徐庶说。

"哦？……投降？"

"是啊！他被捆绑带到曹操面前时，你猜他怎么说？从此天下大势定矣！"

"天下大势定矣？"孔明重复徐庶说的话，"吕布言下之意，是说对曹操的霸业妨碍最大的，既不是袁绍，也非袁术，而是他吕布。吕布一死，天下定矣。吕布也真有自信。"

"的确自信满满。"徐庶笑道，"不过，意思不是你所说的那样。真正的意思是，吕布投靠明公曹操，只要由明公统率步兵，吕布带领骑兵，那天下就搞定了。"

"嗯，自认为还有可用之处。不过，这不是有点小看曹操了吗？曹操生气了吧？"

"不，听说曹操笑了起来。吕布看刘备也在场，便说：'玄德，你替我说说情吧。'"

"这有点强人所难吗……"孔明苦笑。

三年前，吕布攻击下邳，刘备战败，家人被俘，不得已投降，吕布任命他当豫州刺史。吕布这下似乎想讨回恩情。但在刘备看来，他和吕布素来无怨，却平白无故遭其攻击下邳。刘备和纪灵（袁术阵营部将）交战时，吕布前来调停，似乎又对刘备记了一笔人情账。但是，吕布在接下来却马上攻击刘备，刘备这才去投靠曹操的。仔细衡量整个经过，刘备吃吕布的亏较多。

平白无故揍人一顿，把人揍惨了之后，再说一句"我原谅你"之类的话，被揍的人岂有感恩之理？吕布居然把这种事当作恩情，可见吕布是极端自我中心的人。

"言下之意是，我没杀你，你当然要替我求情。"徐庶说。

"刘备怎么说？"孔明问。

"曹操笑着说：'猛虎不绑紧可危险哪！'并问刘备要不要替他松绑。据说刘备只说一句了：'吕布曾臣仕丁建阳和董太师。'"

"回得真妙。"孔明边走边拍手叫好。

建阳是丁原的字，董卓的最后官位是太师。吕布曾臣仕丁原和董卓二位主子，却都把他们杀了。刘备的意思是：这种棘手的人物你敢用吗？

"听说曹操听了，说'说的也是'，便下令处斩。吕布对着刘备大叫'你这个大耳浑蛋最靠不住'……"

"大耳浑蛋？"孔明反问。

"据说刘备耳朵出奇地大……耳朵大在人相方面是怎么说的呢？"

徐庶低着头，孔明也学他做出沉思的样子，一刹那后，二人齐声大笑起来。

三

孔明在江南的哥哥偶尔会来信。动乱时代多是一家人分崩离析，因此传递信函的组织很发达。中国这个传统一直延续下来。例如，即使在20世纪初军阀混战的时代，邮差仍能自由往来对立的阵营中，迫害邮差被视为野蛮的行为。

信随着函件一起送来。函件当中，除了哥哥的信，必定还附上继母简短的信。通常写道身体很好，不用挂虑，你也要多注意身体，阿均要劳你多费心，代我向阿铃致意之类的话，没什么变化。

每次江南来信，孔明的心就怦怦跳。虽然明知继母的信每次内容都大同小异，但拿到手上，心总会悸动一阵子，甚至会觉得有股香味从信上扑鼻而来。

离开袁术而实际独立的孙策已经一步步地构筑、兴建江南为他的根据地。孔明继母家族之一的弘咨娶孙策之姐，因此孔明的哥哥如果有意出仕孙策，可攀这层关系。不过，从信的字面推测，哥哥对孙策的人品似乎不太欣赏。

因为信不知何时会交到何人手上，当时的人对信的用字遣词相当敏感。熟知哥哥个性和为文习惯的孔明，能够明白哥哥所要表达的东西。

出仕意味着和出仕对象的主子是生死与共的，尤其在这种乱世，更不能轻易决定。哥哥的信上也提道：不可急着出仕，你在荆州几乎也没什么家累，即令布衣亦无妨。

"由众人的话推测，似乎刘表外表看来是堂堂大丈夫，值得信赖。但事实上却没什么内涵，对这种人可不要急着臣仕……"从文字上孔明似乎听到哥哥对他如此说。

袁术称帝使孙策更易于独立，它成了独立的绝好借口。孙策声称："我乃堂堂汉臣，岂可成为仲家之臣？"

仲家，是袁术自称的国号。为了进一步明示自己是汉臣，孙策决定向汉朝皇帝朝贡，并派遣部下张绂为朝贡的使者。汉帝——献帝——身边有曹操这号人物，他授孙策"讨逆将军"的头衔，并封其为吴侯。名义上是东汉献帝赐封，实际上则是曹操的意思。

曹操又将弟弟的女儿嫁给孙策的弟弟孙匡，并令儿子曹彰迎娶孙策的伯父孙贲的女儿。孙坚在岘山被黄祖的伏兵射杀，孙贲守其灵柩，并整合部众南归。孙坚身亡，军队未涣散，孙贲居功厥伟。

离开袁术的孙策，虽不算隶属于挟持天子的曹操，但与其极为接近。

叛离称帝的袁术的，并不只是孙策。被袁术任命为居巢县令的周瑜和东城县令的鲁肃二人，皆弃官渡过长江，投入孙策阵营。

孙策阵营时有人才投靠，但由于版图也逐日扩展，更加需要人才。孔明之兄诸葛瑾却无意出仕孙策。信上并没有说他为什么不欣赏孙策。不过，在各路人马聚集的襄阳，最近势力日益扩张的孙策俨然成为众人的话题。

"策英气杰济，猛锐冠世"，一般的评语可谓甚佳。不过，也有人说他有点轻佻，也就是现代人所谓的不够沉稳。知识分子诸葛瑾和这种个性的人合不来。

孔明的朋友除了崔州平和徐庶，还有石韬和孟建等人。司马徽和宋忠此等荆州硕学在襄阳讲学，往往吸引众多青年前来听讲。诸葛孔明也夹在青年群众当中，大家一起谈论将来。

"我想当州刺史。"有些人道出这个愿望。

"现在是乱世，许多当刺史、太守的都一命呜呼，最好不要有这个念头啊！"说这话的年轻人，看看四周，确定诸葛孔明不在场，又加了一句，"孔明的叔父诸葛玄就是个好例子。勉强当上豫章太守，落得那个下场。"

"那当县令总可以吧？"

"俸禄一千石啊！"

"不好，当一县之长太招摇了，而且责任很重。"

州刺史和郡太守都是俸禄二千石。县的首长如系一万户以上的大县，称为县令，一万户以下的称为县长。俸禄依县的大小而不同，通常大县为一千石，小县为五百石。

"当县丞就比较轻松了。真的有什么事，大可一走了之。反正也不是什么值得恋栈的官职。"

"现在要当县丞可也不容易啊。"

在行政方面辅佐县令的是县丞，治安方面则是县尉，两者俸禄都在三四百石左右。不过，依辖区不同，有的可以拿到为数可观的"外快"。

"大家怎么这么没志气，人生只有一次，为什么不以天下为志向？"总算有人发出豪语。

"你有何抱负？"

这是青年之间谈论最多的话题。孔明被问及抱负，回答说："文为管仲，武为乐毅。这便是我的目标。"

青年们听了，彼此相视。

管仲，春秋时代名宰相，是辅佐齐桓公成为霸主的功臣。《史记》记载管仲的政策：

> 连五家之兵，设轻重鱼盐之利，以赡贫穷，禄贤能，齐人皆说（悦）。

管仲的政策及于军政、经济（轻重，钱也。当时渔业、盐业似乎都是国营）、社会福利乃至人才的录用。管仲重视外交，与东方诸侯结盟，抑制南方的楚国。在人际关系上，他与鲍叔牙的友谊超越派系，终生不渝，为人传颂。所谓"管鲍贫时之交"被视为友谊的最高境界。

乐毅，战国时期武将，为燕国将军，与赵、楚、韩、魏结盟，统率联军，大胜当时的大国齐。乐毅晚管仲约四百年，活跃于秦始皇统一天下的半世纪之前。

"哈哈哈！口气太大了吧！"

众人相视之后，放声大笑，并说了这一句话。

四

"你对孔明的大话有何看法？"

徐庶问崔州平。两人都住在靠近隆中的坛溪，交情很好，每天见面。

"我认为那未必是大话。"崔州平回答。

"是吗？你也这么觉得……其实我也这么想。不过，孔明说得也太顺口了。"

"我看他也不是什么自命不凡，只不过像水流般自然地说出内心话罢了。"

"其他人可不这么认为，似乎都嗤笑他说大话。"徐庶说。

"说到管仲和乐毅……"

"这两名历史人物有个共同点。"

"是吗？他们的时代可相差快四百年啊！"

"乐毅是燕昭王时代的人，离现在大概五百年。"

"管仲也是八百五十年前的人。"

"一个是春秋，一个是战国……都是在国家分裂的时期。"

"和现在一样，国家分裂，而且是动乱的时代。"

崔州平和徐庶都明白自己不幸生于乱世。

"我们目前最期待什么样的人呢？"徐庶毋宁是在问自己。

"应该是管仲那样的人吧……如果等不及管仲，那就是武将乐毅吧。两者都是绝好的人，不是吗？"崔州平反问。

"管仲和乐毅都联合诸侯，他们清楚自己的力量，必须与他国结盟才行。"

"孔明想效法这一点。"

"从各方面来说，我们今后是不是应该帮孔明的忙？"

这两名青年都是富裕家庭出身，他们想帮诸葛孔明的，当属经济方面吧？

孔明在隆中亲身耕种，以维持生计。才甫二十岁，就得抚养小八岁的弟弟。

崔州平双腕交叉，心想如果告诉孔明说要在经济上予以援助，一定会被他拒绝。孔明必然会说："我手头并不拮据啊。何况今年收成并不差。"

"有没有什么方法？"

"即使悄悄地援助，也会马上被他发现的。"

"对了，劝他结婚，如何？帮他找个贤内助……"徐庶说。

孔明已过二十，当时这个岁数娶妻绝不算早。

"结婚？"

"如果娶一位勤快的妻子，不就等于帮孔明的忙了吗？"

"勤快的妻子？"

"你是说她？"

"没错。"

"你不觉得很相配吗？"

"嗯！正好相配。"

两位友人虽没说出她的姓名，但彼此都知道对方说的是谁。

"黄承彦先生应该不会反对吧？"

"应该不会，反而会高兴才对。其实这才是伤脑筋的地方吧。徐兄也是单身，如果有人向你提亲，对方是黄先生的千金，徐兄有何感想？"崔州平问。

"这个嘛……你明知这种事不会发生在我身上，你看我的个子……"

徐庶回答。徐庶个子矮小，才六尺五寸。东汉一尺为二十三厘米，也就是说，他的身高还不到一百五十厘米。

襄阳名士黄承彦有一名待字闺中的女儿，皮肤有点黑，眼睛明亮有神，容貌生得非常可爱。但问题是身高接近八尺，八尺就是一百八十四厘米，对女性来说，这的确太高大了。女子一过十五岁，自然就有人提亲事，但因为身高的问题，到现在还没有人正式上门谈亲事。

"就算我再多长一尺，也还比她矮一截。不过，我倒愿意娶她呢。"徐庶附带一提。

"这位姑娘除了长得高，还有一个奇怪的地方。"崔州平说。

他的家族和黄承彦关系密切，所以对于黄承彦那不太出门的女儿，也比一般人知道得多一些。

黄承彦在襄阳被视为一流名士。孔明虽然当下贫穷，但诸葛家可还是琅邪名族，而且在襄阳过世的叔父诸葛玄也官至豫章太守，绝不会配不上对方。

黄承彦的妻子是当地名族蔡氏的名媛，黄承彦夫人的妹妹是刘表的后室，已经生子。也就是说，荆州牧刘表算是这位高个子姑娘的姨父。此外，黄承彦夫人的弟弟蔡瑁，也是刘表的重臣。如果孔明能攀上这层关系，就不用像现在这么辛苦了。

孔明虽然不会让人看出辛苦的样子，还表现出晴耕雨读的优雅，其实带着一个正值发育期的弟弟，就够孔明受得了。假如能娶黄氏女儿为妻，至少可以为弟弟找个好老师。当时优秀的老师通常会接受当地名士的招聘去讲学，平日则在名门的家塾任教。

"什么奇怪的地方？"徐庶问。

"黄家千金很能干，什么都会做，裁缝、烹饪不用说，还有一样擅长做器具的奇怪嗜好。"

"做器具？"

"是的，还是一些前人都没想过的东西。例如，一般人切菜既费时又费力，这位姑娘居然能做出一种器具，利用水的力量代替人手做那种单纯的动作。说是奇怪，其实也证明她头脑相当好。"崔州平说明。

"孔明才不会介意这种事。最理想的是，孔明这家伙身高超过八尺……我们这就去办吧。"徐庶迫不及待了。

"我看先得和黄承彦先生谈一谈。"崔州平说。

这件事于是具体成形。

五

徐庶和崔州平联袂去隆中拜访孔明。不过，谈归谈，两人都还年轻不懂世故，因此没有直接切入话题，而先从其他的话题谈起。他们之间最初的话题

是：孟建离开襄阳前往许都之事——许都正是曹操的根据地。

"人家看不起我们主公。"崔州平说。

襄阳青年当中，尤其像孟建这般杰出的人，有不少都不愿出仕当地主君刘表，纷纷想投靠曹操。像孟建这种著名的人物，和刘表阵营不会没有关系可攀的。

襄阳的书生们当然也谈论天下、国家大事，但重点还是在品评各地豪杰。所谓天下、国家，其实和群雄的动向休戚相关。谁能取得天下，就能改变国家的命运。北方之雄袁绍结合公孙瓒的势力后，阵容俨然是群雄当中最强的。

而袁术没多久竟然没落了，称帝是他崩溃的肇始。袁术自傲于名门嫡系，一副鄙夷四方的姿态。百姓生活困苦，他却摆出皇帝的威仪，光在后宫就召集美女数百名。身为仲家皇帝，最热衷的事莫过于召集美女和整饰服装、宫殿。没多久，财政便告拮据。

袁术原本定都九江，如今待不下去，便向盘踞霍山麓的旧部属陈简求援，不料被陈简一口回绝。陈简势力虽小，但还能自立一方，这阵子一心想投靠更可信赖的主子。因此，当平日不懂得照顾部下的袁术摆出主子的姿态移驾前来时，陈简便毫不客气地将他拒于门外。

看到自己的主君这副狼狈模样，跟随至庐江的部属心灰意冷，纷纷四散。

《三国志》记载袁术"忧惧不知所出"，最后当然做不成皇帝，只好向平素被他讥称妾子、非袁氏的堂兄（实为异母兄）袁绍求助，他派遣使者传话，说："禄去汉室久矣，袁氏受命当王，符瑞炳然。今君拥有四州，人户百万，谨归大命，君其兴之。"意思是说，虽然他放弃了帝位，但刘氏的汉朝天命已尽，下一个王朝仍非袁氏莫属。

袁绍拥有四州，分别是青州、冀州、幽州和并州。袁绍战胜辽东公孙瓒之后，也开始露出骄色，对皇帝宝座多少也有点动心。其子袁谭在青州，于是便叫袁术从江北转往青州。然而，袁术如从江北转往青州，必须路过徐州。而徐州在吕布没落之后，已成为曹操的势力范围。曹操命令刘备阻止袁术前去青州。袁术改走寿春，因愤慨过度以致生病，最后吐血而死。"袁术也被涂掉了。"襄阳书生们将群雄的名字列记在大张纸上，势力较小的英雄名字就写小一点。

用大字书写的名字当中，吕布首先被涂掉，接下来是公孙瓒，这次则是袁术。

"现在只剩下袁绍、曹操和我们主公三人而已。"

"蜀地的刘焉要是五年前不死的话，也可以名列其中。"

"等一下。用大字写的虽然只剩三人，但是用小字写的名字当中，有的要写成大字才行。"

"没错，像江东的孙策。"

"下一个是投靠曹操、等待风云兴起的刘备。"

"刘备要写成大字，恐怕为时过早吧？"

"不，这一两年当中，吕布、公孙瓒、袁术三人已分别消去，现在应该再补上三名新人。"

"嗯，说得也是。"于是，襄阳书生们便在新的纸张上书写上群雄的大名。

名单上的三大英雄是：袁绍、曹操、刘表。其中的袁绍和曹操明显对立。曹操将军队常驻于黄河畔的官渡，意在压迫袁绍阵营。袁绍与刘表素有情谊，袁绍想借此关系，希望刘表能在曹操背后予以威吓，但刘表却一直保持中立。

"荆州不可卷入战事。"这是刘表保持中立的理由。

徐庶两人的话题从孟建投靠曹操，说到天下大势，总算告一段落，孔明却突然说："我说二位……"

"什么事？"徐庶右手搔着后脑。

"二位今天不像平日那样高谈阔论啊。"

"是啊。可能因为孟建不在，谈话就不那么热闹了。"

"不是吧？二位应该有其他的话要向我孔明说吧？"

"你怎么知道的？"徐庶右手还在搔着后脑。

"不知我猜中没有？"孔明话顿了一下，接着说道，"是不是关于那位高个子姑娘的事？"

"是——啊！"崔州平叫了出来。

"你怎么知道呢？"徐庶问。

"你们今天说的话有点怪异，话中有味。"

"话中有味？"

"女人之味。"

"为什么你知道是关于黄家千金？"崔州平问。

"除她之外，还有适合我的人吗？"

二位友人对孔明的话保持沉默。孔明继续说道："其实我也正希望你们能替我美言几句呢。"

"说了半天……"

话未说完，三人齐声大笑。在笑声还没结束之际，甘海匆匆忙忙地跑进屋来。

"刘备逃出曹操的阵营了！"

甘海是来报告此事的。

"您不要急，坐下来慢慢说吧。"孔明请甘海坐下。

"皇上已无法忍受被曹操当囚犯看待的生活了，只是徒有天子之名，实权完全落在曹操手中。皇上忍受不住，最后下密诏给车骑将军董承，要他和刘备合力讨伐曹操。"

董承的女儿是宫中"贵人"，受献帝宠爱，董承也就成为献帝私下最信赖的人。不过，宫中再怎么隐秘的事，都难逃曹操所布下的情报网。在曹操看来，宫中密谋简直是儿戏。

"刘备不是为阻止袁术入青州，已往东出征了吗？"孔明问。

"是啊。后来董承被杀，诛灭三族。刘备将军在袁术死后仍不退兵，并杀了曹操所任命的徐州刺史车胄，命令关羽据守下邳，自己则在小沛召集兵马。并派遣使者往见袁绍，与他缔结同盟。"甘海说。

甘海所获的情报并没有错。

车骑将军遭曹操杀害，是建安五年（200年）正月的事。他当贵人的女儿在献帝百般求情之下，仍然为曹操所杀。

这一年，诸葛孔明在荆州襄阳郊外的隆中，迎接二十岁的来临。

第七章

孙权登场

一

　　名门千金总是深锁闺中，绝少在众人眼前露脸。孔明在结婚之前只见过妻子一次面。不过，却常听到有关她的话。这个时代，人一聚集，就开始对他人评头论足——上自争霸天下的英雄排行榜，下至鞋匠的技艺孰优孰劣，众人关心的可以说几乎都是人与人之间的比较。

　　黄承彦的女儿在会见孔明之前，也听过关于这位年轻人的评语。孔明由崔州平陪伴去黄家，在黄府的一间屋内和她碰面。通常婚礼之前是见不到对方的，他们婚前见面，在当时应该算是极开明的做法。

　　黄承彦的女儿名绶，原本名寿，因兴平二年（195年），学者伏完的女儿伏寿被立为皇后，黄承彦遂将女儿的名字改成同音的"绶"字。

　　"关于姑娘的事，在下从崔州平他们那儿多所知悉。"孔明说。

　　"家父也向奴家提过公子的大名。"绶如此说道。

　　"小生不才，请包涵。"

　　孔明见过的年轻女子，几乎只有自己的姐姐，因此，面对绶，孔明相当恭谨。

　　"家父未曾提及公子有才、无才的事，只说公子个子稍高。"

　　"哦……"孔明未料她会如此说。

　　"家父不会向奴家提无才男子的姓名，只不过提到身高的事。奴家心想对方必定一表人才，所以也乐意拜会。"绶并不讳言。

　　"隆中的寒舍相当鄙陋。"孔明说。

　　"奴家什么地方都住得惯。"

　　如此简单的对答算是求婚和定情。

孔明在襄阳是诸葛家的家长。父亲已过世，继母又远在江南哥哥处。除了嫁给庞山民的姐姐，在当地也没有交谈对象。他到姐姐那儿，告诉她这件亲事。

"本来这件事就是我拜托崔先生的。"姐姐说。

孔明将绶迎娶进隆中家里时，世人的注意力正集中在曹操和袁绍的对决上，胜者将成为天下霸主。虽然每个人心里都这么认为，可是在荆州谈这件事必须谨慎才行。因为当代大英雄，乃曹操、袁绍和刘表三人也。荆州主君刘表目前仍保持中立。

"他们二人两败俱伤的话，接下来就是我方天下了。"

虽然荆州有人如此称许刘表的选择，但也有人忧心表示："当前的战争，打胜的一方会膨胀。如果膨胀了一大圈，我们这块丰饶的荆州必然会成为对方觊觎的目标。"

"应该选择一方才对。"抱持这种意见的也大有人在。

刘表也不是没考虑过，韩嵩、刘先等幕僚便建议靠向曹操这一方。真要问刘表喜欢哪一方，他毋宁选择同样是出身名门的袁绍。不过，乱世主君可不能受个人喜好左右。

刘表阵营的大将蒯越也进言，应该与曹操通好，如此才属上策。因为中原的曹操距荆州较近，可以立即挥兵转向，前来攻击。对于这种棘手的对手只能通好。袁绍则远在冀州，不仅距离太远，器量也不如曹操，即使为敌也不是什么可怕的对手。

鉴于蒯越的进言，刘表遂派遣韩嵩去侦察曹操阵营。韩嵩回来，对曹操极为推崇，还表示即使"遣子人质"（以子为人质），也值得与曹操结盟。刘表听了，对韩嵩起疑心，怀疑他可能向曹操倒戈，策划某些有利于曹操的阴谋。刘表愈想愈不对劲，想杀掉韩嵩，因为妻子蔡氏的劝止，才打消念头。刘表夫人蔡氏，正是孔明岳母的妹妹。

《三国志·刘表传》中有的记载："表虽外貌儒雅，而心多疑忌……"

状况一旦复杂，疑心重的人往往无以决断。面对曹操和袁绍的对决，刘表之所以采取中立，并非他认为这是上策，只不过因为无法决定应该靠向曹、

袁中的哪一方。

就在天下屏息观望两雄对决之际，曹操却突然攻击刘备。

"要与主公争天下的人是袁绍。现在袁绍正要逼近，为什么主公却要攻击东方的刘备呢？假如袁绍从背后来袭的话，情况不就严重了？"

诸将如此反对。曹操却说："刘备是人杰。现在不击灭他，将来必定会成为强大的势力，构成我方的忧患。"

于是，曹操依照原计划，朝徐州刘备军进兵。

此等大事必然在帷幄之内秘密商议，为什么会泄露出来呢？也许是有人凭想象说得绘声绘色，但不管怎么说，荆州士大夫阶层每个人都听到这件事。

"曹操的幕僚应该口风很紧，不至于从帷幄内部泄露出来。"崔州平低头说。

"不，这可能是谁猜测的，不过，事实大概也是如此。"徐庶说。

"孔明你觉得呢？"崔州平问孔明。

"这不是谁猜测的问题，而是谁都会这样猜测。曹公舍弃当面敌人袁公，而去攻打刘公，除这个理由，想不出有什么其他的理由。"孔明回答。

"我还听到其他的说法，"徐庶说，"听说提出要攻击刘备的不是曹公本人，而是郭嘉。"

"这倒是第一次听到。我只听说曹公久攻吕布不下，有意退兵，结果被郭嘉劝止。"崔州平倾身说。

"据说郭嘉判定袁绍行动较缓，而且猜疑心强，在担心背后受敌的情况下，应该不会迅速采取行动。"徐庶说道。

崔州平立即压低声音说："可别大声说。我看袁绍就像是咱们荆州的主君呢。"

"是啊。"徐庶点头，"听说郭嘉还说刘备才进英雄之列，部属还未完全心服，趁这个时候展开快攻，必可击溃。"

"原来如此。"崔州平像归纳出所有意见似的，望着孔明。

"关于郭嘉的建议，是不是元直你自己想象的？"孔明抱着膝盖说。

"没错，被你看穿了。"徐庶笑道。

109

"现在孔明的脑筋可真清楚啊。人家说快娶老婆的男人脑筋很清楚,一点不假。"

被崔州平这么一说,孔明眼睛像突然遇见亮光般,眼光朝下,脸颊泛出红晕。

二

诸葛孔明和绥,在隆中庐里开始过着安稳的新婚生活。在同一间屋里,还住着小八岁的弟弟均和诸葛家的管家甘海。

甘海经常外出,而且未说明他上哪儿去,一去就是一两个月。回来时带的不是礼品,而是襄阳没人知道的消息。似乎他和以前当许劭秘书的文波还保持联络。孔明素来都不插嘴问消息的来源,但这次听甘海说哥哥出仕孙策的消息,不禁问道:"甘叔,这件事确定吗?您是从文波先生那儿听来的吗?"

其兄诸葛瑾偶尔来信,曾提出无意出仕。孔明很清楚哥哥行文的习惯,从字面上推测,似乎厌恶孙策的人品。也唯独孔明才能从字里行间感受到哥哥的心情。

"不是文波,这是在江夏从徐季先生那儿得知的。"甘海回答。

流经襄阳边侧的汉水,南下注入长江之处,便在江夏。甘海似乎常到那一带去。徐季是被笮融杀害的豫章郡佛教徒指导者徐习之弟,曾经千里迢迢将身负重伤的诸葛玄护送到荆州。不知甘海是偶然又遇见他,还是一开始就和他保持联络的。徐季从事佛教的传道,遍历各地,应该常会听到各种新的消息。

"哥哥会不会重新评估孙策?"孔明只能做如是解释。

然而,从甘海那边得知上述消息的隔日,孔明又听到另一件更富冲击性的消息——也是甘海紧急告知的。不过,当时孔明正好外出,绥听到消息的梗概。孔明是从新婚妻子口中得知该血腥事件。

原来并非孔明之兄重估孙策,似乎是孙策被杀了。

"如果听到讨逆将军被杀害的说法,你会吃惊吗?"

绶先这么说。孙策被曹操赐予讨逆将军的称号,并封吴侯。

"是应该吃惊,不过,我想起郭嘉的话。"孔明回答。

"什么话?"

"讨逆将军沿着长江练兵,曹公阵营机要人员担心可能会袭击许都(曹操根据地)。郭嘉笑着说,孙策进兵江东,虽然扩展了版图,但过分急功,将英雄豪杰赶尽杀绝,而且轻率无备,虽号称拥有百万之师,其实形同独行中原。如果有刺客潜伏其中,他就只是一名敌人而已。郭嘉预测他可能会死于匹夫之手……对了,讨逆将军下场如何?"

"如同郭嘉所预测的,有消息说讨逆将军被他以前所杀的许贡家臣刺杀。"

"吴郡太守吗?太守许公下场可怜,讨逆将军杀了太多不必杀的人……"孔明叹道。

吴郡太守许贡曾向朝廷上表说,孙策其人粗暴,一旦外放,必成世人之患,最好将其召回京师。孙策知道此事后,对许贡怀恨在心。

后来,在当今苏州市附近的吴郡遭到朱治攻击,太守许贡出亡,投靠浙江严白虎。孙策在会稽攻打严白虎时,抓到许贡。当时许贡并非与孙策交战,他在会稽只是一介亡命者。但是,孙策对许贡上表朝廷的事怀恨在心,便命令部下将其绞死。被孙策这样杀害的人不在少数——对孙策来说,不顺眼的人就该杀。而对被杀的人来说,再怎么惹孙策怨恨,都不应该受到孙策这样对待。

许贡很爱护部属,部属莫不想为他的死于非命复仇。此事不仅是许贡,应该还有许多类似的例子。郭嘉预测孙策会死于匹夫之手,绝非他有超凡的预言能力,实在是因为想杀孙策的人太多了。

"据说许贡的三名家臣,埋伏等待讨逆将军外出打猎,却遇上了单枪匹马的孙将军。"绶将她听到的说出来。

"孙策应该不至于一人出猎,必定本来有护卫围在四周,后来才落单的。可能他骑着骏马只顾追逐猎物,护卫在后面拼命追赶,没能赶得上……所以才发生那样的事。"

"听说三名刺客被追赶上来的护卫当场杀死。"

"讨逆将军太年轻了。只比我大六岁,下面还有弟弟。"

"名叫仲谋。"

"仲谋是字，名叫权。比我小一岁……孙权可能比他哥哥讨逆将军器量大一些吧？"

"你听过人家这么说吗？"

"倒没有，不过，家兄似乎出仕孙权。孙策的死讯被封锁了一阵子，所以我听到哥哥出仕孙权的消息，想来是在孙权继承孙策之后，哥哥才出仕的。哥哥会看得上孙权，可见其器量很大。"

"你要去江东吗？"绶问。

哥哥出仕生活要是安定的话，刚过二十岁的孔明何妨前去投靠。

"哥哥会对母亲恪尽孝养之道的，况且我也不是一个人。"

孔明温柔地望着绶。绶露出天真的笑容，她虽然个子大，但表情却很可爱。

"我会不会成了你的羁绊？"

"不会。"孔明摇头，"乱世一家人最好分开住。叔父和哥哥都这么认为。"

"乱世……"

绶的脸色略微黯然，稚气似乎一下子就从她的脸上消失了。

"我们并非自己喜欢生在乱世。我怜悯生在这个时代、这个天下的众生。大家都为同样的烦恼所苦，当然我和你也是其中之一。我希望能为生长在这世上的人，包括我们在内，做一点事情……"

"你一定可以的。"绶的眼睛闪着亮光。

"不，我想帮助能做这种事的人，我所能做的也只是如此而已。"

"那么，你就必须找到能做这种事的人。"

"是啊。不过，到底找不找得到，就要看缘分了……"

从豫章到襄阳的途中，孔明早晚都听佛教徒的谈话，那时候听到的所有话当中，最能打动孔明内心的，就是"缘"。因此，遇到事情，很自然脱口说出这个字。

"那……这里的人呢？"

绶说的人是荆州牧刘表。孔明不答，只是缓缓摇头。

三

甘海一直很忙碌。他必须对过着隐居般生活的诸葛家少爷，提供世上发生的最新消息。甘海相信自己所提供的消息，对少爷的精神是一大帮助。

曹操击破刘备的消息，孔明恐怕是荆州第一个知道的。

刘备惨败到"弃众而逃"，在小沛的妻子沦为曹操军的俘虏。防守下邳的刘备部将关羽，也挡不住曹操的猛攻而投降。"真是狼狈啊。"报告终了时，甘海如此说道。孔明抱着胸，一言不发。"怎么啦？"站在旁边的绶，低着头像窥视似的望着不搭腔的丈夫。甘海离去之后，孔明才对年轻的妻子说："刘备可能是超乎我们想象的了不起人物。"

"怎么说呢？"

"刘备夫人老是当俘虏，你不觉得次数太多了吗？"

"对啊。以前和吕布交战的时候也是如此。"

建安元年（196年），吕布攻击下邳的刘备，刘备败走，留下来的妻子为吕布所俘。后来刘备向吕布求和，才要回妻子。

建安三年（198年），刘备返回小沛，召集万余兵力，吕布看不过去，再度攻击。这次刘备逃去投靠曹操，曹操任命刘备为豫州牧。然后换成刘备向吕布进兵，但遭到吕布部将高顺攻击，又舍下妻子逃走。高顺将俘到的刘备夫人送去吕布那儿。没多久，曹操亲自出阵，围困吕布于下邳，将吕布擒而斩之。刘备夫人因此又得以回到丈夫身边。

"三次，就在这五年内。"

"你如果当将军与人打仗，会不会弃我不顾？"绶略微晃动身子，问道。

"男人不会如此轻易抛弃妻子的。刘公可能是败走时，故意留下妻子做人质的。"孔明说。

敌人必然轻视弃家人而逃的对手，也不会深追。如此可以尽可能大程度地避免军队受损。因为留下来的家人在对立的敌人之间产生一种微妙的联系作用。

"这太那个啦，把家人当人质……"绶扭动一下身体。

孔明松开原本抱胸的双腕，一副认真思索的样子。

"难道他是个不能只看表面的人物？"孔明喃喃说道。

"也许是吧……"绶也意会过来了。

"可是,我可不喜欢你变成那种人啊!"绶附加一句。

"这是我办不到的事。我倒是想和办得到这种事的人……"

话说到一半,孔明突然打住了,他在衡量可否与这种人合作。能泰然自若地做出我办不到的事,这种人不正是最好的合作对象吗?年轻的孔明开始筛选横在眼前的诸多可能性,在这当中已有刘备这个名字。

刘备败走,投靠袁绍阵营。正和曹操处于对决态势的袁绍,大举欢迎刘备的加入。

曹操向刘备进兵时,袁绍阵营的田丰建议:"我们当趁这个机会袭击曹操后背,如果全军出动,应该可以予以致命的打击。"

袁绍却回答:"不行,小孩正好生病。"

袁绍并未采纳此意见。田丰举杖击地,心有未甘地说:"唉!只因婴儿生病,平白失去不可再得的大好机会。可惜啊,梦想就这么走掉了。"

甘海简直像当场目睹一般,做出田丰举起拐杖的模样,把绶给逗笑了。

关于孙策的下场,甘海的叙述也是唱做俱佳。孙策被刺客用箭射中之后,并没有马上死去。看到弟弟孙权赶来,还递给他印绶,那是孙策被赐封吴侯的印信——此举无疑正式指定其弟孙权为继承人。

"统率江东部众,以野战决大业、争天下,这种事你不如我。但是,举用贤者,登任有能之士,合力保住江东,这种事则我不如你。"

这是孙策的遗言。他希望自己死后,弟弟不要发动战事争夺天下,而要施行良好的政治,保住江东。

孙权大声悲泣,重臣张昭叱责他:"现在不是哭的时候!"

孙策原本想攻击西方的黄祖,因为孙策之父孙坚为黄祖部下杀于岘山,他想为父报仇。但是,广陵太守陈登却在背后蠢蠢欲动。陈登重新召集严白虎的残党,组成反孙策的阵营。孙策获悉此事,急忙折返,为和陈登决一雌雄,便在丹徒构筑基地。趁等待整备军需物资的空当,孙策外出狩猎,没想到因此丧命,享年二十六岁。

孙策经常被人提起,他以骁雄而闻名,有人说他"猛锐冠世",但也有人

批评他"轻佻果躁"。

他那不深思而杀人的"果躁"个性要了他的命。孔明之兄诸葛瑾奉养继母,当然有心出仕,但他讨厌孙策的粗暴和浅虑。孔明从哥哥的信中推测,哥哥担心孙策这种思虑浅薄的人可能会招来意外的灾祸。这类文字不少,可能是他不出仕孙策的理由。

孙策无识人之明,这一点他自己似乎也明白——由他临终告诉弟弟说"打仗我比你行,登用人才你比我行"就可以得知。换个角度来看,这也表示孙权虽然年事尚轻,却以有识人之明而闻名。

孙策、孙权兄弟的姐姐嫁给弘咨,此人正是孔明兄弟继母的亲戚。孔明兄弟随时可以运用此关系。孙策在的时候,孔明的哥哥尽量避开。孙策一死,便立即出仕孙权,但孔明从哥哥的个性推测,哥哥不会主动去攀附。孙权看过诸葛瑾这位姐夫的亲戚几次,可能对其评价不错吧。身为江东霸主,站在统率大集团的立场,孙权必然想先延揽人才,也许是在这种情况下,才立即邀请诸葛瑾出仕的。"如果是孙权的话……"二十七岁的诸葛瑾很干脆就决定出仕。孙权原本就有哥哥那时候的重臣张昭、周瑜辅佐,现在再加上自己所挑选的诸葛瑾等人作为其幕僚。

就争霸天下的集团而言,孙权的势力还算是二流,一般认为缺乏元老级臣僚,以致根基不够强固,是其缺点。诸葛瑾明知这一点,还投身于这位江东新军阀,是想一试自己的实力。下决定的当天,他写了一封信给襄阳隆中的弟弟。不过,甘海早那封信一步,把他出仕的消息告知孔明。信上除了说他成了孙权的幕僚,还附带提道:"母亲是江东人,故而我选择出仕就有所限制。在这方面你就自由多了,毋庸心急,不妨详加考量。我很羡慕你。"

唯恐误解信上的意思,孔明反复看了几遍。他感觉到哥哥有不要他臣侍刘表的意思。

四

白马这地方位于黄河畔,即现在的河南省滑县,如今已远在黄河北

方——这是因为黄河水路发生了大变化。东汉和三国时代黄河的主河道从现在的郑州市一带，一直流向东北，在白马附近有个渡口，号称"白马津"。

白马的战况，有一阵子成为襄阳一带人们常谈的话题。那是曹操和袁绍对决的所谓前哨战场。防守白马的，是曹操方面的东郡太守刘延。袁绍命令部将颜良攻击该地。曹操为伸以援手，遂在延津渡河，摆出要攻击袁绍军后背的阵势。袁绍分出攻击白马的兵力，准备迎击。曹操却在这时掉头直驱白马，攻击颜良。

曹操军中有在下邳房获的关羽。曹操颇欣赏关羽，予以厚遇，令他参与对袁绍的战役，并且让关羽打头阵。

关羽远远就发现颜良的戎车（战车）。大将所乘的戎车插饰有很漂亮的旗帜，罩着帐篷，特别显眼。关羽快马挥鞭，直闯敌阵，在两军众目睽睽之下，刺杀颜良，斩下其首级。袁绍军心生畏惧，遂解除白马之围，全军撤退。

襄阳百姓的话题全集中在关羽神勇的战姿上。

"真是威猛啊！"

众人如此赞叹。但也有人质疑："关羽是把袁绍军杀得落花流水，但他的主子刘备可还投靠着袁绍呢。如果包围白马的大将不是颜良，而是刘备，那该当如何？难道要斩下刘备的首级吗？关羽的做法可以算忠吗？"

不过，白马战役才刚结束，关羽就逃出曹操阵营，奔向在袁绍阵内的主子刘备身边。原本对关羽人品存疑的人，这下也转为欣赏了。

"关羽早就想去刘备那边，无奈蒙受曹操的恩惠，不能恩将仇报。于是便打算给予大回报之后，再行逃走。他认为在白马杀掉颜良，已足以回报曹操的恩惠。"

襄阳百姓称赞关羽是男人中的男人。

关羽动身离开曹操阵营时，将曹操赏赐他的为数可观的财物严加封存，全数留了下来。这件传闻颇令人感动。没多久，据说曹操获知关羽离去，却制止幕僚追捕："他是去他主子那边，不准再追了。"

"曹公也相当了得，不是吗？"徐庶眯着眼说。

"的确不同凡人。"崔州平赞同徐庶所言。

书生们乐于比较争天下的群雄当中被视为一流的三位大人物——曹操、袁绍、刘表。

"孔明，你不心动吗？"崔州平问。

孔明告诉知心好友关于哥哥来信的事，除了徐庶、崔州平，还有姐夫庞山民及其堂弟庞统，以及孟建和石韬等人在场。他们都同意孔明哥哥信函的字里行间有不可出仕刘表的意思。

"本来，早就该从袁绍和曹操当中选一边的，哪容我们还在这儿优哉游哉地做英雄榜！"对英雄做一番比较之后，得出这样的结论。崔州平问孔明动不动心，意思是问他要不要出仕曹操。

孔明摇头。

"为什么？"孟建问，"孙策死的时候，有幕僚建议曹公乘机攻打江东，却让曹公斥责不可乘他人之丧。况且，曹公还赐孙权讨虏将军的称号，实在了不起！"

孔明只是微笑，不曾搭腔。

"你是舍不得离开新娘子吗？"

孟建说出羞辱人的话，换成别人可能会气得跟他决斗，孔明却很干脆地回道："大概吧。"

这话反倒让孟建败了兴。后来，孟建便离开荆州，出仕曹操。

孔明幼年曾在徐州目睹曹操的大屠杀，深感其罪孽不可赦。虽然孔明也肯定三位一流英雄中，曹操的确较为杰出，可是，他内心已誓言绝对不出仕曹操。

"天下的大英雄应该不只这三人吧？"

孔明在期待新英雄的出现。他的妻子也不劝他出仕和自己有关系的刘表。

"绶又能对我的心情了解多少呢？"

孔明偶尔会这么想。他勤奋读书，闲暇时便去拜访庞德公，向其讨教。虽然庞德公逛游山野，绝少进城，对世局却知之甚详。

"阿绶，你希望我出仕姨父吗？"

有一天，孔明问妻子。绶母亲的妹妹是刘表的夫人，姨父当然指的是刘表。

"你自诩是庞德公最得意的门生，而庞德公不管姨父怎么劝诱，都不肯出仕。你这位最得意的门生要是出仕，那岂不奇怪？"绶如此回答。

曹操和袁绍对阵于官渡之际，刘表往南进兵。

长沙太守张羡，是实际掌握长沙、零陵和桂阳三郡的实力者。此人个性

激烈，一直不满刘表未肯定他的存在，便和曹操结盟对抗刘表。他派遣使者至曹操阵营示好，是在两年前的建安三年（198年）。

"张羡情况如何？"

刘表后来几度向南进兵，都徒劳无功，原因在于不能放手出击，要是深入长沙，恐遭曹操攻击后背。现在曹操既然和袁绍对阵于官渡，已无法对别处动兵。于是，刘表大举进兵长沙。

张羡当时患有重病，在刘表大军抵达长沙之前，就不治死亡。部众拥立张羡之子张怿，仍无法抵挡刘表大军。刘表遂成为拥地数千里、聚兵十余万的一方强大势力。

"我还以为会打得多轰轰烈烈呢，居然这么寒酸。"岘山庵中的庞德公对来访的孔明，如此鄙夷着刘表对长沙的进兵。

五

"可真相像啊，汝阳的英雄……"

庞德公说。所谓汝阳的英雄，即袁绍，而相像的对象是刘表。

"是吗？"

孔明起先正襟危坐地聆听庞德公说话，后来改成盘坐。庞德公的话总会令人觉得轻松。孔明采取搭腔式的聆听方式。

"总括一句话，大概就是外宽内忌、好谋无决。实在是真像，可以说是酷似。"

意思是说，外表看来很宽容，其实内心相当猜忌；喜欢讲究谋略，偏偏缺乏决断力。不少出身名门的人都有这种个性。袁家是"四代三公"的名门，刘表则号称汉皇室的末裔。

"您对官渡之战有何看法？"孔明问。

"冬季之前会有个结果吧。"庞德公捻着白色胡须回道。现在才刚进入秋季。

"曹公胜算较大吧？"

"岂止胜算大，胜败早就决定了。"

"那么，荆州的和平只能维持到那个时候了？"

一般认为因为曹操与袁绍死斗，荆州才保有和平，一旦曹操打败袁绍，必定向荆州进兵。

"不，大概还可持续数年吧。官渡之战，袁公可能吃败仗。但曹公要完全接收袁公的势力范围，一定要耗时五年以上，在这之前应该不会染指荆州。哈！哈！其实曹公根本瞧不起刘表阁下。他可能心想只要我要，就可以把他杀个落花流水。他应该会花五年多的时间专心击溃袁家的力量……这是我的看法。"

"您认为天下终必归于曹公吗？"孔明脑中浮现徐州大屠杀的景象。

"倒也未必，曹公亦会有错估的时候吧？"

"例如什么？"

"连这个都要我教，那不就有点难为情了吗？哈！哈！哈！这么说吧，曹公要是认为荆州会一直归刘表所有的话，那就错了。"

庞德公如此说道，便起身向外，这是谈话已经结束的意思。即使追上走出庵外的庞德公一问再问，也问不出所以然的。

"接下来要自己想，我已经给你线索了。"庞德公如此暗示。

孔明拼命思考，线索必定是最后那句话：荆州不会一直归刘表所有。那么，谁会取代刘表，成为荆州的主人？

他想不出刘表的家臣当中，谁有能耐取代主子。刘表的妻弟蔡瑁，虽是刘表的重臣，却非天下众望所归的人物。他倒希望根植于此地的名门能成为优秀的主君，为众人带来和平。然而他想到的刘表重臣蒯越、韩嵩、刘先、张允、傅巽……没有一个足以和曹操抗衡。

"也许未必是荆州的人。"从岘山回隆中的途中，孔明好不容易略微击破思考的障壁。

回到隆中庐里，甘海又有新的消息等着告诉他。

"大耳公好像对袁公心灰意冷了。"

大耳公是指刘备。

"当然了。对方和咱们荆州主子半斤八两，刘备岂能满足？"

孔明边想边听甘海说话。

"大耳公现在还在袁公阵营，但已有意离开。他似乎很热衷建议袁公和荆

州牧刘表结盟。"

"结盟的事不是最近才开始的。咱们荆州主公一直犹疑，总是谈不拢。袁公大概也希望现在能和荆州结盟。"

"大耳公对袁公说，结盟的事没谈拢是因为说服力不够，他愿意亲自去说服荆州牧。"

"我没听说过刘备先生有何辩才。"

"没错。他只是想离开袁绍阵营，才自告奋勇要当使者。"甘海说。

孔明颇能理会刘备的心情。他要是继续待在袁绍阵营准完蛋，趁现在一走了之为上。

"那么，袁公怎么谈呢？"

"袁公现在的心情就像溺水攀木一样，他授兵给大耳公，令他前去汝南。"

"曹公当然会防备啰？"

"他派遣将军蔡阳往那边防守。"

"那不就分出官渡的兵力了吗？"

"其实……"甘海明知四下无人，还刻意压低声音说，"听说大耳公的使者已经来到咱们荆州，是糜竺和孙乾二人。"

"哦！"

"咱们荆州主子非常高兴。"

"有人拜托，谁都会高兴吧……"

"也许吧。他在新野设地迎接刘备的人。"

"是吗？"

孔明这时想起庞德公的话："荆州的主子未必一直都是刘表。"

曹操要是如此想的话，可能就错估了。如果一直是刘表的话，那就没什么大不了。但假如换成更厉害的人物当荆州主子，曹操的天下谋略恐怕就有一番苦头可吃了。

孔明喃喃地一句"是吗"，是因为庞德公告诉他的问题已经有了一部分的答案。

一提到刘备，就令人联想到关羽，然后，就是猛将张飞。但，这之外就没听说刘备幕下有什么智谋之士。

第八章

髀肉之叹

第八章 髀肉之叹

一

刘备投奔荆州刘表，是建安六年（201年）九月的事。糜竺和孙乾事先会见刘表，取得对方的接纳。刘表殷勤欢迎刘备，令其部队驻屯新野。

新野位于襄阳东北约五十公里，正是湍水和清水（现称白河）的汇流处，此水南流在襄阳一带注入汉水。一旦北方遭受攻击，新野便可作为襄阳的防卫据点，所以算是要冲。它也是篡夺西汉的王莽最初受封的土地，他建立王朝时，便因此地之名，而选择国号为"新"。

对新来的亡命客就委诸要冲之地，看来的确像是刘表的宽大作风，但刘表的本性是，表面看来宽大，其实内心多疑。他悄悄监视着新野刘备军的动向。

建安七年（202年），刘表命令刘备北进。

刘备向南阳郡的叶地进兵，曹操则派遣夏侯惇和于禁两将防备。刘备放火燃烧驻屯地，假装撤退，等夏侯惇军追来，再以伏兵将其击溃。翌年，曹操亲自率兵，在西平击破刘表军。不过，这些战役规模都很小，只是具牵制作用的小战争罢了。

曹操的主力当然针对着北方的袁绍阵营。虽然袁绍因官渡和仓亭两战役失败而撤退，但其势力仍不可轻视。袁绍在建安七年亡故，其子袁谭继位，依然与曹操对抗，且袁家势力还与盘踞东北的乌丸族结合。因此，只要曹操一日不消灭此大敌，便无法对荆州展开正式的攻击。

乌丸族亦写成"乌桓"。《史记·匈奴传》记载，冒顿单于击破东胡，杀其王，掠夺其百姓与家畜。战败的东胡分成南北两部：北方据有席拉母勒河流域的部族，称为鲜卑；南方据有拉瓦河流域的部族，即乌丸。

这支部族信奉黄教，被视为土耳其系或蒙古系民族，在东汉时代曾接受

东汉酬劳，为其防堵匈奴和鲜卑。但在东汉后期，反而与鲜卑、南匈奴联手，屡屡侵犯东汉边境。他们原本就属于战斗性的部族，此时期又出现优秀的领导者，势力便日益强盛。

在与袁家、乌丸势力为敌的期间，曹操无暇顾及荆州，顶多只能以小部队进行牵制性的攻击而已。在西平战役之后，就连这种小战争也不打了。荆州局势于是获得平稳。

当时有所谓的"髀肉之叹"。

髀肉是大腿内侧的肉，经常骑马的话，这部分的肉就长不出来。要是长时间不骑马，这部分就会又长出肉。换句话说，就是没有战争可打。

有一天，刘备进见刘表，席间到厕所去。回到席上后，只见刘备双眼泛红，一副刚哭过的模样。

"左将军，你怎么啦？"刘表问。

"没什么……没想到被您看到这个样子，真是惭愧。"刘备眨着眼睛答道，"刚刚属下上厕所时，发现自己长满髀肉。以前属下可谓终日与马鞍为友，绝少离开马鞍，因此不曾长出髀肉。没想到现在变成这副模样。"

刘备用手掌拍拍大腿内侧，发出"啪"的声音，似乎肉多皮厚。

"武人长有髀肉，那是和平的标记，又何妨？"刘表说。

"话虽如此，可是岁月流逝，属下自觉老之将至矣，却又无像样的功业。长出髀肉，对属下而言，是应该怨叹的事。"

刘备答道，又再次轻拍大腿内侧。

"左将军期待一战？"刘表笑问。然而脸上虽浮出笑容，内心却不怎么高兴。

"这家伙投靠我这边，心里还期待有乱事！"刘表认为荆州的和平是他一手带来的，而引以为豪。

髀肉之叹，无疑是悲叹和平，对这样的想法当然不能听过就算了。

"武人就是这个样子，如同文人的手指喜欢拿笔一样。"刘备回答这话时，额头渗着汗，因为他发觉"髀肉之叹"引起主子刘表不悦。

"手指也会长肉吗？"刘表侧着一边脸颊问道。

第八章　髀肉之叹

"我想笔茧会变软。"

"笔茧？哈！哈！哈！"刘表笑起来，将右手中指举至眼前。他的耳际响起蒯越的话："不收拾刘备不行了。现在新野的人数增加太多了……"

刘备现在是客将的身份，暂时寄身在刘表的势力范围内。

刘备从汝南亡命至荆州时，徒众才数千人而已，而且过半数是袁绍授予他的将兵。刘备的统率力似乎不怎么样，起先刘表也看不起他，虽然也派人监视他，但那只是安安心罢了。刘表不曾想过会有什么主客颠倒的事发生。

然而，新野的刘备军势日益壮大。刘表的谋臣蒯越遂建议应该趁这个时候斩除祸根。没有决断力的刘表又和另一位谋臣蔡瑁商议此事。

"当然应该这么做，而且要尽快。属下认为愈快愈好。"蔡瑁回答。

刘表总算也开始有这样的念头了，但这时候从事中郎韩嵩和别驾刘先却反对肃清刘备。此二人曾经出使曹操阵营，了解曹操的实力。二人认为曹操平定北方之后，必然会南征荆州，可能演变成不得不向曹操求和的局面，这时候最好有人在襄阳北方抵抗而且最好是激烈抵抗。抵抗的人不是刘表，而是客将刘备。也许刘表还可乘机袭击刘备后背，做个人情给曹操，签订和约也比较有利。

"万一有事，我们可以多加利用刘备。如果现在把他除掉，岂不可惜？应该让他活着。虽然他的军势逐日强大，也无须担心，因为他原来的军力有一半是袁绍的。新召集的军力对刘备必然谈不上忠心，我们是应该对他存戒心，但无须畏惧。"

被韩嵩这么一说，刘表也觉得事情没那么紧迫。刘表看着眼前的刘备，心想："这个红着眼睛大叹时运不遇的男子，应该还不至于成为荆州的祸根。"

二

"髀肉之叹"立即在襄阳传开来，也传至隆中诸葛孔明耳中。传这件事的人，是同样住在隆中的徐庶。

"我看大耳公危险了。"徐庶说。

刘备身体上有两个明显的特征：一是耳朵极大；另一是双手特别长，他站着双手垂放时，手腕部分居然超过膝盖。"大耳公"遂成为他的绰号。

"荆州主公终究会杀大耳公吧？"与其说孔明是在问话，倒不如说是喃喃自语。

"最近大耳公非到襄阳来不可，到时就等着看好戏啰。"徐庶说。

"髀肉之叹"的舞台，是在新野刘备阵营中。身为荆州牧的刘表，巡视州内是职责所在，他走访新野绝没什么不自然。不过，刘备一旦蒙受州牧巡访，纵使身为客将，在礼貌上也应该回礼拜访。回礼拜访当然不能带一大队人马，如果想杀刘备，这是一个好机会。

"不会杀他吧？"孔明说完，又改口说道："不能杀他吧？"

徐庶直盯着孔明的脸，然后大声笑起来。

"士元也这么说，和你刚刚说了却又改口的情况一模一样。"

士元是指孔明姐夫庞山民的堂弟庞统。

"是吗？"

"毕竟都受了德公先生的熏陶，不但想法，连说法都极相似。真有趣！"

徐庶说着又笑起来。德公是庞山民的父亲，隐居于岘山，乃孔明景仰为师的人物。庞统则是德公的侄儿，当然也深受其影响。

"真的一模一样吗？"孔明问。

"是啊！只是，士元在最后又加了一句话。"

"嗯。我也想加一句话。"

"说说看。"

"但也有可能杀他。"

"就是这句！"徐庶击掌说道，"你们真是像得可怕！吓我一跳。那，到底理由何在？"

"荆州牧缺乏决断力，内心时常动摇。也许动摇到最后，倾向于杀掉刘备。"

"士元也这么说。大耳公现在可能还可平安无事，但就怕万一，也许命就不保。如果他本人不提高警觉的话……"

"刘备阁下身边有没有做此进言的人？"

"关羽、张飞、赵云等人，尽是战场豪杰，没有人会提醒他注意。我应该

去提醒他。"徐庶说道，用舌头舔着上唇。

"你又要去新野？"

"是啊。"

徐庶曾前往新野刘备阵营，他似乎对曾当马商保镖的左将军刘备有好感。而刘备也觉得这位年轻书生是自己幕僚中找不到的那类型人物，也乐于和徐庶交谈。

"左将军，您不觉得您的幕僚阵容太褊狭了吗？"

"太褊狭？"

"尽是一些相同的人。"

"没有啊。关羽和张飞不正是相反的人吗？"

"也许吧？"

"例如，关羽即使面对曹公这种天下大霸主，也是不卑不亢，但他对底下的兵卒却很宽大。而张飞呢，他对上司很恭顺，对部属却很严厉，可以说是过分严厉。这不就是正好相反吗？"

"不，不能说是正好相反，反倒是相似的地方比较多。"

"什么地方相似？"

"勇猛。两个人都是无可比拟的猛将。"

"这当然啰。武将都是勇猛的。"

"怯懦的武将也是必要的。"

"那就不算武将了。我的阵营应该没有一个怯懦的武将。"

"怯懦才会多方考虑。例如，盘算敌军可能兵分二路，那么哪一路的人马比较多呢？这条路比较宽，当然可以走比较多的人马。可是，敌军会不会算准我们会这么想，而让较多的人马走另一条路……这种能多方考虑的人是必要的。"

"嗯，那就是谋将嘛。"

"是的。左将军的阵营缺乏谋将。"

"这么说倒也是……"

左将军刘备和白面书生徐庶之间，这种一来一往的问答，孔明也曾听徐庶本人说起，但他并不知道刘备到底怎么想。"这么说倒也是……"这样的回答并非全面的肯定。

徐庶这就想去警告刘备，让他小心生命有危险。

"说不定，"孔明想到什么似的说道，"刘备阵营中知道危险的人，唯独刘备阁下一人。"

"哦？"徐庶一副吃惊的表情盯着孔明看。

"我知道为什么新野没谋将了。"

"为什么？"

"因为左将军自己就是谋将。"

"原来……说不定正是如此。"

"头头又是谋将，这不会有问题吗？"

"我也这么想。左将军认为智谋的事可以自己来，所以对延揽智谋之士就不怎么积极。"

"元直，你是不是想跟随左将军？"

"一个人还是有点胆怯。"徐庶回答。

"这也难怪。"

"你还不清楚左将军这个人。想以智谋出仕左将军，智谋就得超过左将军才行。我一个人还不够，孔明，我要是和你合作的话，智谋一定可以超过左将军……你认为如何？"徐庶膝盖靠了过来。

"左将军都有髀肉之叹，现在我们也帮不了他。而且，我想好好观察刘备阁下。"孔明回答。

三

刘备在荆州叹了数年的髀肉，身为智谋之士，当然不甘于如此懵懵懂懂地和平度日，他一直在思索天下之事。他之所以告诉刘表"没有建立像样的功业"，是因为他觉得隐藏自己的心意反倒危险。

"功业指的是什么呢？"

刘表大概会如此想吧。

"客将居然谈什么'功业'，客将想伸志于天下，最快的方法就是夺取主人的势力。如果刘备真有此企图，应该会把功业之事藏在心里，不会说出来才对吧？"

刘表如此这般地解释客将的话，得到这个结论，这些刘备都算计在内。但是，算计还是有可能失算，只是为了保住性命，不得不冒险走钢索。

刘备是孤寂的，没有人可以谈论这种事。虽然他和关羽、张飞义结金兰，但刘备认为这种事和他们两人是说不通的。

"那个书生叫什么来着？就是住在隆中的那个，好久没看到他了，会不会有什么事？"刘备问身边的人。

住在隆中的书生，指的是徐庶，刘备并非忘了他的名字，只是不想让家臣们以为自己和徐庶的关系已非同小可。

"哦，您是说那个徐庶啊？"秘书说道。

"对了！就叫徐庶的。他和我聊了许多事，蛮有趣的……"

刘备用解释的口吻说。他和徐庶的谈话当中，有些事情触发了他的灵感，因此他期待徐庶的来访。只是，他刻意让家臣觉得他并不怎么热切期待。即使后来徐庶来访，他也装出懒懒散散的样子，说了一句："哦，那年轻人来啦？"

虽然已年过四十，刘备接受事物的能力仍极为旺盛。才过二十岁的诸葛孔明则正值最丰硕的年华。

"不要急躁。"

被孔明这么一说，徐庶就不向刘备提及有意出仕的事。不过，偶尔他会提到好友诸葛孔明。

"我这边需要人才。"

刘备用煽诱的口吻说道，但徐庶并没有顺其诱导。

"将军不可急躁，万一用错人就不好了。"徐庶说。

"你说的那位诸葛孔明，应该不会错吧？"

"孔明是卧龙。"

"哦？卧龙？"

129

"是的。现在正睡着。"

"那要睡到什么时候？"

"他正在等待云起，云起时，他当会升天。"

"如果云不起，那他就一直睡吗？为什么不独自飞起来看看？"

"会独自飞的，是云。龙和云不同。"

"那么，不伴龙的云又会如何？"

"这种云终会消失吧？"

"我懂了。龙在等待云，而云必须有龙才行。"

"那当然了。"

"你能替我带龙来吗？"

"卧龙是不能带来的，必须去迎接。"

"那什么时候去呢？反正这一阵子我都有空，什么时候都可以。"

"将军有空，不过，龙那边现在似乎很忙呢。"

"是吗？那可不能随便啰。"

刘备说着，笑了起来。

刘备这边常有一些别人推荐或毛遂自荐的人上门，而且人数愈来愈多。与其说刘备人缘好，不如说是刘表的人缘低落罢了。

刘表并非于荆州出生，而是山阳高平（今山东省微山县）人，因受命为荆州刺史才来此地。获得当地望族的蒯越和蔡瑁辅佐，成为荆州主公，拥有武装兵力十余万。他就任才十多年，根基还不算稳固，和刘备一样，刘表也并未完全脱离异客的色彩。

从官员到兵卒都是所谓的游离群体，未必死心跟着刘表。只要谁能治好荆州，他们就跟谁。这之前，刘表算是幸运的，能带给荆州和平。所以，众人聚集在他身边。

所谓幸运，当然是指荆州没有成为豪杰斗争的舞台。尤其，曹操和袁氏的争战，使荆州得以成为无风地带。可是，这种情况不知能持续到什么时候。

曹操逐步压迫袁氏，完成北伐只是时间问题而已。这意味着荆州不久的将来还是得面临曹操军的南征。

"咱们主公应付得了吗？"

众人惶惶不安。这十年来，刘表贵族出身常有的优柔寡断，已为一般人所看穿。"应该换个主子了。"当地一些人开始有这个念头——为生存只好不择手段。虽说要换主子，除刘表，似乎又没有可以带头当主子的人，但新野的刘备却是唯一的例外，毕竟他以前也当过豫州牧，被视为群雄之一。因此，到刘备那边走动的人，自然越来越多。

徐庶说"龙"现在很忙，事实上，诸葛孔明的确也为世俗的事而忙碌。当时属早婚的时代，他必须为弟弟均讨个媳妇。姐姐铃几乎每天都会跟他谈起这件事。

袁绍死后，袁家分裂成袁谭派和袁尚派，因而急速衰败。袁谭是长子，但父亲袁绍生前却较疼爱生得俊美的幺弟袁尚。家臣也分成两派相争，甚至兵刃相向。局面对曹操大为有利。就当袁家兄弟在平原郡开战之际，曹操挥军前进，直攻袁家根据地邺城。袁尚率军救援，为曹操所破，只好撤退。

建安九年（204年）八月邺城陷落。

"已经三年啦。"

获知这个消息，刘备如此喃喃说道。他从袁绍阵营逃走，来到荆州，已经过了三年。曹操攻陷邺城，可以说已经迈向北伐的高峰。

翌年的建安十年（205年）正月，曹操进攻据守南皮的袁谭。激战之后，袁谭正欲逃离，却为曹操军追及，当场被斩。于是，冀州落入曹操之手。袁谭次弟袁熙和幺弟袁尚远走辽西，那是和袁家有同盟关系的乌丸族之地。

战国末期，遭到秦始皇攻击的燕国，也曾撤军至辽河地方，但亦难逃覆灭的命运。冀州失陷，袁家的气数俨然已尽。

"接下来只是扫荡而已，袁家已无可挽回。"

徐庶经常到刘备那儿谈论时局。刘备用那号称过膝的长手搔着后背，显示着出身的微贱，举止不怎么高雅。

"不行了，再怎么看都不行了，为什么不投降呢？"刘备晃着身子说。

"大概不能投降吧，连袁谭都被斩了。"

"袁谭是袁绍的继承人，也是袁家主帅，可能因此不准他投降。接下来的可是他的弟弟啊。换成是我，我会准他们投降。听说曹公攻陷邺城时，曾经去

看袁绍的墓,而且还掉泪呢。毕竟是昔日好友。他的那些儿子……长子嘛,没办法,次子以下的嘛,就放他们一条生路……"

话说到一半,刘备突然想到什么似的,嗤笑起来,改变了话题。

"你今天为什么来的,该不会只是聊聊天吧?"

"将军该准备减除大腿内侧的肉了,这当然无须在下多嘴了。"徐庶说。

"似乎到了应该和孔明见面的时机了。"刘备说着,自己点起头来。

四

"曹公领有四州,实力当属天下第一。"

庞统眯起眼说。他大孔明三岁,自小接受叔父庞德公的熏陶,但年过二十,一点也没引人注意。他动作缓慢,有时被看成鲁钝。一直到过了二十五岁,好不容易得到评价说:"看来似乎蛮沉着的。"

评价久久未定,对男人而言,也许是件光荣的事。一下子就被评定是什么样的人,这种人反倒无趣。一个人有时被认为如此,有时又被认为那般,潜藏着各种可能性,可塑性比较高。

庞统正属于这种人。

"冀州、青州、幽州、并州……"

孔明抱着膝,屈指数着曹公领有的四州。抱膝,下颚摆在膝上,这是孔明常做的一种慵懒姿势。

诸葛孔明、庞统、徐庶三人,正聚集在隆中孔明家中谈论时局。三人面前摊着一封信,那是他们以前的朋友、现在人在曹操阵营的孟建寄来的。

"写得很含蓄。"

庞统久久才说出这么一句话。曹操攻伐违抗他的并州高干,势力扩及山西,武功赫赫。但是,孟建提及此事,文笔却相当含蓄,一点也不得意,一点也不夸示自己所选择的道路准确无误。

你们都很优秀。如果投入曹公麾下,每个都将是了不得的人物。怎么样?考虑看看吧。

第八章 髀肉之叹

信上在言外透露着这样的劝诱。

"有志于天下的话，非得加入曹公阵营不可。"

孟建似乎有意尽量避免说得太露骨，但还是可以感受到他想说出这句话。

"你想这封信是孟建主动写来的吗？我是说……会不会是顺曹操的意思写来的？"

徐庶再次拿起摊放在桌上的信，重复阅读。

"谁都想延揽人才，江东的孙权也是一样吧。"庞统说。

"况且，咱们荆州似乎不怎么需要人才。否则本地的英才怎么会在这儿游荡呢？"

徐庶把孟建的信放在桌上。他所谓的英才是指他们自己。刘表虽然接纳了亡命的刘备，却不怎么热心任用当地的有能之士。

"曹公连陈琳也放过，真是了不起。"庞统叹道。

陈琳是袁绍阵营的大文学家，最拿手的便是写檄文。当时认为檄文是最能鼓舞士气的东西——高声诵读优秀的檄文，可以令全军兴奋，发挥超乎实力的力量。

檄文不外是称赞己方，彻底贬损敌人。陈琳既是袁绍这边的檄文作家，当然以美辞丽句赞誉名门出身的袁绍是何等了得，并宣称曹操是卑贱的宦官养子之子，他的养祖父又是如何贪婪。

这篇发表于中原的名文，立即传遍全国。在那个印刷技术尚未诞生的时代，当然是抄写的。陈琳的檄文也流传至荆州。孔明等人也抄写，并且熟读到倒背如流。

　　司空（官名）曹操，祖父腾，故中常侍，与左悺、徐璜（皆是知名的宦官恶党）并作妖孽，饕餮放横（恣意贪婪），伤化虐民。父嵩，乞匄携养（被乞丐所养），因赃（贿赂）假位，舆金辇璧，输货权门，窃盗鼎司（三公之一），倾覆重器（天子之位）。操赘阉（宦官之养子）遗丑，本无懿德，僄狡（狡猾强悍）锋侠（舞弄兵器），好乱乐祸。

此文堪称骂人的范本，尽是一些损人的形容词，但读起来却很畅快，再

133

也没有比它骂人骂得更彻底的了。

邺城陷落时，陈琳也沦为俘虏。他心想自己曾把曹操骂得这么难堪，一定保不住老命了。没想到曹操居然很爽快地将他赦放，只不过，赦放他的时候，曹操问他："你骂我就好了，为什么连我的父亲、祖父都要扯进去？"

"矢在弦上，不得不发。"陈琳如此答道。

陈琳被赦放之后，便待在曹操阵营，负责写檄文。

陈琳不但被赦，而且担任要职。这件事在全国士大夫间传开，大家当然称赞曹操有多爱士。就连庞统这种反应迟钝的人，听到曹操收纳陈琳的事，也感动、赞叹。

"孔明，你一点都不动心吗？"徐庶问。

言下之意是：现在对曹操的评价极高，如果曹操通过孟建或其他渠道，表达延聘之意，你孔明还不动心吗？

孔明轻轻摇头。

"我不想问你理由，"徐庶说，"要是别人问我，我也无法回答。"

徐庶倾心于刘备，而倾心的理由有很多是无法解释的。孔明未见过刘备，但是，听过很多有关左将军刘备的种种事情。有的是来自徐庶，大部分则来自甘海。他对刘备印象良好，但不像徐庶那么着迷。

只要孔明少年时代目睹曹操在徐州大屠杀的记忆一日未消，就绝不会加入曹操的阵营。

五

建安十二年（207年），曹操发兵征讨乌丸。

但是，此次的远征遭到诸将反对。

诸将反对的理由是：袁尚兄弟如今只是亡命之徒，乌丸乃夷狄，仅是贪财，不至于照顾袁家像亲人一般。如果现在远征，刘备可能会说动刘表，袭击咱们根据地许都。

只有一人赞成远征，那就是郭嘉，理由则是：乌丸在偏远之地，可能自

恃其偏远，而不太防备，料不到曹军会长驱直攻辽西，出兵攻击，必可将其击溃。袁家兄弟长期统治北方，百姓感念其恩，而且与乌丸结盟已久，如果认为夷狄就无情谊，那可就错了。他们仍有可能倾全部族之力援助袁家。我们应该趁他们较无防备的时候，出动全军北征。

郭嘉又分析南方不会构成威胁："刘表只是会说不会做的人，其才不足驾驭刘备。"

如果想袭击曹军后背，刘表必须授予刘备大军，而刘表又担心一旦重用刘备，刘备将强到无法制御。至于刘表本人是不会动用军队的，他是"坐谈之客"——只说不做。

"主公无须担心国虚而远征。"郭嘉坚决说道。

曹操于是决定远征。一秉"兵贵神速"的方针，留下辎重，将兵一律轻装，大有背水一战的味道。

刘备一听曹操远征乌丸，立即前往襄阳，劝刘表出兵攻打许都。

这是绝好的机会。何况曹操的势力膨胀得太过急速，他据领四州，也才是去年的事。版图虽广，百姓却未心服。据说冀州、幽州的士民仍怀念袁家的统治。刘备人在荆州新野，心却很仔细地研究着天下诸种情报。

"新附的百姓，内心还在动摇。听说曹操的统治比袁家还严厉，士民都感怀昔日的袁家。主公在荆州的德政，中原也有所闻。主公如果现在出兵，想必会被视为义军而大受欢迎。方才有人来告知中原的情况，说曹公正倾麾下全军北征，许都只留少数守备之兵。这正是大好的机会。"

刘备说得口沫横飞，只是他本来并非能言善道，然而这可是他一生难得的好机会，他不想失去，便拼命劝说。"大概无望了……"刘备原先就有此预料。对优柔寡断的刘表来说，趁曹操不在大举兴兵，可是重大无比的事。而且，刘表身边也没有像样的武将，唯一能起用的，也只有刘备而已。此外，蒯越、蔡瑁等刘表幕僚也明确反对。刘备感觉他在劝说出兵之际，似乎劝说的对象不是刘表，而是蒯越或蔡瑁。

"我这边也有些消息，"刘表说，"根据兖州来的消息，曹操军队从易水发兵，全军轻装。"

刘表似乎不满刘备私布情报网，另一方面也有意夸示自己也有情报网。

"曹操大概想要速战。乌丸目前当无防备，曹操便针对这一点，这正是兵法之常道。因为要快速击破，才会留下辎重。换成属下，在这种情况下也会使用轻骑之军。"刘备说。实战经验丰富的他，脱口说出"换成属下……"这样的话，话才一说出口，刘备便心生后悔，因为刘表可能会以为刘备藐视他缺乏实战经验。

"轻装不仅只为速战吧？迅速作战之外，也可以迅速移动。渡过易水的曹军，可以很快再渡过易水折回，毕竟身轻易动。"刘表说。

"无望了……"

刘备知道游说失败了。这些话大概不是刘表本人的看法，而是蒯越等人灌输给他的。也许是蒯越听说刘备从新野来会见刘表，就料到他可能是要来劝诱刘表袭击许都，便先灌输刘表反对的意见。

足智多谋的曹操为消除南方的后顾之忧，必当日夜思考如何消灭荆州势力。他空下根据地许都北征，也许是要荆州上钩的策略。一旦荆州出兵，他可以立即折返回击。这是曹操打的如意算盘。他可能故意假装北征，而在许都附近埋下伏兵。——蒯越大概如此解说为何袭击许都是危险的。刘备从刘表的声音中，听到蒯越的话。

"真是成事不足，败事有余。"

刘备走出刘表府邸，便离开襄阳城。

刘备待在襄阳很不自在。刘表有两个儿子，长男叫琦，次男名琮。琮为后妻蔡氏之子，蔡氏家族乃荆州名门。和荆州无因缘的前妻所生的刘琦，有人单势孤之慨。不过，当前实权派的反对势力，因他是长子而向他靠拢。荆州主君家族，一如灭亡前夕的袁家，因继承问题，分裂成两派。处于劣势的长子（琦）派，当然想拉拢刘备这个荆州最强的武力集团。刘备人在新野时，刘琦派就不断来活动，要是他待在襄阳，早晚会被这一干人烦死。

既然劝诱出兵无功，事情也算了结，无须久留。

"这么急着回去啊。"随行的关羽说。

"再不走会被烦死……"刘备笑道。

"那么，我们现在就直驱新野？"

"不，等等。我想先到一个地方。"

"什么地方？"

"隆中。"

"隆中？"

"那位书生住的地方。就是偶尔去找我的那个……"

"噢，徐庶啊。"

"今天会见刘公，事情没谈成，心里真不痛快。去和年轻人畅快聊聊，看能不能纾解这股烦闷。"

"要解闷，那敢情好。好好把襄阳烦人的空气吐干净！"

"然后，再吸一吸清爽的空气。"

刘备眺望襄阳城外的田园景象。他嘴上说要去看徐庶，其实心里想的是，该是会见这数年来久闻其名、其才的诸葛孔明的时候了。

第九章 三顾之礼

第九章 三顾之礼

一

诸葛孔明有事到襄阳去了。

"没想到卧龙先生过隐居的生活,还这么忙碌。听说他弟弟已经娶妻了。"

刘备听徐庶说孔明出去了,讪讪地说。这之前,他听说孔明为弟弟均娶妻的事忙得很。后来,刘备在新野听到诸葛均娶林氏女儿的消息。

"大哥倒知道得很清楚。"关羽说。

刘备一直很留意诸葛孔明这位青年,却又不想让部属看出这件事,就连对经常来访的徐庶姓名,当着部属的面也假装记不得。现在却对连一面都未曾见过的孔明,居然连他弟弟娶妻的事都知道,难怪关羽觉得有点意外。

"偶然听说的。"刘备若无其事地说。

"听说明天会回来。"徐庶说。

"那后天再去拜访他。"刘备说着,打了一个小呵欠。

"还要在这里待到后天?"张飞不悦地说。

"反正新野也没什么要紧的事。"

"要是曹操从乌丸那边折回来该怎么办?刘公不也是这么认为吗?"张飞说。

"曹公应该不会如此莽撞行事。"

"是吗?"张飞涨红着脸,嘟起嘴唇。

"好好看书吧,在新野可没法这么优哉地看书啊。"关羽笑道。

刘备自来到荆州当刘表的客将,驻屯新野以来,很勤于看书。他也曾学着读、写,但真正称得上"读书"的,是过了四十岁以后的事,可以说是晚学。刘备起先还觉得难为情,这阵子却有自信了。因为他和同样年龄层的士大

夫谈论经史时，发现他们大抵上都是在二十多年前读这类东西，有的人拼命想记起所读过的文章内容，却已经不复记忆了。

二十年前，刘备先是当马商的保镖，后来加入讨伐黄巾军的军队，哪能读什么书？而这之前，他还靠织席卖鞋为生。好不容易学习文字，学的也只是一些基础的东西。他过四十岁才正式读书，所读的经史印象还非常鲜明，而且已累积各种人生经验，可以和书籍的内容相对照，理解更加深刻。

"左将军有思想又有学问啊！"

以刘表为首的荆州士大夫，起先看不起刘备是卑贱出身的武人，后来意外发现他似乎还有点教养，逐渐对他刮目相看。

年轻时，刘备懵懂地读书，现在读书则有明确的目的，为的是想在这个乱世存活下来，而想要存活就必须不断向前迈进。就目前左将军的身份来说，前进就意味着往争霸天下迈进。这种对准焦点的读法，读书的人也觉得兴趣盎然。因此，阅读量也增加了，连张飞也担心起来："大哥到底怎么回事？"

然而，这一阵子，刘备在新野已无法悠然读书了，因为四十八岁的他，这才当上父亲。"我的妻运不好。"刘备经常如此叹道——他已有几位妻子过世。他当上豫州牧，住在小沛的时候，纳甘氏为侧室。正室经常当人质，一直很辛劳，可能因此而短寿吧。亡命荆州之后，甘氏总算安定下来，第六年好不容易生下一个健康的男孩。

刘备异常疼爱小孩，甚至舍弃读书时间去逗小孩。

"大哥回新野，还不是为了看小孩。这样倒不如暂时留在隆中。"关羽心里这么想。

"该不会要在这儿过夜吧？"关羽见刘备走到爱马旁边，拍打马鞍，就要跨上马，便开口问道。

"我们去卧龙先生那儿。"刘备回答。

"孔明不是外出了吗？"

"听元直（徐庶）先生说，孔明夫人和他弟弟夫妇好像在家。"

"我们不是要留到后天再去见孔明的吗？"

"没错。"

"那为什么现在……"

第九章 三顾之礼

"我们必须尽到礼节。这样吧,今天我们就当作不知道孔明外出而登门拜访。"

刘备已经跨上马,关羽和张飞等部属急忙做动身的准备。

当天,诸葛孔明隆中的草庐中,除妻子绶和均夫妇在,难得姐姐铃也回来了。

就在刘备主从一行造访草庐前一刻,铃获知此事。徐庶特地派遣擅于骑马的人,走捷径赶至孔明的草庐通知。

"真抱歉。舍弟为养子的事情,到襄阳去了。"铃低头向刘备说道。

"哦?养子?"

"是的,孔明一直没能生子,江南家兄连续生男孩,所以……"

"几年了?"

"左将军来荆州的前一年,民女才嫁进来。"这次换成绶回答。

"那我可更久啰!我今年才生子。可不要放弃!"

"是的。"绶低着头。

"对了,孔明先生什么时候回来?"

"明天。"

"那我后天再来。"

刘备一行离去。

"左将军大人明明知道阿亮不在的。绶,你对此事可有觉悟?"

等到刘备一行的马蹄声消失了,铃才对弟媳妇说。绶用力点头说:"阿亮有他的打算。我也希望让他做他心里想做的事。"

"这也对!你的心意我也感觉得出来。这孩子从小就……"

铃觉得眼眶热了起来。

二

三顾之礼。

孔明在《出师表》中也提到过刘备三次造访草庐才见到孔明一事。刘备

143

明知孔明不在还登门造访的翌日，天降大雪。孔明冒雪回家当晚发高烧。

第二次造访，刘备听说孔明发烧，不愿打扰，就要告退。

"大人特意来了，民女请孔明务必出来拜见大人，孔明整装的时候，请大人稍候。"铃这样说。

刘备却说："不要勉强孔明先生。我还会再来。"

于是当即告退。刘备有意延揽孔明为幕僚，因此想用自己的眼睛、耳朵好好评估一下对方，现在孔明生病了，情况不太适合。

隔了一天，刘备第三次造访，这才见到孔明。孔明已经完全复原了。

"我从元直先生那儿听到关于先生的种种，听说先生对管仲和乐毅甚为倾心，请问感佩之处何在？"刘备问。

"管仲出仕齐桓公，助他成为诸侯盟主。齐国能防止楚国北上，让百姓和平度日，这是管仲辅佐之功。没有管仲，就没有桓公。尤其，葵丘之盟更是管仲最高的功业。"孔明回答。

葵丘是春秋时代靠近宋国首都商丘的一个地方。公元前651年，诸侯在此会盟——因位于南方长江流域的楚国日益强盛，黄河流域的诸侯受到威胁，为此思索对应之策。在这个诸侯会议上，担任盟主的是齐桓公，辅佐齐桓公的则是管仲。

葵丘之盟是依照管仲的想法商定的。它不是军事同盟会议，而是以齐为首，郑、卫、鲁等诸侯议决各国互通的律法。诸侯当然各自独立，各有其特殊的情况。想要超越这一点，确立共同的伦理基础，必须仰赖超乎军事同盟的力量。这便是管仲的想法。

——诛不孝，无易树子（后继者）。

——尊贤育才，以彰有德（彰显有德者）。

——敬老慈幼，无忘宾旅（外国人或旅客）。

关于这类约定，各国应当都无异议。

——士无世官（官职不世袭），官事无摄（不兼任）。

这一项就有点问题了。不过，站在君王的立场，不让臣下世袭、集中权力，可以巩固自己的地位。黄河流域诸国只要一国有萧墙之争，就会立即影响其他国家。这一项可以说是为了防杜萧墙之争。

——无曲防，无遏籴。

不可破坏或变更黄河的堤防，不可妨碍粮食输入。换句话说，就是禁止水攻和攻击兵粮。这是人道的约定。遵守相同游戏规则的诸国，同伙的意识势必日益增强。国与国之间的小纷争减少，百姓也可免除灾厄。

合作超越国度，众国结为一体——管仲借由辅佐齐桓公，完成此大业。

倾心是由仰慕、尊敬进而产生仿效的意念。

"先生应当也有'拯救庶民之苦'的愿望。"刘备说。

"不只在下，身为士大夫者必定都有此愿望。"

"衡诸天下，可有与齐桓公相当的人物？"

"这是个难题。"孔明笑着回答。

"那么，我也先不问谁可与桓公相比，我想请教先生，如果桓公重生于今世，他当如何？"刘备问。

"会先寻找辅佐的人吧，他应该寻找管仲。"

"假设找到管仲，先生认为管仲要如何进言？"

"建议占领土地。没有地方盘踞，就不能完成大业。当今之世，不打仗就不能占领土地。"

"要和谁打仗？"

"有两个人不可与他打仗。"

"哪两个人？"

"曹操和江东的孙权。"

"为什么？"

"因为打不赢曹操。和袁绍相比，曹操名望较差，而且兵力也差多了。但是，他最后却能获胜。可能是运气好，不过，不只这个原因，他还是个有智谋的人。现在他领有百万大军，挟天子令诸侯。今后想要参与竞争、占领土地的

人，必当无法战胜这股大势力。"

"江东的孙权呢？"

"他没有曹操那样的实力，但是，他的势力根植当地，承继破虏（孙权之父孙坚的将军名号）、讨逆（孙权之兄孙策的将军名号）之后，已持续三代。所领之地水路多，地形复杂，当地军队易守，外地军队难攻。当地百姓又很不驯服。"

"他的幕僚也有很多贤能之士。"

听刘备这么一说，孔明吸了一口气之后，微微点头。因为孔明之兄诸葛瑾也是孙权的幕僚之一。

"因此，进攻江东，即使不败也极难战胜。不可与讨虏将军为敌。"孔明说。孙权被授"讨虏"的将军名号。

"那么，此地……"

刘备低声说道。不打仗就无法占领土地，又不可和曹操、孙权打仗——因为打不赢他们。但除这两人，其他人就非打不赢了，荆州主君刘表也包括在内。

"没错。"孔明回答的声音大于刘备。

"可是，我是荆州之客。"

"景升公何尝不是荆州之客？"孔明接口就说。

刘表当上荆州牧，是初平元年（190年）的事，距当时已经十七年——那时势力也仅止于以襄阳为中心的地域。他完全平定荆州八郡，成为领有十万兵力的实力者，则在建安三年（198年）以后，为时不到十年。

刘备成为荆州客将系从六年前开始。就非代代居住荆州、统治当地百姓这一点而言，山阳（在今山东省）出身的刘表和涿地（在今河北省）出身的刘备并无两样。

诸葛孔明并无意说服刘备。他所说的，是理所当然的事，而非独创的见解，任谁都无异议，他只是试着把众所皆知的事加以整理罢了。他把心里想的事说出口，为的是想进一步深思。不能想到什么就说什么，周边拓宽之后，再往下探索，话就随之出现。他希望借由这种方式从对方那边引出什么东西。

"说得也是。"刘备露出笑容。

"笑得真舒坦……"孔明盯着刘备的笑容好一会儿,觉得他的笑容似乎扫除了某些阴霾。

三

孔明去襄阳,是去面见哥哥的使者。

"讨虏将军是不是通过令兄来邀聘你?"

孔明告诉邻居到襄阳会见哥哥使者的事,邻人立刻表示有人这么推测。就连妻子也这么问孔明,孔明苦笑道:"将军真是有此要求,哥哥也一定会拒绝他的。"

孔明要是加入孙权阵营,那就兄弟同时出仕了,家人也可相聚。但是,叔父之所以带他来荆州,为的就是要家族分开。处于乱世,家族应该避免同属一块土地、一个阵营,这样总会有人在某个地方存活下来。

叔父认为分开对诸葛家是最好的方法。

虽然好不容易分开了,但孔明却没生一儿半子。用心良苦地采取不让诸葛家断绝香火的办法,如今没有子嗣,又有何意义?倒是哥哥诸葛瑾那边陆续生下男孩,因此,决定将次男过继给孔明。孔明没什么意见,只说:"字得改一改才行。"哥哥的次男命名为乔,按士大夫阶级的惯例,还要取个字,为表示他是次男,便取字为"仲慎"。长男通常使用"伯"或"元"。哥哥的长男恪,便字"元逊"。末子则取"季"字为多。乔是诸葛瑾的次男,字可以用"仲",但既然现在变为孔明的子嗣,成为长男,这个字便不适当了。

其他没什么问题,使者自然谈起江东的种种。曹操南下,是当前孙权阵营最大的话题。

"乌丸的事情一旦处理完毕,这将是迫切的问题。不过各人意见不一。"使者说。

"这边也是一样。"在场的甘海应口说道。

襄阳的显要,对曹操的对策也有意见分歧。

"听说客将刘备建议趁曹操讨伐乌丸、后方空虚的时候,加以攻击,但不被采纳。襄阳大部分的人都听过这么一回事。"

很多人主张，既然失去击败曹操的绝好机会，曹操一旦南下，只有投降了。不过，也有人反对曹操。加之刘表健康不佳，判断力也日益迟钝。

而孙权阵营则因为领袖年轻，主张投降的人势力较弱。

孔明想起徐州大屠杀的景象。

"天下唯独不可让予曹操，否则万民不幸！"

这种情绪性的想法，在孔明心中愈来愈强。那么，又该让谁取得天下呢？

"我是辅佐型的人才，要帮当代桓公取得天下。"

在襄阳夜宿的时候，孔明热血沸腾。回隆中的前晚，整夜未眠。发烧未必只是下雪引起的。

庭院传来"沙沙"的声响，那是积在树枝上的雪掉落下来的声音。

"他就是桓公……"

孔明一直盯着刘备。他发觉刘备耳朵大得异常，但他的脸唯独配上这对耳朵才适合。

"荆州乃用武之地。北有汉水、沔水之险，南可收南海交易之利。渡长江，东达吴郡、会稽，西通巴蜀之地。此地主君甚至无法防守这个用武之地。这简直是天赐将军之物。将军可有意接收？"

孔明试着缓和眼神，因为他盯着刘备的一双眼睛，不知何时变成在瞪着人。刘备正视着孔明，一点也不退缩，脸上完全不显露感情。

孔明继续说道："先取荆州是不够的，这样还不足以和曹操、孙权并立。现在，天下的人将曹公和讨虏将军并称，很少人提及荆州刘表的名字。和中原、江东相比，荆州是小了一点，如果要与曹、孙两人并肩，必须再加上益州。益州乃险塞，沃野千里，古来号称天府之地。高祖即由此地取得天下，可谓是与帝业有缘之地。然而，该地主君刘璋暗弱，北方事实上已被五斗米道的张鲁掌握。土地丰饶，人口也不少，但主君却不懂得照顾百姓。据说有能之士都渴望明君来临。荆州和益州都在等待着将军。"

庭院树上的积雪似乎在等待孔明说完，然后"沙沙"地掉落一大块。

此后便一片寂静。隆中草庐的一间房内，只有孔明和刘备相对，铃、绶、均夫妇以及和孔明一起回襄阳的甘海，都在另外的房内。刘备的随行人员则在

庭院等候。

"这是上天赐予的。"孔明再次开口，"请接受吧！将军不是汉朝皇室的裔胄吗？四海之人皆知将军重信义。将军如能令英雄心服，热心延揽贤者，又能领有荆、益两州，那将是何等的局面？果真能敦睦西南诸民族，结合江东的孙权，充实内政，即使曹操在中原的势力有多强，都不足为惧。将军授一上将统领荆州之兵，自己带领益州军众出兵秦州（陕西、甘肃），那么，渴求和平的人都将欣喜地迎接将军。如此完成霸业就指日可待。复兴汉室，实现王道，不正是大丈夫的夙愿吗？"

刘备依然面无表情，但由他肩膀的微微耸动，可以察觉其内心波涛汹涌。没多久，刘备吐出一大口气，说："好！"

短短一个字似乎蕴藏着刘备的千绪万感。孔明深深体会到。

"何时出发？"孔明问。

"明天早上离开隆中。"

"那么，在下陪将军去新野。"

"那真感激不尽。"

刘备深深鞠躬。他被曹操任命为豫州牧，并获得"左将军"的称号。不过，如今却背叛曹操，投靠荆州刘表。身为亡命将军，所带领的数千兵力，也是袁绍给予的，而这却是他的主力军队。

诸葛孔明并不是非跟随刘备不可，琅邪名族出身，又有如此见识的他，任何势力都迎之唯恐不及。他大可以选择其他主君，但是，他却选择怀才不遇的亡命将军。刘备表达万分感激之意，是极其自然的事。

"我当竭尽所能成为桓公。"刘备加了一句。

四

诸葛孔明，这位卧龙先生，乃荆州众所周知的大有前景的人物，虽然出身琅邪，但因娶黄承彦的女儿为妻，而与襄阳有了浓厚的地缘关系。孔明妻子的姨母是刘表夫人，舅父蔡瑁则是刘表的重臣，因为这层缘故，一般都认为孔

明当然会加入刘表阵营。

襄阳人士原本预料，诸葛孔明会经常出入襄阳刘表府邸，最后成为刘表的幕僚。没想到孔明根本无意进刘表府邸。

"孔明没有出仕的意愿，大概和他尊敬的庞德公一样，想过隐居的生活吧？"

众人后来又这么认为。因此，孔明成为刘备的幕僚，真是大大出乎众人意料。刘备是刘表的客将，也许广义地说，出仕刘备等于也是刘表阵营的人。但是，同样是加入刘表阵营，如果成为刘表的直属幕僚，层次岂不更高？在封建意识强烈的时代，"直参"和"陪臣"差异甚大，有的人因为当不成直参，不得不降格当陪臣。就人脉而言，只要孔明表明意愿，就可被迎为直参，然而他却屈就于客将麾下。此举当然令襄阳人士摇头叹息。

"他看上左将军了。"

"不，是左将军看上卧龙先生，极力邀聘他的。"

"听说还尽了三顾之礼。"

"哦。听隆中的人说，三顾之礼还是在大雪纷飞之际，似乎是蛮诚心的。"

"卧龙先生想必被感动了。"

"不，光是感动也不见得会起而投效，必然是亡命将军刘备有令他欣赏的地方。"

"换句话说，卧龙先生认为襄阳的主君不足为靠。"

"嘘！不要说得这么大声，地点不对嘛。"

"事情原来如此。"

虽然孔明的选择出乎众人意料，但了解荆州状况的人，终究了然于心。这也意味着刘备的"行情"上涨，刘表则下跌。"情况真复杂啊。"消息较灵通的人再仔细一想，不觉叹起气来。因为刘表不但年迈，经常生病，而且继承问题又不单纯。

刘表的长子刘琦，长得很像父亲，刘表很疼这个儿子，在众人面前以他为荣。但自从后妻蔡氏生下男孩之后，情况就逐渐改变。蔡氏所生的刘琮长大之后，娶母亲的侄女为妻。荆州土生的实力者蔡氏家族，一直是刘表政权的一大支柱。长子刘琦的母亲并非当地人，因此他没有弟弟那样的背景。

第九章 三顾之礼

刘琦当然也觉得情况对他不利。继母的弟弟蔡瑁和蒯越、张允、傅巽诸人，俱是刘表的贴身参谋，张允和蔡氏也有血缘关系，他们表明要拥立刘琮。荆州当地的有力之士几乎都靠向刘琮。刘琦简直孤立无援。

刘琦于是想拉拢刘备。刘备虽非当地出身的亡命客将，但多少拥有一点兵力，是可以依赖的对象。然而刘备却闪避刘琦，他不愿卷入刘表家族的内讧中。

刘琦必须铆足全力，他是嫡出的长男，本来继承家业的人非他莫属，但现在谁都看好次男刘琮会继承荆州政权，问题只是在于刘琮应该采取何种解决办法，而最简单的方法就是消灭刘琦。刘琦感受到自己的生命受到威胁，情况令他不得不铆足全力，现在父亲身体状况不佳，想拥立刘琮的荆州主流派，可能已经将事情进行得如火如荼。刘琦身边也聚集了少数的非主流派，所谓非主流派，毋宁说是不平派。

"嫡出的长子为何无法继承家业，这是人伦之理吗？吾等虽力量微薄，但愿意倾力相助。"

他们如此表示，而向刘琦靠拢。其中有的人还掉下眼泪，说是为正义而来相助的。不过，刘琦不相信他们所谓的正义和所掉的眼泪。这干人其实只是一群性格有问题或无能而无法接近政权中心的人罢了。虽然刘琦看穿这一点，却又不能拒绝他们，他也正需要同伙。只不过是，凑热闹的人有之，却无一可以依赖的，他发觉再这样下去，自己必将孤立无援。

"举兵吧！为正义举兵吧！"

周遭的人悄声建议，不妨指称蔡瑁和张允等人谋叛，将之问斩。对于弟弟刘琮，则以袒护叛乱的名义，加以幽禁，或干脆处死。嫡出长子有足够的理由举兵。

刘琦闻之战栗。

"可以向刘备借兵。"建议的人继续说道。

"刘备一定会借兵的。"

语气充满自信。不过，刘琦唯恐这个人是主流派派来的奸细。所谓举兵，明显是叛乱，这正好给予主流派消灭障碍者刘琦一个充足的理由。

"我不想举兵。"刘琦断然摇头拒绝这个劝诱。只是，万一这个人是奸细，不知他会如何报告。对方只要找到口实，就可以任意捏造。

刘琦虽然拒绝举兵，但觉得已被逼得走投无路。

"少主是担心刘备以前常打败仗吗？现在不用担心了。刘备这次有卧龙先生诸葛孔明当参谋。少主不妨再考虑看看。"

建议的人相当热心，刘琦再度拒绝。不过，耳际却留下"卧龙先生"这个名字。

"对了！可以去找卧龙先生商量看看。"刘琦突然觉得前途似乎豁然开朗了。

以前刘琦想接近刘备都未果，因为刘备一直都有关羽、张飞伴随，绝少一人独处，根本没有机会与刘备密谈。比较起来，诸葛孔明一人独处的时候多——独自散步最适合思考事情，孔明来到襄阳，经常在后园散步。刘琦听到孔明有这种习惯，益发觉得亲切。

后园也是刘琦喜欢的地方，其中他最喜欢目前已不再使用的瞭望台，它可以俯瞰整个襄阳城。刘琦在那儿饮酒，便觉得烦闷尽消。他在上面摆了几坛名酒。家臣的家就在附近，他把梯子寄放在那儿。瞭望台没有梯子上不了，酒坛也不能每上一次就挑一次，因此，就把酒坛和酒杯摆在瞭望台上。

如果能邀请卧龙先生上瞭望台，就只有两人独处，不怕被人听到。大家都知道他们两人都喜欢后园。两人在那儿相遇，然后登上刘琦所喜欢的瞭望台，这是极自然的事。

孔明到襄阳是跟随刘备来的，刘表府邸的人都知道此事。要假装和孔明偶然相遇，对刘琦来说并不算是多困难的事。

五

孔明知道刘琦等着见他。喜欢后园景物，经常到那儿走动的他，也听说御曹司刘琦喜欢那儿。当然，孔明也知道刘琦最近的日子很艰辛，而且也听刘备谈起，刘琦几番向他求助，都被他拒绝。

"说来可怜。但是我要是帮他的话，那可就危险了。"

"不和他接近，是聪明之举。"

孔明认为刘备的做法是对的。

"今天或许会遇上御曹司吧？"

去后园途中，孔明有此预感。这并非没有根据。昨天晚上刘表府邸有宴会，孔明跟着刘备出席。刘琦也在席上，眼睛一直盯着孔明。孔明觉得那眼神哀伤，似乎想倾诉什么似的。

"老大恐怕难以处理，如果我去会见御曹司，大概就不会有什么问题了。"

孔明也染上张飞他们的口头禅，不知不觉中也称刘备为"老大"。

他果然在后园遇到刘琦，心想："果然被我猜中了……"

"哦，原来是孔明先生啊。您也来散步啊？"刘琦主动打招呼。

"御曹司大人，平日失礼了。"孔明点头说道。

他在刘表府邸见过刘琦数次，今天却是首度和他交谈。

"乱世中也别有这种天地，就如同乱世中也有先生这样的人物一般。"

"过奖了。"孔明微笑道。

"不，一点儿也不。久仰先生大名，一直想向先生请教。今天不正是好机缘吗？今天我们就上高处听先生的高论，如何？"

"高处？"

"那上头。"

刘琦回头，指着瞭望台。

"那上头？上得去吗？"

"我有梯子寄放在这附近的家臣家中，上面摆着名酒，先生可愿赏光？"

刘琦用词温和，但口气令人无法拒绝。

"那是在下的荣幸。"

孔明拱手说。他早有觉悟，见了面是无法拒绝的。

瞭望台是供瞭望用的，宽度刚好够两人对坐。

"十刻之后，再把梯子摆上。"

刘琦登上瞭望台，便叫家臣撤走梯子。当时把一天分成百刻，十刻大约为两个半小时。家臣的用人把梯子拿走之后，谁都无法上来了。不过，上面的两人也无法下来。

"如今我们两人是上不达天，下不着地，天地之间只有我们两人对坐。先生所说的话，只有我听得到。这样先生还不愿开口吗？"刘琦半带强迫的口吻

希望孔明赐教。

《三国志·诸葛亮传》记载孔明如此简洁地回答："君不见申生在内而危，重耳在外而安乎？"

《春秋》和《史记》都提到申生和重耳的故事，发生在公元前7世纪春秋时代晋国的这一故事，当时的知识分子无人不晓。

申生是晋献公的太子，重耳则是申生的弟弟。献公宠爱骊姬，想立她所生的奚齐为继承人。骊姬用计使申生和重耳蒙上谋叛的罪名。近臣劝太子申生逃亡，申生说："我背着恶名出亡国外，谁肯接纳我？我只能一死以示清白。"遂自杀而死。重耳方面，执行献公命令的人劝他自杀。重耳却找机会溜到后院，攀树跳过围墙。执刑者慌忙出刀挥砍，只砍掉袖子。重耳流浪国外长达十九年，六十二岁被迎回国继承王位，成为享有名君之誉的晋文公。

孔明的建议是，不要当第二个申生，应该选择重耳之道。

"在下没有要御曹司离开荆州，但至少应该离开襄阳。"孔明说。

刘琦没回答，只默默地饮酒。身为嫡出长子，他和晋太子申生处于相同立场。如同晋国朝廷被献公宠妃骊姬一党把持住一般，荆州刘表官邸也被蔡氏一党所把持。刘琮相当于奚齐。

这样下去性命一定不保——刘琦知道此点，才急着寻求对策。他也想过离开襄阳，人是有生命的物种，忍辱逃亡也是一种对策。只是，父亲必定立即派人追捕，要平安逃出广阔的荆州至为困难。

"孙权之所以频频动兵，并非憎恨荆州，只是憎恨江夏太守黄祖罢了。"

孔明突然说出这些话。眼睛一直注视着酒杯的刘琦，急忙移起眼光，就在两人视线重合的一刻，孔明率先点头，刘琦也点头回应。

"关于从军的动机，御曹司不妨提起马明的事。"孔明说。

刘琦的眼睛为之一亮。马明就是屡屡劝刘琦举兵的那个人。为什么孔明知道马明的事呢？刘琦甚为讶异，但对孔明这种人物，什么事都不足讶异。

孔明是建议刘琦离开襄阳，但并非采取逃亡的方式。当时南方的长江流域风云告急，虽然刘表派遣江夏太守黄祖驻屯夏口（现在的武汉），但东方的孙权仍然连年出兵，因为孙权视黄祖为杀父仇人。孙权向西出兵，非战略之故，而是复仇之举。

"孙权此刻正朝荆州东南境进兵，孩儿想从军协助国防。"刘琦只要如此向父亲表明志愿即可——这便是孔明的建议——这样就不是逃亡，而是从军。树子（诸侯的嗣子）从军毕竟是异例，因此动机必须明朗化。

"马明劝孩儿叛乱，孩儿虽然完全不曾有过此念，但会令马明如此劝诱，却是孩儿无德造成的。孩儿为自我处罚与反省，愿投身于战场。"

如此说法便是很好的动机。

"那，马明会怎么样？"刘琦话中带叹。

"马明是蔡氏一党派来的，勃鞮也没有被杀。"

孔明回答。勃鞮属骊姬一党，是负责捉拿重耳却被其逃脱的执刑者。

"孔明先生可有何愿望？"刘琦改变话题。言下之意是想回报孔明建言之恩。

"在下并非为树子而献策，乃为让此乱世早日结束而献策。对左将军亦是如此。在下期待怜惜民命的王者之出现。左将军或许是在下可以期待成为此种王者的人，故而投入其幕营。此外别无其他原因。他是在下最近才得以遇见的人物。"孔明淡然说道。

"假如我能比左将军更怜惜民命，先生可愿加入我的幕营？"刘琦问。

"那当然乐于加入……只不过，要怜惜民命，必须拥有实力才行。终结乱世，是怜惜民命最好的方法。容在下失礼，御曹司现在仍未领有一兵一卒。"

"我懂了。"

刘琦提起酒壶，为孔明注入一杯酒。

六

十五年前，初平三年（192年），袁术阵营的孙坚包围刘表的居城襄阳。刘表麾下的黄祖军为孙坚所破，逃入岘山。孙坚深入岘山扫荡残敌，却被黄祖伏兵用箭射死。敌军统帅亡故，使襄阳得以解围。

当时孙坚的幕僚桓阶，以使者的身份前往襄阳，向刘表请求交还孙坚遗骸。孙坚毙命，导致扫荡部队仓促奔出岘山，不及携走其遗骸。

"愿顾及仁义归还遗体。"

刘表以仪仗之礼慎重归还孙坚遗骸。为此缘故，孙权只恨杀父的黄祖，而不怨其主君刘表。

孙坚死后，其军由孙策统率，在江东建立霸权，脱离袁术而独立。平定江东之后，孙策遂沿长江往西进兵。而西方江夏郡此刻正由其所憎恨的刘表部属黄祖驻防。但到达该地之前，须经过庐江郡，面对庐江太守刘勋这股独立的势力。

建安四年（199年），称帝的袁术已告没落，其军众纷纷前去投靠原袁术系的孙策，但途中为庐江太守刘勋慰留，而加入其麾下。庐江障壁遂日形坚厚，孙策势必运用策略才行。

位于鄱阳湖侧、豫章之内的上缭，是一块富裕之地。当地豪族不愿隶属于军阀，屡屡反抗孙策。孙策为此头痛，已是众所周知之事。

孙策向刘勋请求："在下对上缭颇为困扰，并不想要上缭，只是当地豪族已不愿听命，太守可愿替在下出兵？"

上缭一直被视为孙策的势力范围，但孙策在此的支配力并不够强大。

既然孙策说可以向此地出兵，刘勋就认为是伸张势力的绝好机会。现在他又拥有袁术的旧部众，兵力已足够，于是，便立即出兵南下。没想到孙策却趁他不在之际，进军庐江，攻陷皖城。刘勋获悉，急忙调师折回，但根据地被攻陷已导致军队士气大为低落，于彭泽和孙策军交战吃了大败仗。刘勋向江夏黄祖求援。黄祖授其子黄射水军五千，前往救援。

这正中孙策下怀。双方在流沂展开会战，孙策大胜。刘勋往北窜逃，投入曹操阵营。黄射则逃往江夏。孙策之弟孙权亦参加此战役。

复仇之火燃胸的孙策，一直追击至江夏的沙羡，并将仇敌黄祖引出战场，彻底击溃，夺走六千艘战船，消灭数万名兵卒，黄祖仅以身免。

翌年的建安五年（200年），广陵太守陈登乘孙策不在，煽诱严白虎的残党进兵江东。孙策自江夏折返，在等待辎重到来之际，遭到暗杀。

继兄之位的孙权，于建安八年（203年）发兵西伐，击破黄祖水军，却无法拔除江夏城，加上后方山寇作乱，只好撤军。

在孔明接受刘备延聘的建安十二年（207年），孙权再度西伐击破黄祖军，俘虏众多百姓后离去。但作战时间短，而且仓促撤军，原因是接获母亲吴氏病危的消息。

第九章 三顾之礼

多雪的一年结束，迈入建安十三年（208年）。甫新年开始未久，孙权再度挥军西征。其母吴氏已作古，孙权对亡母发誓必为父亲报仇，大举出兵。

黄祖当然料想到孙权会西征，便在汉水并排为数可观的大战舰，舰与舰之间用强韧的绳索捆绑着，并投下大锚石，堵死水路，舰上有千名士兵轮流操弩防守。

汉水有时也被人用其上游的沔水来称呼，它与长江汇流的汉口，当时称为沔口或夏口。黄祖在那里排列的大舰叫"蒙冲"，船体细长，覆盖着牛皮，开有射弓和弩的窗口。这种作战专用的舰船还可以冲撞敌船，所以有此名称，另有名称为"艨艟"。

箭雨令孙权军前进不得，但后来董袭、凌统等猛将率领百人武装敢死队搭乘快船，以斧头砍断舰与舰之间的绳索。蒙冲是利用彼此联系形成障壁的，绳索一旦被砍断，锚石也脱离，便往两侧漂流。孙权军因此得以突破。

黄祖命令都督陈就防守，孙权军都尉吕蒙为前锋，击溃陈就。孙权军乘势由水、陆两路进击，拔下夏口城。黄祖死命逃窜，然而孙权的目标只在黄祖一人，于是穷追不舍，最后一名叫冯则的骑兵斩下黄祖首级。

孙权完成复仇之愿。他将黄祖首级摆在板子上，在它前面设庆功宴。

襄阳的人听说孙权俘虏夏口城内数万民众扬长而去的消息，总算喘了一口气。

孙权是因杀父仇人黄祖而执拗攻击夏口的。刘表这边曾有人建议将黄祖从夏口召回襄阳，但终因担心孙权为黄祖会一路攻至襄阳，所以没采纳此议。

在那个时代，许多人因战争和疫病丧命，到处都为人口不足而烦恼。因而俘虏敌方的民众，充作己方的劳动力，便成为战争的目的之一。孙权掳走数万名夏口民众，意味着短期内孙权不会西征。

"琦儿，晚了一步啦！"

在襄阳府邸内，刘表对长子刘琦如此说道。刘琦志愿从军，无奈战争已结束。"是……"刘琦点头。"不过，江夏太守的职位如今还空着。"刘表说。他并不希望长子留在襄阳。黄祖一死，正好空出一个职位，对荆州而言，这是极重要的职位；被孙权攻陷的夏口城，居民被掳走，重要建筑物几乎全毁，新

的江夏太守必须负起重建城市的困难工作。这正好适合荆州主君的公子来做，而刘表也找到好借口将长子调走。

"请父亲务必任命孩儿担任。"刘琦说。

"好吧。不过，曹操的动向不定，不能拨出兵力给你。我想孙权大概暂时不会觊觎江夏吧！"

刘表当场决定该项人事任命。刘琦不能带兵卒前往任地。由于江夏郡的军队在此战役遭到歼灭，任地已无任何兵力，刘琦等于成了无刀太守。

第十章 如鱼得水

第十章　如鱼得水

一

刘琦被任命为江夏太守，出发前，至樊城拜访诸葛孔明。刘备将前线部队驻留新野，行辕则设在接近襄阳的樊城。

"虽说孙权军已离去，但夏口附近仍有一批残留部队。您如此前去妥当吗？"孔明问刘琦。

"父亲说为防备曹操，无法拨出襄阳的军力。"

"江夏郡的军队已溃灭，此番前去等于是送死啊。"

"那，该怎么办？我为逃一死，才听先生的忠告离开襄阳的。"

"您的命运危在旦夕，"孔明说，"留在襄阳的确危险，但一出长江流域，又恐怕会遭到孙权军袭击。保命之道，唯有出襄阳、沿汉水南下，不要接近长江。此外别无他法。"

"先生要我在这中间的地带游荡？"

"不，不能游荡。您好歹也是江夏太守，必须尽您的职责，太守的责任应该统率军队。"

"可是，那儿一兵一卒也没有啊。"

"因为没有才要募集啊。"孔明抢过刘琦的话头说道，"您可以四处去募兵。黄祖的部下并没有完全被击灭，有不少人散逃。这一次的战役，孙权军可以说目标只在黄祖一人而已，仅是一场复仇之战。黄祖的军队虽说是被歼灭，其实应该说是消失，不，应该是藏匿起来了。这些将兵为数不少。您可以将他们从藏匿的地方召回来。不妨放出风声，他们听到风声，应该会一个个出现的。"

孔明站起来，从柜子中取出文函，放在刘琦面前："打开看看吧。"

刘琦顺着孔明的话，打开文函的盖子，从里面的信封中取出一张纸。

"啊！这是……"刘琦打开折叠的纸，看着上面所写的字，惊叫出声。

这是向黄祖旧部下发出的檄文，内容就像是同窗会的通知单。大意是：我们四处离散，为时已久，何妨一聚？

上面并没有提及和亡将黄祖丧命的那次会战相关的话，只是建议缅怀黄祖恩德，共祭其灵。檄文说：孙权之父孙坚在岘山身亡，是中了流箭，那是在战斗中，也就是说，孙坚是战死的。设伏兵也是作战的方法，绝非卑劣的手段。孙坚并非如孙权之兄孙策那般被暗杀，野战将军黄祖谈不上有什么罪过。只是，孙坚的儿子们伤心于父亲被杀，而将怨恨集中在黄祖身上。总帅刘表鉴于孙坚的儿子们屡次攻打江夏的黄祖，曾劝黄祖说："你把在岘山放箭的那个兵找出来杀掉，首级送到吴国，江夏就可保安然无事。"

但是，黄祖拒绝此建议，他说，当时那个兵是大功臣，他不忍杀这样一个有功的人，宁愿让孙氏兄弟憎恨他自己。

檄文末尾还说：我们不可忘记黄祖顾念部下的心意，为祭祀黄祖在天之灵，我等与遗族商量，取得黄祖生前常用的衣冠，希望旧日的部属能再度聚集，共同祭拜。现在刘琦将军奉命继任江夏太守，决定无条件接纳黄祖旧部属……

"不妨将此檄文贴示各地。"孔明说。

"我懂了。承蒙先生如此……"刘琦的声音哽住了。

"鄀县和云社一带似乎有不少人。祭祀黄祖，不妨选在汉水河畔的汉津，那儿比较容易聚集。聚集后不妨暂时留在汉津，最好不要再往南，如此比较安全。您可以在汉津编整军队。"孔明话声细小，如同含在嘴中一般。

"我懂了。"

刘琦点头。他并没问理由，大概从汉津往南之地，有孙权残留部队出没吧。他心想只要是孔明说的话，就无须问理由。

"行动要快。不过，到汉津后就要慢慢来。"

"我这就离开襄阳。"

刘琦小心翼翼地将檄文的草稿收在怀中，行礼之后离去。

"为什么放刘琦出去，他要是留在襄阳，我们随时可以对付他。"

第十章　如鱼得水

刘琦料想得到弟弟那派人会怎么说。

任命刘琦为江夏太守，可是父亲个人的意思，可能认为刘琦留在襄阳是件麻烦的事。然而，弟弟背后的蔡氏等荆州门阀，为巩固刘琮的继承者地位，也许会认为应该将竞争者刘琦安置于监视得到的地方，因而逼迫父亲取消刘琦的任命也说不定。

传达任命取消旨令的使者，说不定随后追来。孔明说行动要快，这一点刘琦可以明白，为的是不让使者追及。

但为什么叫他到汉津后不妨慢慢来呢？

刘琦从樊城迁回经过襄阳，南下途中，在马上左思右想。孔明要他在汉津举行祭祀黄祖的仪式，并在那儿编整军队。这样他就不是无刀太守了。一旦他拥有兵力，甚至可以拘留传达召还命令的使者。他可以声称：这召还令是真的吗？说不定是谁逼迫生病的父君，我要调查看看！

刘琦在马上不时以手按压胸口，檄文的草稿就藏在这儿。确定它在，令他安心一些。至少他已经明确知道此后他该做的事。

二

曹操向荆州发兵，是建安十三年（208年）七月的事。在前一年，他讨伐乌丸，杀袁尚，将袁家赶尽杀绝。凯旋之后，在邺都北方的玄武苑造湖，开始训练水军。刘表的势力范围已越过长江，及于湖南。要和刘表作战，必须做好水战的准备。

曹操开始在玄武湖训练水军的情报传来，东吴的孙权阵营顿时紧张起来。虽然料想到曹操九成是要去攻打荆州，但因对方是曹操，不无可能出人意料地朝东吴攻来。况且，一旦攻克荆州，曹操下一个目标，一定是东吴。

孙权决定将散布各地的军队集结在根据地柴桑附近，这是位于庐山山麓、面对鄱阳湖的要冲。

"江夏郡内已无任何东吴的残留部队。"

孔明早就从甘海那边得到这个消息，却故意告诉南下的刘琦说，靠近江

夏郡的长江流域仍有吴军出没，主要是不希望刘琦离襄阳太远。

孔明有孔明的策略。

"这一点我懂。不这么做大概也不行……可是，我不能这么做……我不忍心这么做……"

听完孔明的策略，刘备用手搓着自己的大耳朵，说道。

"主公应该从刘表手中抢下荆州，这也是为天下百姓之计。"

孔明如此劝说。他一直凝视着刘备的眼睛。刘备一脸为难的神色，搓着耳垂，但是正眼对着孔明的视线，不曾移开目光。

"我蒙受刘表之恩……刘表如此温厚地接纳我这个亡命之客，即令是为天下百姓……我也不忍心……背叛他……"刘备的声音愈来愈小。

"那么说，要迎击曹操的军队啰？"孔明说。

"嗯！只有这样了。"

"打得赢吗？"

"很难。兵力太少了。"

"打稳输的仗，是件蠢事。"

"那要逃之夭夭？"

"那总比打稳输的仗好啊。"

如同孔明所说的，我们必须与孙权结盟，对抗曹操。所谓结盟，应该在拥有相同实力的两者之间才能成立。如按照孔明之计，取下荆州，就可与孙权结盟。现在连土地都没有，只有这樊城五千兵力，一定会被并吞。还有没有其他策略？刘备陷入沉思中。其实他也并非没有策略，苍梧郡太守吴巨是旧友，可以向他求援。苍梧是邻接南海郡（在今广东省）的地方，相当于现在广西梧州市。只要渡过长江，一直往洞庭南方直逃，再经过所谓地表尽处的零陵郡就到了。只是，说这样的话可能会被孔明嗤笑。

一旦到苍梧，等于放弃天下了。刘备是有志于天下，但欲望并不怎么强烈。反倒是孔明较为强烈。

"为天下众生，有必要防止曹操独霸。而为防止此事，就必须一争天下。"

这是孔明的想法。刘备大抵也有这样的想法，但偶尔会露出疲态，想找个地方优哉一番。刘备心想如果要去投靠苍梧太守吴巨，可以告诉孔明，想先

累积南海交易之利，以备再起。

"无论如何，要想办法在荆州站稳，即使是一个角落亦无妨，这样才能借此和东吴结盟。亮已经在着手处理了。"孔明说。

"哦？已经在处理了？"

"景升公大概不得不向曹操投降，但亮派人转达不要整个荆州都投降。"

"是吗？请他留下一点地方？"

"是的。当然景升公也没办法掌握荆州全境。"

"是吗？那样我就放心了。我本来打算万不得已的时候，去投靠苍梧的吴巨……这样也好。"

刘备这才提到苍梧这个地名。

"是吗？主公是想先累积南海交易之利以图再起啰？"

孔明说出刘备原先想到的借口。刘备又开始搓耳垂，弄得耳垂发热。

"真是鱼水之交啊。"刘备红着脸讪笑。

自从卧龙先生诸葛孔明加入幕僚之后，刘备凡事都征询孔明的意见，这种亲密已令关羽、张飞等旧臣不满。关羽一直在忍耐。但张飞已按捺不住，终于绷着脸向刘备抱怨道："大哥，这样太过分了。现在你只顾和孔明打交道……"

刘备斥责他说："孔明之于我，就如同水之于鱼，绝不可或缺。我希望大家都能清楚这一点，三弟以后不可再这么说了。"

既是鱼水之交，水当然可以看透鱼的心。孔明很早就看穿刘备想到苍梧优哉度日的软弱面。

"景升公有两位公子。"孔明说。

"不过，刘琦形同赤条条地被丢到外面去了。"

"不，他到外面还可以召集兵力。黄祖的兵力现在不是还散落在四处吗？"

"只是，这小伙子有办法召集黄祖的兵力吗？"

"没办法，可以教他啊。"

"我懂了……"

"况且，荆州分成两半——本地的荆州人，和随景升公一起来的士大夫与军队——他们的想法不一样。本地人心想，曹操来就向曹操投降嘛，景升公本

来就是外人。对他们而言，不过是换个主子罢了，只要不打仗就好。至于景升公的部众，就亮的观察，他们似乎非常不满，觉得主子尽用当地人，而把他们给冷落了。眼看着主子迎娶当地有力人士蔡氏的女儿为夫人，疼爱她所生的儿子，冷落前夫人的儿子……这种不满虽然不太表露出来，但日益积压。只要加以煽动，他们必然分崩离析。"

在孔明看来，蔡瑁、蒯越这些当地实力者似乎占压倒性优势，但也因此有不少人反感他们，只是这种反感潜藏在水面下罢了。一旦把它挖起来，让它浮出水面，必定可成为一大力量。不过，如果只是无所作为地一味等待，它可能不会浮上来。

"我当尽自己的能力去做，绝不轻易放弃希望。"刘备说。

孔明深深点头。就在这时候，赵云进来报告："有消息说，张辽的军队已经从长社（今河南省长葛市）出发了。"

赵云本是公孙瓒的部下。刘备投靠公孙瓒时，赵云奉命担任刘备的主骑，也就是警卫骑兵队长。他虽是公孙瓒借给刘备的将官，但可能也肩负监视客将的任务。没想到刘备和赵云意气相投。他也曾私下为刘备募兵，目前则负责关羽和张飞不会做的情报搜集工作。

曹操终于发动军队，驻屯长社的张辽军，似乎是曹操的先锋部队——该来的终于来了。

"终于来了！孔明，拜托你了！"刘备耸着肩。

"是的……"

孔明又点头。他早在两天前就知道张辽的军队出发了，因为甘海已急速通报。现在是该出手的时候了。

就在这个时候，刘表去世了。

这些年来，刘表的健康状况一直不好，时常卧病在床，但也不曾病重，所以，这次病情恶化还是有点突然。景升公病危——在汉津的刘琦也听到这个消息。刘琦急忙赶回襄阳，他在汉津召集黄祖旧部众，如今已是拥有兵力的太守，无须担心被弟弟那派人杀害。他率领二千精兵，回来探望父亲的病情。

襄阳的刘琮派见状相当惊愕。病笃的刘表要是对长子说一句"以后就交

给你了"，那事情就麻烦了。因此，当刘琦才刚到襄阳，要求见父亲之面时，张允立即赶到他下榻之处说："将军派遣太守您去江夏，是因为那个地方很重要。如果太守会见了将军，将军恐将因太守放弃职责而动气，导致病情恶化。为孝道之故，请太守三思，立即返回江夏，才是人子之道。"

摆明了不允许刘琦和刘表会面。

"好，你们不让我会面，我也自有打算。"

刘琦也不甘示弱，就下令二千名兵卒驻屯在邸馆四周。

张允匆忙赶回，在刘表府四周严加戒备，因为凭刘琦的实力有可能强行入内。

当晚，诸葛孔明悄悄拜访刘琦。

"请太守速回，曹操已经发兵，襄阳不久恐将面目全非。请太守返回汉津观察形势。也许我们两军可以合并。太守顾念父亲的病情而赶回襄阳的事，万人共睹。张允等人为一己之私拒太守于外，也是万人皆知的事。既然众人肯定了太守的孝道，这不就够了吗？"孔明说着，眼睛泛着泪光。

"我懂了。明天早上我就回汉津。请代我向豫州牧问安。"刘琦说。

在荆州，刘备时以昔日曹操授予的官名豫州牧或左将军相称。

翌日，刘表咽下最后一口气。襄阳高阶人员决定暂不发丧。但是，几乎所有襄阳城人当天都知道荆州主子已经病故。刘琦也听到父亲的死讯，决定暂时不返回汉津。

蔡瑁、张允、傅巽，以及竟陵太守蒯越都赶回襄阳，聚首协商，决定依照既定方案，拥次子刘琮为继任的荆州牧。

"那，江夏太守怎么办？"

这是最大的问题。

"他现在也掌有兵力。"

"恐怕不容易把他赶出去。"

"没想到他会这么快就召集到兵源。"

"的确料想不到。"

"不处理不行。我看就封他为侯，如何？"

"就怀柔他吧。不这么做也不行。"

"万一他权力坐大，威胁到荆州那可不好。"

"还是封侯吧。"

商议之下，便以刘琮封刘琦为侯的方式，命令使者持侯爵印绶去见刘琦。

"把盒子打开！"刘琦命令使者。

按说使者奉荆州牧敕命而来，身为臣下必须下跪受命，但刘琦仍一屁股坐在床上，一点也没有起来的意思，反而令使者不知所措，只好颤抖着手打开盒子，里面装着印和绶。"拿到这边来！"使者听刘琦这么说，就两手捧着开启的盒子向前走去。"无礼的东西，跪下！"刘琦喝道。

这摆明不承认刘琮是荆州主君，使者一旦下跪就有辱主命，因为他在刘琦面前下跪，等于是主子刘琮下跪。因此，使者进入刘琦住处后，一直站立不行拜礼，而刘琦则坐在床上不动。但此种紧张的平衡却被刘琦这一喝给破解了。

"是……"

使者似乎两脚发软，当场跌坐在椅上，虽然不是跪着，但样子有点像，总算不用跪着捧那个盒子。

"这是什么东西？"刘琦故意问道。登门之际使者已事先通报侯爵印绶的事了。

"是印绶……封侯的……"使者小声说。

"混账！"刘琦终于下床，傲然地走到被吓坏了的使者身边，拿起盒中的印绶，用力摔到地上，用脚踩踏，然后对它吐口水。

"你回去把这个情形原原本本地告诉刘琮！"刘琦说完就转身离去，不曾回头。

刘琦在印绶事件的翌日清晨就离开襄阳官邸，虽然比预计的时间延迟了两天。

这一阵子，荆州牧府邸正在召开重要会议。

第一个议题是关于刘表的葬礼，这几乎没什么问题。接下来，则是讨论有关曹操的先锋张辽已经自长社发兵，于禁的军队也随后离开驻屯地颍阴的消息，曹操军指向荆州，是再明显不过了。

新任荆州牧刘琮，尚未满二十岁，会议中几乎不曾发言。傅巽的意见最

多，但他事先已经和蔡瑁、张允、蒯越等人说好了，因此可以说是代表他们这一伙的意见。

"曹操拥立天子，如果咱们背叛他，就变成逆贼。咱们荆州从先代即接受汉朝的节义，岂可抵抗王师？"

"即使想抵抗，凭荆州之力要抵挡中原大军，可谓难上加难。"

所有的意见都认为应该向身负天子圣威的曹操投降，分歧之处只在于如何处理刘备。

问题重点在于是否应该事先告知刘备要投降曹操的事。

有很多人认为，刘备只是客将，没有必要将荆州所有的决定都告诉他。但也有人认为，如果不转告刘备投降的事，刘备可能会迎击曹操军，曹操势必认为刘备是荆州阵营的人，而怀疑这边的诚意。后者基于这个理由反对上述意见。

"我们不妨在向曹操致投降之意时，顺便告诉他我们没有自信能够说服客将刘备放弃主战论，刘备的事可以任凭他处置。"

张允提出这个建议，几乎获得全员赞同。于是，便决定采取弃刘备于不顾的投降方针。

"希望与会的诸位，不要对外泄露这个决定。"

蔡瑁正在特别叮咛之际，突然有急报说："江夏太守刘琦离开邸馆，出南门，正在南下当中。"

"太好、太好了！我原本最担心的是江夏太守和刘备联手，现在刘琦既然回南方的任地，那就没什么好担心了。"张允说着，频频点头。

三

征讨荆州，也是曹操亲自指挥军队的。

建安之十三年（208 年），荆楚傲而弗臣。

曹操之子、颇负文名的曹植也从军，他的《述征赋》以上述语句为开头。

如同文中提到的荆、楚二字，曹操预定拔下襄阳，进军长江，然后压迫东方的吴，迫其投降，如此天下便大致统一了。剩下的益州刘璋只是小政权，更是众所周知的缺乏决断力，随时都可以处理掉。

就在展开南征的六个月前，汉室废除三公之制，改置丞相与御史大夫。本来汉初系以丞相和其副官御史大夫，以及统率三军的太尉三人为三公；至西汉末年，则以大司马、大司徒、大司空为三公；东汉时去掉"大"字，称司徒、司空、司马为三公，继而将司马改称为太尉。

此次则废除为时已久的制度，建立全新的体制，虽然沿袭汉初三公中的丞相和御史大夫的官名，其实是曹操搞个人的独裁。他自己担任丞相，御史大夫只是丞相副官，曹操南征之际，任命郗虑担当此职负责留守。军权当然由曹操掌握，根本无须太尉这个职位。

于是，汉王朝所有权力完全落入丞相曹操之手。在动员南征前夕，曹操处死太中大夫（宫廷顾问）孔融。孔融是才子，也是孔子第二十代子孙，名门出身，又写得一手好文章，名列"建安七子"。他也许因为看不起曹操乃宦官养子之子的出身，经常予以嘲笑。

有一年兵粮不足，曹操发布禁酒令，理由是"酒为亡国之本"。为此，孔融曾写信嘲笑曹操说："亡国的不只是酒而已。夏与殷因妇人而亡，鲁则过分尊崇儒学而衰。所以，应该禁止男女结婚和儒学。"

此外，孔融曾上书朝廷说："根据古代王畿之制，国都周围千里之内不宜封建诸侯，如今亦应遵循此制。"

曹操在五年后成为领地接近国都的魏公，继而成为魏王。孔融似乎早就看穿他的计谋，想加以阻止。

由孔融反对禁酒令的事可以得知，他是想说什么就说什么的人。他以孔子的后裔自豪，据说曾经在酒席上说，孔子的家系胜过汉皇室的刘氏。曹操有太多借口可以斩除孔融。甫获任命御史大夫的郗虑教唆一名叫路粹的人告发孔融，然后将其逮捕，并立即处死。孔融的妻、子也全遭杀害。

将孔子的子孙处死，令众人极为震惊。曹操想借此提高自己的权威，用恐怖政策封杀反曹声浪。在南征前夕处死孔融，等于是用他做了出战前的血祭。

第十章 如鱼得水

九月,曹操抵达新野,本来刘备军队驻屯此地,但基于巩固襄阳的理由,将兵撤至樊城。

樊城和襄阳极为接近,中间仅隔汉水。新野约在汉水之线往北六十公里处,荆州方面在曹操抵达新野时投降。为不让樊城的人知道此事,使者故意将渡河地点选在偏东之处。

投降之事严加保密,只有襄阳最高层知晓。但,诸葛孔明通过甘海得以知道这件机密。甘海的情报网已经打入荆州牧府邸的用人中。孔明却将此事藏在心中,甚至没告知刘备,他认为此事最好到最后关头才说出。

然而,刘备也知道了。并非有人告知他这个情报,而是他直觉以为刘琮会投降,并弃置樊城。

"卧龙先生,看来我们不逃不行了,研究看看该怎么逃。"刘备叫孔明来,告诉他自己的想法。

"两天前,亮听说荆州使者在新野投降,刚刚才渡过汉水回到襄阳。曹操为一口气攻克襄阳,正在等待后续的辎重。整顿好态势之后,势必自新野发兵。时间大概在三天之后。"孔明以专业性口吻说道。

"哦?先生已经知道了!"

"甘海告诉亮的。"

"先生果然……"

"明天我们渡过汉水吧。"

孔明摊开预备好的地图。

"那,襄阳呢?"

"攻击刘琮,接收荆州之兵。"

"这……"刘备眨着眼睛。

"又不忍心?"

"是的。景升公晚年每次见面都握着我的手,老泪纵横地说'往后拜托你了!'我怎能攻打他的儿子刘琮呢?是啊,我是不忍心啊。"

"说是刘琮,其实是荆州那些官员将领,那批人可是要置将军于死地啊。他们故意不告知投降的事,将军大有理由攻打他们。"

171

"如果我是荆州人，会认为荆州比天下还重要，可能也会做出同样的事。我并不恨他们……别管襄阳了，早早逃走吧。"

"好吧，既然不攻襄阳，那就进城吧。"

"进城做什么？何苦多此一举？"

"我们被弃之不顾，但是，襄阳城也有人反对投降，我们岂可弃他们于不顾？"

"要带他们走吗？"

"不是应该如此吗？"

"也对……弃置伊籍等人不顾，也真不忍心。"刘备点头。如果将主张强硬对抗曹操而闻名的伊籍留在襄阳，他极可能会被处死。曹操杀害孔融一事，已全国皆知。

"不只伊籍，还有霍峻、刘邕等人。"

"嗯，那我们就准备吧。"

"这之前，我们先安排好逃走的途径。"

孔明手持竹棒，指着摊放在桌上地图的某一点。刘备也弯着腰细瞧地图。

"这里是襄阳。有两条路可南下：一条路是沿直线南下，经编县、当阳县，抵江陵；另一条路则沿着汉水，稍偏东南，经都县、汉津，然后出夏口。"

孔明说到这儿才喘了一口气。

四

年轻的刘琮脸色苍白地坐在府邸中，身体不住地颤抖。

"我们要见荆州主君！"

"御曹司请出来，我们有事请教！"

一些武将骑马奔绕襄阳市街，并大声喊叫要刘琮出面。

"真的向孟德投降了吗？"

"为什么不通知我们？！告诉我们实际的情形！"

骑士们不仅对着府邸叫嚣，还在城内奔驰，城内的百姓还不知主子投降

这个秘密，骑士们似乎想让大家知道。

"怎么办？"刘琮问舅父蔡瑁。

"暂时不动，不要让他们的挑衅得逞。"蔡瑁表情严肃。

从外头回来的傅巽激动地说："在街道到处叫嚣的不只是玄德麾下的人，还混杂着襄阳的群众。"

"是伊籍的部下吗？"蔡瑁问。

"好像还不止。"

"赶快躲起来！再不走丞相的军队就要来了。"

"对！我们应该迎接王师。"

对如今荆州牧府邸的众人而言，曹操简直成了救世主。

刘备来到襄阳城外刘表坟墓前，放声大哭："景升公啊！我让荆州变成这个样子，真是对不起！"

刘备在襄阳足足停留一天，许多人跟从刘备军南下。

以前荆州是乱世的乐园，虽然被包围数次，却不曾沦为战场。孙坚的包围最为严重，但他在岘山毙命，部众便解围南归。对荆州人来说，这已经是陈年往事了。渴望和平的人从全国各地汇集于此，孔明一家也是其中一分子。虽说什么样的人都有，但都属离乡背井，所以不乏充满自由气息的人。他们最痛恨暴君。

曹操杀害孔融，的确令众人心生畏惧，但在另一方面，他也将大失人望。当时的中国人毫无条件地尊奉孔子为至圣，将他的子孙斩首，无疑是大逆不道的魔鬼行径。

"我不要活在魔鬼的统治之下，反正荆州也不是我的故乡。"

有这种想法的人，纷纷跟随刘备军队南下。刘备要是不稍停留就穿过襄阳，便不会有这么多人跟随他了。整整一天的宣传活动，使人数大为增加。

> 过襄阳，诸葛亮说先主攻琮，荆州可有。先主曰："吾不忍也。"乃驻马呼琮，琮惧不能起。琮左右及荆州人多归先主。比到当阳，众十余万，辎重数千两，日行十余里……

《三国志·蜀书·先主传》如此记述事情的经过。刘备穿过襄阳，暴露出刘琮的暗弱。有不少人对新任荆州牧失望，转而跟随刘备。

当时一里约为四百米，一天行程仅十里左右。穿过襄阳以后，仍有不少人从各地加入军中。当地的人离不开土地，但外来的百姓大多想依靠刘备。因为他们是外地人，没办法住在襄阳这种都会中，几乎都栖身于郊外。

刘备选择去当阳的道路，意味着要去往江陵。曹操得知刘备想去江陵，立即下令："赶快率领轻骑追击！"

刘备虽然领众十余万，但这些人几乎都非战斗人员。曹操心想，只要用五千骑精锐便可击破。

曹操的目标也是江陵，他知道江陵储存极多的兵器和粮食。曹操乃大军远征，无法携带所有东西进军，只能采取在所到之处筹措武器、粮食的原则。长江中游物资储备最多的地方，是夏口和江陵。从襄阳南下的两条路，其终点分别是夏口和江陵。但，此时的夏口因孙权讨伐黄祖之战而告荒废，东吴不仅将物资，连百姓也都一起带走。对就地筹措物资的曹操来说，夏口已无利用价值，所以，他一开始就将目标指向江陵。要是让刘备早一步抵达江陵，取走物资，那麻烦可大了。

曹操严令部众务必在刘备军抵达江陵之前将其歼灭。舍辎重、着轻装的精骑采取强行军。

一日一夜，行三百余里。亦即夜以继日地奔驰一百数十公里。相对地，刘备军携家带眷，一天仅走五公里左右，很快就被追上了。

地点是当阳的长坂。

曹操的骑兵队奔驰而至，只见沙尘滚滚。刘备等人在长坂的丘陵上看到此景。

"卧龙先生，莫非要把这批人……"刘备说到这儿便止住了。

"曹操曾在徐州大屠杀，"孔明说，"亮小时候目睹。不过，此后曹操未曾有过相同的行径。那时候，他父亲被杀，使他充满愤恨。也许那是他的本性。但如今他想得天下，尽管杀了孔融，却未敢杀百姓。请主公安心。"

"也许吧，但愿如此。"刘备叹道。

第十章　如鱼得水

　　刚刚刘备其实是想诘问孔明："莫非你是想造成曹操军的错觉，才聚集这么多百姓？"曹操军面对十余万几乎全非战斗人员的百姓，势必一时找不到刘备的战斗部队。这对刘备这边是有利的，他们可以藏在群众中，伺机逃离至预定的地点。孔明看到曹操军带起的沙尘，就向战斗部队明示："斜向东，然后改变方向，朝往汉水，在汉津会合。关羽率领的水师和刘琦的军队会在那儿等候。"

　　此事孔明早已出示地图向刘备说明过了，只不过没提及聚集百姓的事。

　　要是他告诉刘备，聚集百姓是障眼法，为了躲在其中以变换方向，刘备一定会说"我不忍心这么做"。孔明其实很欣赏刘备这点，反倒他本人却是较冷静的现实主义者。如今他才恭谨地向刘备做事后解释。

　　志在天下的曹操，当不会令十余万百姓受饥。南下当阳，即到江陵，曹操必定会带他们去，并将江陵储备的粮食分配一半给他们。这些百姓也将削弱曹操的力量。

　　"也许利用百姓不是仁者该做的事。亮对他们心有亏欠，为此亮将妻子留在百姓群中，将百姓之苦视为自己之苦。亮告诉妻子此事时，她也鼓励亮这么做。"诸葛孔明说。

　　张飞、赵云、糜竺、简雍、孙乾诸将都在，唯独关羽不见踪影，他早已悄悄率领水师下汉水了。诸将当中突然有人叹起气来。

　　"我的想法也一样，"过了一会儿，刘备才说，"本来我也将妻子安置在特别的车子上，但昨天决定将她们留在百姓群中。"

　　"哦？！"

　　孔明难得如此讶异，他凝视着刘备。

　　"左将军识得亮的用心？"孔明小声说着，声如叹气。

　　"卧龙先生岂能独独漏过一件事不谈？其实我昨天已察觉到，这件事在此次作战中是不可或缺的。"

　　"原来……"

　　孔明的声音几乎听不到。他打心底觉得选择此人当主君，委实是件幸福的事。

　　"总算要打仗了。我殿后吧！"

　　张飞吐一口口水在手上，紧握着长矛。

175

五

刘备军一如预定计划移动。曹操军似乎没料到对方会倾全军斜向撤走。

"不要深追！"

曹军将领觉得事情不太对劲。他的任务是拦截刘备军，不让他们早一步抵达江陵。既然刘备军向东撤走，就无法到江陵，作为追击军的目的已经达到了。他想起曹操的叮咛："刘备会耍诈。想出诈术的是诸葛孔明，务必注意不要中了诈术。"

对方的阵营中，有一位连大战略家曹操都畏惧三分的参谋。如果深追，说不定会中了曹操一再提醒的诈术。虽然曹操军是一支具有压倒性优势的精锐部队，但终究有所顾忌。

刘备军乍看似乎四处逃窜，仔细观察，不难发觉其实相当有秩序，即使有部分显得慌乱，也不至于全面扩散开来，他们已被教导应撤往哪个方向。整体的动向一直很收敛、有序。

统率殿后军的张飞，战术更值得称道。己方军逃走之际，殿后的军队任务极为重要，必须坚持到己方有足够的时间撤走，而且自己也必须撤得掉。确定全军大致已撤往预定的方向之后，张飞就大字摆开，立在长坂桥上，横着长矛，大声喝道："我就是张翼德（翼德是张飞的字）！放马过来！看是你死还是我活！"其声震天，曹操军一时被吓住了。

张飞的声势令曹操军愣住数分钟之久，仅数分钟的时间，就大大有助于撤走的一方。曹操军定下心开始移动时，刘备军已经进入安全范围。

"回来，不要追了！"

长坂桥的曹操军队接获命令，战斗终告结束。面对刘备留下的数万群众，一下子多了偌大的重担，曹军将领不知该如何是好。

刘备军前往汉津。孔明教刘琦不要越过汉津南下，为的是要在此地会兵。如果曹操军追至此地，就会被万余名刘琦军和昨日深夜抵达的关羽水军所包围。

"都到齐了吗？伊籍也在啊！简雍、刘邕……"孙乾确定将领是否平安。

"子龙不在！"

"我们在丘岭上时，他还在啊！"

"我看到他直往敌方奔去。"

"会不会降敌了？"

"毕竟……"

"混账话！子龙怎么可能背叛我！"

刘备怒瞪孙乾等人。

"那我们就朝夏口出发吧。"孔明以开朗的口吻说。

孔明一开始就把夏口定为终点站。夏口城虽然因战乱而荒废，但就未来而计，它的位置是有利的。孔明打算与孙权结盟，如果现在让曹操大胜，孔明的梦想将会落空。为实现梦想，刘备必须与孙权结盟。比起江陵，夏口距离孙权的势力范围较近。

就在他们准备出发的当儿，有人喊道："喂！子龙回来啰！"

"唷！还带了两辆车回来……"

两辆罩着车篷的车子停在刘备等人面前。接着，车篷打开，一名抱着幼儿的妇人走下来。

"哦……"

众人一齐感叹。原来是刘备之妻甘夫人及其子阿斗（刘禅）。

接下来，又有一名女性下车，诸葛孔明快步向前奔去。

"阿绶！"

这人正是孔明留在群众当中的妻子。

"子龙阁下……"绶轻转过头，露出微笑，屈身致谢。原来赵云听说刘备和孔明都把家人留在群众当中，便回头去救她们出来。

"请妇女上船！"关羽拨弄髯须说道。

虽然败撤至此，刘备的军众还很开朗，毋宁说是喜悦。就连一向严肃的关羽亦从长须中露出白齿，展开笑颜。

正当出发之际，西方突然传来马蹄声。在人马接近到可以判别容貌时，众人叫道："是元直！"

原来是孔明的挚友徐庶。

孔明一直惦念着徐庶，事先曾派人至隆中告知此次的计划，因为事关众

人，不能说出明确的日期。孔明心想他们通过襄阳时所引起的骚动，势必传至隆中，徐庶必定会追上来。刘备军带着为数庞大的百姓，移动甚慢，应该可以立即追上，但却迟迟不见徐庶的踪影。

"总算来了。"

孔明露出微笑，迈步向前走去。但是，看到从马上跳下来的徐庶的表情，孔明的微笑消失了。徐庶紧绷着脸，眼神严肃。

徐庶直向孔明奔去，孔明张开双手，抱住徐庶。孔明的肩头濡湿了，因为徐庶正抱着他号哭。

"和你一起拥戴玄德将军，辅佐将军完成天下大业，是我衷心的夙愿。"徐庶松离孔明，指着自己的胸口说，"可是，曹操却劫走家慈！我的方寸已乱，没法和你共襄盛举，我是来告别的。"

"没想到居然……这样也好，你就陪在令堂身边，曹公也有识人之眼的。"

孔明双手搭在徐庶两肩上。曹操抓徐庶之母当人质，强迫徐庶为他效劳。

"和你相别，真是难受啊！"声音句句出自肺腑。

"一旦天下统一，归于和平，我会回隆中隐居……元直，我们隆中相会了。"孔明双手自徐庶肩头放下，紧紧握住徐庶的手。

不久，徐庶放开双手，向他的马跑去，边跑边号哭，哭声随着马蹄声在尘沙中消失。

第十一章 联吴制魏

一

徐庶的影子消失之后，孔明仍望着那个方向好一阵子。

"何时才能再相见呢？"

和平到来的那一天，就是再会的日子吧。孔明不知何时紧咬着嘴唇。

"军使，东吴的军使来了！"背后突然传来叫声。

孔明急忙走到刘备身边。孔明老早听说，东吴孙权一听到刘表的死讯，便派遣鲁肃为吊问使，前往荆州。消息并非来自甘海，而是在东吴的孔明之兄诸葛瑾派人急报的。诸葛瑾即使对弟弟也不会泄露机密，此次鲁肃前去，是公开吊问，并无秘密可言。只不过，鲁肃虽名为吊问使，自然亦兼有侦察荆州实况的任务。

"鲁肃充当吊问使，动身前去了。"

孔明之兄在急报中特别提到这句话。仅这句话就够了。鲁肃的立场一直是反对曹操，主张东吴独立，他深知仅凭东吴之力不足以抗拒曹操，自然想到和荆州合作。然而，合作的交涉对象突然亡故，现在又该和谁交涉呢？鲁肃想亲自观察、判断，才自告奋勇当吊问使，亲至荆州之地。

襄阳已然投降，鲁肃不可能与向曹操投降的势力缔结反曹操联盟。但荆州却仍有反对向曹操投降的势力，鲁肃也只能以其为交涉对象。

"左将军，"孔明对刘备说，"请告诉东吴的军使，说我们打算去苍梧。"

"嗯……演一演戏吧。"

刘备和孔明心有默契。如果就这样接受东吴合作的提议，可能会被认为败军捡到便宜，而受其轻视。因此，倒不如明白告诉对方自己还有其他去处。

鲁肃出身临淮东城的名门，出生后没多久，即失去父亲，由祖母养育长

大。家里原本富裕，但他生性慷慨，出手大方，将钱财用来召集年轻人，供给衣食。在南山以狩猎为借口，举行军事训练。当地父老批评说："出了这个狂人，鲁氏家道衰矣！"

年轻的周瑜那时当居巢县县令，偶尔经过临淮。当时袁术还是霸者之一，那一带在其势力范围内。袁术有意延揽周瑜，但周瑜宁愿栖身在居巢县，主要是因为他通过观察袁术的人品，认为还是远离他为妙。周瑜至居巢就任时，带领数百名部下前往，他向临淮的鲁肃请求粮食援助。鲁肃家里有两座储存三千石（当时一石约为二十七公斤）白米的仓库。鲁肃指着其中一座仓库，若无其事地对初见面的周瑜说："里面大概有三千石的米，请任意取用。"

袁术看中鲁肃，任命他为东城的县令。鲁肃和周瑜一样，看出袁术没什么前途，于是带着百余名年轻人，去投靠居巢的周瑜。没多久，周瑜跟随东吴的孙策，鲁肃也随行。时值建安三年（198年），周瑜二十三岁，鲁肃大他三岁。此后，即使孙策阵亡，两人一直都是孙权阵营的重臣。

事隔十年，鲁肃充当吊问使前往荆州时，已进入三十六岁的盛年。

"将军，将前往何处？"鲁肃问。

"想去投靠苍梧的吴巨。"

"哦，苍梧郡，远在他处啊。将军和吴巨是何等关系？"

"建安二年至三年间，我在曹公麾下时和他熟识。"

"那是十年前的事啰！"

"是啊，我想他还记得我吧。这人不错，应该会接纳我才对……不过，还是有点担心就是了。"

刘备只是在演戏，但演技一流，让提供剧本的孔明甚为佩服。刘备说"担心"二字时，表情令人觉得他有穷途之慨。

"人也许不错，但恐怕不会接纳将军吧？"鲁肃说。

"为什么？"

"将军会率领军队前去吧？对方恐将认为将军有所企图。任何人都会……"

"话是没错，可是，我怎么能够丢弃与我共苦的将士呢？"

"像将军这等气度的人去投靠吴巨，不是有点奇怪吗？将军何不自立？将

军只要将曹操赶出荆州，就可在此地自立。"

"赶出去？我现在刚被曹操赶到这里来呢。"刘备苦笑。

"将军，"鲁肃坐正身子，说道，"将军如果有这个意思，在下的主君愿倾力相助。问题只在于将军有无此意愿。在下以为，视曹操为汉贼的英雄，此时必须携手合作才行。"

"有没这个意思？倒不是没有，只不过……看看我现在这个样子，我才在那儿被打得落花流水呢。"

"那儿？将军是说当阳吗？在下认为曹操在那一带力量有限。远征之兵疲惫，而且对南方之地不熟，再下去就是水乡泽国，他们必不善水战。"

"我听说曹操军曾挖湖，训练水战。"

"那种玩具湖、玩具船……哈！哈！简直是扮家家酒嘛。不会有什么作用的！"

"不过，曹公可是很强的啊！"刘备耸起肩。

"豫州牧啊！"鲁肃改口称呼。先前都称刘备为将军，因为刘备官拜左将军，也曾当过豫州牧，"您可曾与孙讨虏交战过？"

"很幸运的，不曾有过。"刘备回答。

孙权曾受曹操赐封"讨虏将军"的称号。豫州牧、左将军、讨虏将军，这些官职、称号的源头都在实力者曹操身上。

"那真的是幸运。"这回轮到鲁肃耸肩了。

"孙讨虏应该很擅长水战！"刘备口吻像是赞叹一般。

"刘豫州，"鲁肃语气似乎有点不耐烦，"重点是您的意愿要强啊。除您麾下的兵力，江夏太守的兵力也有一万，不是吗？而且，水军不是没损伤吗？"

鲁肃的声调原本热络，现在似乎一下子就冷却下来。他拼命想说服刘备振奋起来。他到汉津时，听说除了被曹操追赶的刘备军，关羽所率领的水军也来到了。

"莫非……"

鲁肃闪过一个念头。他此刻正在说服刘备去投靠孙权，刘备说他吃败仗已无斗志，想逃到南方的苍梧，言下之意是已对天下断念。但，果真如此吗？

既然江夏太守刘琦的万余兵力无损伤，那么，顺汉水而下的关羽水军应

该也一样无损伤。据说，关羽率领着一万名精锐。

"莫非刘备想保住兵力？"

鲁肃突然有这样的念头。果真如此的话，那刘备就对天下尚未断念，也许是想将曹操诱进南方，逼他从事不擅长的水战，以逆转形势。不过，面对具有压倒性优势的曹操军，两万或三万的兵力可是以卵击石啊。再怎么说，刘备都需要援军，莫非刘备一开始就想到要跟东吴结盟？

也许比起东吴的孙权，败逃的刘备更热衷于结盟；但他看到我拼命在游说，故意说要去苍梧，假装没有这个念头——如果是这样的话，我鲁肃不就被耍了吗？

"子敬阁下，在下也曾建议主君与东吴结盟。其实，我们才更热切地想结盟。请向讨虏将军转达此意。"

孔明一听鲁肃语气转冷，便缓缓说道。

"哦！这声音……"鲁肃眼光转到站在刘备身后的孔明身上，"莫非是子瑜阁下的胞弟，不只声音像，连容貌都……"

"是的，在下诸葛亮。"孔明点头示意。

二

曹操不再追击在当阳溃败的刘备军，而顺势南下进入江陵。刘琮投降，曹操得以兵不血刃地占领襄阳，但襄阳已无一艘可用的战船。

"关羽率领所有水军下汉水……"

曹操听到此事，恨得咬牙切齿。

并吞荆州后的下一个目标是东吴，而和东吴交战，当然要打水战。讨伐乌丸之后，在邺都的玄武苑造湖，实行水战训练，为的就是要和东吴决战。曹操的计划是，攻陷襄阳时，先接收汉水水军，再在江陵合并荆州的长江水军，但没想到汉水水军被关羽带走了。不过，就整个荆州水军而言，主力还是以江陵为中心的长江水军，汉水水军在量上根本不能与之相比。

"动作再慢一点，说不定连长江水军都保不住了。"

这就是曹操急着赶往江陵的原因。到江陵一看，水军尚未被染指，兵器库、粮食库也都原封未动。

"还好！"曹操喘了一口气。

曹操想乘着并吞荆州之势，一鼓作气击破东吴。曹操此次远征特别重视气势，他之所以没有追击处于溃灭状态的刘备军，一方面是怕中对方的诡计，另一方面却更担心气势受挫。

"应该蓄存实力。"喘一口气之后，曹操对重臣们如此说道，这话似乎有一半是说给自己听的。

进驻江陵以后，曹操当即论功行赏，他任命归降的刘琮为青州刺史，封支持荆州投降的重臣蒯越等十五人为侯，并释放因反对袭击曹操后背、遭刘表怀疑而被下狱的韩嵩，拔擢其为大鸿胪。蒯越被任命为光禄勋，刘光为尚书，邓义为侍中，文聘则被任命为江夏太守。虽然这之前刘表已任命长子刘琦为江夏太守，但曹操一点儿也没将此当回事。

曹操优遇投降者，主要是针对东吴。曹操知道孙权阵营也有不少人主张向他投降，重臣张昭便是其中之一。

"子布（张昭的字）太老实了，似乎缺乏说服力，恐怕说不过那些年轻人。"

曹操正确掌握了东吴的情报。他虽然希望东吴投降，却也不怠于备战，到达江陵便立即编组水军，并展开训练。

曹操所谓的那些年轻人，其实是东吴的主战论者周瑜和鲁肃。年轻也只是和五十三岁的和平论者张昭相比而说的，他们两人也都超过三十岁了。还有人比他们更年轻，那就是二十七岁的东吴主君孙权。

三十六岁的鲁肃充当吊问使前往荆州，因遇战争，到当阳附近即折返——此消息亦传至江陵的曹操耳中。曹操相当关切情报的搜集。

"刘备派一名叫诸葛孔明的年轻人随鲁肃回去。"

一位幕僚向曹操禀报这样的情报。

"那是隆中的卧龙，我听说过这个人，应该是徐庶的朋友。去问问徐庶，看他是何等人物。"曹操说。

曹操居然记得刘备在荆州当客将时延揽的新人名字，但他不亲自去问徐

庶，而叫幕僚去问，也许是并不太重视这件事。他心想刘备看中的人应该是有两下子，但此人既然比徐庶年轻，不至于有什么了不得吧。

被问及孔明的事时，徐庶只说些不伤大雅的话："这个人学识渊博，思虑深入，而且富辩才。"

曹操听幕僚这么说，嘀咕一句："是辩士啊。"

曹操心想：现在刘备不凭借孙权之力，只有自灭或逃亡了。为说服孙权施以援手，当然要派遣一位能言善道的人，这个角色不适合关羽、张飞，乃至赵云。和这些武将相比，诸葛孔明这名青年可能好一点吧？

"禀丞相，我们是否也应该派辩士去？"幕僚问。

曹操摇头，回答："一封信比一名辩士更有效。"

曹操认为派遣辩士，还不是去劝降，那倒不如送一封恫吓的信，这样更具效果。对文章颇有自信的曹操，已经在脑中打好草稿："近者奉辞伐罪，旄麾南指，刘琮束手。今治水军八十万众，方与将军会猎于吴。"所谓会猎，字面意思是相会狩猎，真正的意思则是挑战。

"据刘备阵营内传来的密报，一名叫诸葛孔明的年轻人自愿当使者。"幕僚禀告新情报。

刘备的行辕中，亦有人私通曹操阵营。处于乱世，明日不可预料，有朝一日说不定天下归于曹操，此种私通当可用来表功。

"什么？你是说那不是刘备下的命令？"曹操扬起单边眉毛。

"是的。据说左将军原本想逃往苍梧的。"

"是吗？……刘备是还有这个地方可去。也许他已心灰意冷，想抛弃一切去这地方……难道刘备说出这个念头，却被孔明这年轻人给打消了？"

曹操陷入沉思中。

又有一名幕僚进来，禀告新情报："刘备的军队没在夏口驻足，又往东去。"

"往东？"

"和我们的方向正好相反。"

"他正朝往东吴。孙权的阵势已推进至柴桑。战火就要点燃了。"

曹操点头说道。他昨夜已获悉孙权大本营已移至柴桑。

三

如同曹操所推测的，刘备外表似乎仍有统一天下的热情，但中途的确曾兴起放弃的念头。

天下统一是万民之幸。

诸葛孔明相信这一点，也以此为最高理想，为实现此一理想，赴汤蹈火在所不辞。例如，刘表一死，他力劝刘备取下刘表的荆州，便是基于这个因素。但，刘备却说了一句"我不忍心"，而没接纳他的建议。

刘备从曹操阵营逃出，刘表二话不说就欣然接纳他，刘备忘不了这个恩惠，无法乘刘表亡故之际而背叛其子。

"景升公对左将军的确恩重如山，但那是私恩。万民之幸和私恩，何者为重？"

诸葛孔明以此言逼迫刘备。刘备一脸为难，无力地摇头。

"这是什么话？不用说也知道何者为重。"

孔明已按捺不住，刘备却还拘泥于私恩，因不忍心而为难，这是他高于他人的情操。

"应该让这种人君临天下。"孔明内心如此慨叹。

心怀天下的人毕竟异于常人，我孔明岂可将自己的价值判断硬套在刘备身上？孔明以此自责。

"一切都拜托先生了。先生想怎么做就怎么做。"

孔明临去柴桑时，送行的刘备这么说。孔明不觉用手捂住嘴巴，担心自己失笑。无法想怎么做就怎么做的人，居然对部下这么说，岂不好笑？

建议刘备军由夏口往东移进的人，是鲁肃。既然刘备有意与孙权结盟，驻屯地当然最好能尽量靠近对方。鲁肃对那一带的地理相当熟悉，建议说："樊口那地方不错，适合大军驻屯。左将军的一万多水军也可以在那儿靠岸。"

孔明和鲁肃一起赴柴桑。途中两人天南地北地聊了不少。

"这个人真像我的主君。"

孔明不知何时有这样的感觉。他觉得鲁肃的个性似乎也是明知道应该怎

么做，但到头来还是依感情做了最后的决定。可能就因为这个缘故，鲁肃很能体会刘备的心情。

"阁下的主君，是属于不会被部下背叛的那种人。"在下长江的船上，鲁肃这么说。

"怎么说呢？"孔明问。

"怎么说？阁下倒想想看，这样的人谁背叛得了？他应该可以说是幸运的人吧。真的，的确……"

鲁肃似乎对刘备甚为倾心，一时还找不到合适的形容词来表达呢。孔明为此感到高兴，因为东吴应该也有许多谋士，鲁肃必定会站在支持结盟的这一边。

行船的旅程很枯燥，孔明便听鲁肃谈论有关东吴重要人物的种种。

当地出身的人肯定是赞成降服于曹操，代表性人物为彭城出身的张昭。他们似乎倾向于"主君要我们自己挑选"，乱世必须有指导者，他们想尽可能挑选有能力的人，为他们消除灾厄。这一点和荆州一样。

荆州的主君是刘表，但刘表未必是绝对的主君。因此当曹操来攻时，蒯越、蔡瑁等人便投降了，对他们而言，只是用曹操替换刘表而已。一旦出现更有能力的人，替换又何妨？

"张昭就等于是荆州的蒯越……"

孔明想到这里，意外地发觉两者类似的地方可真多，不觉笑了起来。

"有什么不对？"鲁肃皱起眉头问道。

"住在不同地方的人，心里想的却很相似；而且，天下英雄也有不少人是相似的。真有趣。"

"是吗？在下却以为人大抵都不相似。光是曹操南下这件事，原本交情不错的朋友，都会闹不同意见，真是十人十色啊。"

"阁下和周郎意见相同吧？"孔明问。

周瑜字公瑾，一般都称呼他为周郎。"郎"这个称呼，含有年轻又有威势的美男子之意味。《三国志》中，称他"有姿貌"。也就是说，他是相貌非凡的美男子。

在东吴阵营，周瑜和鲁肃是众人皆知的主战派双璧。

"意见也不是完全相同。反对曹操这一点是相同，但做法不同，周郎有我

无法模仿的地方。"

"什么地方？阁下是不是比他年长？"

"和年龄无关吧？周郎他……怎么说才好呢？……毫不犹豫。"

"那是果敢啰？"

"很难说清楚。"

鲁肃否定用"果敢"来形容周瑜，大概只用这两字没办法说得贴切吧？

孔明已大略体会出来了。鲁肃是刘备型的人物，不管说什么都是为天下苍生，就是无法攻打恩人的遗孤。和鲁肃相比，周郎又似乎和孔明相似。如果能自己裁决，孔明必定毫不犹豫地攻打襄阳的刘琮吧。

"和鲁肃比起来，周瑜恐怕更难缠。"孔明这么觉得。

"不谈这个……"鲁肃改变话题，"阁下不像令兄。"

"第一次见面的时候，您不是说像吗？"

"容貌是像，声音也像，但内涵不像。对，就是内涵不像。"

"是吗？"

孔明突然沉默下来。他大概有十五年没见过哥哥了。七岁的时候分开的，当时哥哥已经是大人了。在和孔明分手之前，哥哥刚过完被认定为成年的加冠仪式。尽管说是大人，哥哥也不可能一直都是那个样子，孔明自己也有所成长。尤其在想法方面，如果两个人相同才奇怪呢。

哥哥臣随孙权，据说目前人在柴桑。虽然一直有信函往来，但十五年来的首度会面，也足够让孔明兴奋的了。

四

一到柴桑的阵营，孔明立即去哥哥那儿，打算次日才与孙权会面。为养子的事往来于荆州的那干人也在哥哥身边，孔明心情宽松不少。

"母亲呢？"孔明问。继母也是母亲，在儒教体制下，询问双亲起居，是为人子的义务，当然要先问才行。

"很健康，在阳都那段期间常生病。迁来江东之后，就绝少生病了，想必

是水土较能适应吧。"诸葛瑾说。

移居江东之后，继母身体意外地转好，此事曾听往返荆州、江东的甘海多次提起，孔明也知道。

"哥哥身体健康，是最好不过了。"

"不，我也已经三十岁过半了……今天我们就全不谈公事吧。"

"好啊。我也是这么打算的。"

孔明一下子觉得温馨起来，也许应该说，哥哥这边表现得比孔明更为热络。孔明在这时候发现自己心中居然有冷峻得令自己都吃惊的东西。他之所以想辅佐刘玄德，其实是因为自己受到刘备那不可思议的热情所围绕，让自己觉得活得像个人样。刘备是需要孔明，但孔明可能更甚于此，没有刘备也许无以活下去呢。

"比我想象的还要圆熟。"哥哥说。

"哥哥是指我吗？"

"是啊。我从甘海口中得到的印象，你似乎像被研磨过的刀子那般。"

"哦，甘海这么说吗？"

"不，甘海倒没这么说，是我从他的话中察觉出来的。母亲对你也有点心疼，曾提说不知你变成什么样子？"

"这又……"

孔明听说继母为自己的事心疼，胸口一下子绷紧起来。

"我回去会告诉母亲，你的情况比想象的还好。"

"谢谢。"

话题转至乔的事，他是诸葛瑾的次子，当了无子嗣的孔明的养子，最近才过门。孔明告辞的时候，诸葛瑾说了一句话："讨虏将军喜欢唱戏。"

孔明思索这句话的意思——是说既然讨虏将军喜欢唱戏，就顺着他唱双簧吗？然而孔明并不知道江东此刻正唱什么戏，又如何切入话题？

"哥哥的意思应该是讨虏将军喜欢做戏。"

孔明认为大致上已能正确解读哥哥的哑谜。

隔天，孔明获孙权召见。孙权以道观作为本营，但房内并无其他人，孙

权单独召见孔明。孙权较孔明小一岁。他突然对孔明说:"我已经决定讨伐老贼曹操。"

既然已经决定,那就无须孔明费口舌说服了,顶多也只是协商结盟的细节而已。

"在下知道了。这对我方而言,也是可喜的决定。"孔明说。

"孔明,我找你来,不为别的事……"孙权说。

其实孔明并不是被召来,而是自愿来柴桑的。但在孙权眼中,只要是来柴桑的人,都是他召来的。

"大厅就要召开会议,"孙权继续说道,"我希望你列席说明为什么主战,也就是要你在席上大骂曹操这老贼,并主张要讨伐他。可以吗?"

"好的。"

孔明点头。这大概就是哥哥所谓的孙权喜欢唱戏吧?事情虽然已经决定,但他还需要戏剧性的舞台。孙权打算利用孔明这个新面孔的一搭一唱,把舞台弄得有声有色。

"南方的奏案真细致。"

孔明抚摸奏案的表面。北方的奏案通常比较厚重、粗陋,南方的奏案则较轻巧,装饰的雕纹也较漂亮。

孙权猜不出孔明的心意,便故意转动身子。

"讨房将军是打算利用大厅的会议,一举提高士气吗?"孔明说。

"没错。所以,必须请你大声疾呼。"孙权转回身子,回话道。

"请将军在会议上装出无法决定该主战还是主和的样子。"

"当然,我本来就是这个打算。"

"让麾下重臣屏息望着苦恼的主君……在下决断那一瞬间,势必可以大大提高士气。"

"你很能了解我的心意,比子瑜还要敏锐。"

"不,家兄只是没说出口而已。"

"是吗?也许是吧。"

"也许有点冒昧,可否请将军下决断之前暂时退席?在下认为这样可能比较好。"

"要吊足大家的胃口吗?"

孙权单边脸颊浮起笑容。孔明则又用手抚摸奏案,凝视着孙权,问道:"这可以一刀两断吗?"

"可以……就这么办吧。"孙权回答。

不久,孙权召集部下在大厅开会。主战派巨头周瑜尚未从任地鄱阳赶到。议题是与曹操开战或投降,二者选一。如果决定与曹操开战,就将和顺汉水南下的刘备共同作战。

"刘豫州派遣军使来了。他是子瑜的弟弟,名门出身,我们先听他说说豫州的意见。"

孙权要求孔明大展其辩才。

"强弩之极矢,不能穿鲁缟……"孔明首先引用《史记·韩长孺传》中众所皆知的成语——强弩之末。鲁缟,即鲁国所织、质地极薄的丝布。再怎么强的弓所发射出来的箭,一旦到达它最远的极限,其势便失,此时的力量就连薄丝布也无法射穿。

孔明的意思是说,从邺城出发的曹操军,到达长江流域,就形同"强弩之末势"。

接着,孔明又指出曹操水军极弱,在玄武苑的湖内进行水战训练,如同鲁肃所说的,简直是办家家酒。曹操军真正有水战经验的,只有江陵的水军而已。他们还是曹操从刘表那边夺取过来的,对曹操没什么忠诚可言,其中甚至有一些将领也许想伺机复仇呢——这样的对手,有什么好害怕的?

"话又说回来,这一阵子,东吴的水军不是把荆州黄祖的水军打得体无完肤吗?这种胜利的快感,应该还没有消失才对。诸君当中,有许多人都打过这场胜仗。而敌军应当比那时候还要弱,因为他们是被以往毫无关系的曹操所指挥,而曹操和他的主将都不懂水战。我们岂有败给这种对手之理?如果不战而降,不被几世史家耻笑才怪。在下甚至现在就听得到他们的笑声。这真是可耻的事啊……"

孔明的语气一点也不激动,但是句句刺入众人的胸口深处。

"曹公拥戴天子,我们如果违背他,将会被称为朝敌。"

和平派的张昭，提出的反论显得软弱无力。

"曹公并非拥戴天子，而是挟持天子——这是众人皆知的事。如果说这样也算是拥戴天子，那么，以前的董卓也算吗？不遵从这个凶恶的董卓的，可有人被称作朝敌？"

对于孔明的嘲讽，张昭毫无反驳的余地。

孙权则依然扮演苦恼主君的角色。

"曹操是在天子身边的汉贼。"孔明果断地说，"打倒此贼，才算是天下的忠臣，不是吗？曹操一旦败逃于北方，就无威胁东吴的势力存在了。刘豫州的荆州和孙讨虏的东吴都将立足于不动的基盘。如此形成三分天下的局势，天下众生也可获得安养。"

孔明在此特别强调，对曹操作战之后，荆州将为刘备所有。

五

如果周瑜也在场，恐怕会反问："谁规定战后荆州归刘备所有？"

如何反驳这一点，孔明也早有准备。

其实东吴也是力有未逮，沃野千里是事实，但人口过疏、耕作的人却很少也是事实；耕作的人少，意味着拿武器作战的人也少。

刘备虽说是败逃，然而刘琦有万余兵众，关羽也有大约同数的兵众，加上当阳几乎无战而逃的兵众约一万五千人，总共约有四万兵力。

东吴对外极力隐藏兵力，其实兵力极少，四万的刘备军对孙权军而言，如同救世主一般。但是，东吴的领导层绝口不提此事。不，应该说，就连领导层当中，也仅有少数知道实况。

"我方的确是前来求助，但，也是帮助贵方。"

孔明打算最后再提出这句话。他老早就从江南各地的佛教徒集团得知上述的事实。遭笮融杀害的豫章郡佛教徒集团领袖徐习之弟徐季，一直都传递各种大小情报给孔明。孔明随时可以掌握东吴方面的准确兵力。不过，孔明打算不到最后的关头不打出这张王牌，因为要是有人质疑"是谁提供这个情报给孔

明的？"第一个被怀疑的，恐怕就是孔明的哥哥诸葛瑾。

在孔明提出刘备领有荆州的主张之后，周瑜才从鄱阳赶来参加会议。看到周瑜回来了，孙权便站起来，说："给我一点时间想想，我到另一个房间思量。"

"将军！"鲁肃对着临去的孙权背后叫道，"如果将军想向曹操投降，属下也不再坚持。毕竟属下也出自临淮东城的名门，曹操应该也会用属下吧。属下只要乘着牛车，带几名随从，和士大夫打打交道，还是可以过此余生的。只是，容属下失礼，讨虏将军是新兴的家世，并非多显赫的名门，可不知喜欢名门的曹操会如何对待讨虏将军您了？"

孙权一边听着鲁肃的话，一边缓缓地走出大厅。

时间花得比孔明预期的长得多，想来孙权还是喜欢做戏，很欣赏自己的演技。

不久，孙权返回大厅，只见他拔起腰际的长剑，用力砍向奏案，随着剑的"咻"声，涂着红漆的美丽奏案，一下子变成两半。

"从现在起，要是有人提说要投降的，就是如此下场！"孙权吼道。

这时候，孙权才公布曹操的书函，也就是那封上面恫吓说"方与将军会猎于吴"的高压挑战书。将领们莫不愤慨，孙权正欲借此愤慨提高战斗力。

于是，孙权下达动员令。

"先出动三万兵力吧！"

虽然孙权这么说，但孔明已看穿东吴顶多只能动员两万兵力。

此时，刘备采纳鲁肃的建议，在樊口驻扎二千名水军。孔明透过徐季集团，送密件给刘备，内容是："水战可委诸东吴。"

刘备担心纵使能与孙权结盟，要是对曹操作战没有什么实绩，恐怕影响战后的利益分配。不过，孔明担心的倒是别的事情，那就是：关羽所率领的水军乃汉水水军，并不谙长江水战，甚至未曾受过这方面的训练。如果对曹操作战失利的话，将不利于战后的立场。

徐季特地赶到樊口，向刘备传达要将主导权让予东吴军的理由。

"是吗？说得也对。"

刘备很干脆地谅解了。

第十一章　联吴制魏

曹操统率号称八十万的大军，顺着长江，浩浩荡荡而下。所谓号称，通常其兵力都超过事实一倍，曹操军充其量只有十五万上下。

为保存战力，曹操本来打算暂时在江陵停留一阵子，但为顺势，却较预定更早进兵。

其实，当中还有不为人知的原因：曹操军中恶疫正在蔓延。曹操军队的主力是自中原而来的将兵，时令已过阴历九月，长江沿岸对这批中原出生的人而言，正是所谓的瘴疠之地。缺乏免疫力的将兵立即染患水土不服症，士气一天天低落。没有染患水土不服症的当地将兵，原本隶属于刘表麾下，对践踏襄阳的曹操，只有憎恨，谈不上忠诚。

延迟一天，军势就低落一天。而顺势而战却是曹操此次作战的基本原则，无奈如今军势直线下降。

曹操军抵达赤壁。诗人曹操决定在作战之前作诗配曲，让将士合唱。

　　对酒当歌，人生几何！
　　譬如朝露，去日苦多。
　　慨当以慷，忧思难忘。
　　何以解忧？唯有杜康。
　　青青子衿，悠悠我心。
　　但为君故，沉吟至今。
　　……
　　月明星稀，乌鹊南飞。
　　绕树三匝，何枝可依？
　　山不厌高，水不厌深。
　　周公吐哺，天下归心。

想慰劳、鼓励远征的将兵，空虚的内容只会招致相反效果，因为他们内心充满乡愁与厌世感，不能避开这些不谈。因此，曹操一针见血地歌咏人生如朝露，正好抓住他们的心，然后加以撼动，再紧紧抱住，使其沉静下来。曹操

想从心底鼓舞将士。

曹操在赤壁之战前夕所作的这首《短歌行》，被视为不朽名作，收录于《昭明文选》中。

青衿，是指书生的衣服，"悠悠我心"表达对它的眷慕。这儿的书生是指年轻的士兵，眷慕他们的人，则是指我曹操这个总司令。

我曹操渴求人才，如同欣然接纳山、海、土、水，希望它们更高、更深一般。以前的圣人周公，一听有人才来见，即使在用餐当中，也会吐出口中的食物，急忙出来迎接，天下之士由此心服。我愿将此心自比周公之心，热切延揽人才。但愿诸位不要辜负我的期许。

歌声响彻赤壁的天空，声调带着悲伤。曹操自己也低声吟唱，但心情却振奋不起来。因为刚刚幕僚才来报告染患疫病的将兵人数，远比前一天增加许多。

"非速战速决不可。"

曹操喃喃地说，接着又继续吟唱自己的诗。

第十二章 赤壁烽火

第十二章 赤壁烽火

一

在樊口的刘备很快就获知已经与东吴结盟了，因为孔明透过徐季集团派遣特使急速通报。

任何行动都附带着判断，纵使是反射性的行动，也凭借着无意识的判断。想采取更好的行动，就必须做更好的判断。因此，需要很多判断的材料。这是孔明的一贯见解，他最重视获取情报和传递情报。

樊口位于现在湖北省鄂州市附近，对岸是黄冈县。

刘备接获消息后，并没有告知任何人，假装自己也不知道情况，只是在等待孔明传来吉报。

"为将者，必须知道一些士兵所不知道的事情。"

这也是孔明对刘备说的。其实回顾以往，刘备在实战中已经力行过这句话了。孔明加以整理，赋予理论，以求将来发挥效用。

刘备每天都派遣侦察兵打探长江的情况。从上游而下的是曹操军，自下游往上的则是孙权军。侦察兵又称"斥候"，通常选择视力好、注意力强的人担任。

观察下游的斥候传来急报："有船队逆流而来。"

这一地域的长江非常宽广，如同茫茫大洋，下游来的船只看不出是在逆流。

负责打探的斥候又报告说："来者是周瑜的船队。"

刘备已经知道周瑜和程普各自为左、右督军统率兵船，鲁肃则为赞军校尉，已经自柴桑出发，兵力共三万。周瑜原本要求五万精锐，但孙权说："没办法立即召集五万，现在已经有三万了，而且船粮、战具都齐备。我随后再增补。与敌方交会时，如果敌方兵力超乎原先所预料的话，你大可班师折回，我

会亲自和老贼孟德决一胜负。"

斥候并未向刘备报告船只的数目,只说正在计算中,然而刘备早已知道了。

"对了,应该派人去慰劳。"

刘备说。他事先已经安排好此事,使者要带去慰劳的物品也已经准备好了。

没想到刘备的使者居然吃了闭门羹,理由是:"军务繁忙,无法离开岗位。不过,如果豫州牧亲自上门就另当别论。"

使者因此没被接见。

"混账的东西!"张飞扬动髯髭,吐了一口口水。

周瑜言下之意是,豫州牧刘备亲自迎接,他才会晤面。

"真是无礼!"关羽也握着长须说道。

"据说公瑾和讨逆将军(孙策)同岁。"刘备说。

"乳臭未干,居然……"张飞用手背擦嘴,可能吐出来的口水沾在嘴边吧。

"乳臭未干?已经三十三了……"刘备笑道。

周瑜是庐江郡舒县名门出身。祖父之兄周景由豫州刺史晋升至太尉,伯父周忠也当过太尉。周景当豫州刺史期间,功曹(县的下级官吏)乔玄告发高级官员羊昌的恶行,周景秉公处分,一举名闻天下。因为羊昌背后有实力者、披靡一世的外戚梁冀撑腰,不畏权势的周景,特别是下级官吏乔玄,受到世人的赞扬。

乔玄日后历任度辽将军、河南尹(洛阳首长),再升至太尉。乔玄也是人物评鉴名家,曾对年轻时候的曹操说了一段著名的话:"在下阅人无数,却不曾看过像阁下这样的人物。请多珍惜长才。在下已经老迈,万一有三长两短,请照顾在下的妻小。阁下尚未有名气,不妨与子将(许劭)交往。"

许劭在每月初一举行天下人物评鉴会,世称"月旦评",颇受人信赖。和他交往的人物,通常会被认为是了不得的人。

乔玄于光和六年(183年),即七十五岁时去世。其子乔羽担任任城之相,后因董卓之乱而隐居于庐江郡的皖县。乔羽有两个女儿,都是绝世美女,即著名的"二乔"。建安三年(198年),孙策为攻击荆州,在庐江举兵,进入皖县时,获得传闻中的"二乔"。孙策娶姐姐为妻,担任中护军的周瑜

则娶妹妹为妻。

曹操此番降伏荆州，追赶刘备，南下至江陵，并向东吴进兵。便有谣言说："曹公是为夺取'二乔'而来的。"

也有谣言说，曹操大言不惭地说："乔公将遗族托付给我，是谁都知道的事。现在江东这两个无毛小子居然敢横夺，我绝不会饶恕他们。'二乔'应该有适当的依归。"

曹操出兵当然志在天下，说他为夺娶美女姐妹而出兵，此言就离谱了。不过，世人就是喜欢听这种离谱事，才会传出这样的谣言。

"二乔"中的姐姐，已经成为寡妇，妹妹仍是周瑜的美娇娘。三十三岁的周瑜明知这是谣言，但仍为此谣言而生气。

"老贼孟德满口胡言。论和乔公的关系，我周家比他深太多了！"

传说周瑜在鄱阳湖畔的军营中，酒后大嚷这样的话。

孔明的作风是，不管任何谣言都仔细搜集，传报给刘备。有的是明显捏造的，但会有这样的说法，必然有它的意义。

"这次是我们提议结盟的，按理我应该出面迎接。"

刘备说道，命人准备船只。

二

"兵力总共有多少？"

刘备问。他带护卫前去，却将关羽和张飞留在兵舍。周瑜态度高傲，二人恐怕按捺不住。孔明曾透过甘海，建议刘备如此做。

"说得也是。这两个有时的确会生麻烦，应该这么做。那么，我就不带他们去。"

刘备当着甘海的面说。他假装听了孔明的建议才知道该这么做，其实不用谁来说，这时候刘备当然不会带性子较激烈的部属去。

"孔明太婆婆妈妈了，简直把我当小孩看。"

刘备不太高兴。但，这之前，可没有人会对他做这种婆婆妈妈的建议。

"三万。"周瑜回答。

"太少，实在太少了。"

刘备做出一副吃惊的样子。孔明并没有这么指示，这是刘备在做戏。

"太少？"周瑜英俊的脸上露出微笑，"在下以为这就足够了。豫州阁下只要优哉地观战就好了。在下会在豫州阁下眼前，讨伐那老贼给众人看。"

"喔？那就有劳都督了……对了，我想见见子敬先生。"刘备说。

"子敬有军务在身，恐怕没有时间。曹操已经自江陵发兵，此刻正在赤壁集结兵船，身为赞军校尉昨晚岂能安眠？可否安排别的时间？"周瑜回答。

"我懂了。"刘备起身，微笑道，"我们这边也军务繁忙，必须立即赶往西边。"

"要跟在我们的船队后头吗？"周瑜也站起来。

"不！"刘备摇头："我们要做先锋。"

"先锋？"

两人原地站着，互相凝视对方——应该是互相瞪着对方吧。

既然同盟成立，两军便应共同作战。一方的领袖刘备特地拜访孙权麾下的都督周瑜，必然是来协商如何共同作战。但周瑜却擅自决定独立作战，要对方袖手旁观。既然你周瑜擅自决定，那我刘备当然也可以擅自决定。

孙权阵营对于曹操的南下，与主和派的张昭等人相对的，便是鲁肃和周瑜的主战派。但同属主战派，周瑜是所谓的单独抗战论者，鲁肃则主张与刘备结盟抗战，中间有微妙的差异。

号称八十万的曹操军，加上荆州的降兵，实际的数目至少也有二十万，绝对堪称大军。主张单独抗战的周瑜也知道三万兵力太少了。在重臣会议上，为使主战论获得通过，不得不倡议与刘备结盟。被估算兵力三到四万的刘备军，即使是败逃的，也有它的分量。不过，周瑜想尽量贬低它的分量。

"我对殿后没有把握。"刘备说。

"在下听说豫州的殿军是作战的范本……"

"我虽然擅长殿后，不过，这次麾下的军队，并非全部都是我的军队。"

"在下听说当中有荆州兵、刘琦军，还有汉水水军。豫州阁下是怕指挥不动吗？"

第十二章　赤壁烽火

"只要指挥就动得了。倒是担心不指挥的时候他们也动起来。"

"怎么说呢？"

"刘琦阁下的部队，有很多人是黄祖的旧部下。而黄祖今年春天才被吴军所杀。"刘备说。

此话意义深长，因为在刘备军中存在一大部分的旧黄祖军，对盟军心怀怨恨，一旦与吴军共同作战，如果殿在吴军之后，可能有一些部队会从后攻击吴军。所谓不指挥的时候也动起来，含有这种可怕的意味。

袭击孙权军后背，以此为功向曹操军归顺——刘备军可以有这种选择——刘备做如此暗示。

"对了，"刘备想起什么似的道，"凌统和甘宁处得还好吗？"

甘宁是巴郡（今四川省）的武将。兴平元年（194年），他背叛益州刺史刘璋，但遭击退，便率领八百名壮族之兵奔荆州，却又不看好荆州刘表，想投靠东吴。然而被黄祖阻于夏口，不能如愿，最后只好投靠黄祖。

孙权为报父仇，经常进兵。当东吴校尉凌操将黄祖追得走投无路时，弓箭高手甘宁一箭射死凌操，黄祖才得以脱身。之后，甘宁被任命为邾县县令，因而可以出奔东吴。但被他射杀的东吴校尉凌操之子凌统伺机要杀他，以报父仇。既然已是同一阵营的部将，孙权便禁止凌统报仇，并令甘宁驻屯远地。

此事广为人知，刘备当然知道——他是明知故问。

"两人的部署相隔很远。"周瑜回答。

"此次的远征军，左都督和右都督的部署也很远嘛。"刘备用掌遮阳，环视船队。

周瑜和程普不和，也是众所周知的事。孙权有意让他们二人互争战功。

对于刘备这番几近呢喃的话，周瑜不作回答，但似乎欲言又止。此次远征军虽然部署相隔甚远，但甘宁和凌统都在其中。此次战役因兵力所需，相互仇敌、不睦的同僚都参与。

"嘿！我刚才一看，发现有很多夏口的熟面孔。有很多在荆州是朋友的人，现在却不得不刀刃相向……乱世真是罪过！但愿这世界早日和平。"

刘备说着说着，叹了一口气。

周瑜把脸别过去，轻轻咬住嘴唇。刘备话中有玄机，周瑜也感觉得出来。

今年初，孙权军袭击夏口，总算取下企求已久的黄祖首级。当时附带俘走夏口附近数万名男女居民。

东吴最大的弱点，在于人口过少——人总是想掩藏自己的弱点——东吴当然尽量掩饰此事。即使重臣会议上，提到兵力时，说是五万，其实都是虚夸了一万。例如，周瑜要求孙权给予五万兵力，其实是想要四万；孙权回说五万没办法，只能给三万，事实上也只有两万而已。

而这二万兵力中还包括今年春天抓来的夏口俘虏——刘备言下之意是：你们这一边其实也是捉襟见肘，何必那么嚣张呢？

"此事我理解了，"刘备在换船要离去的当儿，如此说道，"我方还是殿后吧！我会好好看住他们……后方就包在我身上。贵方就放手一战吧！"

换乘单舸（小船）之后，刘备当即挥手告别。

周瑜仍咬着嘴唇，挥手答意。

三

湖南、湖北多红土，河岸两边的峡壁有些地方一片红色，人称"赤壁"。刘备派二千兵力在樊口等候周瑜的水军，此地对岸的黄冈县外，也有名字叫赤壁的地方。宋朝的苏东坡（苏轼）认为这里是赤壁的古战场，而作一篇《赤壁赋》。

三国古战场赤壁，位于樊口上游、经夏口的西南方约一百五十公里处——依当今的地图则在湖北和湖南省界附近。

周瑜命令全军登陆夏口，随即训示部众，一方面想借此提高士气，另一方面则有意向在此待机的刘备军主力示威。

"青、徐的贼人正要践踏我们的乡土！"周瑜在全军面前大声疾呼。

曹操的军队中有很多人出身青州和徐州。曹操是接纳青州黄巾军的降服，将其编入军队以后，才建立实力的。青州即现在的山东省，也是后世小说《水浒传》的舞台。当地的人体格魁梧，原属叛乱集团黄巾军的那批人，当然相当勇猛。

第十二章　赤壁烽火

在以往的战役中，周瑜的训词开头总是称："各位东吴的健儿！"

今年春天针对黄祖的战役，训词开头也是如此称呼。但，这一次却不同，因为军中有很多人是夏口俘虏，周瑜改称："各位喝长江水长大的同胞！种稻、吃米饭的健儿！"

当时大抵以淮河为界，北方是麦作地域，南方是稻作地域。北方以面食为主，南方以米食为主。曹操所率领的青、徐之兵，生活方式不同于长江流域。换句话说，就是外人入侵。周瑜意在呼吁士兵起来保卫乡土。平时青、徐的暴徒经常入侵江东，大肆掠夺。因此，众人对青、徐的人本来就有敌忾心。周瑜只是再加把火煽动罢了。

"四年前，曹操攻陷袁家居城邺都，诸位应该记忆犹新吧！曹家的野蛮行径，我们想忘也忘不了。"

周瑜的话在这儿打住，等待士兵的反应。果然很快就喧声四起——大家都知道四年前即建安九年（204年）袁氏没落的事件。

"是的，诸位都没忘记。而且更记得绝世美女甄氏被曹操儿子曹丕夺走的事。甄氏是什么人呢？不用我说，就是袁谭的妻子。听说曹操得知甄氏被曹丕抢走了，还咬牙大呼可惜，说这场仗简直是替曹丕打的呢！

"我还听说，这次远征，出发前曹操对这个快手脚的儿子说：'听到没有？东吴二乔可是我的，你不可动歪脑筋。'东吴二乔又是什么？一是我们主君讨虏将军的夫人，一是我周瑜的老婆。曹操还这么说：'除了二乔，谁先抢到谁先赢，江南出美女，弟兄们就好好享受吧！'诸位！诸位的妻子、诸位的姐妹，不，连诸位的母亲，都可能遭到青、徐的禽兽踩躏。不管怎么样，我们拼死也要击溃他们！"

众人本来已经像水滴一般地沉静下来，霎时又发出怒涛般的吼声。

在夏口的行辕里，只见诸葛孔明与刘备对坐。孔明较周瑜晚一天抵达樊口，然后和刘备一起来到夏口。

"这可是一场声泪俱下的大演说啊。"

刘备说着，伸出舌头。他还是一副老百姓的举止，不怎么高雅。

"那张脸效果十足。"孔明说。

"那张脸，怎么说呢？"

"人称周郎天生一副漂亮的脸孔。这般的美男子发表这般悲怆的演说，足以令众人振奋的。"

"这种脸孔算是漂亮？"刘备啐口说道，"咱们诸葛孔明可比他好看多了。"

"言归正传吧。"孔明眼光移向桌面的纸上。

"现在谈会不会早了一点儿？"刘备似乎还不太起劲。

"只是准备。这种工夫再怎么早，也不嫌太早。"

孔明说。原来他们是在商讨战后的方针。

"说的也是……"

刘备很干脆地接受孔明的话。他之所以尽三顾之礼迎聘孔明，就是想要补自己欠缺的地方。刘备可以专注地处理眼前的事，却不擅长做长远的规划。如说不擅长，倒不如说一开始就无意如此做。现在和曹操军作战，未必有胜算。就兵力来说，曹操军占压倒性的优势，应该说"败算"比较大。

"不过，孔明你这儿写的是打赢以后的事，万一打败的话呢？想这些不是无济于事吗？"

刘备边靠向桌子，边说道。

"亮也考虑过打败以后的事。这个……"孔明从文件盒中取出数张纸，说，"就是这个——这个待会儿再商讨。我们要设想各种情况，一一研讨。不过，还是先从吉利的开始吧。打赢之后……"

"我懂，我懂。"刘备猛点头。

孔明老早就在研究战胜后的基本方针。继续维持和孙权的结盟关系——这是基本原则。但是，也因此战后利益分配不得不做相当的让步。让孙权方面取长江沿岸土地肥沃、人口多的地域，是情非得已的事。不过，在这地域最好能保有若干据点，应该取得长沙、桂阳、零陵等边境诸郡。

"这些郡不是有主君了吗？长沙是韩玄，桂阳是赵范，零陵是刘度。"刘备说。

"抢过来。"孔明斩钉截铁地说。

"哦！倒是威风十足……哈！哈！谈这种话题绝不会无聊。"

刘备转过身子。孔明手拿竹棒，指着桌上的纸面。但刘备似乎被顺风势

传来的周瑜训词给吸引住了。

"诸位必须保护长江的妇女，我周瑜也要拼命保护老婆！诸位！请大家手拉着手，共同击败青、徐的贼兵，保护我们的乡土，免于受老贼曹操的践踏！"

接着，响起一片喧嚷声，中间数度夹杂着高亢的呼声。

四

赤壁位于长江南岸，曹操的大军驻屯在北岸的乌林。

曹操采取速战速决的方针，本来打算在江陵稍作休息，但情况已不允许，最大的原因是恶疫流行，士气已日益低落。曹操希望趁在襄阳招降刘表嗣子刘琮、在当阳长坂击溃刘备军的余威尚存之际，展开决战。

孙权与刘备结盟之事，已经传至曹操耳中。这类的结盟通常会因互争主导权而无法统制兵力。然而，间谍传报："从夏口南下的只有孙权的船队，刘备军按兵不动。"

"按兵不动？"曹操表情严肃。

"樊口的两千兵力也按兵不动，没往夏口移动。"儿子曹丕继谍报之后，又提供这个消息。

"这不像平日的刘备作风。"曹操从一开始一直都保持双臂抱胸的姿势。

以前的刘备每次战役总会尽量露脸，以便战后论功行赏时，让人家想起"刘备也参加了"。

"刘备溜得快，作战只是敷衍罢了。"

也有人说得如此难听。言下之意是说，刘备只要看情形不对就逃之夭夭。很少有像他这样经常逃跑的将军。

"听说他身边有军师。"曹丕说。

"据说姓诸葛。"

夏侯惇从旁插嘴。他担任河南尹、伏波将军之要职，其实也是曹操的堂弟。

曹操之父曹嵩是大宦官曹腾的养子，宦官当然无法生子，当时宦官势力

高涨，开了以往不准宦官拥有继嗣的禁令。曹腾自夏侯家得一养子，即曹嵩。所以，曹嵩本名为夏侯嵩。夏侯惇是曹嵩兄之子，虽然姓氏不同，其实血缘关系极近。夏侯亦是中国为数极少的复姓。因此，夏侯惇记得曾在荆州听过诸葛这同属复姓的人物。

"是这个人教他的吗？"曹操紧抿着嘴。

曹操本来想要一举结束此战役的，现在的情况却是：即使在赤壁击破孙权军，接下来还得和刘备战于夏口。而就算攻陷夏口，再往前的樊口，又有刘备的另一支军队等候着。这是曹操最讨厌的布阵。"这个军师不简单。"曹操说，想出敌方最讨厌的布阵，正是军师的任务。曹操对未曾谋面的诸葛氏的才能，予以很高的评价。

"滚石下坡"——这是曹操以压倒性兵力所拟定的战略。曹操军一旦在集结地赤壁遭遇孙权军，必须拼死往前推进。在赤壁战完，接着在夏口作战，然后推进樊口，中间不能停断。也就是说，曹操军如同从山坡滚下来的石头，必须一口气滚过赤壁、夏口和樊口。

令对方内部狼狈是防止停断的有效方法。对方如果有人想开溜，就没有力气挡住滚下来的石头。因此，最好敌方阵营有内应。敌方发现有人窝里反，那种冲击必定扩散至全军。

"你看这方面有人选吗？"

曹操回头问夏侯惇。他所谓的"这方面"，是指搅乱敌方内部的工作。曹操这边也知道孙权阵营内部分成主战和主和两派。因为主战派的主张得势，长江才成为战争的舞台。主和派现今未得势，当然心有不满。曹操将目标锁定在主和派的将领上。

要诱使对方的人背叛主君，并非容易之事，属于新兴势力的孙权阵营，自然没有所谓的历代家臣，尽管如此，要诱出内应者也很困难。

"公覆最适合了。"夏侯惇说。

"黄盖吗？……他不是东吴出身的吧？"曹操总算打开双臂。

"是零陵郡泉陵县出身。"夏侯惇回答。泉陵靠近现在湖南省南部和广西壮族自治区北部地区，在湘水和潇水合流的一带，离孙权的出生地吴郡很远。周瑜称将士为"长江的健儿"，其实流经黄盖出生地的湘水注入洞庭湖，并不

包含在长江流域中。

孙权之父孙坚被任命为长沙太守时,带着靠近长沙的零陵出身的黄盖随行。虽然自先代就有主从关系,但渊源并不深。到了孙权这一代,周瑜、鲁肃等黄盖眼中的年轻小伙子受到重用。就派阀而言,黄盖被视为隶属于张昭。他们都已有年岁,凡事比较慎重,孙权多少会回避他们。此次有关曹操的问题,孙权摒弃他们的主和论。曹操方面调查得知黄盖心有不平,曾经煽诱他做内应,多少有点反应。

"此人似乎容易激动。"曹丕说。

"不令他激动,就不能让他做出窝里反的激烈行动。"曹操说着,抬头仰望天空。

"派利落一点的人去监视他。他也有可能佯降。"曹丕说。

佯降,就是诈降,表面假装投降,其实是"接近攻击"的手段,以往的战争中经常使用。

"船队何时完成集结?"

曹操回头问夏侯惇。

"大概还要两天。"夏侯惇回答。

"太慢了!……对方的兵力已经部署好了。"

只有左右的人在时,曹操不再掩饰情绪,他已经急躁起来了。

"没想到装卸石头这么费工夫。"

夏侯惇说。对他的答复,曹操不加理会。

长江自江陵流往洞庭湖,几乎是直线南流,至岳阳改走东北向,流至赤壁,中间一段大弯曲。曹操看着地图,命令道:"军队走华容道。"

江陵和赤壁的纬度大略相同,中间有华容道连接,路程需时三天。如果乘船走长江,虽然顺流仍需五天。

曹操心想:这样可以让军队休息两天。

诸葛孔明透过间谍得知此事。

"北方的人不知道在船上也能休息。"孔明笑道。

曹操军队的兵粮采取就地筹措的原则,因此江陵的船几乎都是空着出航,

但出了江陵之后才发现船速极为缓慢。原先还怀疑是不是荆州的船夫故意怠慢，盘问之下，船夫回答是："船太轻，船速当然慢。因为要载军队才禀报说五天可到。但是空船就不同了，像这种情况还要多用三天才能到。"

要使船变重，必须在油口靠岸装载石头。曹操军完全不谙水战。

"为什么不早说呢！"

曹操军队的将官斥责船夫。但操船的人全部是投降的荆州人，他们只依照命令行事，即使觉得命令不对劲，也不会向上层反映，他们可不愿多管闲事。

载了石头的船，不先卸下石头，就无法载兵。因此，进度比预期的落后。孙权的船队已经透过斥候，得知曹操军逼近的消息。

"已经有三分之二的船只可以载兵了，要不要命令船队张帆出击？"曹丕建议。

"不，从坡上滚下来的石头要愈大愈好。"曹操摇头道。

五

被劝诱当内应的黄盖，立刻将此事报告周瑜。周瑜随即与赞军校尉鲁肃商谈。此事当如何处理，必须仰赖参谋的判断。"这是好机会。"鲁肃如此判断。他希望借佯降掌握胜利的契机。周瑜也赞成，但附加一句："对象是曹操，想必对佯降有所警戒，这老贼用普通办法可对付不了。"

鲁肃和周瑜分手后，走马至刘备营舍，去会见孔明。

"来谈佯降作战的事吗？"

孔明看着鲁肃的脸，突然这么问。鲁肃听了，刹那间脸都发白了。因为黄盖说曹操劝诱他的事，他极度保密，没让任何幕僚知道。为什么孔明会知道呢？而孔明知道则意味着别人也可能知道。

"放心吧。"孔明微笑道，"在下是从曹操身边得知的。我方阵营应该没有别人知道。"

"吓坏我了！……"鲁肃擦拭额头的汗。

孔明的情报探索触角伸至曹操身边，是依赖徐季佛教徒集团这条线。他们当中也有人负责处理尸体。曹操方面因疫病而毙命的将兵人数，孔明或许比曹操知道得更准确。

在堆积如山的尸体旁边，曹操军的将领有如此的对话：

"怎么办？说不定明天就轮到我们了。战争到底什么时候才会结束？"

"再忍耐一下，丞相有必胜妙计。"

"这就好……"

"有件事不要张扬出去，丞相打了一根尖锐的桩子到东吴阵营内……只要一拉……嘿！嘿……对方的阵营就整个翻倒了，战争也就结束啦！……"

"真的吗？"

"当然是真的。不要告诉别人！……那根桩就是敌方一名大将，被我们诱降了……不行、不行，这个将军的名字不能说……只能告诉你是零陵出身的人……不行、不行，不能再透露什么了……嘿！嘿！嘿……"

对他们来说，被叫来埋葬尸体的人，不能算是人，和附近的草木没什么两样。然而，这些人当中，有怀着人类最纤细感情的信徒。他们有信仰的指导者，透过这批人，情报传至孔明耳中。孔明的人格受到他们的信赖，他们认为孔明为改善俗世而在努力。

鲁肃太过震惊，根本无心询问孔明此情报的出处。和孔明一起从荆州前来柴桑的期间，他对孔明甚为倾心，因此今天才会找他商谈。

"要是被察觉伴降，公覆性命就不保了。"鲁肃说。

"曹公当然会怀疑是否伴降，但是，乌林的阵营应该谁都希望他是真正的内应。"

"那我们该怎么办？"

"时间紧迫，传话到敌方，说公覆阁下在东吴阵营遭到孤立，而且蒙受屈辱。"

"那是制造谣言？"

"必须比谣言还要逼真。"

"孔明先生有腹案？"

"在下尽力而为。"

孔明说着，缓缓点头。鲁肃并没有再进一步追问。

"在下衷心希望两方的结盟能一直持续下去，我们的关系也能如此不变。"

鲁肃边说边站起身子。刚好突然下起雨来，慢慢地越下越大。

"天气真巧。"

"这种雨？"

鲁肃问，但只见孔明轻轻点头，就不再说话。

鲁肃回到行辕，看到周瑜和程普隔着桌子对坐。除了重臣会议上，不曾看过他们两人同席过。二人不和是众所周知的事。

"有什么好惊讶的？我们两人交谈真的那么稀罕吗？"

程普说话时似乎尽量不愿动他那厚嘴唇，只看到嘴唇上头的白色胡须微微地动着。

"不……"

鲁肃一屁股坐在摆放弓箭的箱子上。他露出吃惊的神色，毋宁是因为看到周瑜难看的脸色。

"公瑾，没睡吗？昨晚？"鲁肃问。

"不只公瑾，我也没睡……咱们的命运就要在这儿决定了……我们决定让公覆殉国。"程普说。

"还是要这么做？""这么做"是指假装投降、诱敌上当一事。黄盖当然要有死的准备。

"给曹操的降状，我已经替公覆草拟好了……他虽然也写一手好文章，不过大概无法这么写吧……以江东六郡和山越的三万兵卒，去抵挡曹公的中原百万大军，无异于疯狂，在下不愿为此疯狂的行径殉死。这是无谓之死……"

周瑜背诵自己捉刀的"乞降书"。

"这是大作，赞军校尉不妨一读，但切毋外传。事况紧急，已经教密使送去，现在可能送到曹操手上了。"

程普晃了一下肩头。

"子敬啊！"周瑜叫鲁肃的字，"咱们三人可是搭在同一条船上，浮沉都在一块儿……现在搞什么不和，不有点奇怪吗？"

"是啊……"鲁肃说。

"刚刚公覆的侄儿来过。我告诉他乞降书写着要带领数十艘艨冲和斗舰去投降，为和其他船只有所区别，船上盖着红色幕布。正当要叫人去搜集枝柴的，没想到这阵雨……天不助我也！"

程普仰望天窗。本来打算搜集干草枯柴，淋上鱼膏，用红色幕布遮盖起来，等到快接近敌方时再点火燃烧，冲往敌方船队。但是，没想到最重要的燃料却教这场雨给淋湿了。

"只有延期了……还有机会的。"鲁肃说。

"乞降书上说明天要行动。"

周瑜说着，叹起气来。

"明天，太赶了……"

鲁肃也叹气。孔明要传黄盖如何不满的谣言到曹操那边，明天也真是太赶了。

就在这时候响起敲门声。周瑜站起来，打开门。

"哦！他就是刚才那位公覆的侄子。"

一个似乎还是未满二十岁的小伙子，带着一脸兴奋的神色走进来。他平日就充当黄盖的差使。

"有干草枯柴了！一大堆！……孔明先生的军营幕下放了一大堆！……而且是干的……"

年轻人太兴奋了，连报告都说不清楚。不过，听得出他说孔明那边有一大堆没淋湿的干草枯柴。

鲁肃想起刚才听到雨声时，孔明喃喃说了一句"天气真巧"，不觉点起头来。

六

阴历十一月，天气已经寒冷了。赤壁的联军和乌林的曹操军，两方都造起高耸的瞭望台，以观察敌方状况。虽然对岸在视野之内，但肉眼分辨不出人

的动作——望远镜还得到一千数百年后才会出现。

昨天的雨居然停了。从清晨开始，江中偶尔出现两方的侦察船。

"看到红色幕布的船了。"侦察船返回报告。

"哦！大清早？"曹操露出喜色。

"那人果真要投降？"夏侯惇问话中带着提醒的味道。

"应该没错，红色幕布的船一大早就出现了。据报告超过二十艘。"曹操回答。

"但愿如丞相所说的，最好不是伴降。"

"如果是伴降，目的可能是想烧我们的船队。不过，昨天的雨一直下到晚上，木柴也全淋湿了。弄干木柴也要过中午才行。这批船一大早就出来了，我看上面不曾堆放有枯柴……而且，黄盖这家伙好像真的在东吴阵营无立足之地了。"曹操说。

"但愿如丞相所言。"夏侯惇露出若有所悟的表情。

然而，年轻的曹丕却说："也许早上故意露那些船给我们看，中午以后就回去载干柴，船只那么多，轮流回去，我们也看不出来。"

曹操严肃地盯着儿子的脸，然后呼叫幕僚，命令道："如果江中盖红布的那批船中，有船回岸的话，一定要来报告。将这个命令传达给侦察船。"

同时，曹操还严令每隔一刻报告一次。

过了正午，曹操方面确定盖红幕布的船只没有一艘回过岸。

盖红幕布的船只，如同黄盖乞降书上所写的，是用皮革覆住船体的装甲兵船，也就是所谓的艨冲和斗舰。每一艘船的船头都尖尖的，看起来相当凶猛。

"他们会不会正在布下面晒木柴。"

说这话的是曹丕。

"你这家伙……"曹操瞪着儿子，说道，"作战不能一疑再疑，这样就够了。想想，艨冲那么细长，哪有那么大的地方晒木柴？"

正午约过十刻，原本零落分散的红幕布船只慢慢开始聚集起来。

当时一日分成百刻，昼夜各有五十刻，一刻比十五分钟稍短。正午约过

十刻，即下午两点半至三点。

曹操阵营渐渐喧嚷起来。

"黄盖来投降了！"

这是军事机密，理应极为隐秘，但不知什么时候大家连要来投降的敌将名字都知道了。

"敌人要崩溃了，准没错！"

"敌人快逃啰！我们得赶紧追！"

曹操阵营已感染了胜利的气氛。

然而，站在瞭望台上的曹操，却发觉张挂红色幕布的船群正往停泊在乌林的兵船队的上风处靠拢，顿时脸色大变。

"嘿！它们打算围向上风处……我猜得果然没错……"站在曹操背后的长子曹丕，用不太有起伏的声调说道。

曹操紧紧抓住瞭望台的栏杆，简直就快抓碎了。

"好在我们的军船上没载多少士兵，算是不幸中的大幸。"曹丕似乎在自言自语。

曹操军将兵中很多是北方人，大多不喜欢搭船。由江陵往赤壁，大部分走陆路。因此，船上不得不堆载石头。

说起来也难怪，长江有很多地方风浪如同海上一般汹涌。所谓"南船北马"，南方人习惯坐船，在船上怡然自得，但北方人一搭上船，整个人就晕头转向。曹操方面心想采取陆路比较轻松，提早到达的两天时间，正好可以好好休息。

乌林岸边虽然停泊有大批船队，但将兵几乎都已上陆。对曹操来说，庞大的船队正是从山坡上滚下来的巨石，愈大愈好，所以船只不能分散。

曹操方面将船和船之间用绳索或铁链捆绑，不知谁看到这种景象时，脱口说出"水上长城"这句形容词。事实上，这正是构筑长城防患敌人的地道北方人想法。

"切断绳索！松开铁链！"曹操张口大叫。

已经太迟了。东风正强烈地吹着。

黄盖的船群对准连锁在一起的曹操兵船队最迎风的地方，用来火攻的船

一旦放火，就陆续往那个地方突进，在碰击的刹那之前，操舵手已跃身跳入水中。黄盖的船队也安排了拯救这些人的船只。

火势很快蔓延开来，一艘接一艘。

"原来红幕布的敌船在江中逗留那么久，是等我方被雨淋湿的船干啊……中计了！"

曹丕若无其事地用手掌挡着强光，注视着正在蔓延开来的火焰。

曹操在未下瞭望台的阶梯时，已经高喊"撤退！"

"要走哪一条路？"

夏侯惇大声问道，因为四周已经哄成一团。

"看来只能走华容道。"

曹操闭起眼睛。这是十余万大军才刚通过的道路，路面已被十余万的大军和辎重车压坏，加上昨晚的雨，势必泥泞不堪，但是也只能走这条路了。

"孩儿此次负责殿后，虽然费工夫，但也沿路把路面修好了。孩儿命令士兵用枯草、木柴填埋坑洞，应该连马都可以通行。因为修补道路，延误到达时间，还被父亲责备呢。"曹丕说。

"你……"

曹操话到一半就打住了。从江陵往赤壁移师，曹丕负责殿后，因为迟到，被曹操狠狠骂了一顿。那时候这孩子一句话也没提及修道路的事。

为什么要边来边修路呢？曹操本想这么问，但想想又作罢。

——反正会撤退，孩儿是预先准备……

曹丕可能会如此回答。这是曹操不想听的话。曹操用有生以来最严厉的眼神瞪着儿子。

当时，曹丕仅二十一岁。而曹操五十三岁、刘备四十七岁、关羽四十八岁、张飞四十二岁、鲁肃三十六岁、周瑜三十三岁、诸葛孔明二十七岁、孙权二十六岁。夏侯惇和程普的年龄不详，大概超过五十岁吧？

在风势的助力下，烧船的火已蔓延到陆上的营舍。

"敌人来袭！"

情况已经够危急了，现在又加上敌人来袭，还真令人无法相信真有这一回事。

孙权与刘备联军的船队已经离开赤壁岸边，正以掩盖长江之势直逼乌林江岸。

"赶快撤退！"

曹操跨在马上，腋下夹着长矛，仰头看天空，只见燃烧船只和营舍所生的浓浓黑烟遮掉了大半天空。

下卷

第十三章 貌合神离

第十三章　貌合神离

一

刘备、孙权联军为赤壁之战的胜利而兴奋，几乎是在陶醉的状态下追击败逃的曹操军队，就像追逐受伤猎物的猎人一般，兴高采烈地西进华容道。

唯独诸葛孔明不露喜色。

"这次的追击实在痛快！"在马上起伏跃动的张飞，抖动满嘴胡须说道。

"那么痛快吗？"骑马并列的孔明问。

"当然痛快啰！你看，咱们不是这样咻咻地追击吗？"

"我们咻咻地追击，是因为敌军咻咻地逃。"

"这当然了。"

张飞点头，他并不知孔明为何不高兴。

因为重大的情报来得太迟了。东进华容道的曹操殿军曹丕队，一边修补道路一边行军，所以晚到集合地点——这个情报在从赤壁展开追击的前一刻，才传至孔明耳中。

"糟了！"

孔明皱起眉头。

将天下万民救出战火的第一阶段，就是"三分天下"。为实现这一点，必须在此刻给过分庞大的曹操势力以决定性的打击。

在赤壁所攻击的曹操水军，他们原本是荆州的水军，根本没办法予以致命的打击。唯有捕捉、歼灭败逃的曹军，才算取得了胜利。然而，曹军却溜得意外地快。其实也难怪，因为曹丕早已准备好退路。

曹军摆脱孙刘联军的追击，逃入江陵城。联军在华容道击毙和俘虏的曹军，几乎都是病患。

"战果辉煌！"

张飞等人高声欢呼，孔明却转头不看这个场面。他觉得自己被曹丕这个小伙子给涮了一把。

曹操令征南将军曹仁和横野将军徐晃留驻江陵城，为图他日再举，扬师北去。途中，又令折冲将军乐进留驻襄阳。换句话说，曹操虽然北归，但在重要据点都留下守备军。

孙刘联合迎击曹军南下，时间也很紧迫，几乎没约定战后的事宜。不过，击退曹军功劳愈大者，分得的战果当然就愈多。赤壁之战，孙军的功劳远较刘军大，刘备阵营多少显得有点焦躁。孔明劝谏将兵说："不可急功，当前我们最重要的是，要尽量避免无谓的牺牲，切不可为眼前之功动心。"

走华容道，中途必须渡过夏水。

曹军渡完河后，当然会烧掉船只。向附近民家打听，得知曹军东进时，殿军指挥官已经事先安排舟船，停靠在东岸。

曹丕的撤退准备已经做到这种程度，当然不会被逼迫到江陵。孔明手搭凉棚，看着因数日前下雨而水量大增的夏水水流。

突然背后有人叫道："孔明兄！"

孔明回头一看。

"哦！是你！"孔明不自觉地伸出双手，紧紧握住对方的手。

只见对方眼神清澈、目光柔和，被太阳晒成浅黑色的脸孔，露出爽朗可人的微笑。虽然时隔十四年，孔明依然记得这张脸孔。

"母亲可好？"孔明问。

"非常健朗。"

对方回答。此人正是孔明继母带过门的儿子张怡，从小书就读得好，应该比孔明大两岁。眼前则身着文官服饰。

"这最好不过了。"孔明说，觉得喉头有什么哽住似的。

前阵子，孔明出使柴桑的孙权阵营，晤见哥哥瑾，才刚听说母亲安康无恙，那时候并没提及张怡，因为当时自己是正式而且紧急的使者，兄弟二人都尽量避免谈私事。不过，数年前曾听往来于江东和襄阳之间的甘海提到，张怡出仕东吴，担任主簿，对其评价相当好。

第十三章 貌合神离

"母亲只是担心战乱。"张怡说。

"是担心战场上的儿子？"

"儿子？不！母亲担心的，毋宁说是孙子。母亲似乎担心孙子们将来长大了，战乱还没结束。子瑜（诸葛瑾）兄的小孩，还有过继到您那儿的小孩，以及我的小孩……光是他们，都够母亲操心的了。"

"是吗？"孔明觉得眼角湿热起来。

"得实现三分天下之计才行……"

这是解消母亲心忧的唯一方法。

在第一阶段，孔明已经尝到挫折。虽然就与孙权结盟成功、击退曹军而阻止曹操统一天下这件事来说，未必算是挫折，但赤壁之战大胜并没有给予曹操致命的打击。

如今曹军经由这条夏水西方的华容道，此刻正经江陵移进。联军方面涉渡夏水相当困难，要截击敌军主力已不可能。

"你可真魁梧啊。"张怡说。

在阳都分手的时候，孔明十四岁。虽然孔明从小个头就很大，但大他两岁的张怡当时还是比他高一些，但现在张怡的头却只到孔明耳际。

"好好珍惜生命。"孔明说。

"孔明兄才应保重。我仅是区区主簿，孔明兄上战场的机会比我多的是，请多珍重。这也是为母亲。"张怡说着，再次紧握孔明的手。

所谓主簿，是书记官，通常都在后方的行辕。孔明则负责部署整个刘备军，站在第一线的机会当然不少。

"你也为母亲多珍重。"孔明回以同样的话，并回握张怡的手。

二

曹操令曹仁和徐晃驻留江陵。待曹军挥师北去后，联军好不容易才抵达长江线，得以仰望江陵城。

此时，隶属孙权军的甘宁脱口说道："西方有座夷陵城，先取下再说。"

夷陵位于现在湖北省宜昌市一带，由江陵往西一百余公里，据说是战国时期楚国的王陵所在。

"应该断绝敌方往西的退路。"周瑜说。

联军打算由东进攻江陵。只要特遣队占据西方的夷陵，至少就能让敌军无法往西逃窜。往南是长江，所以只能往北方撤退。

"我军想参与攻击夷陵的行动。"孔明提出此要求。

"我已经对我军下了进击的命令。"周瑜对刘备军的"好意"并不领情。

"甘宁的兵力太少了。"孔明说出意见。

"夷陵是空城，没有敌军在，甘宁的军队绰绰有余了。"周瑜坚拒刘备军。

"我了解了。"孔明让步，"不过，如果需要帮助的时候，就让我军先赶往夷陵。"

"就这么约定。"周瑜说。

甘宁率领一小支军队占领没有军队的夷陵。但，曹仁立即动员大军，准备攻击夷陵。

夷陵的甘宁遭曹仁军包围，只好向总部求援。

各方阵营之所以独钟于夷陵，是有原因的。

夷陵面向长江，由此往西上溯约五十公里，即可进入与巫峡、瞿塘峡并称"三峡"的西陵峡。

三峡正是荆州和益州的分界。益州乃巴蜀之地，也就是现在的四川，历任南阳太守、太常卿的刘焉受命为益州牧，建立了地方政权，此地俨然成了独立小王国。刘焉去世后，由其子刘璋当权。

据说，刘焉厌恶中原的动乱，希望谋得偏远边境的官职，起先运用关系想担任交趾牧（即现在的越南）。但是，侍中（侍从官）董扶说："益州有天子之气。"

刘焉急忙将目标由交趾改为益州。

当时的人相信"气"。一般人认为，擅长看"气"的人可以预言天上人间的森罗万象。刘焉听说益州有天子之气，便想去益州，可见刘焉本人野心相当大。

《三国志》评刘焉的儿子刘璋说"非人雄"，由此不难想象其缺乏其父的

野心与霸气。

不过，益州土地丰沃，有"天府"之称，而且刘焉遗下为数可观的精兵——可惜刘璋并无运用此遗产的才干，便打算依附天下的实力者。

依诸葛孔明的三分之计，只有荆州是不行的，必须合并益州，才能与曹操、孙权对抗。只要占据益州的出入口夷陵，便可以用它作为接收益州兵力的踏板。因此，孔明才想加入夷陵的攻击行动。周瑜当然知道孔明的用心。

业已进入江陵的曹仁，一听夷陵失陷，便以大军相向，也认为接收益州兵力是一雪赤壁之耻的踏板，不可任由敌方夺取。

益州想找人依附，并且似乎有非曹操不可的倾向。以前益州派遣使者去曹操那儿，最早的使者名叫阴薄。为此，曹操予以优遇，赐刘璋为"振威将军"。益州方面特别派遣张肃以益州兵三百作为谢礼，进行示敬谒拜。曹操这边当然也以大礼回报。此次益州又派遣张肃之弟张松前去。

张松抵达荆州时，曹操已经攻陷襄阳，势如中天。

当时曹操已不将益州看在眼里。曹操认为统一天下已指日可待，没有必要借助益州之力，而且降服荆州和东吴之后，便打算进攻益州；当时甚至认为连曾经赠送阴薄和张肃的财物都是浪费。张松来得真不是时候。

"又来要东西啦？"

张松觉得自己受到了慢待。主簿杨修建议曹操优遇张松，不为曹操采纳。

"曹操不是咱们益州所能依靠的人……"

张松如此急报益州。张松并不只是因为自己受到冷落才这样报告的。史书说：

> 松为人短小放荡，然识达精果。

也就是说，张松个子矮小，无风采，而且浪荡不羁，素行亦有问题，却有鉴识之力。在如此重要的时刻，刘璋会选他负责观察曹操这个重大任务，可见其有过人之处。

建议周瑜夺取夷陵的甘宁，本来就出身益州，深知此地之重要性。他最

初投身于刘表部将黄祖麾下。如前所述，在和为杀黄祖以报父仇的孙军交战中，甘宁射杀了孙军部将凌操。甘宁本是用箭高手。

后来，甘宁投效孙权阵营。他所射杀的凌操之子凌统也在其中，成了他的烦恼。周瑜等部队首脑尽量将二人隔开。此次甘宁提议进驻夷陵，周瑜故意对身边的人说："凌统攻江陵，甘宁攻夷陵，正好可以把他们分开。"

这只是一种障眼法，骗不了孔明。

曹仁终究无法夺回夷陵，最后甚至连江陵都守不住，翌年，便整兵北去。周瑜立即进入江陵，号称"南郡太守"。

战后视荆州为己物的刘备，对周瑜的嚣张行径真是痛恨至极。但是，这是力量决定整个局势的时代。刘备在江陵对岸附近的油口设置行辕，将此地命名为"公安"，并委派刘表遗子刘琦为荆州刺史，以收揽人心。

三

虽然没有细节的约定，但荆州的主要部分归属于刘备的势力范围，毋宁已是当事者默认的事实。而孙权与黄祖持续多年的宿命争战的战场江夏郡，其归属就有问题了。

位于荆州正中央的江陵，划入刘备版图，任谁都认为理所当然。但如今周瑜却自称南郡太守，在那儿坐镇。

关羽、张飞、赵云等猛将，其愤慨自不待言。

"江陵只不过是踮着脚尖的东吴的脚后跟，只要轻轻踢一脚就会倒，并不成问题。"诸葛孔明说道。

东吴孙权集团有周瑜驻屯江陵，程普驻屯沙羡（湖北省武汉市之西），明显摆出进击荆州的态势。

不过，孔明看出这只是装腔作势罢了。

孙权阵营最大的弱点在于人口稀疏，而人口太少则表示兵力有限。孔明所谓的踮脚尖，便指此事。江陵和沙羡是驻屯了相当数量的军队，但这两支军队一旦遭受攻击，就不太能指望东吴会派援军。而且，江陵和沙羡一旦有任何

军事行动，便正中北方霸主曹操的下怀，他很可能就兴师南下，而东吴已无兵力可以抵抗。

"军队阵势摆得很漂亮，可是却打不起仗。"

孔明指出这一点。与其和这种虚有其表的对手为敌，不如用心经略肥沃的湖南地方，以收实果。刘备听取孔明的建议，向南挥兵。

"周瑜这家伙会不会从后面偷袭啊？"难得张飞也会有这番顾虑。

"周郎这个人虽说话比较冲，但颇能分辨时务，不至做出这种糊涂事。湖南四郡本来就非东吴的势力范围，咱们进兵，东吴没理由抱怨。周郎要是攻击咱们的后背，那他自己的后背也就会受到乐进攻击了。"孔明笑道。

曹操命令折冲将军乐进驻留襄阳，用意就在刘、孙任何一方出现空隙时，便立即南下攻击。

刘备优哉地挥师南征，湖南四郡不战而降。当时武陵郡太守为金旋，长沙太守为韩玄，桂阳太守为赵范，零陵太守为刘度，各郡太守虽然兵力不多，但都有一些，它们全被编入刘备军。

四郡的行政都是一塌糊涂，赋税一到地主或下级官员手中，几乎就不见了，因此，每个郡都很贫困。任何一个太守对刘备的南征几乎都没怎么抵抗，理由也在于这个官位根本没什么油水。

"对新收纳的百姓，课税绝不可比以往重，现在最重要的是要收揽人心。"

这是孔明对经略新版图的看法。一旦能免除地主、下级官员、税吏等多重的"私吞"，即使减税，实收应当仍是以往郡税的数倍。

诸葛孔明受命为军师中郎将，凭此身份负责零陵、桂阳和长沙之郡的赋税。

如果说当时所谓的"将军"是现在的上将，那么中郎将就相当于中将。根据汉制，将军又可分大将军、车骑将军、骠骑将军、卫将军四种，与三公（丞相级）同阶。而前、后、左、右将军则与九卿（阁僚级）同阶，刘备就是被任命为左将军。此外，还有所谓的杂号将军，这是临时命名的非常设官职，例如曹仁被任命为"征南将军"，乐进为"折冲将军"，其等级稍低于九卿。

九卿级被称为中二千石之官，用俸一百八十石，年俸在二千石以上。孔明被任命为中郎将，这是号称"比二千石"之官，虽然月俸百石，年俸仅

一千二百石，但被视为准二千石。如果说将军是阁僚的话，中郎将则可视为紧接其下的次长。郡太守在这二者中间，号称"二千石"，其月俸一百二十石，年俸一千四百四十石。

汉代的高官统称为"二千石"，不过，这当中还有"中二千石""二千石"和"比二千石"三个阶层。

孔明被任命为比二千石的军师中郎将时，关羽是二千石的襄阳太守、张飞是宜都太守、赵云是桂阳太守，孔明的地位略低于他们。但他去年才出仕刘备，而且年仅二十八岁，就用人拔擢而言，已属异例。附带一提，关羽虽被任命为襄阳太守，但襄阳已有曹操所任命的乐进当太守，关羽并没有真的赴任，而是待在刘备身边。

刘备本人既然是荆州的实力者，理当进驻中心地江陵。可是，江陵已有同盟对手孙权麾下的周瑜坐镇。刘备只好在公安设置郡治，由关羽镇守。

在刘备进兵湖南四郡期间，孙权亦讨伐盘踞在丹阳郡林历山的陈仆和祖山等人。他称呼他们是丹阳的黟县、歙县（在今安徽省）的"贼"，但说穿了只不过是一群不服从孙权的人罢了。林历山约有两万户人家，孙权派遣的威武中郎将贺齐，费一番苦心平定丹阳，重新设置新都郡，第一代太守理所当然由贺齐担任。

长江沿岸的九江，在当涂一地有不服从孙权的集团，老将张昭领兵攻伐，仍不能使其屈服。

东吴有很多问题，政权的苛敛征收是原因所在。人口过疏不仅导致兵力不足，也造成财政困难，只好严苛征收赋税。因此，不服的人屡屡伺机造反，政情经常处于不稳定的状态。

孙权年轻气盛，只想以武力压制不平分子，反而招致反弹。庐江郡位于东吴行营柴桑的东北方，就位置来说，属于东吴的势力范围，但当地有势力者雷绪却带领数万人前去投靠刘备阵营。

在东吴阵营中，北方来的移民和原住民之间，有难以化解的对立。统治这种地域，也许需要采取相当强的态势，但孙权的态势却也太过强硬。

孔明看出东吴政权这个弱点，也知道越是有弱点的人，越容易摆高姿态。东吴刻意粉饰整体形象，却被孔明看得一清二楚。面对曹操的南下，孔明有自

信孙权会答应结盟，因为再怎么逞强，孙权的军队都无法独自与曹操作战，否则也只有投降一途。孙权当然绝不会投降，因此，只能与刘备结盟。孔明前去柴桑，为的是想给自尊心强的同盟孙权一个台阶儿下。

"为什么你不帮我把孔明这样的人才留在东吴呢？"

在孔明出使柴桑、完成任务回去之后，孙权对孔明之兄诸葛瑾如此说道。

诸葛瑾回答："孔明已经和刘备结下君臣之契，他不会出仕将军，就如同臣不会出仕刘备一样。"

四

曹操此去之后，孙权内部有矛盾，暂时没有余暇采取任何军事行动。

对刘备阵营而言，这正是没有外忧，可以悠然培蓄实力的好机会。孔明用心经营湖南诸郡。掌管三郡的他，在临蒸设置居所——此地面临湘江支流蒸水，位于现在衡阳市附近。由此至三郡，距离大约相同。

曹操北返以后，立即训练水军，虽然赤壁战败，但他仍有再度南征的意图。因为不擅水战，才会意外打了败仗，但下次不会再吃相同的败仗。

——训练水军便表明曹操这个意念。

获知这个消息，孙权阵营当然紧张起来。

"我们必须一直和刘备维持友好关系才行。"

鲁肃如是主张。孙权也心知肚明，他不可两面树敌。

不久，北方又传来情报说："曹操着手建造大宫殿。"

此番大兴土木，简直是在夸示赤壁的挫折不算什么，连擦伤都没有。

"可能是逞强吧。也许只是口头上说要做，其实做不了这么大的工程。"

也有人持这种看法。

然而，邺郡的大宫殿的确当着世人的面动工了。

——铜雀台！

动工前宫殿已经取好这个名字。有文诵称动工前正好有代表好兆头的铜雀出土，为纪念而有此命名。不过，铜雀为什么代表好兆头，就没有人知道了。

据说，这座大宫殿是先构筑十丈高的地基，而后在其上建造的。东汉时的"一丈"为二点三米，因此，宫殿是盖在二十几米的地基上，的确堪称"台"。《邺中记》记载铜雀台高六十七丈，所以它是一百五十米高的摩天楼。最上层据说有一百二十个房间。总而言之，是一座高大得离谱的宫殿。

即使是逞强，能办到也显示出曹操的实力，他的潜力委实令人畏惧。

"我正在思索南征的秘策。"

据说曹操北归后，发出这样的豪语。

既然是密策，就应该是秘密的，却泄露出来，传至孙权耳中。虽称乱世，往来各地的旅客和商人却为数不少，不，也许应该说因为是乱世，这种人才那么多。他们传递着各种情报。

曹操反省赤壁的战败，认为没有做好退路是主因。还好儿子曹丕事先尽量修补道路，使损伤减轻到相当的程度。但，沿途的地域对曹操都不是很友善，虽然他有刘表之子刘琮随行，不过百姓仍视中原来的军队为侵略者。

曹操本想在荆州驻足的，可是却发觉无法巩固其中心地江陵。这绝非曹仁的责任，因为得不到当地居民的合作，江陵陷入孤立状态。

于是，曹操下令从事军屯。

屯田开垦荒地，是曹操拿手的政策。早在十几年前，他就招募人民耕作荒地，在州郡设置典农中郎将负责管理，取得相当好的实绩。

这些荒地本来就是耕地，只因战乱，农民逃散，才沦为荒地。名为开垦，其实说召回农民更恰当。农民担心的是，耕作原来的土地到底是否安全，收获是否有保障，心里存着各种疑虑，后来看到在此设有专职官吏，便安下心从事耕作。这些都是发生在中原的事，号称"民屯"。当时由全国民屯所得的租粮，一年可达数千万石。这便是支撑曹操潜力的所在。

这之外，曹操又从事军屯，让军队在战争和军事训练的空隙开垦荒地。民屯方面，是借与个人土地、耕牛，田地由个人耕作，收获公私折半（以往借用官牛，必须六成缴官）。和民屯相对的，军屯以集体耕作为多。

据说，屯田原本始于军屯，起源于公元前2世纪，汉武帝命令武威、张掖、酒泉、敦煌四郡的守备军六十万耕作国境地带。

曹操的军屯，计划由中原往东南，一直到淮河流域，不断推进其屯田地。曹操的势力范围已经南越淮河，及于安徽合肥。不过，那只是兵站线的延伸点，合肥在当时还不能算是有力的基地，补给远来自后方的寿春（今安徽省寿县），有力不从心之感。不过，合肥和寿春之间如果有几处军屯，补给就容易多了，作为前线基地的合肥即可大力强化。

"应该趁现在击溃合肥。"

孙权担心曹操巩固合肥的后方，想抢先夺下曹操的这一个据点。但是，合肥的军屯虽然尚未正式成形，却颇能挺住孙权军的包围。

孙权宣称将亲自率兵突击，长史张纮劝他："兵乃凶器，战争是危事，将军英年焕发，可能有点轻视敌方的凶暴。在战场斩敌将、宣扬武威，那是野战将军的任务，将军应该克制这方面的冲动，以霸王之计为重。"

孙权采纳了张纮的建议。

曹操派遣将军张喜前往救援。孙权一得知张喜的援军来到，便立即撤兵解围。现在他的军队分散在江陵、江夏、彭泽、浔阳各地，兵力不足的东吴以往几乎都是利用集中全军的方法，例如在柴桑，刻意塑造远比本身还要庞大的影子，还好在赤壁打了胜仗，但现在军队分散各地，恐怕会暴露出兵力的单薄。好面子的孙权想尽量掩饰窘态。

赤壁之战翌年，亦即建安十四年（209年），曹操率领水军由淮河流域进入合肥。此行目的不在战争，为的是要在芍坡这个地方展开军屯。此地位于寿春西南四十公里处，正好可以作为前往合肥的补给站。曹操在此安置军队和军粮，以便随时救援合肥。

五

赤壁之战以来，刘备有点消沉。

主要是因为两个人的亡故。

首先是甘夫人。大概是妻运不佳吧，刘备连连失去几位正室，而且是在历经艰辛就要开始安闲的时候。甘夫人是儿子刘禅的生母。去年由襄阳败逃南

下时，刘备将怀抱婴儿的甘夫人乘坐的车，留置在群众当中，因为他不愿让自己的家人享有特别待遇。幸好甘夫人母子就在将要沦为曹操军的俘虏时，被赵云救出。

甘夫人生于沛县贫穷人家。刘备是在受陶谦委任为豫州刺史、住在小沛时，纳她为妾的。当时有正室糜夫人在，其苦境不难想象。经过十几年，在刘备寄身荆州时，她才产子。

"在荆州我虽然有过髀肉之叹，但那时候可能是我最幸福的时候。刘表让我生活无忧，而且也没有战争，最后的战事还是赤壁那场胜仗，这大概是仅有的安慰吧！"刘备红着眼眶说道。

失去甘夫人没多久，年轻的刘琦也去世了。听到丧闻，刘备叹道："大概有人会说是我杀的。"

先前刘备拥戴刘表遗子刘琦为荆州牧，但谁都知道这个阵营的领袖是刘备。

"刘备迟早会取代他的地位。"

这是当时一般人的想法，就连刘备本人也认为不这么做不行。

"到时候孔明会告诉我该怎么做吧？"

刘备内心如此期待着。这种野战猛将关羽、张飞无法做的事情，孔明应当可以处理得很好——这也是他尽三顾之礼迎聘孔明的原因。

刘琦本人并无当荆州主子的野心，他的生命曾受到威胁，只要能保住性命，此外便无所求。因此，最希望政权能圆满交替的，毋宁是刘琦。

刘琦体弱多病，这是众人皆知的事，因此，倒不用担心有人会对他的病故起疑心。

对刘备来说，刘琦是恩人之子，刘备为他的死而悲伤，是基于人之常情。但由于此事发生在甘夫人死后没多久，更加深了他的悲伤。

然而，烦恼随之而来。

曹操北去，使许多原本跟随刘表的人前来投靠刘备。当然，也有人像刘琦之弟刘琮那样，跟随曹操去邺城，但那也许应该说是情非得已吧，因为和刘琮一起投降曹操的人，后来都陆续离开曹操阵营，投靠在公安的刘备。一方面是因为荆州人不习惯去中原，另一方面则是心有不安。想留在住惯了的荆州，

是人之常情，但这似乎不是唯一的理由。

曹操严格执行信赏必罚的作风，作为乱世领袖是很自然的事。但就臣僚者的立场来看，他却是可怕的主公。待在曹操阵营，即使时间不长也必定能感受到此事。他们以前所臣仕的刘表虽然华而不实，但却是个宽容的人，因此相较之下，曹操显得特别严厉。

"刘备在这方面好很多。"

众人都这么觉得。

"这不是好事吗？大家仰慕而来，是因为您的德操。"孔明对刘备说。

刘备是在嘟哝大批人来投靠是好事，但要养这一大批人可就麻烦了。

"话是没错……只不过没土地给人家，周瑜还盘踞着江陵……"

刘备又叹气，这已成了他的习惯。

"就请他们暂时忍耐一下，他们也知道情况的。请主公为人才汇集而喜悦吧，庞统、黄忠、廖立，还有马氏兄弟……大家都是仰慕主公而来的，他们原本可以出仕曹操的。此外，来到江陵，也可以投靠周瑜、出仕孙权，他们却都没这么做，光冲着这一点，不就值得主公高兴的吗？"

被孔明这么一说，刘备耸耸肩，苦笑道："不高兴也不行啰。嗯，我懂，我懂了，因为连凤雏、白眉都来了么。"

庞统与孔明被并称为"龙凤"，也是一名人才。年轻的时候，孔明被称为龙，但仍是卧龙；而庞统则被称为凤，却也还是雏凤。在襄阳，卧龙指孔明，凤雏指庞统。

庞统与孔明姐夫庞山民是堂兄弟，这两位被并称的英才，也有此亲戚关系。

襄阳马氏共有五个兄弟，个个都是俊英之才，其中尤以长兄马良最为出色。马良年纪尚轻，却生得一对白眉，众人遂称呼这位优秀群体中出类拔萃的人为"白眉"。

孔明三分天下之计有两个前提：其一是刘备必须取得荆州和益州，另一是刘备必须募集足以经营天下的人才。目前这两个前提都未齐备，但情况似乎日渐好转。

人才不只要募集，还得培养。关于培养人才，孔明略有自信，他觉得马

氏兄弟中的白眉马良诚然是人才，但弟弟马谡还有待培养。

姐夫庞山民没有加入刘备阵营，令孔明颇感落寞。山民之父庞德公厌恶出仕，受刘表屡屡邀聘，他却不肯跨出岘山南麓的庐门。山民可能受到父亲这种生存之道的影响吧。

"也许这样姐姐反倒比较幸福。"孔明想。

姐夫在相同的阵营，对孔明而言，可能也有不方便之处。因此，虽然有点落寞，但其实也松了一口气。

乱世屡屡残酷地践踏人的情与爱。原本享有长期和平的襄阳，一旦英雄动兵，亲人也得被迫离散。孔明也与姐姐分开了，但绝少人没经历过这种别离。孔明的妻子绶亦是如此。投降曹操而跟着去中原的刘琮，是绶的表兄弟。刘表继室，亦即刘琮的生母，便是绶的母亲之妹。

"据说曹公派他当青州刺史。"孔明将刘琮的消息告诉妻子。

"哦，是吗？……大概只有头衔吧？"绶反问。

"大概吧。因为青州是曹公的地盘。"

"这样就好……他只适合当装饰品。"

孔明想缔造一个亲人不用分离的时代，至于何时才能一遂志愿，孔明真是没有把握。有时候他真想半夜爬到楼顶尽情地呐喊，因为他的胸口一直堆满无法说出的郁闷。

在临蒸有太多的事情要忙，不过，孔明却乐于这样的忙碌。

六

一件意想不到的亲事，居然找上在公安的刘备。

临蒸的孔明突然接到急使通知，要他速去公安。

"请夫人一道去。"使者特地这么说，令孔明一时沉思起来。

"主公要娶亲了，一定没错。"绶说。

"如果是这种个人家庭私事，那也没必要找我们商量啊。"

"乱世领袖的家庭私事，未必就和底下的人没关系。在襄阳不就是如此吗？"

第十三章　貌合神离

"你说的是没错，但是，这一次似乎主要是想找你商量，否则不会特地叫你去。既然这样，就拜托你了。谈亲事，我可一窍不通啊。"

到公安一谈，果然如绶所猜测的，是有关娶亲的事。而这门亲事的对象，连绶也意想不到。

"孙权的妹妹？！"孔明叫出声来。

不仅是因为哥哥在孙权阵营，也因为三分天下之大计，孔明一直在仔细观察着东吴。对于东吴领袖孙权的家世，也知之甚详。

据说孙权对这个妹妹很头大。她似乎是身材、容貌都相当标致的美人，只不过性格很刚强，连孙权都管不住她，想早点把她嫁掉。她的性格，东吴的人太了解了，因此很难找到对象。据说东吴良家小伙子一提到她，就急忙说："我已经订婚了。"随即逃之夭夭。

而她本人也发下豪语："我对这地方的年轻人没兴趣，我要当天下英雄之妻。"

"据使者的话说，这不是孙权，而是她本人的意思。"

连刘备都显得有点害臊。

"原来是这么回事。"

孔明心想这是有可能的事。天下英雄并不多见，当今大概可归纳成三人，其中之一是她的哥哥孙权，剩下的两人，有一个丧偶。

"我就当刘备的妻子吧。"

她这种女子是有可能说出这种话的。

"我想娶她。"刘备已经下了决心，"如果我和孙权联姻，那荆州的事也许不动干戈就能圆满解决了。孔明你觉得如何？"

"很好。"孔明说。

"既然是娶进门，而非入赘，那敢情好啊。"

被征询意见时，绶也表示赞同。

建安十四年（209 年），孙权之妹嫁给公安的刘备。时年刘备四十八岁，新娘约二十岁。有一百余名侍女陪嫁至公安，而且侍女个个全副武装。

"简直是杀进敌阵嘛。"看到陪嫁的排场，孔明说道。

237

对于此门亲事，孙权有他的用心。事实上，刘备的新婚生活并不怎么愉快。史书有以下的记载：

> 妹才捷刚猛，有诸兄之风，侍婢百余人，皆亲执刀侍立，先主每入，衷心常凛凛……

在武装女兵环伺的闺房中，刘备岂能安心？简直像受到监视一般。孙权之妹之所以下嫁刘备，也有说服和监视刘备不要妨碍其兄完成霸业的用意。

为照顾前来投靠的众人，刘备希望能掌握以江陵为首的荆州北方诸郡，这已成为刘备的夙愿。他之所以当孙权的妹婿，多少也希望能借此实现这个夙愿。

刘备想要孙权委任他为荆州都督，决定到孙权的行辕造访。时间是在婚后翌年，也就是建安十五年（210年）。

所谓都督，是什么"都"监督的职位，刘备想要荆州八个郡全部的权力，因为实际上，他当前仅保有湖南四郡而已。"危险！不可去。"孔明获悉刘备决定前往京口，立即派遣急使，劝止刘备。但急使抵达时，刘备早已由公安出发了。

这时候，孙权正患"曹操恐惧症"，只要能应付曹操的威胁，什么手段都可采用。荆州的刘备如果心生不满，江汉一带恐将不稳，曹操绝不会放过这个好机会。就孙权而言，现在怎么样都得安抚刘备。但是，为防万一，现在周瑜等人所据守的土地，还是不能给刘备。

"现在还处于战后的过渡期，你再忍耐一阵子，等到痛宰了北方那个老贼之后，全荆州都是你的。毕竟你是我的妹婿嘛。"

孙权的托词并不太漂亮。

事实上，刘备来到京口之际，江陵的周瑜也修书一封，派人送给孙权。

"刘备有枭雄之相，而且关羽和张飞又是熊虎之将，因此皆为非甘心长久居人下之辈。依属下之见，不妨借此机会将刘备扣留在东吴，最好给他豪华的宫室、美女和各种玩物，让他纵情声色。一旦和关羽、张飞分开，他的阵营只要属下就可以轻易将其攻溃，主公的霸业必可完成。现在如果给他土地，等于

是成就他的霸业，刘备、关羽和张飞三人如蛟龙得云雨，恐将大为飞跃。因此届时他们已非池中之物了。"

周瑜主张用美女、财宝将刘备这个主心骨从部下关、张等猛将身边抽离，因此建议将刘备扣留在东吴。吕范也持有相同意见。

但是，鲁肃反对。他一直是孙权阵营中的亲刘备派，或者说是反曹操派也比较恰当。

"属下听说荆州的人才都去投靠刘备。主公才刚占有一部分荆州，百姓尚未驯服，委实遗憾。在这种情况下，北方的曹操才是我们要提防的对象。属下以为不妨暂时将荆州托付刘备，全力防备曹操要紧。"这是鲁肃的看法。

刘备也终非省油的灯，他对孙权说："我告诉关羽和孔明，此番前来京口，会立即返回。我担心回去晚了，他们恐怕会找我。"

所谓"恐怕会找我"，言下之意是"恐怕会采取军事行动"。

"这么一来，岂不正中曹操下怀？"

孙权对曹操已是杯弓蛇影，不想在此时与刘备阵营发生事端，只好让刘备回去。

第十四章 兵家必争之地

第十四章　兵家必争之地

一

蒸水古时候似乎写成"承水",它由湖南邵阳县东南的耶姜山流出,并合武水,再与湘江汇流。武水一名清扬水,临蒸县位于蒸、武两水交汇处,由此至湘江仅二十几公里。

在临蒸定居的诸葛孔明,便利用水路和各地联络。水路虽然四通八达,非常便利,但是较费时间。

人一旦处在偏僻之地,就深切感受到情报有多重要。

诸葛家以前的管家甘海,虽然年纪大了,身体却仍然硬朗。他住在交通要冲武昌,经常搜集各种情报并传递过来。负责联络的,则是昔日豫章郡佛教集团领袖徐习之弟徐季,他拥有为数众多的信徒。信徒都乐意效命,因为他们相信自己的所作所为有助于宣扬佛法。这也是徐季告诉他们的。

"日子过得真祥和。如果能这样过下去,就没什么好抱怨的了。"

妻子绶颇乐于过临蒸的平稳日子。

"这可不行啊。现在表面看来祥和,其实摇摇欲坠,这种祥和不知什么时候会瓦解。我希望能从根本上遏止它的动摇,因此,才投入刘公麾下。"

孔明这么说并非在责备妻子。他坚信妻子理解自己所做的事,只是,他希望能将表面的、短暂的和平,变成真正的和平。

其实,孔明毋宁认为妻子的话是在催促他。虽然过着平稳的日子,但孔明的妻子总是在做些事情,即使说话时,手也不曾休息。

"这次在做什么东西?"孔明看着妻子手边的东西。

"如果上门的客人很多时,我想用它来应付一下客人。"绶回答。

"什么东西啊?"

孔明看不懂那东西。那东西用木头做成长方形的框，木框里镶了一排细木条，她正在将木条的前端一根根削尖。

"这道具可以很快做出水引饼。"绶回答。

"哦？水引饼？"

"水引饼"就是最早的面条。在和孔明同时代的一位名叫傅玄的著作中，已经出现这个名词。公元5世纪的《齐民要术》如此记载它的制法：将面粉团拉成筷子那么宽，一尺一尺切断，浸在水中，用手指搓成韭菜叶那么薄，再放入锅中煮。过程相当麻烦。

"你看。"

绶事先已将面粉和成面团，她将面团放在大饭桌上，用木板压成扁平的圆状，然后用她所制造的木框按压，再慢慢拿起木框。木框有一尺多长，木框按压的范围内，由于木框和框内的木条前端呈尖细状，一下子就切出大约十条一尺长的面条。一大块圆状面团可以压制三次。

"哦，一下子就做出这么多来。"

孔明很惊讶。

"不管突然来了几个客人，大概都来得及准备。"绶笑道。

利用这个东西，只要准备沸水，很快就可以煮出一桌面来。

"没想到你个头这么大，手居然这么灵巧。"

"个头大小和手灵不灵巧没什么关系。以前常遇到一次来好多客人的情况，我还在准备东西要给他们吃，他们人就走掉了。所以，我一直在想怎么样才能弄得快。只要用心思，一定就有方法。我一直想怎么样才能又快又多，自然就想出这东西来了。"绶若无其事地说。

"只要用心思吗？"

孔明仰望着天井。他正在思考未来几年的事。

三分天下之计，前提是必须先拿下荆州和益州。现在刘备才拥有荆州的一半。荆州北部有曹操派遣的乐进驻守襄阳，作为南下的踏板；荆州中部则有周瑜镇坐江陵。

对此不讲究对策不行。但是，如果只拘泥于眼前的事，将会误了大计。

孔明甚至盘算到拿下荆州剩余部分和益州以后的事。

想挥师出益州和曹操对决,必须出汉中北伐。这条路号称"蜀栈道",古来被视为天下之险。其后,李白曾有诗曰:

噫吁嚱!危乎高哉!
蜀道之难,难于上青天!

所谓栈道,是在狭窄险峻的道路上铺上木板或圆木,必须利用"栈(木板、木条)"填补,才能勉强通行。

四百余年前,项羽和刘邦相争时,受封于汉中的刘邦,进入其封国之后,便立即烧掉栈道。只要烧掉勉强可通行的栈道,大军便无法通过。《史记》记载,张良唯恐项羽猜疑,故而向刘邦提出此建议。刘邦之所以烧栈道,是想昭示天下他甘于留在汉中,对中原已无野心。其实栈道既然是人造的东西,再怎么烧,还是可以重新把它造好的。不过,"焚烧"这种戏剧性的动作,多少具有减轻猜疑的效果。

孔明正在思索要如何让大军通过蜀栈道。

靠两条腿走路的士兵没什么问题,问题在于辎重的运送,大型车辆势必无法使用。但车辆小,运送力就相对降低,运送效率恐怕无法提高。

孔明边盯着妻子的脸边思考。

"怎么啦?一直盯着妾身看,心里怪不舒服的。"绶蹙着眉头说。

"漂亮啊!今天你特别漂亮。所以我才盯着你看。"

"说这种话才令人更不舒服呢。到底怎么了?"

"对了!"孔明一拍膝盖。

在狭窄的栈道正中央挖一条深沟,然后使用单轮推车,推车的装载台面尽量做宽一点,如此就可以大量运送了。容纳车辆的路沟愈深,车子行进时势必愈平稳。

"现在的车轮恐怕没法使用。必须改良车轮才行。"

孔明的视线由天井移到地板,喃喃自语。

绶想了一想之后,又接着动手做水引饼。对她而言,孔明的自言自语已是稀松平常的事了。

二

赤壁之战翌年——建安十四年（209年），孙权之妹嫁给刘备。她此去公安似乎是为监视刘备的。

隔年的建安十五年（210年），曹操在邺城建造铜雀台，显示他的力量仍有余裕。刘备去京口向孙权要求荆州八郡未果，主要是因为周瑜强烈反对。周瑜建议软禁刘备，供他美女、玩物，予以架空其势力，但未被孙权采纳，刘备得以归返公安。扣留刘备，必然导致关羽、张飞、赵云等猛将把长江流域弄得扰攘不安。这正中北方曹操下怀。

周瑜耐不住孙权对曹操畏首畏尾的样子，遂由江陵下长江，至京口会见孙权，提出西征之计。

孔明在临蒸获悉此事，叹道："听说周郎患病，其实何苦如此勉强呢？"

孙权阵营内部评估曹操的实力，有很大的歧见，原因主要来自赤壁之战的战果评估。

赤壁之战的总指挥周瑜当然视此为大胜利，而沾沾自喜。他的看法是，既然已经给予曹操致命性的打击了，短期内曹操势必无法发起大规模的军事行动。因此，现在正是西征取下蜀地的良机。

与此相对的，鲁肃大为高估曹操的实力，他认为赤壁之战曹操所失去的东西——例如被烧掉的兵船等——是他来荆州之后夺取的。孙、刘两军没能拦截、歼灭曹操军，并没有给予其致命的打击。曹操还命令乐进驻守襄阳，并在邺城建造铜雀台。最值得注意的是，曹操大力扩展军屯，目标无疑对准南方的东吴。如果现在西征，才真是给了曹操可乘之机。当前东吴应该将荆州让予刘备，增加曹操的敌人，并集中力量防范曹操军南下正面攻击。

鲁肃的主张正好与周瑜相反。

周瑜来到京口，极力向孙权游说自己的方策，孙权为之心动。

"今曹操折衄，方忧在腹心……"

周瑜如此说道。他认为赤壁战败已动摇曹操的根基，建造铜雀台只是示威罢了，根本无法大举南下。

"将军应当溯长江，直取蜀地。主公不妨派遣奋威将军（孙权堂兄孙瑜，

丹阳太守）和属下担负此任务，先并下汉中的张鲁，然后由奋威将军负责征蜀，并与凉州马超联手。属下则返回，与将军据守襄阳。一旦攻下曹操，北方中原之地，尽归东吴矣！"

周瑜说得头头是道，不过，打动孙权的，还是他那满腔的热血。周瑜在赤壁之战的雄风，仍然还留在孙权的脑海里。

"我懂了。你就着手准备吧。"

孙权决定西征的消息，很快就传到临蒸的诸葛孔明耳中。

孔明抱着双臂，现在他最先要考虑的是立即筹措粮饷。他思索各种可能的情况，也许孙权会要求妹婿刘备参与西征，这个可能性最大。不过，西征的实权必然掌握在孙权手中。

周瑜认为曹操阵营已然疲惫，可能会倾力西征。但是，孙权还是畏惧曹操，可能会命令刘备攻打襄阳，以防曹操正面南下。

无论情况如何，刘备阵营都需要粮饷。由于湖南诸州排除中间的榨取，税收已增加了相当数目。

"如果我方先孙权一步展开西征，情况又是如何呢？"

孔明盘算如果这么做，孙权会出现何种反应？

刘备阵营要独立取下蜀地并不难，多年来孔明一直研究、观察蜀地，因而有此信心。

蜀地的刘璋势力不堪一击，刘璋甚至担心被反对势力推翻，还想向蜀外的势力寻求支援。这也是他不断向曹操阵营派遣使节的原因所在。使节张松受到曹操的慢待，回到蜀地，立即向刘璋报告："曹操靠不住，跟随曹操后果堪忧。"

这之后，刘璋几次派遣使者和刘备接触，都是由孔明处置的。

东吴既然决定西征，孔明立即着手准备，以便能应付各种可能发生的情况。但就在这时，却发生了一件意想不到的事。

"周郎倒了！"

甘海派遣急使传达这个消息，孔明重复反问："死了吗？还是重病？"

孔明难得有这样的反应。急使回答："死了。"

"在哪里死的？"

"巴丘。"

"很近。不是很快就到了吗？"

其实巴丘离临蒸并不近，巴丘位于洞庭湖畔的岳州（现在的岳阳市）之南。临蒸至巴丘，大概有三百公里。不过，只要一入湘江，就可以直趋巴丘，所以感觉上比实际距离还近。

"不拿下蜀地，就谈不上天下大计。"

想起这个主张，也让孔明觉得周瑜就近在咫尺。

没多久，公安刘备那儿派来联络的使者，也来传达周瑜的死讯。

"中郎将可有事要转告将军？"联络的使者问。

"请转告将军，我最近会前去公安。"孔明回答。

"东吴大概会中止西征吧。"孔明如此猜测。

孙权原本还犹豫，最后之所以下决心出兵蜀地，是因为周瑜担任总指挥。他的决心是建立在对周瑜的信任上。如今周瑜一死，谁能担当征蜀的指挥？周瑜曾指定奋威将军、丹阳太守孙瑜为同行的司令官，但这是认定他在攻下蜀地之后足以担任行政官，谁都不认为孙瑜是当野战将军的材料。

东吴诸将有许多勇猛之士，孙瑜是当中比较奇特的。诸将麾下设立学官（负责教育之官）的，在东吴首脑之中，只有他一人。而领地的行政委诸当地出身的人，也唯独他一人。

《三国志》写道："瑜虚心绥抚，得其（领地百姓）欢心。"在占领地的行政方面，没有人比孙瑜更能胜任。但对于战争，他却是能避则避。东吴在濡须即将与曹操交战，孙瑜主张"谨慎行事"，孙权不采纳，结果交战无法获胜。"果然如仲异所言。"事后孙权如此苦笑道。仲异，是孙瑜的字，他热爱音乐、典籍，即使征战期间也大声朗读，甚至被孙权抱怨："可不可以停一停？"

孙瑜以外，也没有其他将领可以取代周瑜。此事周瑜本人最为清楚，在巴丘的病床上，他留下一封遗书给孙权：

> 修短命矣，诚不足惜，但恨微志未展，不复奉教命耳。方今曹公在北，疆场未静，刘备寄寓，有似养虎，天下之事，未知终始，此朝士旰

食之秋，至尊垂虑之日也。鲁肃忠烈，临事不苟，可以代瑜。人之将死，其言也善，傥或可采，瑜死不朽矣。

这封遗书并没有说要中止征蜀之战。不过，周瑜推荐鲁肃继其后任。

鲁肃是最强烈反对征蜀的人。他认为较诸征蜀，不如将荆州委诸刘备，东吴应该专心防备曹操正面南下。意见和周瑜正好对立，为什么周瑜还要在遗书中推荐他呢？可能是周瑜认为有自己在，东吴可以征蜀，如果自己不在，采行鲁肃的意见，对东吴才有利吧。

遗书属于东吴的机密，孔明虽布有情报网，也无法知悉内容。不过，他冷静分析现状，猜测东吴势必要改变方针。

三

时局的趋势果然如孔明所料想。

周瑜名为南郡太守，驻守江陵，事实上东吴全军皆在其指挥下，可说是以国防部长的身份掌握整个军权。他指名鲁肃继其后任，用意当然是委让军权。

于是，鲁肃受命为奋武校尉，代替周瑜掌握全军，并兼汉昌太守，驻守陆口。陆口位于陆水和长江交流处，正好在武汉和岳阳中间。此地虽属长沙郡，但长沙郡南部实际上为刘备所掌握，由诸葛孔明统领。因此，东吴在北部新设汉昌郡。

东吴此番的人事异动，孔明是在公安刘备府邸才得知的。

"将荆州借予刘备，并抗拒曹操。"

东吴庙议决定采纳鲁肃这个意见，此事立即传至刘备耳中。

"借给我？我还要借？荆州本来就是我刘玄德的，只是被周郎这干人霸占而已。算了，能安之，且安之。"

刘备虽然嘴上这么说，心里却蛮高兴的。他看着孔明的脸，心想莫非孔明又在想出兵蜀地的事？便说："鲁肃好意把荆州让出来，如果现在派兵伐蜀，恐怕不太好吧？何况有那女人在。"

"那女人"是指孙权的妹妹，东吴派来的监视人。

"将军说的是。我们就等蜀来迎驾吧。"孔明说。

"哦？来迎驾？"

"一定会来。"孔明的口吻充满自信。

我们先来看看当时的蜀地。

现在的四川省，昔日分成以成都为中心的蜀郡和以重庆为中心的巴郡，合称为"巴蜀"，又可简称为"蜀"。如称呼州名时，则为"益州"。

四川古来即为丰饶之地，有"天府"的美称。因栈道之险与中原隔离，又有三峡之险与长江流域隔离。由于能自给自足，一旦危急即可自立。西汉末年天下大乱，此地便诞生了公孙述的独立政权。后来此地亦屡屡出现独立政权。

前面提到，东汉末年，刘焉一听此地有"天子之气"，就运用关系当上益州牧。

刘焉进入蜀地，是在中平五年（188年），也即赤壁之战的二十年前。

刘焉号称是西汉鲁王的后裔。第一代鲁王乃景帝之子，亦即武帝兄长刘余。此人有一事广为人知，那就是他喜欢土木建筑，曾为扩建宫殿而毁坏孔子旧宅，却在墙壁中发现古文经传——一批幸免于秦始皇焚书之难的典籍。西汉末年哀帝时代，鲁王家几乎灭绝，但似乎在其分系中有人因谄媚王莽而得以苟活。刘备也自称是西汉中山王的后裔。第一代中山王刘胜也是景帝之子，亦即武帝和鲁王刘余的兄弟。时隔约三百五十年，当时必然有很多姓刘的人自称有此等关系。

刘焉虽然自愿当益州牧，却没那么容易就任。益州有马相、赵祗等人自称"黄巾军"，杀害绵竹县县令李升，继而击破雒县，杀害益州刺史郤俭，马相自称天子。

向刘焉煽动说有"天子之气"的董扶、赵韪等在京诸官，本来就出身益州，他们只是为乡土寻求强悍的角色罢了。刘焉豢有号称"东州士"的私兵团，其本人也是野心勃勃，当时在洛阳必定一副很强悍的态势。

由于马相作乱，刘焉只好在犍为这地方的东边驻足，没法前往州治所在的绵竹。当时，地方豪族贾龙统率私兵，又召集官、民千余人攻击马相，将其

赶走。刘焉在贾龙的迎接下，好不容易才进入州治的官厅。

刘焉既然是被地方豪族迎接的，就相当于是被聘雇的领主，但他岂是甘于当此等角色的人？

益州除豪族，还有一支奇特的土著势力，那就是被称为"五斗米道"的道教系宗教团体。其信仰浸透民众之间，教祖张家势力不可轻侮。教主张鲁是第三代，第一代是他的祖父张陵，人称"天师"；他的父亲张衡，则人称"嗣师"。嗣师张衡已然离世，但其未亡人，亦即张鲁的母亲，虽然已有相当年纪，据说却是个绝世美女。由于教势扩大，嗣师未亡人的力量跟着增大。

刘焉抵达绵竹之后，任命张鲁为督义司马，令他赴汉中就任。汉中已有洛阳所任命的汉中太守，张鲁攻而杀之。

刘焉的策略是，将汉中这个据点给予五斗米道，同时将这支势力套在汉中。就地形而言，山岭围绕的汉中一方面是要害之地，但另一方面也是难以外出的地域。他故意断绝栈道，向洛阳报告："米贼（指五斗米道）断绝栈道，以致通信困难。"

这无疑是独立宣言，意思是益州无法一一仰赖中央的指示，只有靠自己裁决。

接下来，刘焉将王咸、李权等十余名地方豪族诱至别地，予以杀害。被聘雇的"强悍者"领主毁灭雇主集团，雇主集团展开反击，任岐、贾龙等迎接刘焉有功的人，不满刘焉杀害地方豪族，举兵叛乱，但立即被"强悍者"镇压。

兴平元年（194年），如此强悍的刘焉因背上的恶性疽而一命呜呼，时间是在他进入益州的第七个年头。

继任的刘璋，并不像父亲那么强悍。《三国志》形容他是"温仁"，但他却借称五斗米道的张鲁骄恣，出兵杀害其母嗣师未亡人与其弟。不过，最后还是被汉中的张鲁击破，因信仰集结的将兵之力意外得强大。

益州动摇了。

刘焉带来的私兵团号称"东州士"，这批外人大耍亲卫队的特权，令当地人怨声载道。这也是益州不安的原因之一。在洛阳劝刘焉来益州的赵韪，也举兵背叛刘璋，但被"东州士"镇压杀害。这表示"强悍者"还留下遗产，只是不知道这支武力能保存到何时。

借"东州士"之力，好不容易才保住位置的刘璋，内心十分不安。这支私兵团的精锐逐年老去，可是傲慢如故，一直招来当地百姓的怨恨。

刘璋抛弃父亲的益州天子梦，转而寻求更强大的人作倚靠。这一点与当地豪族的愿望不谋而合，豪族们也希望有更强大的人来取代刘璋。在他们看来，刘璋是外人，他们另外雇用其他外人，情况也是一样的。

阴溥去拜访曹操，就是为这档子事。继阴溥之后，刘璋派遣张肃、张松兄弟前往见曹操。阴溥是中原人，张氏兄弟是蜀人，他们都在寻求下一个"强人"。

蜀地派去曹操处的最后一个使者是张松。当时才刚占领襄阳的曹操，对其貌不扬的张松颇为冷落。"曹操不可靠！"张松对刘璋如此报告，并建议刘璋依靠刘备。刘璋因此与曹操断交，而派遣法正去见刘备，缔结友好关系。不过彼此并非密切的同盟，而是表面上的盟友，只是希望万一有事时，刘备能关照一下。

"蜀必定会前来迎接将军。"孔明重复说道。

天下形势不可能一直这样胶着下去。汉中五斗米道教团势力逐日坐大，此事孔明时有耳闻。关于汉中五斗米道势力，曹操也有他不可弃置的道理。

"汉中一旦卷起旋涡，势必波及此地。"

孔明对妻子说。喜欢构思器械装置的绶，陆续想出各种装置。这个嗜好也传给孔明，这一阵子，孔明经常画一些各式各样的图案。

四

建安十六年（211年）三月，曹操命令司隶校尉钟繇去讨伐张鲁。时间大约在赤壁之战后三年。

"果然……"

许多人原本就如此料想。曹操非常厌恶淫祀邪教，黄巾之乱后，当上济南之相，才成为地方首长的他，最先做的事是：禁绝淫祀。

五斗米道究竟算不算淫祀邪教，不得而知，但曹操厌恶这类团体，则是众所皆知的。

"这是在逼西方明确表态。"孔明听到曹操讨伐张鲁的消息,便对妻子绶如此说道。

"西方?"

绶对天下的政治当然不太了然,孔明只是借此对她说说,自我吟味一下时局的推移而已。

曹操攻打汉中的张鲁,必定要经过由陕西通往甘肃的道路,这一带常有若干小军阀盘踞,他们是顺服还是反对曹操,态势不明。既然要通过这一带,就有必要逼这些人明确表态。

他们如果拒绝曹操军队进入自己的领域,就表示不顺服;如果要表示顺服,就得帮忙讨伐张鲁。

情势已至表态的关键时刻。

"曹操早就有意讨伐马超和韩遂,只是没有出兵的理由。现在可能借着这种方式来收拾他们。"

这是孔明的看法。

陕西、甘肃的小军阀,统称"关中诸将"。当地东有函谷关,西有散关,南有武关,北有萧关,四关环伺,故得"关中"之称。中国有云:"关东出相,关西出将。"这里所谓的关,是指函谷关。函谷关以东,出了许多文官,以西则出了许多武将。此语道出地方气质的特征。

《三国志》便记载董卓、吕布等暴戾将军亦是出身关西。也正因为关西属于孕育军人气质的风土,所以容易出现唯我独尊的小军阀割据的局面。

当时所谓的关中诸将,为马超、韩遂、侯选、程银、杨秋、李堪、张横、梁兴、成宜、马玩十人,其中以马超和韩遂的势力较为突出。

平时他们各拥山头自重,一听到曹操西征的消息,倒也相互商讨,毕竟关中十将当中,没有人可以单独抵挡曹操。

"投降吧。"

其中虽有人这么说,但喜欢说大话,却是好强的武将们共同的特点。

"集结我们的力量,老糊涂的曹操又何足惧哉!"

这句话赢得关中诸将的同意。

诸将开始在潼关集结。

孔明听到这个消息，啐口说了一句："傻瓜！"

"怎么说呢？"绶问。

"这正中曹公下怀。——嗯，让他赚了两年。"

"赚了两年？"

"如果他一一攻打关中十将，可能要花上两年时间。姑且不谈诸将的军势强弱，他们散落在远处，远征起来就够瞧的了。现在他们却将兵马聚集在一处，曹公本来得打十仗，如今只要打一仗就够了，这样不是赚到了吗？"孔明分析道。

这个时代，将北方中国分成东、西境界的，已经不是函谷关，而是更偏西方的潼关。

黄河环绕鄂尔多斯，画了一个大弧形之后，不再南下，而自风陵渡一带东流，潼关就位于这个地点，因附近的潼水而得名。以当时的地图来看，潼关位于陕西、河南、山西三省的省境，关口则在陕西省侧。这之后，守护长安，就得守住潼关。唐玄宗获知安禄山攻破潼关，便立即舍弃长安，避走蜀地，就是一例。

关中诸将并非齐聚于潼关，有的将军在远隔之地，有的将军则还有点犹豫。因此，他们是慢慢地、陆陆续续地聚集于潼关。集合的人数一旦增加，原本还迟疑的将军也本于人之常情，说一句"好吧"，开始移动兵马。

曹操任派他所信任的安西将军曹仁为总司令。曹仁是赤壁之战后暂时驻留江陵的勇将，他乃曹操的堂弟，年轻时就有任侠之风。

曹操下给曹仁的命令是："坚壁，勿战。"

不用说，这是为了等待关中诸将的兵马总集合。

不过，曹仁向军队宣告："我们必须等待曹公亲征，曹公未到之前不可妄自出战。"

曹操要亲征的确是事实。曹操七月自邺城出发，不缓不急地，八月才到潼关。

"曹公一定优哉游哉地行进。"

孔明如此预测，情况果真如此。曹操正在拖延时间。史书记载：

关中诸将每一部到，操辄有喜色。

出发之前，曹操对劝谏他慎思而行的部属说道："战在我，非在贼也。"意思是作战的主导权在曹操这边，他一开始就吃定敌人。不过，话虽然这么说，曹操在潼关也遇到惊险的场面。

建安十六年有两个八月。闰八月，曹操军由潼关北面渡河。曹操令军队先渡河，自己则和百余名虎士（亲卫队）留在南岸。他打算最后才渡过黄河。

马超由谍报得知此事。毕竟战场在他的势力范围内，当地百姓会逐一报告曹操军的动态。曹操是吃定了敌人，但他却疏忽了战场是在敌地。马超率领一万余步骑攻击孤立于南岸的曹操。

顿时箭如雨下。亲卫队长许褚赶紧扶曹操上船，不料船夫中箭而死。许褚只好左手高举马鞍掩蔽曹操，右手撑船。马超军在箭雨中开船，由于许褚单手操船，很快就被专人操船的敌军赶上。就在此刻，潜伏在南岸的渭南县令丁斐放出军用牛马，马超军争相抢夺这批战利品，曹操的船趁机渡过河。"我太轻敌了。"曹操自我反省，内心发誓以后绝不再命令全军先行，自己和小批军队留在后头。

渡河之后，如同曹操所言，曹军掌握了主导权。敌方因十名军阀聚集一堂，军令无法统一，各自为战。曹操使用各种离间计，甚至伪造密书，于是诸将相互猜疑，向心力逐渐溃散。

在这种情况下，关中诸将岂是曹操的敌手？战争的结果，成宜和李堪被斩，马超和韩遂逃往凉州，杨秋避走北方的安定。十月，曹操亲自挥师北进，围攻安定城。安定在现在甘肃省泾川县北方，是杨秋的势力范围。后来，杨秋投降，曹操应允，并让杨秋保有爵位，准许他统治其领土与百姓。

五

建安十六年（211年）后半年，战争结束。十二月，曹操自安定返回长安。留守长安的是夏侯渊，京兆尹（首都之长）则由张既担任。曹操自己在

255

长安过年。他离开长安前往邺城，是在翌年的正月之后。

听说曹操由长安东返，世人纷纷谈论："接下来，五斗米道会是如何下场呢？"

曹操是宣称要讨伐五斗米道的张鲁，才挥兵西进的，结果关中十将先被讨伐，关中落入曹操手中。谁都知道关中未定，曹操无法安心进兵汉中。根据常识判断，此次战役只能算是讨伐汉中五斗米道张鲁的前哨战罢了。

不管怎么说，张鲁已成了曹操攻击的目标。

张鲁当然害怕，但有人却比张鲁更害怕——那就是蜀地的主子刘璋。

"张鲁一旦被拿下，下一个目标就是蜀了。"

刘璋作如是的看法。他听张松的进言，已经和曹操断交，因此不难想象曹操必然厌恶蜀。继汉中张鲁之后，下一个目标就是蜀刘璋，这可以说已成了天下的共识。

"如何是好？"

刘璋找张松商谈。他是听张松的建议才和曹操绝交的，追究责任当然也要找他。

"属下以为按既定的方针行事即可。"张松回答。

所谓既定的方针，就是联络荆州刘备，请求支持。

"上次只是去打个招呼，并没有谈到细节。"

"这次必须明白说出我们要迎奉刘玄德。"

"那，派谁当使者？"

"我想还是就派法正吧。与其派新面孔，不如派熟面孔去比较恰当。您觉得呢？"

"法正吗？上次他就不太愿意了。"

上回刘璋命令法正去荆州，法正找各种理由想推辞掉，最后张松好不容易才说服他当使者。

"还是属下去劝他吧。"

张松这次有自信了。

法正乃扶风（在今陕西省）人，通"五经"，系以清节闻名的法真之孙。

父亲法衍担任廷尉（九卿之一，司掌刑罚）左监，是千石之官，如果将九卿比喻为阁僚，那他就是次长了。

刘焉曾经以南阳太守的身份回到朝廷，被任命为宗正（九卿之一，司掌天子的宗室），那时候刘焉对宫廷规矩一无所知，法衍亲切教导他。因此，刘焉常对家人说："季谋（法衍的字）帮我很大的忙，我一定要找机会报答他才行。"

建安初年（196年），因董卓之乱而闹饥馑时，法正和友人孟达等一起移居蜀地。当时法正父亲法衍已经去世，而蜀地的刘焉也亡故，由儿子刘璋继任。移居蜀地之后，法正并没有特意提起父亲的事。但为养家糊口，法正势必要谋个官做才行，只是法正骨傲，不愿意借父亲的关系谋取一官半职。

刘璋也听说有恩于父亲的法衍的儿子已经来到蜀地，但因法正迟迟没来通名报姓，他也就没去迎接，久久未曾理会。后来，新都县令出缺时，刘璋问张松："派谁好呢？"

"派法正如何？"张松回答。

张松当时担任辅佐州刺史的别驾，这个职位随时得乘坐另一辆车跟随刺史，所以称为别驾从事使，有的时代则改称为"长史"。

法正自尊心太强，显得有点狷介，跟别人不太合得来。不过，却和张松意气相投，大概是张松不避讳法正的自尊心，却能自然地摸透法正的内心，两人因此灵犀相通吧。

"你居然能和法正聊一整天，我和他可一刻也谈不来。"

有人曾感叹地对张松这么说道。

"和法正说话蛮有趣的啊。"

张松也搞不懂，他和法正聊天，总觉得他的话很有趣，简直忘了时间的存在。可是，为什么法正对别人就那么沉默寡言呢？张松百思不解。

"也许法正不愿跟不投合的人说话吧。"

张松只能这样解释。在张松的推荐下，法正当上新都县令，后来又担任军议校尉。军议校尉是益州牧刘璋的参谋团成员之一，只是有咨询时，参谋才回答，没有咨询，则什么事都不做亦无妨。但刘璋并没重用法正，刘璋从不曾咨询过法正的意见。

"碍于你我父亲的情谊，我不得不给你官做，豢养你。"

刘璋虽然没有说出口，不过，态度上却把这种心理表达得一清二楚。法正心里当然很不是滋味。

赤壁之战后，决意向刘备做示敬拜访时，张松又推荐法正当使者。让法正当无所事事的军议校尉，张松一直觉得过意不去。但是，法正对这个只是去打个招呼的角色兴趣怏怏。

"这是结识天下大人物的好机会。"张松压低声音说道。

"说得倒也是。"法正不自觉地看看左右，回答道。

益州牧刘璋并非一流人物——张松与法正之间有这样的共识。他们二人可以长谈到令人感叹，自然也会得出类似的结论。

迎奉更厉害的"强人"来益州，这对张松、法正来说，无疑是一种背叛，因此，张松、法正必须张望左右、压低声音说话。

上一次法正去荆州公安时，诸葛孔明正好也从临蒸来。刘备之外，受命为襄阳太守却无法就任的关羽和孔明都在接见席上。

就如同张松所言，法正在那儿遇到意气投合的人物。法正对刘备主从那副倾心的模样，连张松都觉得惊讶。

"你们说了些什么？"张松问。

"只是闲聊，也没什么特别的。刘备坐中央，关羽和诸葛孔明分别在左右。对了，孔明曾向我提到我祖父的号和刘公的字相同。大概就谈这些啦。不过，听人说话，就可以知道对方是什么样的人。刘备主从正是蜀地所需要的人才——蜀地一定需要这种人。"

这便是法正的回答。法正的祖父法真，号玄德，与刘备的字正好相同。

第二次被任命为使者，法正也勉强答应，不过这一次只是装模作样。两年多来，法正与张松之间已经有共同的结论——换主子。除此之外，蜀和住在蜀地的百姓都没有生路。所以，此次出使表面上是刘璋个人想迎奉刘备，其实法正和张松私底下已拟定迎接刘备以取代刘璋的基本方针。法正打算明确地告诉刘备："张松和我决意请将军当蜀地的主君。"

为保守这个秘密，法正不得不装出一副不情愿当使者的样子。

六

　　张松向刘璋进言，说曹操一旦击破汉中的张鲁，益州便万事休矣。但如果这边先取下汉中，曹操就难以染指蜀了。而光凭益州刘璋之力，无法打赢有强大五斗米道这个信仰集团支撑的张鲁，因此应该借助于有千军万马的刘备之力。当然，益州的领导层也有人反对。

　　当地出身的主簿（文书主任）黄权，便反对迎奉刘备。

　　"左将军的骁勇之名众所皆知。现在请他出马，如以部将之礼相待，势必失礼，他也会不高兴；如以宾客之礼相待，岂不成了一国二君吗？这时候蜀应该封闭四境，以待时局转好，才是最上之策。"

　　黄权如此劝谏，但刘璋摇头，说道："封闭四境？如果真办得到，那就不用这么辛苦了。问题是，我们再怎么封闭，曹操都是有办法攻进来的。"

　　刘璋一直为强势部将的骄肆而头痛。庞义、李异等将军恃其军功，不把刘璋放在眼里，甚为嚣张。

　　"你们这些土包子将军，等刘备来了，看你们还敢不敢吭声！"刘璋心想。

　　刘璋这方面提出具体的请求，那就是代为讨伐张鲁。不过，也并非完全依赖刘备，蜀地也以出兵四千作为条件。

　　法正出发之前，已有密使往来。密使由诸葛孔明用过的人担任，因为牵涉到夺蜀的谋叛计划，不能使用和蜀亲近的人。

　　周瑜死后，江陵已是刘备的囊中物，但刘备已住惯公安，不忍舍弃，于是便往来于江陵和公安之间。

　　在蜀迎奉之前，孙权也曾邀约刘备共同讨伐蜀。东吴因周瑜亡故而中止西征，但并未就此放弃，只是判定没有周瑜恐怕无法进行远征作战，而暂时中止罢了。

　　"没有周瑜，还有刘备啊！何不合并双方兵力西征？"

　　这个声浪在东吴颇为强烈，主要是因为众人认为刘备是东吴的盟友，又是孙权的妹婿。刘备阵营也有人认为不妨接受孙权的邀约，即使名义上只是援军，在瓜分蜀时，总会有一份的。

　　"真没志气！我们不是要分一份，而是要为天下万民统一天下的！"

孔明一肚子不高兴，却没说出口。他感觉出刘备对孙权的邀约有点心动，因为刘备令人送来一封信，大意是："不可只粉饰表面。"

蜀地刘璋声称自己是汉鲁王的后裔。刘备同样也是汉中山王的子孙，以复兴汉室为职志。攻打蜀，便成了攻打同家族。然而，如果以孙权军的名义攻打蜀，就有借口说："我和东吴有盟友关系，必须与东吴并肩作战。"

对孔明而言，这也只不过是一种"粉饰"行径，掩盖真正的用心罢了。刘备应该撇开汉室，把大目标放在讨伐曹操上面。同不同家族，在大目标之前，根本算不了什么。

孔明的目标和刘备大致相同，但他觉得还是和刘备有一些差异。孔明对复兴汉室的希望并没有刘备那样强烈，他的希望毋宁说是"统一天下"。只要能为万民的和平而统一天下，即使不是汉室也无妨。只是，唯独曹操不行。

少年时代目睹的徐州大屠杀景象，仍然鲜明地刻在孔明的记忆中。制造这种兽行的曹操，没有资格统一天下——这是孔明的信念。如果自己拥有统一天下的威望，何妨成为天下之主？

"刘公有这种威望。"

孔明出仕刘备，便为此缘故。所谓威望，并非仅指主公是汉的后裔，孔明对同样出身于汉室的刘璋，便只有一个念头："竖子（毛头小子）宜取而代之。"

孔明接获法正奉命为使者已自蜀地出发的密报，立即离开临蒸，赶往江陵会见刘备。

刘备已经断然拒绝东吴的邀约，只要刘备不加入，东吴就不可能西征。但此次蜀的邀约却不可拒绝。孔明担心刘备对取代刘璋一事会犹豫不决。尽管刘备这种犹豫在孔明眼中是种"威德"。

曹操进兵潼关之际，法正正坐在下长江的船只中。法正有法正的想法。

"总算可以一展抱负了。"

法正脑中浮现两年前会见诸葛孔明的容貌，油然兴起一股感念，至于为什么会有感念，法正自己也不清楚。

法正的船接近险峻的三峡时，诸葛孔明的船抵达江陵。法正出使和出使的目的，已经传至刘备耳中。

第十四章 兵家必争之地

"卧龙先生,这回又来劝我了吗?"刘备一见孔明便这么说。

"不是劝谏,而是建议。请将军多替万民涂炭的乱世着想。"孔明说。

"我知道。乱世有时不能只讲道义。五霸(齐桓公等五名春秋时代称雄的诸侯)合并众力,才构筑了安定的势力。我一旦完成大业,再封刘璋一个大国就是了。我已经决定了,就赴西蜀吧。"

"哦,那就无须亮多言了。"

"不,其实这件事不是我的主意,我是这几天听来的。"

刘备在这方面并不讨人厌,也不幼稚,甚至在孔明眼中成了一种威仪。

"是庞统说的吗?"

"是啊,你怎么知道的?"

"他和亮曾同窗共读。"

"从语气就知道是他说的?"刘备露出愉悦的神情笑道。

"是的。"

孔明回答。其实是他拜托庞统说服刘备的。

"接下来就等法正来了。"刘备说。

第十五章 入主成都

第十五章 入主成都

一

法正并非普通使者。他拟讨伐汉中张鲁，以防曹操进出的策略，为此才要引刘备的军队进入蜀地。所以，法正不能空手，他亲自统兵四千前去迎接刘备。

法正出发之际，除黄权，还遭到刘巴、王累等蜀地大臣的激烈反对。王累甚至跑到成都城门上将自己倒吊起来，以示反对。不过，蜀地的主子刘璋并没有改变决定。

"蜀地会被刘备夺走！"

反对者都这么说。事实上，刘璋本人也很清楚这个危险性，毕竟他是当事人。

"情况有什么两样？"没人的时候，刘璋叹道，"这样下去还不是被曹操夺走。"

让曹操夺走，抑或让刘备夺走，两者选其一的话，刘璋宁愿让刘备夺走蜀。

第一，两人都拥有与汉王室有因缘的刘姓。与其让蜀地落入外人手中，不如给予自家人。

第二，曹操是大势力者，刘备则不是。因此曹操可能强行夺取，而刘备没有这样的实力，必定需与旧势力妥协，对被夺取者远为平和。

第三，将汉中给予刘备，让他和曹操死斗，弄得两败俱伤，反倒有利于成都政权，也许因此免于被夺取。

刘璋是想过这些事，才决定迎奉刘备的。

法正抵达荆州，谒见刘备时说："这要献给左将军。"

那是一个雕有麒麟模样的长方形木箱，约莫长二尺、宽一尺。

刘备的左右有关羽和诸葛孔明，使者法正则只有他一人，随员都留在屋外。孔明打开箱盖，关羽拿出里面的东西，放在刘备面前——是一束文件。最

外面由丝巾包住，刘备亲自打开。

"哦！这不是益州的地图吗？"

"是的。这要献给左将军。"

法正重复前面的话，并抬起头来。刘备一直盯着法正的眼睛，法正也正视着刘备，说道："请笑纳。"

"诸臣大概反对你来荆州吧？"孔明在旁边问。

"是有人反对，不过无须介意。迎奉左将军之外，这些人也别无其他策略。"法正回答。

"是不是有人说这是纵虎入山？"关羽问。

"是的。关羽和张飞两位将军的威名，益州亦有所闻。"

法正的答复正是关羽所期待的。

"为消除益州的不安，老虎们就不参与此次作战了吧。"孔明说。

法正来荆州只是个形式，刘备早已决定应益州之请，向西进兵，而且已经完成编制。辅佐刘备进入益州的，则指定庞统。关羽、张飞不用说，就连赵云也不去。诸葛孔明也留在荆州。

"关于在益州的内应，张松已经着手进行，请安心。"

法正告退的时候，如此说道。他已经不需要再用拐弯抹角的方式说了，而直接说出"内应"两个字。

画在丝巾上面的地图是一种象征。献上它，意味着献上版图。春秋战国时期已有此先例。例如，行刺秦始皇失败的荆轲，便是以献上燕督亢地图的使者身份前往的，他担任割让领土的使节，毒刃则卷藏在地图中。

地图的下面，是一束厚厚的文件，孔明把它拿到自己的房间。那是详细标示益州各地方的文件，记载着户数、物产、守备人员、城郭、城寨等情况，储备的武器、辎重、粮食的数量，以及地形、道路、小径等，巨细靡遗。

孔明熟读再三，牢记脑中之后，拟定计划，和实际指挥军队的庞统，二人排练作战。

动员的军队接近三万，然而再怎么隐秘，如此大规模的移动是无法避人耳目的。没多久，东吴阵营也知道荆州动员的消息。

"不接受我这边的邀约，偏偏……"

东吴的孙权咬着嘴唇。东吴这边几度示意刘备合并两军攻取益州，一直为刘备所拒。

"既然这样，我们就袭击荆州后背，让左将军措手不及……"有幕僚建议，但孙权摇头。

"根据情报，不仅关、张、赵三猛将，连诸葛孔明都没有参与西征，想必对东方已有万全准备。"

事实上情况也真令人气愤，即使刘备阵营的猛将、军师全都参与作战，孙权也不敢进兵荆州，因为不知曹操何时会南下。孙权与刘备当前是同盟关系，曹操可能因为这种同盟关系才没南下的。

孙权判断维持现状对自己有利，决定静观刘备西征。不过，他认为多少应该表示自己对此事的不悦。于是要求："左将军西征期间，夫人暂时留在东吴。"

刘备娶孙权之妹为妻，西征可能短期内不会结束，这期间让夫人回娘家，并没有什么不对，也许反而比较合乎常理。孙权决定派遣二十艘船至江陵，将妹妹和其侍女接回东吴。

"暂时告别，请保重。"夫人向刘备说起客套话，身后站着一排从东吴带来的侍女，个个全副武装。

"那，再见了……"

刘备的回答显得有点笨拙。

也许这是今生最后的告别——刘备这么觉得。彼此的姻缘虽然浅，但别离仍觉心痛。

走出府邸，到步上座车，夫人不曾回头。

二

翌日，发生一件意外的事，不，应该说是孔明发觉一件意外的事。

当时只有孔明和庞统两人，在设于江陵昭王庙内的西征军作战总部一室内，修订作战计划。由于孔明不参与作战，所以特别慎重地作细节上的指示。

这当中，庞统偶尔叹起气来，孔明注意到了这一点。他们两人是隆中以来的学友，也是并称"卧龙凤雏"的伙伴。在推演计划的当儿，庞统突然喃喃说道："这是在夺取别人的国家嘛。"说着叹起气来。孔明一开始就知道庞统对此次作战不太有兴致，但是，还是推荐他当西征的负责人。他的性格和刘备相似，孔明的着眼点便摆在这儿。

刘备和庞统应该会在彼此的身上看到自己的影子。他们可以客观地看到自己，同时会兴起"对方是对方，我必须好好干才行"的责任感。——这是孔明所期待的。

"同样都是刘姓之国，为什么……"

刘备也有过这种犹豫。而驳斥刘备，逼他不要犹豫的人，却是庞统。当然这是孔明怂恿的，孔明知道相似者的劝谏较为切实。

"我们在隆中谈的是哪些事？"孔明故意这么问。

"天下、国家之事。"庞统回答。

"还有人民之事……我们的邻人，以及和他们相干的众多人之事。不是吗？"

"我知道了，我没忘记。请不要再说了。"

孔明所要说的事情，庞统全都知道。在安定天下万民这个大目标之前，有很多事情是不能犹豫的。

"我们并不是要杀刘璋，只是让他得其所而已……我不再多说了。"

孔明这么说，多少有点尴尬。就在这时候，刘备进来了，脸上露出平日所没有的慌张。

"阿禅不见了。昨天晚上就不见了。这些女人家刚刚才说出来。"

阿禅是刘备和已故的甘夫人所生的独子，今年才刚满五岁。

"真粗心啊。"孔明说。

"粗心，真是太粗心了！我一直都没去管这方面的事。"刘备垂下肩，说道。

"已经派人处理了吗？"孔明问。

"处理什么？"

"左将军知道是谁带走的吧？"

"嗯。"

刘备点头。昨天离开江陵回东吴娘家的，除那一百名侍女和孙夫人，还

有别人可以做这件事。虽然侍女有百人,但运送那么多的行李,还是需要很多人。想趁忙乱之际带走五岁的幼儿,可是非常容易的事。

"骑马比坐船快,而且有华容道可走。"孔明又说。

长江由江陵南流,进入洞庭湖,再由此北流,流向武昌,绕了一个大弧线。长江自岳阳北流不到一百公里,就到往年的战场——赤壁。曹操军在赤壁战败,由陆路逃至江陵。那条路便是华容道,和长江水路相比,可谓捷径。

"可以再请子龙帮忙。"孔明说。

以前刘备被曹操军追捕,在襄阳南下的途中丢下妻儿,后来被赵云由当阳救出来。妻儿就是甘夫人和甫满一岁的刘禅。

"我懂,时间还很充裕,而且陆溪口也有部署船只。"

刘备冷静下来。

虽然和东吴结盟,仍在境界一带聚集兵船,以防万一。聚集的场所,就在陆水和长江汇流的陆溪口(陆口)一带,只在赤壁北方约二十公里处。

赵云率领骑兵队,由华容道向东奔去。一抵达陆溪口,赵云立即与水军指挥官联络,将可以召集的船只聚集于乌林。乌林在赤壁对岸,置有守备队营舍。荆州方面阻止孙夫人船队的船只超过百艘,赵云乘坐前头的船。东吴船靠近时,赵云在船头大字站开,大声嚷道:"请交还公子!否则请将公子送回江陵!如何?"

东吴方面如果声称公子不在船上,赵云必定会下令搜索所有船只。本来打算将刘禅作为人质的,但现在孙夫人已经没办法掩饰带走公子的事实了。东吴派来迎接孙夫人的护卫同样高声回道:"你为什么要阻止呢?母亲养育孩子,携子同行是理所当然的,有什么不对?"

对公子刘禅而言,孙夫人是继母。依照中国伦理,继母与生母无异,孙夫人的做法是名正言顺的。

"我无意阻止夫人回门,只是,请交回公子,这是将军的命令!"

既然是刘备的命令,在荆州领域之内必须绝对服从。而且就人数来说,孙夫人方面也没有胜算。孙夫人对护卫说道:"你对赵云说,我是特意要将这孩子带去东吴的,因为这孩子哭个不停,我拿他没办法。他简直不像男孩子。我把他

带到东吴，一定把他教得有男子汉的样，那时候再把他送回来。就这么说吧。"

三

刘备令庞统为幕僚长，溯长江，先至江州（现在的重庆）。巴郡太守严颜据守此地，他反对刘璋迎奉刘备。

"要保护自己，却又纵虎进门！"

严颜曾捶胸如此叹道。但是，刘备毕竟是刘璋邀请来的客人，也只好心不甘情不愿地接待。刘备溯涪江，抵达涪县，在此歇息。

刘璋统率三万军马，在涪县欢迎刘备。只见座车和幔幕华丽耀眼，由此可知四川的丰饶。史书记载"欢饮百余日"，由招待刘备的情形，不难看出刘璋是如何期待刘备的到来。

在那个时代这种会见的场合，彼此会互赠称号。官职本来是由朝廷任命的，但因东汉的朝廷被曹操控制，地方的各军阀遂任意自封自派。在涪县的宴会上，刘备赠刘璋镇西大将军、益州牧的称号，刘璋则赠刘备大司马、司隶校尉的称号。

张松当然也在出迎的随员中，他通过法正劝刘备展开奇袭。

"幔幕虽然气派十足，警备却一塌糊涂，何不举兵袭击？"

"这……"刘备摇头，视线转向庞统。

"现在如果拿下刘璋，可以轻易地夺取益州。"

庞统也赞成诉诸兵变。诸葛孔明告诉他可以临机应变，没想到刘璋居然优哉地逗留在一个地方达数月之久。

"你想孔明会怎么说呢？"刘备问庞统。

"这个嘛……"

"我想，"刘备像是说给自己听的一般，"才刚到人生地不熟的他国，不可妄动。在百姓未能感恩的情况下，诸事切勿强行——孔明大概会这么说吧。"

"也许如将军所言吧。"

庞统脑中浮现巴郡太守严颜不太高兴的脸色。

"孔明不是一再说要厚植恩德吗？"

"的确。"

于是，刘备没在涪县展开奇袭。刘璋将带来的一部分军队赠予刘备，并且对正前往汉中的白水关守备军发出命令，要他们听从刘备的指挥。对刘备可谓无微不至。

刘备经白水关，进入葭萌县，在此设置行辕。

建安十六年（211年）就如此落幕。翌年正月，东汉皇帝赐予曹操特典：

赞拜不名，入朝不趋，剑履上殿……

所谓"赞拜"，指曹操谒见天子时，可携随行的服侍人员进宫，自己不用伏首行礼，而由随行的服侍人员代为行礼；"不名"，则是指天子不直呼曹操的名讳，改叫他的字"孟德"，或称呼他丞相公；所有臣下都是天子的使臣，一旦进入朝廷，行走都必须用"趋（小跑步）"，现在曹操也免了，可以悠然漫步；通常进殿时，臣下必须脱鞋、卸剑，但曹操可以穿鞋佩剑走到天子身边。这些都是汉初高祖（刘邦）赐予建国元勋萧何的特典，曹操可以享有如此特权，表明了皇帝公然昭示对他的另眼相待。

同年，东吴孙权在秣陵建筑石头城，命名为"建业"。

战国时代，楚武王曾将此地命名为金陵。秦始皇又将其改名为秣陵，因为有人看了这儿的地形，说："有王者都邑之气。"

秦始皇不悦，就令人挖毁山脉，改变地形——他不允许自己所居的咸阳之外，还有什么王者都邑存在——又将"金"这个好字改成不雅的"秣"（饲草）字。

孙权又把它改成"建业"（建立大业），名称富含野心。建业石头城即日后的南京。

"命名建业，表露出孙权的野心。他毕竟是有志于天下的人。"

闻知建造石头城的消息，孔明自言自语。

通过佛教徒集团，孔明亦能掌握相当确实的北方情报，根据搜集来的情报研判，曹操有东征之意。

曹操如欲攻击东吴，看来似乎应该南进，但由洛阳的方向则应往东南，这个时代重点在"东方"。

赤壁之战后，建造铜雀台以显示实力的曹操，又在根据地邺城建造巨大的人工湖，加强水战演习。赤壁之战，就是因为曹操军不谙水战才会吃大败仗。曹操深刻反省，决定致力于最弱方面，亦即水军的加强。

蜀地的情势几乎看不出有任何动态。在葭萌布阵的刘备，似乎专注于民政，完全没有任何军事行动。不过，此事却导致成都刘璋的疑虑，因为他原先的计划是要讨伐汉中的张鲁，以防曹操侵犯。但现在刘备似乎无意对汉中用兵，只一味讨好百姓。刘璋的部下原本就有很强烈的反刘备情绪，因此逐渐表面化。

"我们到底是为什么把刘备从荆州请来的？"

"刘备在葭萌根本没什么军事行动，简直是一副父母官的态势，他莫非已经忘记自己是被雇来的佣兵，而想当起主子来了？"

这种声浪在成都日渐高涨。

四

建安十七年（212年）十月，曹操终于发动东征。

其时曹操已五十八岁，如果想得天下，这个年纪已经缓不得了。

"曹操开始急了。"

"曹操虽然急，但却可能慢慢地打，他就是这种人。"孔明对关羽说。

关羽主要在荆州北部防备曹操，偶尔会来江陵、公安，因此两人经常交谈。

刘备太重用新人孔明，关羽和张飞等诸将起先心里很不是滋味。然而，他们一旦接触到孔明，便会被他爽朗的性格及其明晰的理论所折服，莫不赞叹："这才是咱们阵营的至宝。"

因为孔明拥有关羽和张飞所没有的东西。

"的确，的确……曹公就是这种人。"关羽附和道。

孔明不曾见过曹操，但关羽曾在曹操身边待过一阵子，应当了解曹操。

不过，现在才觉得孔明点出了曹操的本性。

"曹公大概不会速战速决吧。经过赤壁惨痛的教训，我想大概不会久留水乡。"

孔明如此预测，后来的情况果然如其所料。

曹操攻击孙权在濡须口的基地，俘虏都督公孙阳，不到一个月就往北离去。这便是曹操号称统率四十万步骑的"东击"，实际的人数是二十万。相对的，孙权动员的兵力只有七万。

"生儿最好像仲谋（孙权），景升（刘表）的那些儿子，和他比起来，就像狗和猪一样。"

曹操北归之际，丢下这么一句话。

两军对峙时，孙权送了一封信给曹操，内容是："春水方生，公宜速去。足下不死，孤不得安。"当时已经进入汛期，孙权劝曹操快快带不谙水战的军队离去。其实，不用他说，曹操也已经打算离去。

"这家伙真老实。"曹操苦笑道。

孔明对两军的状况、两巨头的言行了如指掌，因为两阵营中都有佛教徒的关系者，孔明可通过这个渠道得知。

曹操在建安十八年（213年）正月离开濡须口。二月，徐季来到江陵，把听自信徒的话一五一十地告诉孔明。

"东吴一旦前来要求我方出兵援助，就是我方取蜀的绝佳机会。士元（庞统）应当不会坐失良机。"

孔明对关羽说这么一段富有预言意味的话。

曹操此次东击，只是所谓的侦察战，应该还有第二波、第三波的攻击。东吴人口少，因此兵力也少。向结盟的妹婿刘备借兵，是理所当然的事。果然，东吴向孔明提出援军的要求，而且此要求也传至在蜀练兵的刘备处。

刘备正在葭萌的阵中与庞统推演作战计划。刘备之所以来葭萌，是受刘璋之托，前来讨伐汉中张鲁的，但刘备并无意进兵汉中。刘备当务之急是攻陷蜀地的中心，也就是刘璋的居城成都，取下益州。孔明的三分天下之计，也是以并合荆州与益州为前提。

庞统提出三个计划：

上计是选拔精兵，日夜不停由小道急袭成都。但是，此计必须秘密进行。葭萌附近有白水关，守将杨怀和高沛对刘备一直怀有敌意，并要求刘备将荆州军归还成都的刘璋。白水关的守军名义上归刘备指挥，其实是在监视刘备军。这个上计能否实现，关键在于能否避开白水关的监视。葭萌距成都颇远，而且白水关守军对地理较熟，即使晚一两天发现刘备军移动，在刘备军未抵达成都之前，也足以通知刘璋，使其可以严加防备。

中计是欺骗白水关守将。诈称荆州发生急事必须离去，趁两将疏忽之际，将其拿下，然后接收守军，攻向成都。此计的难处，在于白水关两将未必如此轻易就会疏忽。

下计是不立即趋往成都，先去白帝，与关羽等人的荆州军会合之后，再往攻成都。白帝位于益州和荆州交界处。此计的缺点是旷日累时。

就在不知采取三计中的哪一计之际，孙权送来求援书。

"中计了！"庞统难得大声喧嚷。

这是孙权的亲笔函。曹操东击的消息也很快传至巴蜀之地。就孙权、刘备的结盟关系来看，刘备往东折回是理所当然的事。

"对蜀地而言，中原曹操是较汉中张鲁更为可怕的敌人，我将折回讨伐曹操。"

刘备写上述内容的信送去成都，里面附上孙权求援书的誊写稿。

——为欺敌，不得不欺友。

张松此刻正在成都充当内应，以待刘备攻击成都。张松心想好不容易想尽办法迎入蜀的新主子，刘备要是就此返回荆州，那先前的苦心就成泡影了。于是，张松便写一封密函给在葭萌的刘备和法正。

"将军为何要在大事将成的前夕返回荆州？在下已经做好成都内应的准备，请务必依照计划进行。"

没想到这封密函被张松之兄广汉太守张肃得知，这可是叛乱，罪及九族。为使罪只及于弟弟一人，张肃便向刘璋告发此事。结果张松被捕，并立即处斩。张松的同党快马加鞭，星夜赶至葭萌通知刘备。

事况紧急，刘璋应该也会急报白水关，也许急使已经抵达白水关了。但那只是"也许"，刘备决心一赌，遂穿便服前往白水关，故意装出优哉的样子，对守卫说："我来辞行，这就要回荆州了。"刘备要求引见。一见杨怀和高沛，刘备就知道自己赌赢了。因为他们两人都笑着出来，甚至没带护卫的士兵，可见白水关还没接到成都方面的联络。

接下来便依照计划行事：预先埋伏在附近的荆州兵，涌上前围住二人，二话不说便将两人捆绑起来。

"你们太无礼了！"刘备嚷道。

事情太突然，两人一时说不出话来。过了片刻，杨怀才嘶哑地叫道："这是做什么？为什么说我们无礼？"

"你们胆敢写信去成都，说要驱逐荆州军。"

欲加之罪，何患无辞。刘备以"无礼"的理由，当场将二人处斩，并解除白水关守军的武装。

五

驻留葭萌的刘备军，因庞统的计策奏效，立即由白水关进击涪城、成都。

与此相对的，刘璋的幕僚郑度提出所谓"坚壁清野"的计策。

办法就是将巴西、梓潼地区的百姓全都移至涪水之西，并烧毁所有的房子、仓库、田地。然后筑高垒、挖深沟，坚守于城壁内，任敌军怎么引诱都不出战。闯进他国的刘备荆州军，可能不出百日，就会因粮食吃光而撤离。

但是，刘璋并没有采用这个策略。

"防敌安民"是为政者的职责。

"我不曾听过有迁走百姓、避开敌人这种事。"刘璋摇头。

由于刘璋所派出的将军，不是败退，就是向刘备投降，刘备军非但没消耗，反而兵力有增，攻陷绵竹城，包围雒城。

雒城由刘璋之子刘循和部将刘璝、张任等人坚守，包围一年，仍然攻不下。同时，在包围战中，还发生幕僚长庞统遭流箭射中身死的悲剧。

庞统享年三十六岁。

"凤雏殁……"

孔明在江陵听到这个悲讯。

徐季比刘备军的使者更早一步告知孔明这个消息。到目前为止，徐季的情报未尝有误。说完此悲讯之后，徐季立即走到室外。没多久，徐季听到背后响起悲恸的哭声。等哭声停止之后，徐季又走进室内。

"可否告诉我关于交州的事？"孔明说他两眼仍然通红，脸颊濡湿。

徐季即将前往交州，迎接天竺（印度）的僧侣。汉武帝曾在当今的广东、广西、越南北部等地域设置交趾刺史。十年前此地易名为交州，后来又易名为广州，时间是在十二年后的吴黄武五年（226年）。

以前徐季也去过交州。交州南海郡的番禺是当时的国际贸易港，各国船只在此汇集。象牙、玳瑁、犀牛角、珍珠等异国物产，都被运到这个港，再送到中国各地。虽然这些东西都是奢侈品，但乱世对这种异国珠宝的需求却是很大，主要是因为避难、逃亡时身上带的财产最好是体积小一点的东西。

"我听最近刚从番禺回来的人说，那地方人口愈来愈多，交易极为热络。"徐季说。

"在乱世，平稳的地方人口就增加。只不过，这种情况不知能持续到什么时候？以前荆州如此，现在益州……"

孔明说到这儿咳嗽起来。

孔明年轻的时候，在荆州襄阳一带住过。如今回想隆中晴耕雨读的生活，如同做梦一般。

许多人向往没有战争的襄阳，纷纷往那儿迁移，但是这份和平已因曹操的远征而宣告结束，它成了刘备和曹操两大势力的抗争之地。刘备手下的关羽、曹操手下的曹仁，当时所谓最强的将军皆驻留此地。

益州本来也是较和平的，现在这份和平也已遭到破坏。刘备继续包围雒城，孔明挚友庞统在该地丧生的消息才刚传入益州。

和平的地域愈来愈少。

"这只是更大、更稳固的和平到来之前的暂时现象而已。"

孔明确信不疑。益州沦为战乱之地，正是孔明的计划所造成的。

第十五章 入主成都

在大势力未来之前，可以暂时保住和平，不过，真正大的力量不移动，天下的和平就无望。大势力继续扩大，和平的地域便愈小，但这才能将众人带往终极的拯救之道。交州目前是和平的，然而昔日的交州可是极为紊乱。动乱必然是恶政的结果。东汉朝廷任派的交州刺史朱符，在这个地方搞恶政，实行苛敛暴征。人民不堪榨取，纷纷起义，朱符因此被杀。动乱扩大，众人好不容易才逃到这个相对和平的地域，不料没多久它也被卷入动乱的旋涡。所幸，又过了没多久，动乱被平定了。主角是新的交趾太守士燮。

士燮，字威彦，苍梧豪族出身，他和三位弟弟一起平定各地乱事。东汉朝廷任命他为绥南中郎将。他不只是凭借武力，他稳定平和的性格也是受人爱戴的因素。

在交州这个有限之地，动乱没扩大，而是终告结束。孔明曾经以为此地的和平会扩大到整个天下。

交州事实上是处于以士燮为领袖的独立政权之下。中原、东吴的军事势力远在他方，可能也是此地得以维持和平的因素之一。

"东吴一旦有了余裕，就不堪设想了。"

孔明如此预测。

对交州而言，东吴孙权是最为接近的大势力。士燮也定期献明珠、象牙、犀牛角、玳瑁等珍品，借以换取和平。孙权一方面畏惧曹操南下，一方面又担心与刘备的结盟关系不够稳定，因此当前仍无法染指交州。不过，孙权内心所要的当然不只是交州呈献给他的这些海外珠宝而已，而是整个交州。

"这一阵子，益州收购的珍品，远比交州献给东吴的多。"徐季报告。

"哦？益州可真有钱啊……和平毕竟是个好东西。"

孔明的心情颇为复杂。这之前一直享有和平的益州，如今也点燃了动乱之火。

也许益州百姓已经预测将有动乱，所以才收购携带方便的珍珠与玳瑁。

"虽然名义上是益州收购的，但我听说有相当多的珍品经由益州流入汉中。"徐季说。

"汉中？"

孔明反问。汉中是五斗米道称王之地，教主张鲁自然成为曹操和刘璋的目标。刘备率领军队进入益州，就是受刘璋之托来讨伐张鲁的。

六

东汉的度量衡，一斗约为二升。因此，不妨将五斗米当成十升米。

请这个宗教的人治病，规定必须给予这个数量的米作为谢礼，所以众人才称这个宗教为"五斗米道"。

中国古来有两张脸，即"儒教脸"和"道教脸"，前者如果是"表"，那后者就是"里"。道教是中国古代民间信仰和老庄哲学的混杂物，在佛教未浸透之前，可以说是中国主要的民间宗教。

这里用"混杂物"来形容，是因为信徒对哲学与信仰的认知程度有差异，而指点迷津与治疗疾病等现世利益，俨然是道教一大支柱。当时民间能团结众人的组织，只有这个道教系的宗教团体而已。而对当政者所展开的组织性反抗，也是由号称太平道、人称"黄巾军"的道教系团体所主导。

在《三国志》登场的主角，大概都曾参与镇压黄巾起义。就这一点而言，引发黄巾起义的太平道，可以说引出了一个新的时代。

中原的太平道被弹压，蜀地的五斗米道遂成为道教的主流。

五斗米道的创始者，是当主（当代师宗）张鲁的祖父张陵，出身沛县，和汉高祖刘邦同乡。他原本就学于洛阳太学，后来进蜀地的鹄鸣山修行，此山亦有人写成鹤鸣山。据说，他在该地得天人传授"正一盟威之道"以后，便经常替人治病。

四川是药草之乡，张陵可能在蜀地的山中采取药草，研究治病的方法。民间信仰本来就盛行巫祝的祈祷之术，张陵又加上药草研究这方面的科学因素，并且强调疾病源自过去的罪孽等道德因素，要人奉献、服务以赎罪治疗疾病。

将五斗米道组织化的是当主张鲁。从他祖父的时代开始，就有信徒集团，这当中也自然形成某种秩序。不过，正式将教团组织化的，当从张鲁这一代开

始，一般以为这是当时受到佛教浸透的影响所致。

刚加入教团的信徒称为"鬼卒"，所谓"鬼"是类似精灵的东西，初入教者便是服侍鬼的鬼卒。教导鬼卒有关教团种种事务和老子《道德经》的，为"祭酒"；再往上为"大祭酒"或"治头"；最高职位者是"师君"，也就是张鲁。

在刘焉的时代，刘焉与五斗米道关系良好，张鲁居住汉中，并被任命为督义司马。但到了刘焉之子刘璋的时代，五斗米道被认为"骄恣"。

教团的权力蕴含在政治权力中，但教团的人尊崇师君张鲁，逐渐不将拥有政治权力的刘璋放在眼里，所以便被看成"骄恣"。后又因刘璋杀害张鲁住在成都的母亲，两者的关系顿时恶化。

就蜀地而言，对庞大曹操势力具有"防洪堤"功能的汉中张鲁既然是不友善的势力，便构成安全威胁，所以才拜托刘备讨伐张鲁。

刘备对五斗米道既无恩又无怨，处于"白纸"状态。孔明对五斗米道也仅知道一点皮毛。

进驻葭萌的刘备军，一方面因为一开始就以攻击成都为目标，所以没有出兵汉中的迹象，另一方面也因为知道五斗米道受到当地百姓的信赖。

五斗米道在各地设置名为"义舍"的栖宿所，供旅客使用，非但免费，而且经常备有粮食和肉类。义舍是由看病的人奉献劳力建设而成的，用过义舍的旅客，通常会成为五斗米道的信徒。因此，教团势力一天比一天壮大。

"攻击得民心的对手，势必失去民心。"

出于这个极为单纯的理由，葭萌的刘备军不愿动汉中五斗米道教团一根毫毛。

"刘备到底所为何来？"

此事亦导致白水关守将杨怀和高沛对刘备的怀疑。

与此同时，马超逃至汉中，想投靠五斗米道的张鲁。

马超可谓是关中十将的老大，其父马腾曾任征西将军，统率强大的军队自陕西打到甘肃。马超承接父亲的军队，挡住曹操西进的通道。马超对五斗米道张鲁而言堪称宝贵，因为曹操一旦西进而来，他的势力可以当作强大的防护壁。

但是，建安十六年（211年）之战，马超于紧要关头未能抓获在潼关渡河的曹操，也许因此染上霉运，关中十将终被击破，马超逃至凉州。曹操十分痛

恨马超，非但杀了他在邺城的父亲马腾，甚至诛杀其家族。

马超当然欲报此仇，他有勇略，而且在甘肃地方的羌族中亦有威望。当刘备自葭萌攻打成都之际，马超正在凉州与曹操势力再度展开死斗。五斗米道的张鲁亦派遣大将杨昂助阵。不久击败凉州刺史，马超自称征西将军、并州牧。

建安十八年（213年）九月，马超与曹军战于祁山，马超败走汉中。翌年正月，马超再出祁山，又为夏侯渊率领的曹军所败。

诸葛孔明一面听取这些情报，一面准备西征。

庞统既然战死，孔明只好亲自出阵。刘备军仍在他人土地上，雒城久攻不下，已令刘备军人疲马倦，需要援军加入。

孔明令关羽驻守荆州，将根据地委交最可信赖的关羽。张飞和赵云则随孔明征西。

七

不用说，张飞与赵云当然意气轩昂。那时候庞统随刘备西征，二将已心生不满。孔明编制西征军时，二将曾借酒抱怨。

"不久一定会让两位出阵。"孔明安慰道。

张飞听了，抖动虎髭回一句："野战将军可是越年轻越好，明年我们可又多一岁啰。"

孔明果真让二将出阵，二将兴高采烈，颇能振奋全军士气。

孔明挥军由江陵溯长江，经宜都、西陵、信陵，逐渐逼近益州。甘海已在荆州和益州交界的白帝等候，他一直在替孔明搜集益州的各种情报。

"马超此番投靠张鲁，和五斗米道那批人并不处得来。他担任'都讲祭酒'的职位，也没什么大不了，因为他对五斗米道的事一无所知。"甘海报告。

马超以凉州第一人的身份接下这个职务，对他这个曾自称并州牧、征西将军的人而言，都讲祭酒算是什么样的职位呢？

汉制有所谓"博士祭酒"一职，系学政官的长老。在各种聚会，通常由最年长者以酒祭拜，因此遂以"祭酒"来称呼长老。自晋代设置国子学以后，

国子祭酒即指大学校长。

在五斗米道中,讲授老子《道德经》的人,亦即信徒的领导者,称为祭酒或讲书祭酒。这当中最高位的,即都讲祭酒,仅次于师君,是五斗米道的荣誉官职。但是,对身为州牧、征西将军的马超来说,权位太轻了。

"这算什么嘛!"

马超的情绪自然会显现在态度上,这引起五斗米道众人的不悦。

"管你是什么征西将军,在我们五斗米道都是不折不扣的菜鸟。身为军人,本来就应该为汉中坚守祁山,现在战败亡命到这里,还嚣张什么?"

平日和马超有接触的杨昂,更是看不起马超,认为他是"草包将军"。

孔明立即派遣急使去见正在包围雒城的刘备,说:"请将军派李恢前去游说马超,只要马超肯离开武都,亡命氐族之地,便借兵给他攻打成都。"

马超作为军人是很能干的,连曹操都曾被他逼得走投无路。他的亡父也是以武勇闻名的武将,他的自尊心当然很强。现在他只是逼不得已才屈身在五斗米道这个陌生而怪异的教团中,受到只会喃喃呢呢念咒文的一批人冷眼相待。虽然是败军之将,但他还带领着上万名的军队,为养这支军队,才忍耐依靠五斗米道。

孔明派遣名嘴李恢去见汉中马超,告诉他:"如果阁下攻打成都,我方愿助一臂之力。"

马超必然会欣然应诺。

氐,也是属于西北少数民族。马超不知为什么,就是和西北少数民族很投合。成都附近也有氐族的居住地区。马超的军队当中,也有不少氐族将兵。如果说要去他们的旧地休养,谁都不会觉得奇怪。

刘备军一旦攻击成都,马超军由氐族地区如怒涛般呼应而至——马超光想到这种场面,可能内心就雀跃不已。

荆州军自白帝进入益州,攻打以刚直出名的巴郡太守严颜所据守的江州城。上次刘备的主队应刘璋之邀而路过此地时,受到严颜冷遇,此事荆州军诸将无人不晓。这次荆州大军则当不速之客,袭击江州。

原本以为严颜会投降的,不料严颜悍然抵抗。荆州军只好展开猛攻,结

果攻陷江州，俘虏严颜。

"荆州健儿的大军驾到，为什么还迟迟不降？你这个混账！"张飞痛骂严颜。

"益州只有断头将军，没有投降将军！"严颜顶回去。

"说什么！混账！"张飞喝令左右部下，"把这家伙拖下去砍了！"

"要砍便砍，你又有什么好气的？"严颜微笑回道。

"什么？"张飞耸起两肩，瞪大眼睛，狠狠盯着对方。严颜脸色依旧。

"可惜啊！"张飞又高声嚷道，"杀了你太可惜了，当我的宾客吧！我不会要你投降的。"

张飞噙着泪水。

攻陷江州之后，荆州军一分为二，朝向雒城进发——赵云自外水制压江阳、犍为，张飞则席卷巴西、德阳。

八

诸葛孔明直驱雒城。

张飞与赵云平定臣服于刘璋的诸地方，孤立成都。江州以外，并没有称得上规模的战事，但受降的手续却花了不少时间。孔明为争取时间才直驱雒城的包围阵中。

"我让士元殉战了。"

刘备一见孔明，眼泪便掉了下来。

"现在只有攻陷雒城，来告慰士元了。"孔明说。

隔一天，分为两支的张飞、赵云部队，几乎同时抵达雒城下，一如孔明所估算。这之前，孔明曾仔细研究法正带来的地图、方志，并考量各地抵抗的强弱，据此指示两将的行程。

从雒城可以望见两路人马的会合。就在会合的两军稍事休息之际，雒城城门开了，走出一行使者，那是投降的使者。

荆州军浩浩荡荡地趋往洛水（现在的石亭江）和湔水（现在的青白江）

汇流地——大渡，由此迈向成都。

雒城只是广汉郡的郡城，成都却是益州的州城。益州有十二个郡，起初州刺史驻在雒城，但就户口等规模而言，蜀郡的成都城远比雒城大得多，因而成为事实上的州城，刘璋也驻守此地。

巴蜀有"天府"之称，而成都更是富饶之地，城内有三万精兵驻守，储存的谷帛约可支撑一年。因此，主张彻底抗战的声浪颇为强劲。

刘备包围数十日之后，派遣使者前往劝降，简雍被选为首席使者。他出身涿郡，与刘备、张飞同乡。

三年前，刘备为讨伐张鲁而进入益州，刘璋到涪城迎接，历经百余日的欢饮，当时简雍就经常担任荆州代表。不知何故刘璋很喜欢简雍，有什么事就叫人找简雍来。

简雍这个人举止并不怎么高雅，即使在刘备面前不是盘腿坐着，就是躺着。但奇怪的是，和他初次见面的人都留下好印象。

"不管什么人都不会讨厌宪和（简雍的字），似乎一见到他就会推心置腹。"

刘备看中简雍这个特性，经常派他当使者，而他当使者通常都能圆满完成任务。

《三国志》评简雍说："性简傲跌宕。"简傲，是大而化之却狂傲；跌宕，则是任性不知节制。由于简雍坦率、开朗，毫无心机，因此讨人喜欢。负责游说马超的李恢，能言善道，简雍这一点不如他，但简雍却能抓住重点，擅长机智应对。

尽管成都城内一片彻底抗战的声浪，刘璋却决定放弃益州。当前他关心的，只是刘备如何处置跟随他的部属。

刘璋打算等到幕僚之间的抗战声浪略微沉寂之后再宣示投降。就在这时候，敌军一拥而至。

"敌方又有援军来到！"

"凉州马超从氐中进军前来！"

从瞭望台往北望去，只见沙尘滚滚。

"万事休矣！"

连主战者也终告死心。此时正好传报刘备阵营特派使者简雍来到。于是，刘璋召集群臣，声泪俱下地宣示："家父领牧此州，至今二十七年。在此期间，吾父子对百姓称不上有什么恩德。这三年来，又让百姓饱尝烽火之苦。这都是因为我的无能所致。我个人下场如何都无所谓，但一想到衷心信赖我、跟随我的诸位，直令人断肠。我将会恳求左将军善待诸位，以了结此事……"

这之后没多久，简雍即进入城内。

"这、这承受不起啊！我方阵营正缺少人才……我方自当——延纳益州人才。这真是万幸啊！"简雍干脆地答应。

不久，成都城门开启，抬出一座大轿，刘璋与简雍同坐其中——这是无血开城。

刘备未曾处分任何一人，唯独刘璋是益州之君，为防有人拥他生事，在彼此认可之下，刘璋移住荆州。

军队攻陷城池时，通常都被允许任意掠夺。但是，刘备军严令禁止。不过，对有功的将兵不奖赏也不行。

"城中所有金银，不论公有或私有，全都没收分赐给将兵。其他的财物仍让所有者保留。"

刘备没花多少时间就确立这个大原则。翌日，刘备进入成都城。史书记载，"先主置酒大飨士卒"，设宴慰劳的对象主要是下级士官和兵卒，但并不怎么铺张。

"现在回想起来，以前攻下涪城时，所开的庆功会实在大得过分，士元还为此指责过我。"刘备对孔明说。

"士元怎么说呢？"

"他说，这些家伙盗别人的土地，掠夺别人的城市，还这么高兴……"

刘备说到这儿，呜咽不能言语。此次进入巴蜀，眼看成都就在眼前，庞士元却在雒城殒命。

"他是这么说的吗？"

孔明也不时眨着眼睛，说道："这也是左将军内心想说的话吧。"

"是啊，士元不说，我可能也会说吧。"

刘备黯然点头。

第十六章 荆州三郡

第十六章 荆州三郡

一

攻陷益州成都之后，刘备自称"益州牧"。

这之前，他被尊称的"左将军"或"豫州牧"都是曹操所任命的官职，现在当然已经失效了。豫州包括颍川、汝南诸郡，相当于今河南省的一部分，属于曹操的势力范围。不用说，现在的刘备已经不能踏进一步。不过那时候众人还是习惯称呼他"刘豫州"。

如今他已经成为名副其实的益州主君了。

州是较广大的地域，其下有几个郡，郡的长官叫太守。州有"刺史"，如前所述这个官职，本来并没有实际的领地，只是负责巡视州内之事，并监督各太守的施政状况。俸禄原本低于郡太守，但不久就跟太守一样，同属二千石。同时，刺史拥有领地，成为广大地域的行政官。由于原来刺史的名称太轻了，遂改用古代官名"牧"。

诸葛孔明也由军师中郎将升格为军师将军，并兼益州太守。

益州包括汉中、巴、广汉、蜀、犍为、牂牁、越巂、益州、永昌诸郡。孔明被任命的官职，是益州这个州之下的益州郡太守。以现代用语来说，孔明的官职相当于参谋总长兼首都市长。这可是最高阶的要职，可见刘备对他有多信赖。

汉武帝时期所设置的益州郡，是原来被称为"南中"的滇国，和孔明担任太守的益州郡没有关系。为掌管成都行政，刘璋特设置益州太守一职。成都本来隶属蜀郡，所以成都这个大都市在地方行政部分由蜀郡太守负责，成都城区行政部分则由益州太守负责。

刘备任命法正为蜀郡太守。法正是刘璋旧政权的要人。刘备在建立新政

权时，都一一与诸葛孔明协商。

孔明把荆州的家人接来，此后就落居于成都。他有意制定琐细的法律，并严格实施，但遭到法正的反对。

"以前高祖入关时，仅约法三章，百姓大喜，视为德政，汉朝得以顺利统治。我们的新政权应该仿效高祖，法律宜求简素，以争取民心。"

这是法正的主张。

孔明神色黯然地摇头，说："这是因为秦始皇的法律过分烦琐而且严苛，百姓才会欢迎高祖的约法三章。现在情况正好相反，你看看益州的情形，恕我失言，在刘璋政权之下，几乎是无为状态。成都的百姓莫不希望有个能严惩恶人的官府。"

"是吗？……也许有人这么希望，但毕竟是外来的政权，太严苛恐怕不好吧？"

"我们应当处罚恶人，表彰好人。好人赐予官爵，给予高位，激发他的荣誉心，这样必然上下有节，成为政治栋梁。"

两人就这样一来一往。总之，孔明主张"严"，法正主张"宽"。

成都有一位奇特的人，那就是人物品评家许劭的堂兄许靖。许劭是说曹操是"治世之能臣，乱世之奸雄"的人，此时已经亡故。他的秘书文波与孔明的秘书甘海一直保持合作关系。许劭的堂兄许靖为避乱世移住交州，后来应刘璋之聘，前来成都。

许劭约在建安五年（200年）去世，此后众人发觉许靖的名声原来是拜堂弟之赐。在人物品评方面，名为两人品评，其实几乎都是许劭一人的意见，许靖根本只是个无能的读书人。

但是，刘璋仍然延聘许靖来成都，因为他是刘璋喜欢的那一种类型的人，换句话说，他是有名气的人，不管内涵如何，只要是名人就好。刘璋以延聘名人为幕宾而自豪。

"甭提啦。文休（许靖的字）这个人……何况也年纪一大把了。"

孔明反对起用已过七十岁的许靖。如果说他有能力，那还另当别论，问题是他徒有虚名，完全不具任何事务能力。

"文休不行啦，我也觉得他这个人不行。"

刘备也这么说。其实在围攻成都期间，许靖也曾自城内表示愿意充当内应。由密使口中得知，许靖这个人似乎只在乎保住自己的性命。刘备不喜欢这一点，他不信任许靖的人格，岂能让他担任新政权的要职。但是，法正持不同的看法。

"两位认为文休一无是处吗？"

法正问刘备和孔明。

刘备回道："他根本毫无内涵，徒有虚名罢了。"

"益州牧说他一无是处，文休不是拥有虚名吗？"

"虚名是虚名……"

"虚名也是一种名声啊。"

"也许吧。"刘备点头。

"现在益州牧如果不用文休，世人会怎么说呢？连中原知名的许靖都不用，人家会认为新的益州牧心胸狭窄。"

"人家怎么认为都无妨。"

"不！不！人家不仅这么认为，还会这么说，说刘益州没什么了不起。"

"这样我会生气。"

"不只生气，益州可能招揽不到好人才。"

"这样就不好了。"

"有句话说'始于隗'，益州牧何不'始于文休'？"

刘备阵营一直苦于缺乏人才，虽然有关羽、张飞、赵云等能力高强的野战将领，却缺乏参谋、行政的人才。刘备之所以至隆中尽三顾之礼迎聘孔明，便因为这个缘故。此后即将正式经略益州和荆州，进行三分天下之计，更需大量补充文官。

战国时代，燕昭王想延揽人才，便找郭隗商谈，郭隗说："就先从隗开始吧。"言下之意是，大王如果连我这种没才能的人都予以优待，那全国有能力的人才就会争先恐后前来。燕昭王采纳他的意见，果然人才聚集如云。

"是吗？要从文休开始？"刘备苦笑。他由豫州牧改称益州牧，但仍然使用"左将军"这一个称号。汉代官制，三公九卿相当于现代的阁僚级，前、

后、左、右四将军与九卿同阶，各自可以开府，拥有自己的执行机构。府的文官之首长史为千石之官？刘备任命许靖为"左将军长史"。

本来这个官职应该待在首都洛阳的，却破例让他留在益州，因此等于是个闲职，但名义上却很好听，正适合拥有虚名的许靖。

益州政权的主要名单如下：

诸葛孔明　军师将军、益州太守

法正　扬武将军、蜀郡太守

张飞　巴西太守

赵云　翊军将军

黄忠　讨虏将军

糜竺　安汉将军

简雍　昭德将军

孙乾　秉忠将军

马超　平西将军

黄权　偏将军

庞义　司马

李严　犍为太守

费观　巴郡太守

董和　掌军中郎将

刘巴　西曹掾

伊籍　从事中郎

彭羕　益州治中从事

其中的董和原本在刘璋政权下当益州太守，颇有人望。黄权和李严也在刘璋阵营，曾与刘备交战。费观是刘璋母亲的亲戚，彭羕曾遭刘璋处罚。刘巴是刘备的宿敌，在刘备往荆州扩张势力之际，湖南人士纷纷投入其麾下，唯独刘巴跟随曹操，因为无法返回中原，便经由交趾进入蜀地，加入刘璋阵营。

最反对让刘备进入蜀地的，就是刘巴。但是，攻击益州城时，刘备却对全军下令：

"凡是杀死刘巴的人，诛杀三族。"

意在保护刘巴，刘备极力拉拢昔日不选择自己而选择曹操的刘巴入幕。也就是说，益州的人事打破了个人恩怨。

诸葛孔明位居蜀新政权中枢的正中央。

二

虽说孔明主张严，法正主张宽，但实际施行起来也未必如此。

法正本来就是刘璋阵营中的不满分子。虽然由新都县令升至军议校尉，刘璋却未曾咨询过他。法正的祖父法真是名人，刘璋只不过满足"法真的孙子在我麾下"这种虚荣心罢了。

法正在名义上满足刘璋的虚荣心，事实上却受到冷落——至少法正有这种感觉。法正为此闹别扭，情绪也显现在言行上，难免引起别人的不快。

"这家伙在诽谤我。"

只要有人冷落了他，法正便如此妄下断语。

刘璋是个不太有主见的人，通常都会听从别人的意见行事，也难怪法正有这种想法。

"不可以让法正担任要职，那太危险了。他的人品不怎么好。"

对刘璋说这种话的，绝非一两个人。

迎奉刘备、献上益州的功臣，是法正和张松。如今张松被斩，当属法正功劳最大。因此，法正才能当上蜀郡太守这个要职。事情总算有个好的发展，然而就任要职的法正，却开始展开报复。

《三国志·法正传》描写他"睚眦之怨，无不报复"，意思是说，就连被瞄一眼的小怨也要报复。而且不仅在人事上报复，法正也实际杀了几人。有人看不过去，便向孔明进言，请他叫法正收敛一些。

"关于我们入蜀之前的事，本来是不该提的……"孔明回答，"法正的功劳不容抹杀。咱们主君在公安时，北要担心曹操觊觎，东要忍受孙权的压迫，而且对身边的孙夫人也要战战兢兢。现在能够如此自由自在，都亏法正

的帮忙。"

孔明对法正的辩护只是借口,其实他颇欣赏法正的判断力。

法正认为刘璋不行,无论如何必须迎奉刘备至益州,这个判断是正确的。而且,他劝说刘璋的说辞也很高明。

"这个人对往后的蜀地是不可或缺的。"

尽管法正在人格上有点问题,但孔明唯恐为此失去有为的人才。然而,孔明过分强调法正的"才能",有时难免引起其他臣僚的反弹:"难道我的才能就不如孝直(法正的字)?"

所以,孔明在措辞上才必须如此小心翼翼。

政权交替之际,没有引发太大的混乱,一方面是因为孔明制定严法,另一方面则是因为孔明采取如此细腻的政治姿态。

对益州百姓而言,刘璋政权并非不可或缺,由于这个政权的基础脆弱,崩溃也不至于带来太大的冲击。

"自己抢得那么漂亮,别人邀约的时候却推得那么决绝。"

东吴孙权当然一肚子火,因为他建议两阵营合力取下益州时,遭到刘备拒绝。

"既然这样,就叫他把荆州还回来。"孙权说。

就孙权方面而言,刘备只是以一介食客的身份暂留荆州,因为和东吴合作,才得以浮上台面。赤壁之战的胜利,也是已故周瑜的功劳。因为同盟的关系,才暂时借荆州之地予刘备。既然现在刘备可以一己之力获取益州之地,就应该归还所借的荆州。

"派子瑜(诸葛瑾的字)去吧。"

孙权选派诸葛瑾为索回荆州的使者。

"你也好久没跟令弟见面了。"

送行时,孙权对使者诸葛瑾如此说道。

诸葛瑾官拜中军司马。自赤壁之战前夕与出使东吴的弟弟孔明会面以来,已经过了七年时间。孙权选派诸葛瑾,私底下也想借机给予兄弟再会的机会,做个顺水人情。

对诸葛瑾来说，此行不仅是要再会睽违七年相差七岁的弟弟，也要再会亲生儿子——他把次男乔过继给没有子嗣的弟弟当养子。

"属下自当公私分明。"

往西出发之际，诸葛瑾对孙权这么说。

诸葛瑾抵达成都，住进益州方面所准备的房舍中，只往返于作为会谈处的左将军府，不曾靠近弟弟的家。刘备还特别将房舍安排在离孔明家极近的地方，但诸葛瑾直接回到房舍之后，就足不出户。

孔明当然也出席会谈，十七岁的诸葛乔也坐在养父身边。这与其说是刘备的刻意安排，毋宁说是刘备的命令。见到长大成人的亲生儿子，诸葛瑾的脸颊顿然松弛下来，但这种表情转瞬即逝了。

毕竟使命才是最重要的。

孔明亦深知哥哥的立场。

"我会归还荆州的。只不过，现在我方即将出兵凉州，凉州一平定，就会原封归还荆州。"

刘备如此回答孙权的要求。凉州大约是在当今的甘肃省，包括从陇西至敦煌的广大地域，要到此地，必须先取下五斗米道的根据地汉中。只要出蜀之栈道，就可以抵达这块必须与曹操相争之地。

"没有说出明确的日期，我方主君恐怕不会满意。"

诸葛瑾临别益州，留下这句话。

在会谈席上，孔明未尝插嘴说过一句话。刘备事先也没有和孔明商量该如何回复孙权的要求，因为他知道东吴的使者是诸葛瑾。刘备已特意咨询过法正的意见，才作如是的答复。

三

"哥哥长途奔波，脸色还不错，似乎蛮有精神的。你觉得呢？"

孔明回家后，对妻子绶这么说。

"我才第一次见到他……"

293

绶回答。这之前她不曾见过丈夫的哥哥,所以无从比较脸色好坏或有无精神。孔明却不自觉地以为绶已经看过他了。

尽管再怎么公私分明,绶还是想看看对方的长相。虽然十七岁的乔准许被带到会谈席上,但这种场合却不准许女子在场。于是,绶便以帮忙打理使者房舍的方式,看到丈夫的哥哥。她没有表露身份,对方却马上就看出来了。

"乔也长得堂堂正正了。"四下无人时,诸葛瑾对着绶说。

绶点头,这时候有人来了,彼此只能这样照会而已。

"哥哥一下就认出我了。"绶说。

"当然啰,为乔过继给我们的事,两地来回的人,回去一定会说孔明的妻子是个大个子。"孔明笑着说。

绶苦笑,顺手取下放在桌上的木片,并点头示意。

"做好啦?"

孔明靠近桌旁。桌上堆放着各种形状的木片,其中也有单轮车形状的东西。

"问题在于强度,就只有这一点。"绶回答。

"必须按照实际的尺寸造一辆看看才行。"孔明频频观察单轮车的模型。

在东汉末期,中国的人口锐减,原因在于战乱频仍、疫病流行、饥馑和逃亡等。益州也苦于人口不足,人口少,意味着难以增强兵力,尤其在拟定大作战计划时,兵力不足更成为成败关键。

"十人做的事情,三人就能做到,那就是增加三倍以上的兵力了。"

为此,必须利用器具才行。人类发明车辆,不知增加了多大的力量。

孔明现在就在着手改善车辆。蜀的栈道狭窄,适合使用单轮车,单轮车的问题在于是否安稳,从在荆州时起,孔明夫妻就绞尽脑汁想要改善这一点。

"好像还不急嘛。"绶说。

"船的事情可能比较急吧。"孔明喃喃地说。

东吴使者此番前来逼还荆州,虽然和东吴有同盟的关系,但彼此什么时候会因荆州而发生纷争未可预料。一旦和东吴开打,长江沿岸势必成为战场。比起研究蜀道的车辆,建造运输能力大、适合在长江作战的船,情况更为急切。

"云长阁下可真辛苦啊!"绶轻轻叹道。

刘备的臣僚几乎都来到益州,荆州只交给关羽一人。荆州的归属问题,

势将成为和同盟者东吴之间纷争的导火线。周瑜死后，亲刘备派的鲁肃，成为东吴的重臣。每次边界发生纷争时，鲁肃都会找关羽商讨、解决。不过，刘备如果明确拒绝归还荆州，以往的方式恐怕就无法了结了。

"我还是造一辆大型的车子吧。我想不管怎么样都会用得上的。"

"那你就造造看吧。"孔明点头。

"据说曹公亲自出阵。"

"五斗米道已经开始动摇了，但曹公似乎还未决定下一个步骤。我有自信可以防拒曹公。"孔明低声说。

建安二十年（215年）三月，曹操亲自挥军西征。这个情报在诸葛瑾出使成都时，也传至刘备处。不过，孔明通过甘海早一步知道。

曹操比一般人更厌恶淫祀邪教，在他看来，五斗米道正是妖言惑众的邪教。所以，曹操很可能想攻击汉中张鲁，灭掉五斗米道。

不过，由中原到汉中之道可不平坦，不仅要通过氐族之地，途中还潜藏着关中诸将的残党。曹操亲征顶多只到汉中——根据甘海提供的曹军编制和辎重的状况，孔明做了这样的判断——顺利的话，就顺道取下蜀地。

曹操未必没有这种念头。但是，这不是曹操可以决定的，必须取决于外力。

"刘备才刚取得蜀地，百姓尚未顺服，人心必也不安定。如果从汉中继续进击，也许可以瓦解刘备的新政权。"

曹操这么想，丞相主簿司马仲达（司马懿）似乎也作如是的想法。

曹操考量到留守中原的话，难以防患孙权北上。不过，他也看穿刘备和孙权之间正因荆州问题而陷入紧张中，孙权大概也动不了。

孔明说有自信防拒曹操，是因为他相信此次政权的交替获得百姓的喝彩。孔明排除法正的宽，以严为原则。此前刘璋政权的基盘脆弱，各地呈无为状态，众人渴望秩序。孔明制定的法律虽然严格，却受到百姓的欢迎。

说百姓对新政权尚未顺服、政情不安定，也只不过是曹操加入个人希望的观测。一旦进兵汉中一带，了解实情之后，就会知道无法瓦解刘备政权，届时可能便放弃远征蜀地的念头。

只是，荆州问题不做个了结也不行。和孙权决一雌雄是迟早的事，但在荆州纷争上蜀地稍作让步，应该可以暂时休战。只要荆州稳定，曹操势必担心孙权攻其后背，而放弃对蜀地的觊觎。

东吴使者诸葛瑾离去之后，刘备立即召见孔明。

"有消息说氐族首领窦茂已遭击破，关中军阀似乎已经不再抵抗曹操。曹操的兵马可能很快就会抵达汉中，你看该怎么办？"刘备边搔大耳后侧边问道。

"亮建议主公进军公安。"孔明躬身说道。

四

在此概观一下建安二十年（215年）荆州问题的经纬。

孙权派遣诸葛瑾出使成都的同时，也已采取以下的措施：分别任命荆州的长沙、零陵、桂阳三郡的太守。此举无疑向天下宣示这三郡隶属东吴的版图。

受刘备托管荆州的关羽，当然不肯坐视，立即出兵驱逐三郡的东吴官吏。孙权大怒，授吕蒙两万兵力，想办法要夺取三郡。就在吕蒙进兵荆州之际，诸葛瑾也在由成都返回东吴的途中。吕蒙向三郡发出招降状。

洞庭湖以南的三郡兵力很少，吕蒙两万军队一到，长沙和桂阳太守只好归降。虽然任命于刘备，他们却非历代的家臣，只是依循乱世法则，顺从胜者刘备罢了。唯独零陵太守郝普不降，并摆出坚守城池的态势。

就在这个时候，刘备听从孔明计策，由成都出兵至公安。

吕蒙对零陵城展开扰乱战法，散布一些煞有介事的假情报进入城内：

"左将军刘备在汉中遭曹军的夏侯渊包围，正陷入苦战中……"

"关羽在南郡已动弹不得……"

其实刘备根本不在汉中，已挥军至荆州中心地公安，而关羽也率兵来到益阳附近，也就是说，刘备军正前来救援零陵。

郝普为假情报所骗，出城向吕蒙投降。孙权也进驻陆口，指挥诸军，参谋长是鲁肃。

刘备、孙权两阵营都希望速战速决，因为曹操亲率大军正逼近汉中的情

报，已传至两阵营。孙权原本希望趁曹操不在时，攻击曹操军最南端基地——合肥，以缓和此地的紧张局面。而刘备对正逼近汉中的曹操军也不得不防患，虽然孔明认为曹操没有越过汉中的攻略计划，但如今毕竟强敌压境，荆州问题必须尽快了结。

以前，鲁肃常因局部的纷争前去和关羽商谈，关羽也信任这位孙权阵营内亲刘备派的巨头。此次，鲁肃主动要求和关羽会谈。由于此次并非局部纷争，东吴阵营有人认为两者会谈极为危险，但是，鲁肃还是去了。

两人决定在益阳附近会谈。两军兵马相距约百步距离，两人相互走近对谈。步是长度单位，约为一点四米，也就是说，在两军相隔约一百四十米的中间，两将军对谈，两人的声音两阵营都听得到。

"为何还不归还荆州三郡？"鲁肃先声夺人。

"左将军亲自在乌林挥军助阵，为什么一块土地也没分到？阁下居然还大言不惭说要索回土地？"关羽顶了回去。

"当时豫州在长坂根本没有任何部队，我主君心生怜悯，才准他待在荆州。现在既然可以独力取得西方的益州，当然应该归还荆州。"

鲁肃说得有道理，关羽一时没法反驳，就在这时候，关羽阵营有人出声喊道："土地应该归予有德者，主子也不是永远不变的。"

关羽站起身子，回头喝道："这是国家大事，你懂什么？"

出声的人马上被带开，两将军也趁这机会退离。

其实，两将的会谈只是一种表演时的必经仪式，结果早已决定了：刘备让出三郡，了结此事。

于是，双方以湘水为界，长沙、江夏、桂阳三郡划入孙权版图，南郡、零陵、武陵三郡仍为刘备领地。

由于放弃以往保有的三郡，对刘备方面而言，不能说是有利的解决方式。不过，江陵、公安、襄阳等重要据点刘备全都能保留下来。湘水线以东诸郡，遭吕蒙兵马一逼便立即投降，由此就知道这些土地原本就很难保有。没有拿回整个荆州，孙权阵营当然不甘心，但顾及双方共同敌人——曹操的威胁，两阵营都不得不让步。

事情一旦解决，孙权和刘备都即刻撤离。

曹操军抵达汉中入口——阳平关，是建安二十年（215年）七月的事。

五斗米道的师君张鲁，原本想献出汉中投降，但其弟张卫反对，并动员数万之众全力防战。不过，总帅张鲁已无战意。阳平关才一陷落，张鲁便逃至南山，躲入巴中。他听从身边人的意见——不要太轻易投降，否则会被看轻。在撤离汉中之际，有人主张：

"把宝货仓库烧掉吧！留下来也是被曹操拿走，烧了也痛快一些。"

张鲁没有采纳。他说："这些东西应归国家所有。"

于是，他令人把它封了，这才离去。此事颇令曹操欣赏。张鲁携家族出面投降，已是十一月以后的事了。曹操封张鲁为镇南将军、阆中侯。曹操不把张鲁当家臣，而给予宾客的礼遇，张鲁的五个儿子也分别被封为列侯。

翌年春二月，曹操返回邺城。

另一方面，孙权的景况并不好。他趁曹操远征之际攻击合肥，却无法攻陷。曹操深知此番远征时间必然拖得很长，所以对诸将详加指示。守合肥城的曹军，交予张辽、李典、乐进等沙场老将指挥。

孙权动员的军队号称十万，相对地，合肥守军才只七千。包围十余日无法攻陷合肥，孙权弃而撤军。然而张辽却在孙权撤退至逍遥津附近时展开奇袭，甘宁与吕蒙拼命防卫，凌统亲自保护孙权，好不容易才脱离险境。

刘备与孙权和解之后，立即返回益州。他本来想迎纳张鲁、接收五斗米道的，但对方早已向曹操投降了。

偏将军黄权表示："失汉中，则三巴（巴东、巴西、巴郡）不振。"

曹操攻击三巴，重心不在拥有土地，毋宁说是采取将当地住民迁至汉中以充实汉中的方针。于是，命令张郃指挥诸军，向三巴进击。

与此相对，刘备则命令巴西太守张飞严阵以防张郃入侵。战事以宕渠城为中心，持续五十余日，最后张飞获胜。刘备虽然没有取得汉中，却保有三巴，就此班师回成都。

此次曹军的问题，在于以往隶属于马超和韩遂等人的兵马根本毫无忠诚可言。

五

建安二十一年（216年），是表面上没有太大变动的一年。不过，那也只是表面现象而已，实际上却是暗潮汹涌。

这一年二月，曹操回到邺城，五月晋升为魏王。这之前曹操的爵位是"公"，他获得封地魏，被称为魏公，但东汉皇帝把他晋升为王。当然，这不是皇帝本人的意思。皇帝早已成为曹操的傀儡，承奉曹操意思的朝臣提示皇帝："似乎应该要晋升魏公为王了。"

皇帝当然只有服从的份儿。

汉初有"不立异姓为王"的原则，也就是说立王的只限于刘姓，亦即皇族。不过，原则不是永久不变的，曹操便以异姓即王位。

这一年世局表面之所以风平浪静，曹操阵营发生内乱也是原因之一。

曹操当上魏王时，已经六十二岁了。为继承魏王之位，曹操家中发生内讧。最有力的候选人，是二男曹丕和四男曹植。两人都文武双全。

曹操长子曹昂已死，二男理当为继承人，但曹植颇获父亲赏识。曹操乃创业英雄，面临选择后继者之际，应当会排除私情，选择适合继承大业的人。曹操的家臣各有盘算，有的依附曹丕，有的投靠曹植，形同家臣集团的分裂。曹操本人可能想尽快做决定，但也可能想冷眼旁观继承之争，观察家臣反应。

孔明也通过一些渠道，知道魏王家的大概。不过，他认为对魏王家的内讧不可过度期待。

曹操是个有决断力的人，很快就会决定曹丕为继承人——孔明如此判断。

非主流的杨修、丁仪兄弟等一干人，打算拥护曹植，一举逆转形势。家臣集团并非严重分裂，曹植派只占少数，只是其中一个小裂缝。

邺城的曹操非常热衷训练水军，一般以为下一个主要目标将会是东吴。当年十月，曹操终于挥兵南进。两军正式接触，则是在翌年以后。

刘备也一直在准备出兵汉中。汉中方面，两军正式展开攻防战，也是在翌年之后。

建安二十一年可谓是开始下一波动作的热身之年。一到建安二十二年（217年），波涛就汹涌起来了。

法正策划汉中作战方案，孔明根据方案筹调军需品。

"现在曹操的注意力放在东吴上，正是攻击汉中的绝好机会。"法正说。

"说得正是！"孔明同意法正的说法，"东方的战事不久就会结束，对我方而言，将进入艰难时期。"

"东方的战事会结束？"法正反问。

"曹操和孙权大概很快就会结盟，说得正确一点，应该是孙权向曹操投降。"

"可是现在他们正在交战中。曹操坐镇居巢，伏波将军夏侯惇统率大军，与曹仁、张辽二将齐攻濡须的孙权军。今天早上探子还报来说两军的士气都很高昂呢。"

"这是现在。问题这才要开始。"

同样在今天早上，孔明自甘海处得知东方战场的最新情报。

"在居巢与濡须对峙的两军之间，使者往来频繁。"

"据说孙权派遣都尉徐详向曹操乞降。情报应该不会错。"

事态已趋严重。曹、孙两阵营一旦结盟，刘备阵营便成了他们共同的敌人。

"云长应付得来吗？"

孔明仰望天井。曹、孙联军的下一个目标，不用说，就是荆州的关羽。

"军需物资的运送是一大问题。"

关于作战，可以全权委诸关羽。只是，孔明担心他目前正在做的关于汉中作战的准备，关羽是否办得到？

传到孔明这儿的荆州情报，有很多是令人悲观的。

"云长的个性要是能和翼德的交换一些的话就好了。"

孔明偶尔会这么想。翼德是张飞的字。关羽与张飞是刘备的两翼，从当马商保镖的时候起，就是刘备的部下。勇猛、善战是二人的共同点，但在性格上，可谓正好相反。

张飞一直很粗暴，但关羽后来勤于读书，据说能背诵《春秋左氏传》。《三国志》对两人的性格，有一针见血的评语："羽善待卒伍而骄于士大夫，飞爱敬君子而不恤小人。"

意思说，关羽很体恤底下的兵卒，但对士大夫抑或同僚等上层之士却很骄慢；相反的，张飞敬爱君子，即上层阶级的人，偶尔甚至摆出卑屈的姿态，然而对于下层的人，却毫不体恤，训练时还鞭打士兵，甚至打出人命来。

主管荆州的人是关羽，为供他作战，江陵、公安等基地的士大夫必须筹措、运输军需品。驻在江陵的士大夫是糜芳，在公安则是傅士仁，关羽和他们相处得都不是很愉快。南郡太守糜芳，从刘备在徐州时就跟随着刘备，是在成都的安汉将军糜竺的弟弟。他一直抱怨：

"再怎么调度兵器、粮食，功劳都让那大胡子独占，真是岂有此理。"

此话亦传至孔明耳中。

这时候又传来一则令刘备阵营忧心的情报。

那就是东吴知名的亲刘备派大将鲁肃去世，年仅四十六岁。赤壁之战英雄周瑜临终时，不顾政策立场的差异，将东吴后事托付鲁肃，身为反刘备派急先锋，周瑜居然推荐亲刘备派的鲁肃为自己的后任，颇令众人疑惑。

其实这并不足为奇，因为担心东吴的未来，是两人的共同之处。周瑜相信只要自己健在，反刘备对东吴有利，但他也判断自己一旦不在人世，亲刘备才对东吴有利。

据说孙权听到鲁肃的死讯，恸哭不已。然而，孔明的哀叹绝不亚于孙权。

继鲁肃之后，驻守陆口与关羽接境对峙的，则是以"吴下阿蒙"闻名的左护军虎威将军吕蒙。他接收鲁肃所率领的一万军力，兼任汉昌太守。

对刘备阵营来说，鲁肃是可以摸清脾性的邻居。如今这个新邻居却是曾以两万军力收复三郡，令零陵太守郝普狼狈不堪的棘手人物。

吕蒙到陆口就任，第一件事是送一封用语郑重的书信给关羽。这是新邻居的寒暄信，内容不外乎要加强两阵营友谊之类的客套话。

六

约在鲁肃死讯传至成都的时候，魏王曹操已决定继承人的消息也跟着传来。

"以五官中郎将曹丕为太子。"

曹丕终究继承魏王家业。

像曹操集团这样的政权，人际关系不复杂也不行。谣传该政权的少数派丁仪兄弟曾企图拥立曹植，结果失败。丁仪与曹操同乡，亦出身沛国。曹操颇赏识他的才能，据说曹操原本想将自己女儿嫁给他，但遭曹丕反对，理由是：

"这样妹妹太可怜了，丁仪那长相实在……"

丁仪天生一对斗鸡眼，有人说他因为被曹丕嘲笑身体上的缺点而怀恨在心，因此才拥护曹丕的继承敌手曹植。

"什么话都有人说。"听到这个谣言，孔明喃喃叹道。

孔明顺手从柜内拿出一张纸，摊放在桌上，然后抱着双臂。纸上写着曹植的一首诗，被公认是当代第一名作。孔明也很喜欢文学，一直用心在搜集名文佳作。在那个印刷业尚不发达的时代，原文仅能靠抄写流传。一有好的诗文出现，众人便争相抄写，有时纸价因此高涨。稍后的晋代，就因秘书郎左思的《三都赋》佳评如潮，以至有"洛阳纸贵"的成语产生。

孔明拿出来的纸上，写的是曹植所作的十六行诗，孔明反复诵读。最后四行是这么写的：

> 思慕延陵子，
> 宝剑非所惜。
> 子其宁尔心，
> 亲交义不薄。

此诗题为《赠丁仪》，无疑是一首友情之诗。

延陵子，是春秋时代被封于延陵的吴国公子季札。他奉王命出使北方，途中路经徐国。徐国君主看到季札所佩的宝剑，露出渴望的神情。但季札尚未完成使者的任务，无法献出宝剑，因为这把宝剑是他出使北方之国，作为礼仪用的。他打算完成使命之后，归途再顺道至徐国，献上这把宝剑。没想到等他回程时，徐国君主已经崩逝，季札便将宝剑插在徐君的墓上，然后离去。

自己尚未表达心意，对方就去世了，实在是一件憾事。想到对方必定以为我是吝惜宝剑，内心就感慨无法自已。

曹植想借这个故事告诉丁仪：我对你不会吝惜任何贵重的东西（宝剑只是真心的表现之一），只不过，我现在还不能马上给你。因此，我告诉你现在不能把宝剑送给你，你也无须担心，我们之间的交情绝非那么浅薄，你放心吧。

"这到底意味着什么？"

据说这是年初的作品。

何时给予宝剑，意指"何时继承王位给你看"，因此，也许曹植的意思是："请你现在暂时不要行动。"

延陵子季札，是吴王寿梦的第四个儿子。寿梦想立贤明的季札为继承人，却为季札所推辞。因此，寿梦便将位子让给长子诸樊。诸樊虽然继承王位，却在服完父丧之后，告诉季札父亲遗言说要把王位交予季札，所以现在要让位给他。但季札怎么也不肯接受，还说那就按照兄弟的顺序传接王位吧。诸樊的下一位，是次男余祭，再下一位则是三弟夷昧。按照这个顺序，四弟季札就不得不承接王位了。

但是，夷昧死后，季札却逃走了，始终没继承王位。于是，夷昧的儿子僚便成了吴王。此事引起诸樊之子光的不满。他认为既然依照兄弟顺序要将王位传承给季札，季札不受，自然就应该由长子诸樊之子继承才对。光于是暗杀了吴王僚而即位，这位光便是吴王阖庐。后来，阖庐与越交战，不幸战死，其子夫差为其雪辱。由此有了著名的"卧薪尝胆"的故事——吴越之争，因败于夫差的越王勾践后来一雪会稽之耻，并令夫差丧命而告终结。

吴国的人认为，如果贤明的季札顺势接下王位的话，也许现在国家还可以保住。

那么，应该如何解读这首诗呢？

延陵子始终都拒绝继承王位，曹植很仰慕他这一点，因此，不妨把此诗看成曹植并无意与哥哥争夺王位。但是，从另一个角度来看，因为延陵子拒绝王位，才导致吴国灭亡，曹植的"仰慕"，也许会有"不愿重蹈这种错误"之意。

孔明将那张纸对折。

曹丕现在已经是太子了，即使有内讧，也应该视为已经终结了。

刘备阵营对曹家的内讧似乎过度期待了，如同曹操阵营因为益州的刘备新政权基础脆弱，就期待它自行瓦解一样。

对此事，不可凭自己单方面的希望臆测。

孔明将曹植的诗放回柜子里，又取出另外数张纸，那些则是人称"建安七子"的中原文人的作品。

"王粲、徐幹、陈琳、应玚、刘桢……"

孔明一边看着纸面，一边数念作者的名字……这些作者都已不在人世。王粲曾在刘表麾下，孔明见过他。这些文人都是在今年去世的，因为中原流行恶疫，连他们这些朝臣也染上疫病而一命呜呼，那一般的庶民又要死多少人呢？恐怕难以计算。

建安二十二年（217年）本来应该会有大事发生，但因曹操阵营爆发继承人问题，加上恶疫流行，以致无法大规模动员。

"必须设法防止恶疫流行。"

这也是孔明的任务之一。

益州素来就是药草的宝库，许多药草在这个地方都能采得。只是，这方面尚没有更多研究，孔明一直在想办法搜集关于中原疫病的资料。提供给他这些资料的，主要是佛教和五斗米道的人士。虽然汉中张鲁已经归降于曹操，但五斗米道的信徒还是广布于益州，他们和其他地方的信徒仍有联络。

第十七章 浪花淘尽英雄

第十七章　浪花淘尽英雄

一

　　一体、和睦，是孔明致力的目标。蜀政权，是由各种不同出身的人所构成的，有从前就跟着刘备的嫡系部队，有在荆州才归顺的人，还有蜀当地人士、五斗米道徒、类似马超这样的外来军阀，以及来自各地的少数民族首领。

　　如果不能使他们成为一体，彼此和睦相处的话，这个政权恐怕会立即瓦解。

　　建安二十二年（217年）至翌年，蜀进兵汉中，与曹操阵营诸将交战。建安二十四年（219年），蜀军终于占领汉中。

　　诸葛孔明担任军师将军之职，却未参与汉中之战，因为刘备亲自率兵出征，他必须留在成都，巩固内部。

　　要使蜀地人士有一体感，彼此和睦共处，绝非容易。孔明一一拜访有势力者，敞开胸襟与他们沟通。这些人和孔明交谈，自然会说出他们遭遇的不满或不公。

　　"我以前没注意到这件事，真是惭愧。我会立即调查、研究。"

　　孔明虚心听取众人的意见，并允诺在某个期限内解决或改善。

　　"军师将军完全没有私心。"

　　和孔明稍作交谈的人都如此认为，而且都乐意接受孔明的意见。

　　孔明绝不信口开河，办不到的事情不会胡乱答应，他会明确表示："抱歉，这件事情目前办不到。"

　　甘海上了年纪，不能远行，但仍勤于搜集附近的情报。孔明的身份不便涉足的地方，甘海替他前往，带回一些珍贵的情报。

　　蜀军展开汉中之战，是法正建议的。

　　"虽然五斗米道的张鲁轻易归降于曹操，曹操却没趁势进兵巴蜀，而只

令夏侯渊与张郃两将留守，便挥师北返，这不是曹操'智'犹未逮，而是他'力'之不足。可能因为有内忧的关系吧？依我看，留守两将的器量，并不优于我方的将帅，举兵前往征讨，应该可以战胜。"

法正的推测，可以说大致是正确的。

建安二十二年（217年），在决定继承人之后，曹操阵营多少有点不安定，加上疫病流行，人心不稳。法正以上、中、下分说出兵汉中之利：上，可灭贼、勤王；中，可扩大领土于雍州、凉州；下，可长期固守要害。因此，切不可失天机。张飞、马超和吴兰诸将奉令动员，进驻武都郡下弁县。此地即日后（唐初至明初）的成州同谷县，位于以塑像群闻名的麦积山之南，在当今甘肃省成县附近。五百四十余年后，唐乾元二年（759年），贫困交加的诗人杜甫，曾住在这里，作了七首有名的悲壮之诗（即"同谷七歌"）。

曹操听说张飞等人进驻下弁县，立即派遣都护将军曹洪前往。

建安二十三年（218年）三月，曹洪大破蜀军于固山，吴兰战死，张飞与马超败走。当时，刘备率领诸军进驻阳平关，魏将夏侯渊和张郃激烈奋战，刘备只好向成都请求援军。

"应该怎么做呢？"

接获求援的孔明，询问从事（郡的辅佐官）杨洪。杨洪是犍为人，在蜀地土生土长。不用说，当然是要派遣援军，孔明问他应该怎么做，旨在观察蜀人的反应。

既然盟主刘备面临危机，对方当然会回答"速派援军"，但孔明有自信可以从对方回答的态度上，看出对方是否真心。

"这可是汉中的危机，而汉中正是益州的咽喉，此乃存亡关键，一旦没有汉中，就没有蜀。这种家门之祸，当然要派出援军。"

语气毫不犹豫，而且一问即答。

"是吗？"

孔明一边点头，一边拼命抑制欣喜。他觉得自己所追求的一体、和睦终于成形了。

不久，孔明推举杨洪为蜀郡代理太守，因为蜀郡太守法正在汉中参战，必须有人代理。杨洪也擅长处理事务，没多久便升任正式太守。

这只不过是一例。

刘备与诸将在战场之际，孔明在成都紧张的程度并不亚于在战场。换作现代的话说，孔明正努力构筑官员组织，必须让政治不会因事故或疾病少了一两人就告停滞，他希望摆脱人治，建立法治。

"看来阁下是法家。"法正出征汉中之前，对孔明这么说。

"我并非商鞅、韩非之辈，倒不如说，我讨厌他们。"孔明回答。

在所谓诸子百家的各类中国思想中，主张以法律、刑罚作为政治根本手段的学派，被称为"法家"，以与儒家、道家、墨家、兵家等有所区别。而利用法家思想处理国政的，当推秦始皇。

"是吗？"

法正倾着头——孔明并不赞成他的约法三章论。

"如果我是商鞅，我会活下来给你看。"孔明笑道。

公元前4世纪的商鞅担任秦国宰相，厉行严苛的连坐法，推行法律至上主义的政治，最后因失势而逃亡。他所投宿的客栈主人，害怕收留没有旅行证的客人会被处同罪，而拒绝让他投宿。商鞅受害于自己制定的法律，结果被处以车裂之刑。

"阁下希望成为有人性的法家？"法正问。

孔明点头，其实"有人性"三个字，并不足以说明孔明的抱负，但为让法正理解，如此简单地形容也未尝不可。

二

建安二十三年（218年）七月，魏王曹操为亲自征讨刘备，特意离开邺城，于九月抵达长安。

战争持续到翌年。三月，曹操进兵斜谷。

由长安沿渭水，西行一百数十公里，在五丈原附近有武功水（古称斜水，今称石头河）汇流于此。武功水形成的河谷，便称斜谷。斜谷道是蜀出雍州（现在的陕西、甘肃）的重要途径之一。

派遣至汉中的统帅夏侯渊与刘备展开激战,结果于正月殉战。曹操获悉此事,才挥军出长安。

刘备出阳平关,渡沔水,布阵于定军山。蜀与魏屡屡交战,蜀军经常据守此地。不仅如此,十五年后,殁于五丈原的诸葛孔明也被埋葬在定军山——当然,那时候谁也料想不到。孔明没有参与汉中争夺战,留守于成都。

魏军副帅张郃驻军于定军山东方,蜀军大鸣阵鼓,佯装攻打东方,采取声东击西的战术。夏侯渊中计,将大半兵力调往东方,以援救张郃,魏军大本营防御力当然因之单薄。蜀将黄忠遂乘机攻击,斩杀夏侯渊。

"我不出马还是不行。"曹操咬牙切齿。

蜀军声东击西的战术,由法正策划,黄忠执行。由于参谋与野战司令合作无间,蜀军进展相当顺利,魏军因此陷于苦战。

曹操出阵其实只是威吓罢了。当时东吴孙权觊觎合肥,西蜀关羽正攻击樊城,魏军在两者压迫之下,无法展开正式的长期作战。

魏军打算运送兵粮至北山麓贮藏,西蜀黄忠领军前往抢夺。因为久久未归,赵云遂率领数十骑人马前去探个究竟却碰巧遇到曹操大军。赵云采取舍身战法,一会儿突入敌军阵中,冲杀一番,一会儿又退出敌阵,如此不断重复。曹操以为这是诱敌之战,担心追敌过深反遭伏击,因为对方人马太少,而且指挥官又是鼎鼎大名的赵云,可能有伏兵。

"撤退!"曹操疾呼。

"子龙可真浑身是胆!"敌军撤退之后,刘备如此称赞赵云。

在斜谷布阵的魏军,后来因士兵大量逃亡,士气甚为低落,曹操只好对汉中死心。

"孔明一直劝我,我想时机也差不多了。"

事后,刘备若有所思地说道——他指的是称王的事。

皇帝之下有王,王为皇帝所册封。在汉王朝,王必须是皇族才行。汉王朝创始者高祖刘邦,曾令诸臣发誓:"异姓立王者,伐之。"汉王室为刘姓,异姓指刘姓以外,亦即只要皇族以外者称王,则视为逆贼,必将予以讨伐。高祖死后,吕后立吕氏一族为王,但吕后一死,全遭诛杀。

尽管如此,两年前的建安二十一年(216年),曹操还是当上魏王,也就

是异姓为王。但是，却没有人敢讨伐他。

"左将军不是宗室吗？既然曹公可以为王，左将军又何须客气？大可取下汉中称王。"

诸葛孔明如此劝说刘备。

刘备自称是中山靖王刘胜的后裔。刘胜为景帝之子，即武帝的兄弟。从景帝死后至今，已经超过三百七十年，历经十数代，系谱也已不真切。刘姓且自称和汉王室有血亲之缘的，必然有几万人。不过，刘备毕竟不是异姓。

不自量力而称王，必受世人嘲笑——只是益州主君还不够，但若能保有汉中就够资格称王了。

"兆头也不错哦。"孔明说。

高祖刘邦在秦朝灭亡之后，受项羽册封为汉中王。中国历代王朝，通常以最初受封的地名为国号，汉这个国号，便是刘邦取自最初受封的汉中而定的。后来，曹家取代汉室为皇帝，也是以初封的"魏"为国号。晋、隋、唐、宋都是如此。

在汉高祖建国的土地，取同样的名字称王——这便是诸葛孔明所谓的"好兆头"。

七月，刘备在汉中沔阳称王。王原本为皇帝所立，但当今的汉皇帝形同曹操的俘虏。日后被称为献帝（献帝身在魏）的当今汉皇帝，被迫立曹操为魏王，但也没办法再立其他人为王了。

因此，刘备是自称汉中王的，这之前左将军和宜城亭侯的职位是受任命的。虽然是受曹操所命，却借由汉皇帝之名。因此，决定归还左将军和宜城亭侯的印绶（任命的证明印章及随附的绶）。

刘备这边在沔阳举行有模有样的仪式，至于是否符合正式的仪典，谁也不知道。刘备的儿子刘禅，被立为王太子。新领土汉中郡，则由魏延以镇远将军的名号，担任其郡太守。

归返成都之后，刘备发布以下的职官任命：

太傅（皇帝的老师） 许靖

尚书令（行政首长） 法正

前将军　关羽

右将军　张飞

左将军　马超

后将军　黄忠

诸葛孔明坚辞新职位，依然为军师将军。他当上丞相兼司隶校尉，是两年后的事。

被任命为前将军的关羽，仍旧驻留荆州，未进蜀地。如今正在攻打荆州北部、魏的据点樊城。猛将曹仁坚守樊城，连关羽都攻得有点兵疲马倦。

到关羽那边报知叙任消息的，是名叫费诗的当地名族之一。

"亮觉得费诗适合这个差使。"

这个人选是孔明推荐的。孔明预测关羽一见这张叙任名单，必将大为愤怒。

刘备集团可以说始于刘备、关羽和张飞三人。被后世故事化的《三国演义》，也是由三人在桃园缔结兄弟之盟开始说起的。刘备比关羽大一岁，张飞小关羽六岁。三人结盟的时候，张飞还可称为少年。因此，刘备和关羽二人，关系之深超过主从、兄弟，几乎是一体同心。

刘备称王，关羽想必衷心喜悦。不过，既然称王，就必须有王国的体制，现在居然让无能而徒有天下虚名的许靖为太傅，位居官职上的第一高位，法正则居其次。

法正迎奉刘备入蜀为时八年。

"我追随刘公三十五年。"

对以此自夸的关羽而言，法正只不过是菜鸟一个。诸葛孔明追随刘备也只有十二年，不过，关羽对他另眼相看。

前、后、左、右诸将军是同阶。义弟张飞为右将军，曾为军阀老大的马超为左将军，关羽都能忍受，但后将军黄忠原本是刘表的部下，投入刘备阵营才十年，在关羽眼中也是菜鸟，而且自荆州时代起，关羽和黄忠便不和。这些孔明都知道。

"那个老糊涂和我同等级？教我如何咽得下这口气！"

关羽拒收印绶。

"将军可知汉高祖将中途归顺的韩信官阶安置得比举兵以来的家臣萧何、曹参还要高?萧何和曹参可曾为此事怨恨高祖?《史记》上也找不到这样的记载。"费诗说。

喜欢研读历史、几乎可以背诵《春秋》的关羽,因此有所谅解。

"我懂了。我甘心拜领印绶。"

一体同心的主从,纵令发生什么事,都不会背叛。不过,中途归顺的家臣,却可能因得不到好待遇而背叛或逃亡。高祖的故事结尾是:官阶比元老家臣还高的韩信终告没落。

孔明很赏识费诗的辩才。不过,由于关羽未曾踏入蜀地一步,出身蜀地的费诗因此未尝与关羽谋面。孔明在费诗出发之前,便详细告诉他关羽是什么样的人。预先对关羽有充分认识的费诗终于完成使者的任务。

三

在此不得不谈到关羽的下场。

虽说刘备阵营领有荆州和益州,三分了天下,但事实上,并未能将此两州的全域纳入版图。

刘备令诸葛孔明和张飞等有力的部属进入益州,把荆州交付给最信赖的关羽。

刘备于荆州的大本营在江陵、公安,也就是长江流域。北方依然是曹操阵营的势力范围,由征南将军曹仁驻守樊城。刘备阵营一旦拔下樊城,就领有荆州北部(现在河南省南部和湖北省北部),统治整个荆州。

事情发生在关羽拜领前将军印绶后不久。

关羽对曹仁驻守的樊城展开猛烈攻击。

八月,豪雨不断,汉水泛滥,位于河边的樊城被水所困。曹操派遣左将军于禁和立义将军庞德,前往援救苦战中的曹仁。由于汉水泛滥,援军无法渡过,全军在溺水的状态下覆没,两将遭到俘虏。庞德拒绝投降,还大骂刘备是庸才。他叫道:"我宁愿当国家之鬼,也不愿当贼将!"关羽遂将庞德杀了,

于禁则被送至江陵。

樊城于是遭到孤立。

曹操方面的荆州刺史胡修、南乡太守傅方等人投降,吕常驻守的襄阳也被包围。

樊城内的人马仅数千,而且仅差数板城壁的高度,二尺为一板,汉水就要淹入城内。关羽军以兵船重重围住樊城。

曹仁这时候也心慌了,部下当中有人建议趁黑夜驾轻舟脱逃。不过,这时候在城内的汝南太守满宠对曹仁说:"这个莽勇型的关羽,之所以不敢攻进来,一定是担心我方友军会攻击他后背。我们应该信任主君的策略,而且雨也已经停了,水位应该不会再升高。"

"你说得对!"

曹仁用力点头。他也信任曹操的策略。

情况的确如此,曹操已经展开了外交战。刘备与孙权的同盟关系,在形式上还存在着,但是,孙权阵营亲刘备派的鲁肃去世,已在两国的同盟上投下阴影。取代鲁肃、驻屯陆口的吕蒙,原本就是周瑜派系,亦即反刘备派。所谓曹操的外交战,便是以离间刘备与孙权为着眼点。

关羽没有命令江陵的军队北上,一气攻下樊城,是因为一旦这么做,形同空城的江陵势必会遭受吕蒙袭击。

以前孙权阵营有以鲁肃为代表的亲刘备派和以周瑜为代表的反刘备派,如今鲁肃一派由年轻却深获孙权信任的陆逊继承,周瑜一派则由吕蒙继承。

吕蒙才四十岁出头,却染患严重的肺结核。他如果说要养病,任谁都不会怀疑,因为他的确病得不轻。但吕蒙选在这时候返回建业疗养,是为了让关羽安心。而且,陆逊已受命接任吕蒙。他可是继鲁肃之后的亲刘备派人物。

"即使命令江陵军队北上,也不用担心江陵会遭袭击。"

关羽作出如此的判断,其实也无可厚非。

然而,吕蒙与陆逊连日连夜讨论,陆逊已接受反刘备派的主张。陆逊年轻,头脑灵活,他的个性是,只要道理说得通,也能接受反对意见。关羽那边并没有接收到这样的情报。

对于情报战，关羽几乎一筹莫展。相反地，曹操却非常拿手。例如，曹操很早就知道孙权有意和关羽联姻，以维持友好关系，便对关羽阵营散布谣言说："孙权正在关羽身上打人质的主意。"

后来，孙权果然派使者前来，请求关羽把女儿嫁给他儿子。

"什么？娶我女儿？混账！别以为我不知道孙权在打什么主意！"

关羽把使者臭骂一顿，使者落荒而逃。关羽的女儿十五岁，孙权的儿子才十岁，因此，还是有很浓厚的人质意味。此次婚事没谈成，却搞坏了孙权和关羽的关系。

兵粮问题令关羽头痛，他俘虏了数万名投降的于禁军兵，自然为兵粮不足而烦恼。

"以后再照会孙权，现在争一天是一天。"

关羽私自令人去孙权湘关的粮仓取米。

"这简直是小偷！小偷非惩罚不可！等着瞧吧！"不用说，孙权极为震怒，遂下动员令，讨伐关羽。

最先通报孙权，说关羽私自取粮的，也是曹操的谍报人员。事情果然如曹操所预期的，孙权传密书给曹操，邀他一起夹击关羽——刘备与孙权的结盟，就此破裂。

孙权果真进兵。统帅为吕蒙，副统帅则是征虏将军孙皎。

"什么？吕蒙不是快病死了吗？"

听到吴军方面的情报，关羽简直不敢相信。这时候他才发觉自己可能中计了。

曹操人在洛阳，他离开汉中时，特地命令平寇将军徐晃前往樊城救曹仁，如以顺序来说，徐晃军可以说是于禁军的后续部队。徐晃军一面向樊城暗示有援军，一面也以箭书让关羽军知道此事。于是，樊城内士气大振，关羽军开始丧失斗志。

江陵军这时已陆续赶来，但同时也传来江陵已被吕蒙攻陷的情报。关羽麾下的将兵都将家人留在江陵。几乎所有江陵的军马都听从关羽的命令北上，吕蒙军因此兵不血刃地入城。江陵的留守长官糜芳立即投降。

吕蒙军进入江陵和公安之后，军纪严整，安定了民心。占领军还鼓励百

姓写信给在北方战线出征的亲人。

"东吴军入城之后，城内的治安反而变得比较好。"

这并不是占领军叫他们这么写的，事实就是如此，这只要从信上的字里行间便看得出来。北方战线的关羽军由于失去敌忾心，逐渐厌战起来。

此时又传来曹操进军摩陂的消息。摩陂（后来据说魏明帝曹叡曾在摩陂看到龙，而改称龙陂）距离洛阳东南方约一百三十公里，由此有路可经南阳郡，抵达樊城。先前曹操是由汉中经长安，回到洛阳，现在又顺原路出来。既然总帅亲自出阵，率领的必定是大军无疑。

关羽军的斗志日益丧失。

樊城方面察觉援军即将到来，莫不人心振奋。继于禁之后的第二拨援军由徐晃率领，他为一雪汉中之耻，展开猛烈的攻势。关羽的本营外围植有十层"鹿砦（逆茂木）"，徐晃军以大斧一一砍断，逐步逼近。原本是攻城用的阵地，一下子沦为守地。

关羽军后来只好放弃本营，移至麦城。在部队移动中失去大半将兵，主要是因为孙权军的心战攻势："诸位的家人在江陵等你们啊。"

最后进入麦城的，只剩下几百人。关羽就是有心再起，人数也太少，而且麦城实在太小了。不过，西北的上庸郡属于刘备的势力范围，上庸太守孟达理应整势以待了。

"父亲大人可有让上庸那边派援军来？"关羽之子关平问。

"怎么会来呢？"关羽啐口回道。

前些时候上庸曾派小部队援军前来，被关羽呵斥："谁叫你们出城这么远的？"

被这么一骂，援军不可能再来了。

麦城终告失守，关羽军分散成几支小部队，试图逃往上庸。关羽率领关平等十余骑人马逃出麦城，但在漳乡被孙权麾下潘璋军截获。

"抓到云长就当场斩了。"

孙权曾下此令。于是，关羽与其子关平双双被斩于漳乡。

四

最花心思、想尽快掌握情报的，当属曹操。不过，在传递情报的速度方面，佛教徒和五斗米道这一批人略胜一筹。他们在各地都有教友，为自身的安全，对政局的动向一直很敏感。

少年时代以来的经验，使诸葛孔明了解此事。诸葛家以前的管家甘海，一直和佛教徒保持深厚的关系。入蜀以后，他也尽量和五斗米道的人套交情。

蜀汉最早知道关羽死讯的人是孔明。不过，再怎么早，关羽的死是十二月的事情，消息传进成都也已经越过那一年了。

"应该禀报刘公吗？"

孔明迟疑了一阵子。虽然刘备迟早都要知道的，但要从自己口中告诉刘备，还是很难受的。然而刘备既是一个政权统领，就必须比任何人都先知道情报，以确立对策。

自从在沔阳就王位以来，刘备在成都的行辕，已被改称为"王宫"。不过，也只改了名称，其他并没特别整修、布置。刘备素来朴实，心想将就以前的就够了。

但是，孔明反对。劝刘备称王的是孔明，主张当王要有当王的门面的，也是孔明。

"王公可以是以前的刘公，但我们臣下可不能这个样子。我们已经不是左将军或益州牧的家臣了，既然是王臣，就要像王臣那样臣侍。"

一有机会，孔明就对汉蜀政权的要人、臣僚这么说。

"这是什么嘛！简直换了一个人似的，不觉得肉麻吗？"

刘备看到今天孔明正经八百、毕恭毕敬来谒见，便以不悦的口吻说道。

"王公这么觉得吗？"

"这一阵子，孔明你简直换了一个人似的，尤其今天最厉害，就像谦卑的木偶一样。"

"是的。亮今天特来禀报一件很不好的消息。"

一阵沉默之后，刘备坐正姿势，开口问道："云长死了吗？"

"王公知道了？"

"我有这种感觉……他和糜芳处成那个样子……"

刘备话到这儿吞住了，似乎正忍住呜咽。

糜芳在江陵负责兵站，关羽曾向糜芳请求输运米一万石（当时一石约为二十七公斤）。糜芳官拜南郡太守，关羽虽然受命掌管整个荆州，官阶却只是襄阳太守。糜芳认为关羽充其量只与他同阶，但关羽与其说是请求，倒不如说是命令，因为他附加了一句："一万石，少一石都不行。"

糜芳大怒，命令部下说："什么叫少一石都不行？好！不准送米给关羽，一粒都不准送！"

因为兵粮不足，关羽才私自向东吴的湘关"借"米，触怒了孙权。

"好一个糜芳！等我攻下樊城，再向你讨回来，你脑袋等着搬家吧！"

糜芳听到关羽传过来的话，便向孙权投降了。

"亮太疏忽了，应该派别人去江陵的。"孔明低着头说。

"不，派谁去都没用，情况都一样。"刘备垂下肩头说道。

"如果派官阶稍低的人去就好了。亮处理失当。"

孔明保持低着头的姿势说。关羽对上位的人傲然不倨，对底下的人却很呵护，因此将军们普遍都讨厌他，但下层士官和兵卒则很喜欢他。也许不应该派糜芳这样的高级臣僚去负责江陵兵站，换成官阶较低的人，事情就可能不会如此收场了。孔明为此次人事失败而自省。

"事情已无可挽回了……只是……"

刘备说着说着，站起身子。孔明由下望着刘备，只见刘备一对通红的眼睛里噙着泪水。

刘备才一站起就顺势转身过去，接着快步离去。孔明当然没追上去，也许刘备想要独自一人尽情地哭泣。

刘备和关羽的关系，正是：义是君臣，情为兄弟。

刘备的脑海里，浮现出这三十五年来的种种情景。孔明一直坐在那儿。过去的事情已无可挽回，但绝不可重蹈覆辙。想来在蜀汉成就之际，人事是最难安排不过了。

过了好一阵子，刘备回来了。他坐下之后，说道："要是云长能看见这蜀地一眼就好了。"

刘备阵营主力早已进入蜀地，关羽却一直驻留荆州。刘备入蜀后，已匆匆过了八年的岁月。

"亮能仰察王公的心意。"孔明说。

"孔明可否替我报这个仇？"

刘备语气犹如呻吟。

"王公所谓仇，对象是指东吴吗？"

"当然。"

"云长攻打曹操的樊城时，东吴居然倒向敌人。"

"两边啊？"

刘备的嘴喃喃动着。咬牙的表情因年龄的关系，显得有点滑稽，反倒令人觉得悲哀——说要替关羽报仇，当前的蜀国却无力量可与东吴、魏这两国同时为敌。

"眼前最重要的是充实国力。"孔明说。

自从刘备称王以来，孔明就称呼自己阵营和领地为"国"了。

"果然……仲谋果然背弃盟约。"

刘备说完后，嘴巴又喃喃动着。仲谋是孙权的字，孙权比刘备年轻二十岁，虽然彼此关系不算牢固，但总是结了盟约。

"孙权必定因为关羽夺取湘关的粮食，才气得背弃盟约的。"

孔明心里这么想，却不敢对刘备说。

"这个碧眼儿！"

刘备气不过，破口大骂孙权的绰号。孙权天生一对青眼，是所谓的异相，众人背后都叫他"碧眼儿"。

五

孙权在出兵援救樊城之前，当然先与曹操结盟。但就两者的实力来说，说是结盟，倒不如说是臣服。孙权和刘备的盟约一旦破裂，当然必须赶紧与曹操结盟，因为东吴可经不起腹背受敌的态势。

孙权将关羽的首级送至曹操那儿——曹操一听樊城解围了，立即离开了摩陂——关羽的首级是被送到洛阳的。

曹操赠予孙权骠骑将军、荆州牧和南昌侯等称号。骠骑将军是西汉武帝时代霍去病受封的称号，和车骑将军并列，最为尊贵。

孙权派遣使者梁寓前往表达谢意，同时遣返五年前所俘虏的朱光。孙权在写给曹操的信函中，自称为"臣"，并劝诱曹操：请受天命。也就是劝曹操即皇帝之位。

曹操出示信函给家臣看，说了一句："这小家伙想叫我坐在火炉上。"

依据五行说，当皇帝必定具有木、火、土、金、水五德中任何一者。一般认为，汉王朝是依"火德"而立的，现在孙权建议曹操即帝位，无疑是劝曹操篡取汉王朝，建立新王朝。所以曹操才会说是坐在火炉（火德王朝）之上。

"他想把我烧死啊！哈！哈！哈！"

曹操放声大笑，眼睛眯成一条线，其实曹操别有用心，他是借此掩藏锐利的眼光。

曹操此刻正以锐利的眼光监视众家臣的反应。他的家臣中，可能有人不会跟随他篡取汉王朝，而且，有的人恐怕不仅反对，还可能以汉臣的立场讨伐他。虽然当前的汉皇帝只拥有虚名，曹操还是甘在他下面称王，尽管专横，却还未叛乱。

在封建王朝时代，叛乱可是天大的事。连曹操都心怀犹豫，观察群臣的反应。有数位重臣走至曹操眼前，侍中陈群代表发言：

"汉祚（汉王朝受自上天的福运）已经结束，不符当今的时代。殿下德高望重，天下景仰。因此，孙权才在远方称臣。这正是天人合一，殿下理当即位，何须迟疑？"

陈群滔滔不绝地说着，却一副生硬的表情，他也感受到曹操细眼内侧的锐利眼光。

陈群是东汉名臣陈寔的孙子，字长文。陈寔以清廉闻名，官职只到太丘县长，没担任朝廷要职，却博得天下德望。他去世时，送葬的人达三万之多。陈寔有陈纪（字元方）和陈谌（字季方）二子，陈群为陈纪之子。陈谌亦有一

子，名孝先。少年时代，陈群曾和堂兄弟争论谁的父亲比较伟大，他们去找祖父评断。结果，陈寔说了一句名言，兄难小，弟难为大。

陈群和祖父相似，是刚直、清廉之士。曹操垂涎帝位，最担心这种人物的反对。他那细眼内侧的锐利眼光，一直投注在陈群身上。陈群亦有所警觉，只要引起曹操的疑心，他就性命难保。陈群亲自劝诱曹操即位，为的就是要保命。

曹操想了一下之后，睁大眼睛说道："纵使天命降在我身上，我也宁愿当周文王。"

周文王虽掌领天下三分之二，却仍服从于殷。灭掉殷的，是文王之子武王。天命虽降于文王，文王的时代仍然没有举兵讨殷，他死后，儿子武王才建立王朝。

"在我有生之年，无意建立新王朝。"

曹操如此表明自己的意念，也等于明示儿子曹丕的时代就有可能。

翌年，曹操六十六岁，这在当时也算高龄。有一阵子，曹操觉得自己的体力日益衰退。不过，头痛这个宿疾却不知不觉中消失了。

"难道连感觉疼痛的力量也失去了？"

曹操这么认为。此事颇令他意志消沉。

新年刚过，曹操令王太子曹丕留在邺城，自己前去洛阳，途中收到吕蒙的死讯。吕蒙对孙权阵营的重要性，世人皆知。他染患结核病已至末期，在人世日子不多，也是众所皆知的事，不过，他的死还是带给各方很大的冲击。

"我已没有得力的助手了！刘备只失去关羽一人，我却失去周瑜、鲁肃在先，现在又失去吕蒙，连连痛失柱石。"

孙权对吕蒙的死非常沮丧。

"才四十二岁啊！英年早逝。"

旅途中听到吕蒙的死讯，曹操百感交集。虽然孙权现在称臣摆出服从的姿态，但他和蜀国刘备对曹操阵营都是一种威胁。吕蒙一死，孙权的力量势必受损，这一点应当值得高兴才对。然而从另一方面来说，吕蒙是孙权阵营内亲曹操派的领袖，因此他的死也令曹操痛心。如今吕蒙不在东吴阵营，主

张再和刘备结盟以抵抗曹操的声浪恐将高涨，毕竟能压制这股声浪的力量已经减弱了。

曹操抵达洛阳时，关羽的首级已经送到。

"云长啊！……"

那是用盐腌过，通过驿站传送过来的首级。曹操和关羽缘分不浅。他曾以自豪的包容力试图收服关羽，但关羽才一立功回报，便立即赶往旧主刘备麾下。

"这一阵子走了不少人啊！"

虽然死亡是乱世之常，但自觉年迈力衰的曹操，却陷入难得的感伤中。

"用诸侯之礼安葬他吧。"

曹操下令，并且谥关羽为壮缪侯。

"下一个大概轮到我了。"

曹操这么一说，近臣们连忙你一言、我一语地安慰他：

"殿下老当益壮啊。"

"殿下天运当鸿。"

"殿下命格不同于吕蒙、关羽，自然不能相提并论。"

"这只有上天才知道。"

曹操叹道。当夜，曹操即发高烧，躺在床上。

数日后，这位乱世英雄咽下最后一口气。他留有遗诏：

> 天下尚未安定，未得遵古也。葬毕，皆除服。其将兵屯戍者，皆不得离屯部。……

曹操还指示素服殓棺，不得以金玉珍宝陪葬。当时为筹措军需资金，设有发丘中郎将的官职，专司挖掘古墓。遗骸散置在被掘破的坟墓四周，那凄惨的景象，曹操已不知见过多少次了。

六

"东吴征虏将军辞世！"

魏国接获东吴传报的这个通知，是在曹操刚死不久，葬礼都还没举行。

曹操在洛阳去世时，王太子曹丕人在邺城。群臣之间大多倾向于暂时不发布曹操死讯，以免人心不安，亦即所谓的"不发丧"。

但是，谏议大夫贾逵却主张："此事终非能长久敝人耳目，应该立即发丧。应该敝人耳目的，反倒是东吴征虏将军的死讯。虽然事关他国，却可能扰乱人心。"

这个意见被采纳了。

吕蒙是多次传出病笃谣言的病人，而六十六岁的曹操，死亡也不太令人意外。但是，辅佐大督吕蒙讨伐关羽的副督孙皎，拥有征虏将军头衔，年纪才三十岁出头，这位孙权的堂弟，从来不曾传出患病的谣言，如今竟猝然辞世，即所谓的暴毙。

曹操、吕蒙、孙皎三人，在关羽死后，相继离开人世。

"这是关羽在作祟。"

众人如果知道这三人的死讯，必定会如此联想。人心势必不安，流言一旦扩散开来，恐怕连军心都会动摇。贾逵就是担心这件事，才主张发布曹操的丧事，尽量封锁其他阵营大将的死讯。不过，再怎么封锁，迟早会传开，届时百姓恐将怀疑当局控制消息，而不再信任当局发布的公告。

事实上，贾逵封锁消息，也只是单方面而已。

贾逵控制消息这件事，甚至被诸葛孔明善加利用。

魏篡取汉朝，只是迟早的问题。曹操一死，汉便改元，将建安改为延康。曹操被封魏王，也只是一名王公，他一死，居然让汉朝改年号，此事更明白指出权力的所在。

魏已经如火如荼地创建新王朝，虽然一切都只依照写好的剧本行事，但皇帝让位还是花了约九个月的时间。为使名正言顺，这期间当然要做一些掩盖真相的事情。

群臣屡屡请求魏王曹丕即帝位，曹丕也屡屡谦辞，当然这只是一种"手

续"。虽然建立新王朝的准备工作，已经半公开地进行着，但仍未正式发布。

当时名为"图纬"的预言书广为流传，在《孔子玉版》《孝经中黄谶》《易运期谶》等现在已经佚失的预言书中，有很多可以穿凿附会地解释为"魏将取代汉"的文句，群臣便利用其来劝诱曹丕即帝位。

十月，终于上演禅让剧。

东汉皇帝向高庙（祭祀光武帝之庙）报告禅让，并令御史大夫张音捧玺绶，曹丕三次拒受代表皇帝身份的玺绶之后，才收下——这当然表示曹丕是勉为其难即帝位的。不过，任谁都不会相信这个剧本。

"献帝"这个谥号，是魏所赐予。献帝本名刘协，字伯和，让帝位予曹丕之后，献帝被称为山阳公。

通过不流血的易姓革命，王朝由汉改为魏。

山阳公在魏的天下，仍被准许奉行汉的正朔（正式行历），使用天子礼乐，也允许使用皇帝专用的第一人称"朕"。在相当的特典之下，过着隐居的生活。其后又过了十四年，他于五十四岁终其天寿。这时他所让位的对象——曹丕已经去世，进入其子魏明帝的时代。

诸葛孔明通过他的情报网，获知此次的不流血革命，故意散播错误的消息说："汉帝遇害。"

意思是皇帝被曹丕杀了。

"这是真的吗？"

刘备几次向诸葛孔明求证。因为他也获得情报说，皇帝被降格为山阳公，在河内郡山阳县拥有领地，隐栖而活。

"王公是指皇上成为山阳公的说法，以前魏发布的消息有几件可信的？皇上一定被弑了。"诸葛孔明的语气坚决。

曹丕在繁阳筑坛，登坛接受禅让，成为魏国皇帝，改元黄初。这是当年第二次改元，只是这一次是改为魏的年号。

依三分天下之计，蜀即使不能与魏对等，也要尽量摆出抗衡之势。魏既然称帝，蜀的主君刘备也必须称帝。

"我为汉民，当为汉尽力。"

刘备一直这么说。汉皇帝即令被强制退位，只要一天存活，刘备就不宜即帝位。

"不为汉，而为天下尽力。"

对抱持这种意念的孔明来说，谁来承接汉祚都无妨。最重要的是，蜀阵营必须从王国提升为帝国才行。因此缘故，孔明撒了谎，但他相信这是神圣的谎言。

"这么说，贾逵的一些做法就莫名其妙了。"

刘备歪着头。

十月接受让位的曹丕，开始在洛阳建造宫殿。翌年三月，蜀以汉中王刘备的名义发布汉帝之丧，并追谥其为愍帝。

在孔明殷切的劝说下，刘备终于动心，四月在成都武担（山名）南方举行即位大典，改元章武。这一年，魏为黄初二年，汉为章武元年。

刘备将孙权之妹送回东吴之后，又在成都娶偏将军吴懿之妹为夫人。她原本是前成都主君刘璋的嫂子（刘瑁之妻），系寡妇，如今这位吴夫人成为堂堂皇后了。独子刘禅理所当然成为皇太子。张飞的女儿则升格为皇太子妃。

军师将军诸葛孔明，这时候才被任命为丞相。

"卧龙先生，"当上皇帝的刘备以昔日的称呼叫孔明，"你好像和朕越来越疏远了。"

刘备语中流露不满。

"陛下马上就会习惯了。"

孔明故意撇开话题。因为只要魏国曹丕称帝，刘备就得有皇帝的威仪。

刘备即位之前一阵子，诸葛孔明心情非常沉重，因为他将刘封问斩了。

刘封是上庸太守孟达下面的副军中郎将。在刘备被曹操追逐，寄身于荆州刘表那段时间，因还没有儿子，便收寇氏之子为养子，此养子即刘封。后来刘禅出世，养子刘封当然就无法再列为继嗣。刘封生性刚猛，失去继嗣地位，心里自然不是滋味。同时，他和直属上司孟达之间也龃龉不断，主要是刘封一副"我本来是王嗣"的态度表现得太露骨了。

而孟达也是刚猛之人，不逊于刘封。他就是那位派兵援助久攻樊城不下的关羽，结果却被关羽呵斥一声"谁叫你们出城这么远的"的上庸太守。此

后，不管战局如何窘困，他都不再派出一兵一卒的援军，孟达就是这种人。

关羽死后，孟达害怕刘备会怨他没有派出援军，而且诸事又与部下刘封冲突，便把心一横，率领四千余名部下去投降魏国。曹丕颇赏识孟达，赐予他建武将军的称号，封平阳亭侯。后来孟达与夏侯尚、徐晃等魏将一起袭击上庸，继承孟达职位镇守上庸的刘封兵败逃回成都。

"陛下应该将刘封赐死。"孔明建议刘备。

不久蜀将成为帝国，皇太子刘禅已是十五岁的少年，看来却不怎么成器。如今有一个心怀"我有资格继承这个帝国"念头的刚猛人物，恐将成为帝国的祸根，有必要断然斩除这个祸根。

抱持"为天下万民设想"信念的孔明，要问斩刘封可是毫不犹豫。不过，虽然毫不犹豫，其内心还是相当沉重。

失去上庸，责任重大，刘封有被问斩的理由，尤其适合被赐死。

"你一向不是都在做你认为该做的事吗？"

妻子绶看到丈夫郁郁寡欢的样子，便为他打气。

"有你在身边，想要沮丧也很难啊。"

孔明苦笑道。

第十八章 白帝托孤

第十八章　白帝托孤

一

关羽死后，刘备未尝有过欢颜。关羽虽是他的手下，但是情同兄弟。失去兄弟，内心当然伤痛，即帝位亦不能消除伤痛。

"'碧眼儿'非击垮不可！绝不能放过他。"

这句话孔明不知道听刘备说过多少次了。

"要攻击东吴，必须有相当准备才行。"孔明总是这么回答。

"丞相为何不反对呢？"

以赵云为首的反对征吴的重臣们，不满对皇帝刘备最具影响力的孔明为何不强力反对这种无谋的复仇战？

"关羽被杀，陛下是不甘罢休的。"

熟知刘备与关羽情谊的孔明，知道要刘备放弃复仇是不可能的事。孔明心里这么想，但他也只能尽可能拖延时间。

"安民"是孔明的祈愿，也是目标。任何事都要比照这个目标再下决断，这是孔明的习惯。

百姓想安乐度日，就得保有和平。和平的前提是统一，国家一旦分裂，各方实力者势必相争不休。孔明希望国家统一，却不希望统一于恶势力。而孔明眼中的恶势力，就是魏国曹氏家族——少年时代目击的徐州大屠杀景象仍然鲜明地映在其脑海里。曹操虽然亡故，但其子曹丕放逐汉皇，自己即帝位，这是篡夺。

不过，孔明对于篡夺的看法，和当时的人却略有不同。

既然安民是终极的目标，只要能有助于完成这个目标，篡夺亦可肯定。只不过，此次的篡夺是对百姓无怜悯之心的人所为，孔明不予以肯定。

为防止恶势力统一天下，孔明才拟出"三分天下之计"。得蜀之后，又合并荆州，眼看此计就将完成了。未料关羽败于樊城之战，荆州为孙权所夺。三分之计旨在将天下分成三份，以图暂时之安定，但就力量的均衡来看，蜀国最弱。除非夺回荆州，否则就称不上三分之计。

就这个角度而言，孔明不反对攻打东吴，但必须有胜算才行。赵云等军事首脑，似乎对现状缺乏信心。

蜀地多阴天，经常有云雾遮蔽蜀地天空，所谓"蜀犬吠日"，就是说晴天反倒异常。因此一旦出太阳，蜀地的狗因未曾看过太阳而对着太阳吠个不停。不过，蜀地虽然多阴天，气候却很温和，物产也丰富，古来素有"天府"之称。

"阿绵说南方气候更好，据说没有酷暑严寒，是常春之地。"

孔明的妻子绶这么说。

阿绵是诸葛家的女侍，南方少数民族出身，蜀地的汉族称他们为"南夷"。除了肤色浅黑，眼睛清得出奇，他们和汉族人几乎没两样。

"哦？"

孔明凝视妻子的脸。

"阿绵说她想回去。"绶说。

"是吗？"

孔明点头。他知道妻子想说什么。昨夜，他们夫妇谈起荆州时代的种种，当时刘表统治下的繁荣襄阳和孔明晴耕雨读的悠闲隆中田园，如今都因关羽战败，而成为他人的国度。

"真好啊！那些地方。"

"能回去该有多好。"

夫妇就这样你一言、我一语地聊着。

好地方并不只有荆州，绶想回荆州，南夷姑娘阿绵却想回南方的故乡。

孔明认为当前的蜀国不够资格列入三强，因此有必要并占荆州。不过，蜀国虽弱，也不是非取下荆州不可，如果能并占南夷之地，就可以增加相当的国力。南夷虽然也有首领，但就武力来说，比起和孙权争荆州，对付南夷应当轻松多了。

将南夷纳入版图，再联合东吴的孙权，攻打最可恨的魏国。孔明脑中浮现这个粗略的构想，也开始具体拟定作战计划。

不过，皇帝刘备仍然没有放弃征吴的打算。原本隶属刘备阵营的江陵诸势力，如今已全数靠向孙权，因此两者的实力差距历然可见。

翊军将军赵云，虽然反对与吴国交战，但他绝不是非战论者，他只是认为要战无妨，不过对手不是吴国，应该是魏国。

"国贼是曹操，不是孙权。如果先灭掉魏国，孙权自然就会投降。现在曹操虽然人已经死了，但其子曹丕篡国称帝，众心势必离曹家政权而去，因此，吾国应该乘机尽快取下关中，以黄河和渭水上游为基地，如此关东义士必将裹粮策马，前来迎接吾等讨逆的王师。现在岂可放着魏国不管，先和吴国交战？就兵势来说，也不是一战就能见分晓。不行！讨吴的策略绝对不行！"

孔明想起赵云用力摇头时，脸颊的肉跟着一阵阵抖动的样子。

赵云这番话一点没错，却引起刘备的不悦。不过，刘备并没处罚赵云，却将进言"天时无利东征"的秦宓下狱。秦宓是广汉出身的处士（属士大夫阶级，但没仕官的人），没多久就被释放，刘备只是借由将他下狱，表达对反对东征者的不悦。

以孔明的身份，他无法持强反对东征的立场，因为他的同胞哥哥诸葛瑾是东吴孙权阵营的首脑之一。诸葛瑾以孙权使者的身份出使蜀国时，孔明私下都未曾和他会面，连这种事孔明都必须留心。

关于和东吴之间的外交问题，包括交战或结盟，孔明决定顺从蜀国阵营的舆论，不提出强烈的自我主张。

为蜀、为天下，只要认为应该怎么做，就放手去做，不要拘泥。这个呼声不时涌向孔明的胸口，但孔明还是没改变戒慎的态度。

"我的生命，不仅只是我自己的，也属于天下万民。"

孔明一直抱持如此坚定的信念。然而，他担心失势，倒不是担心失去富贵，而是因为一旦失去现在的地位，就无法为天下万民谋划了。

如果在平常的情况下，刘备对孔明有绝对的信赖，孔明无须担心失势。但现在是异常状况，刘备失去关羽，悲愤交加，内心相当激昂，已经失去正确的判断力，一些无凭据的中伤，都可能令他动气。

二

虽然如此，孔明也并不袖手旁观。

"要是法正在的话……"孔明心想。

只要和东吴有关的事，诸葛孔明在表达意见的时候，都尽量不显得太积极。不过，通常都会借由别人转述自己的意见。

孔明通过法正，把反对东征的意见传达给刘备。孔明和法正未必投合，后世史家也评道：诸葛亮与（法）正，好尚虽不同，但以公义相取。亮每以正之智术为奇。

意思是说，二人喜好各有不同，但站在蜀国政治的立场上，彼此相互肯定。虽然在人格方面，法正有缺点，但在公家的事务方面，法正的确有"智术"，因此，颇获孔明赏识。

"既然孝直这么说……"刘备很重视法正的话，孔明和法正商谈的结果，总算拖延了刘备东征的计划。

然而，法正在去年也辞世了，享年四十五岁。刘备为他的死哀悼、流泪好几天。没有法正，刘备就无法取得蜀地。虽然法正的人品未必方正，但也因为这样，一些对严谨的孔明无法说的话，刘备反倒可以对法正说。

"这对我也是一大打击啊！"

孔明也哀悼法正之死。法正曾经利用蜀郡太守的地位，报复私怨，杀了不少人，差点闹出事来。多亏孔明多方奔波，才没让事态表面化。这并非孔明认可法正的行为，而是因为孔明认为法正的智谋对蜀国而言是无可替代的。

"这时候法正最有办法了。"

孔明无比遗憾。孔明寻找下一个思路清楚、擅长说理的人，他注意到秦宓。他又透过秦宓传达反对东征的意见，不料导致秦宓下狱。也许是秦宓没有官职，分量太轻的缘故。然而这一次，刘备可能在秦宓的谏言中听出孔明的声音了。因为秦宓虽然被下狱，却很快就被放出来了，这可能是刘备对孔明发出的讯号。

"孔明啊，朕不是不明理，实在此仇不报恨不消啊，你应该了解朕的心情才对。"

孔明不是不了解刘备的心情，但事关天下国家。孔明继续想办法拖延东征，至少也要等待刘备心情平和。然而，这时候却又发生一件撼动刘备心情的事件。

张飞遭人暗杀了！

张飞以车骑将军、巴西太守的身份驻屯阆中。关羽死后，蜀汉军界最大的元老，就是五十四岁的张飞了。

刘备即帝位，十五岁的刘禅被立为皇太子，张飞的女儿被选为太子妃。因此，张飞不仅是军方长老，也是皇太子妃的父亲，且为刘备的义兄弟。张飞和刘备一样，为关羽的死切齿痛恨。不用说，他赞成展开复仇战。

张飞义愤填膺，一意要为义兄报仇。人家告诉他，以兵力来说，蜀汉不免陷于苦战，张飞却放言："兵力不足可以用训练弥补。"

张飞麾下的巴西军营以训练严苛著名。

张飞采取彻底的严罚主义，部属只要稍一犯错或怠慢，便挥鞭痛打，曾经因此打死几个人，刘备也曾替他担心，并忠告他："卿刑杀过多，会不会太过火了？况且，受过罚的士兵又跟随左右，恐怕会出事情，还是尽量不要这样吧。"

在张飞看来，有过失就要受鞭打。而让这些将兵跟在身边，是他们的光荣，可以因此减轻怨恨。

刘备决意发军东征，令人传达计划给阆中的张飞，要他顺西汉水（现在的嘉陵江）而下，在江州（现在的重庆）与来自成都的主力军会合。

"出发的日期会另行通知，部队先准备好，必须随时可以出发，一切待机行动。"

刘备亲自书写指令书。待机中的张飞训练更加严苛。全军因此陷于恐怖中，大家心想："除非车骑将军死掉，否则我们就性命不保了。"

这期间张飞的虐待倾向似乎变本加厉，听到被鞭打的将兵哀号，竟然露出可怕的笑容。这时候要是有人杀掉张飞，就成了全军的救世主。被折腾得半死的将官张达和范疆，商定要杀掉张飞，取他的首级下西汉水，向孙权阵营投降。

阆中有一万名将兵，总帅的官邸理应警备森严，但是，张飞的头还是被

砍了下来。

此次的暗杀行动应当有人知道，但大家必定都佯装不知。因为张飞深夜被杀，隔天早上才有人传报发现没头的尸体，让人觉得疏忽得离谱。

相当于统帅部主官的营都督急忙向成都的刘备禀报此事。

"什么？阆中营都督来报……莫非张飞死了？"

摊开报告书之前，刘备垂下肩，长叹一口气。

张飞身为皇帝的义弟、皇太子妃的父亲，甚为得意，所有从巴西郡给成都的联络，一定以"车骑将军张飞"的名义发布。

"只有我才可以向皇帝报告，任何人都不许随便向皇帝上表。"

张飞认为这是理所当然的。因此从巴西来的报告，全部都来自张飞。这次却说是"营都督"的报告，表示张飞必定不在。刘备开封之前，已经可以猜出内容了——果然正是张飞身亡的报告。

"连张飞也……"

刘备紧握报告书，从座椅上站了起来。

关羽是小刘备一岁的义弟，张飞则和刘备相差七岁。虽然两人性格不同，但对刘备来说，关羽是可信赖的弟弟，张飞则是可爱的弟弟——现在这两人都去了。

刘备紧握着报告书的手，微微颤抖着。孔明一直凝视着那只手，他知道要阻止东征的复仇战，已经是不可能的事了。

三

"朕想让孔明兼司隶校尉。"

过了一阵子，刘备坐回玉座，轻轻地将报告书摆在桌上，然后说道。

司隶校尉是张飞身为车骑将军、巴西太守之外又兼着的职位，地位其实远比太守更为重要，负责全国的治安，是军警界的最高职位。

孔明原本已担任丞相这个行政最高首长的职务，现在又兼任具有逮捕权的公安首长。这无疑表示，刘备想亲自统率东征军，要将留守事宜全权委诸

孔明。

刘备统率诸军离开成都，时间在七月。他在当年四月才刚即位，改年号为章武。魏则在年前由曹丕即帝位，定年号为黄初，当年已是建国第二年，时间为公元221年。

孔明留在成都，江州由赵云驻守。二人都是不赞成此次东征的重臣。

皇帝亲征的部队，下长江，进至荆州境内的三峡，布阵于白帝城。三峡是瞿塘、巫、西陵三个峡谷的总称。从蜀下长江，先到三峡的第一峡瞿塘峡。此峡自古有巴蜀咽喉之称，为一天然要塞。白帝城便矗立在峡谷之上。

刘备出征的消息，当然震撼了东吴。孔明之兄、担任东吴南郡太守的诸葛瑾，立即传递书信给刘备。

奄闻旗鼓来至白帝……

这封亲笔信函开头这么写，内容委婉，说刘备太重私情，恳请再三思。

> 陛下以关羽之亲，何如先帝？荆州大小，孰与海内？俱应仇疾，谁当先后？若审此数，易于反掌矣。

"数"是道理，信函的意思是，探究道理的话，陛下对关羽的情和对先帝的忠诚，何者重要？又，荆州与海内哪一个较大？同样是仇敌，哪一个应该摆在前面？只要简单想想就知道。

献帝让位于曹丕，引退成为山阳公，但在蜀地传说献帝是遭杀害了。否则纵使献帝退位，只要还活着，刘备就无法即位。

关羽和先帝都被杀了，杀关羽的是东吴军，杀先帝的是魏，同样是仇敌，应该先讨伐哪一个呢？陛下应该很清楚。荆州只是一个州，陛下考虑的，应该是整个海内的事。

刘备看完这封信，蹙起眉头，下令说："不可回信，保持缄默。"

诸葛瑾仍然不死心，又派使者至白帝城，试图说服。但，刘备还是不为所动。

由于诸葛瑾的劝说行动太过热心，引人注意，不免被怀疑"和弟弟孔明通谋"。于是，"诸葛瑾通蜀"之类中伤的话，传至孙权耳中。不过，孙权却

说："我与子瑜曾立下死生不易之誓。子瑜不会背叛我，如同我不会背叛子瑜。"

孙权完全不理会这些中伤的话。

尽管如此，孙权还是着手准备迎击。孙权任命陆逊为大都督，其麾下有朱然、潘璋、宋谦、韩当、徐盛、鲜于丹、孙桓诸将，兵力为五万。

相对地，刘备授吴班、冯习诸将四万兵力，沿长江进至秭归，途中击溃了东吴国境守军。秭归在过巫峡、接近西陵峡之处，附近山地有当时被称为武陵蛮夷的少数民族，他们投靠了蜀军。

知道刘备开始东征，东吴立即展开外交活动。因为要和蜀交战，必须和魏维持和平关系才行。东吴派遣使节至魏，遣还俘虏于禁。孙权在亲笔书函上还自称"臣"。

于禁是曹操创业期的名将，与蜀交战时被俘，后来关羽败给东吴，又成了东吴的俘虏。

已经白发斑斑的于禁，一见曹丕，慨然掉泪。曹丕引用春秋时代曾被俘虏又获登用的故事安慰于禁，并任命他为安远将军。于禁表示想去参诣先帝（曹操）陵墓，获得准许。但是，曹丕却令人事先在陵屋的墙壁上描绘关羽奋战、于禁投降的情景。于禁看了，羞愧万分，终至病发而死。宋代撰写《资治通鉴》的司马光，批评曹丕说，文帝废掉或杀掉于禁都无妨，何必在陵屋上绘图羞辱人？这哪称得上为人君主？

称臣意味着东吴向魏投降。魏国众人莫不面露喜色，唯独刘晔主张不该接受东吴投降。

"孙权之所以低声请求归降，必定是情势所逼，可能是遭到刘备攻击。眼前想必民心不安，面临窘境，陛下应趁此时进兵取下江南。"

刘晔在大臣会议发表这个意见，但未为曹丕采纳。

"人家称臣来降，我们还出兵攻伐，岂有此理。这样以后谁还敢来投降？"

这是曹丕的理论。

曹丕封孙权为吴王，又遭刘晔反对。刘晔认为可以赠他将军的称号，封他十万户之侯，唯独不可封给王号。曹丕仍没采纳刘晔的意见。

曹丕还想封孙权之子孙登为万户侯，但被孙权推辞，理由是："年龄还

太小。"

孙权特地派遣吴兴表达谢意,并郑重辞退。

因为刘备攻来了,孙权才不得已与魏和睦,他并不想和魏牵扯过深,为的是想尽可能保持行动自由。

四

东吴大都督陆逊娶孙策的女儿为妻,等于是吴王孙权之兄的女婿;已故的吕蒙推荐他为后继者,可见他是个有能力的人。对于蜀汉来攻,陆逊采取的战略是:后退作战。也就是,不太抵抗,一味后退。如果敌军攻来之前便撤退,敌军可能会担心对方要什么策略,而有所警戒,因此略微交战之后,再佯败撤退。

"大都督畏惧敌军吗?"

面对年轻将领的诘问,陆逊解释说:"我打算把敌军引到对我方有利的地方。"

由于是复仇战,蜀军必然斗志高昂,加之蜀军从上游攻打下游,倾斜的地形对上游有利,这种形势超乎兵力,更何况出三峡没多远,长江水流湍急。

"蜀军在高处,我军在低处,这种情况打不得。"

陆逊殷切地向将领们说明,他担心不让他们了解作战的方针,也许会心生动摇。

陆逊的策略是后退引敌,一直到双方在相同高度的地方再作战。其间养精蓄锐,等敌方露出疲态时,趁机一举将之击溃。陆逊连续好几天端详同一份地图,并召集长江沿岸的人,请他们说明地形。

"就是夷陵!"

陆逊注视着地图上的一点,耸动肩头,深深呼吸。夷陵在现在湖北省宜昌市一带。

蜀汉军终于进至夷陵。刘备赐予黄权镇北将军的称号,令他进至长江北岸,刘备打算亲自攻打长江南岸。黄权反对这种南北并进的策略,他建

议让他当先锋，刘备镇守后方。黄权的理由是：进易，退难。蜀汉军进攻的时候，是从高处往低处移动，甚为轻松；但撤退的时候，则从低处往高处移动，较为困难。

但是，刘备脑中根本没有撤退这种念头。他下令："从巫峡的建平至夷陵，营营相连。"

如果队伍拉长，沿着长江南岸进攻，侧面恐怕会遭到攻击。因此，刘备命令军队一边进军，一边插立木栅，以防侧面攻击。从建平到夷陵号称七百余里，实际距离在三百公里以上，蜀汉军构筑一条长栅栏，形同长城。

陆逊适度撤退，到闰年五月以后，才转势反击。这之前并没有像样的战斗，都是蜀汉军单方面的进击。

"以五成的力量应战，然后撤退。"

大都督陆逊对前线统领下达如此怪异的命令；与此同时，他又命令东吴主力军准备夜战。"简直没什么抗拒。"蜀汉军一路进击，慢慢发觉对手东吴军根本没战意，但可能会在某个地方转势反击，因此也不敢疏忽警戒。

"注意！敌军反击了！"

东吴军展开前所未有的激烈抵抗，蜀军全力作战。这支东吴军便是奉命以五成力量抗战的军团。尽管敌军一味后退，蜀汉军亦不敢掉以轻心，因为敌军不可能就这样不反击。果然，这时候敌军开始反击了。

然而，这支转势反击的东吴军，任务就是要让蜀军掉以轻心。虽然他们只以五成的力量作战，却也令先前没遭到多少抵抗的蜀汉军觉得已是激烈抗战了。

蜀汉军击退这支敌军，松了一口气，也才开始真正掉以轻心了。这时已是黄昏。

"让他们尝到苦头了。"

"他们也不过如此而已。"

将兵你一言、我一语，边说边解下武器，脱下军服，正当要休息之际，东吴军发动总攻击。

"全员拿茅！"大都督下令。

茅是用来铺盖屋顶的长草，晒干之后点上火，就成了火把。东吴军将茅

一一点燃。蜀汉军正处于松懈的状态，一下子就陷于火海之中。进军时所构筑的长栅栏也全都着火了。

参与这次火攻的，是潘璋、朱然诸将所率领的五万将兵，正是所谓的精锐，主力此刻正攻向夷陵的马鞍山。

东吴军没有全力应战，却仔细侦察蜀汉军的动静，因而得知刘备本营设于马鞍山。

五万把茅被点燃的那一刻，可以说已经决定了胜败——刘备尝到未曾有过的大败。史书记载：

土崩瓦解，死者万数。备因夜遁……

东吴军追击甚急，刘备一行在石门拾捡丢弃的战袍、盔甲，堆积成山，然后放火燃烧，好不容易才免于被追击。但跟随在刘备后面的蜀汉将兵，也因此无法越过火光熊熊的焰山，被追击而至的东吴军杀死。

张南、冯习、沙摩柯等蜀汉军诸将，都在乱军中战死。沙摩柯将军是自称波斯王族的怪人。马良将军拉拢武陵少数民族，此次战役如果胜利，军功当属第一，但亦不幸战死。杜路、刘宁等将军则向东吴投降。

当时在江北的镇北将军黄权，没向东吴投降，反倒投降于魏。

刘备苦心调集的兵船，全都遭东吴军烧成灰烬。史书记载当时惨状，曰：

尸骸漂流，塞江而下。

刘备备尝艰辛，好不容易才逃到白帝城。

东吴军的徐盛、潘璋、宋谦等将领，主张趁机攻略白帝城。他们的说法是，对方已兵败丧失斗志，我方趁势进击，一举将可生擒刘备。

孙权的本营中，主战论也十分高涨。

"不妨听听前线司令官的判断。"

孙权决定听听陆逊的意见。

"如果攻打刘备的居城，对方必定拼死一战，且成都的诸葛孔明和江州的

赵云也一定倾兵而出。我军一旦包围、死盯白帝城，魏的动向恐难预测，必将造成我方不安。因此，属下认为应该就此离去。"

不仅大都督陆逊，朱然、骆统等军方首脑都持相同意见。

"那就撤兵出三峡吧。"

孙权终于下决定。

事实上，孙权早已接获魏正在动员的情报。

"助吴讨伐刘备。"

这是魏表面上的动员理由，但孙权疑心魏的真正用意，而且也担心在成都的孔明。

五

不论谁来看，都认为这是东吴的大胜。

此战令蜀汉实力急剧萎缩，东吴信心大增。这一事实必然对天下的动向产生影响。然而东吴是害怕蜀汉的进攻，才与魏结盟的；魏则因为东吴前来靠拢，而要求东吴以继承人孙登（孙权之子）为人质。当东吴还畏惧蜀汉之际，此举是否值得或许还有待商榷，但东吴却在这时候大胜蜀汉了。

"对乘人之危提出各种难题的魏，我方非随时拥有自主性不可。"

东吴逐渐形成这种舆论。既然魏提出无理的难题，东吴似乎应该考虑与蜀修好，展开共同抗魏的外交。

此种声浪日渐高涨。

在成都的孔明通过佛教徒、五斗米道徒等各种渠道，搜集情报，费尽心思去分析。

"还是只能和吴联手抗魏。"

孔明心里这么想，但担心现在主张和刚交战的对手合作，必然引起极大的反弹。同时，也必须将刘备的情绪考量在内。

"此次全是朕的责任，罪在朕身上。"

第十八章 白帝托孤

在白帝城的刘备已表明"罪己"。镇北将军黄权投奔魏国,接受曹丕赐封官爵。在蜀国的黄权家里当接受处罚,但刘备却下令保护黄权的家族。

刘备开始怯懦了。一些臣下、但也是长年同甘共苦的伙伴陆续战死,怎不教他怯懦呢?刘备的怯懦不只是心理上的,年过六十岁,实在也经不起长年的奔波、劳累了——他的身体也已经不堪摧折了。

刘备经常身体不适,卧病在床。

"请丞相来一下。"

病床上的刘备命令道。这之前侍臣也多次问他,"要不要请丞相来?"但刘备一直摇头,表示不用。多少也觉得无脸见孔明。这一次刘备觉得非召见孔明不行了。

"朕对不起丞相。朕知道丞相一直反对这次出征。"

侍臣们个个表情沉痛,认为此次传唤丞相,必定是要托付后事。

"终于来了。"

孔明在成都丞相府,接获来自白帝城的使者传达刘备召见的命令,妻子绶对孔明这么说。

"不得不啊!"

刘备预感自己将死,才召唤孔明。孔明心里也明白。

孔明离开成都,下江前往白帝,是在翌年二月。此时刘备已将白帝改名为"永安"。孔明抵达永安的前一个月,魏将张郃南下,击破吴军,夺下江陵中州。但孔明到达永安之后,却传来魏军全面撤退的消息。

"吴将潘璋着手展开火攻,魏军害怕因而北去。"

东吴使者如此报告。不过,江南佛教徒却告诉孔明说:"魏军疫病蔓延,不得不撤退。"

去年底,蜀汉太中大夫(专掌宫中论议)宗玮,与东吴同属太中大夫的郑泉接触,两国又恢复邦交。东吴和魏因人质问题谈不拢,关系反而恶化,同时,也为争江陵中州干戈相向。不过,东吴和魏的关系并未到决裂的地步。

主要是因为政局复杂,虽然好不容易维持三分天下的局面,但何时会发生何种变化,实属难料。

说是三分天下，其实魏占了天下的八成，蜀和吴占剩下的二成。魏确实占领幽、冀、青、徐、豫、并、雍、兖八州，虽然没有直接统治凉州，但凉州顺服于魏。相对地，蜀占益州，吴占扬州，两者互争荆州。

不过，形势亦在变化当中，如吴虽然只有扬州，但南方的交州大抵属于它的势力范围。交州包括现在的广东及以南的广大地域，以前人口相当稀少，后来来此避战乱的人愈来愈多，居然意外地繁荣。中心都市交州，即日后的广州。

而益州虽说受蜀汉统治，其实南部的建宁、云南、永昌等郡，仍未纳入蜀汉的统治范围，这些郡的面积足以匹敌中原数个州，极具潜力。

孔明对病床上的刘备说："比起魏，蜀和吴虽然小，但背后隐藏很大的潜力。"

"朕记得你说过，魏一旦被追窘了，就无路可退了，咱们蜀和东吴还可以往南逃。当时朕听了，把它当作戏言。现在朕懂了，是隐藏有这种力量，只要和东吴并肩，就能三分天下。"刘备说道。

和精神好的时候相比，刘备说话的速度慢多了，时而还要歇气。

"东吴也在注意南方。"孔明说。

"是吗？孔明，你曾说过南征比东征优先，看来，你说的没错。"

刘备无力地笑着。

"士燮已经八十五岁。"孔明说。

交州的实力者士燮，是个沉稳的人物。他服从于吴，送人质去，每年不会缺少明珠、玳瑁、犀角、象牙等献纳。孙权一心想占领交州这个半独立王国，但只要有顺从的士燮在，就无吞并的口实。然而，士燮业已高龄，在世的日子也有限。他一死，东吴势必染指，夺下贸易据点之后，东吴国力将有飞跃性的发展。

"孔明，你对于孙权打交州的算盘，有何看法？"刘备问。

"和魏对抗，自然得与东吴结盟。同盟国变强盛，理当是可贺之事，但是……"

孔明说到这儿打住了。

"但是什么？"

"同盟的两国，必须力量均衡才行，不可一方太强或一方太弱。"

"哦，又是要南征了？"

刘备脸颊略微松缓下来，并闭上眼睛。

东吴如果取下交州，国力的增强将超乎想象。中原的战火使众人先往荆州聚集。等到荆州成为蜀、吴争夺的对象时，众人又再往南移。在南方有士氏的稳健统治，还有交州的繁荣贸易。有业兴、无战乱，使许多人往那里移民，促进了那里的活力。

佛教徒中也有很多人移至交州。南海早就形成了佛教圈，他们可以在和当地的贸易上大展身手。孔明通过他们，获得确实的情报。

如果只有东吴扩充国力，蜀汉维持不变，同盟关系势必不牢靠。

六

蜀汉章武三年（223年），是魏的黄初四年；孙权在前年被立为吴王，采用黄武的年号，因此，也是吴的黄武二年。

这一年四月的癸巳之日，蜀汉皇帝刘备去世，离孔明从成都赶去白帝城才过两个月。

"你的才能足足有僭称者曹丕的十倍，一定可以安邦定国，完成大业。如果朕的嗣子值得辅佐，就请你辅佐他；如果他没有才能，你取代他亦无妨。"

这是刘备给孔明的遗嘱。

——君可自取。

这遗言可真够强烈的了。

刘备知道孔明的抱负，也了解他对君主的忠诚，然而刘备也知道孔明的理念贯穿着"为天下万民"这个大原则。

选择好君主，将万民拯出战乱，才是孔明的第一愿望，刘备很庆幸自己被孔明选中。但是，自己的儿子刘禅是不是当君主的材料，刘备可就没把握了，不知道他是否够格被孔明选中？如果刘禅不行的话，你孔明就不要勉强为之。你不仅有王佐之才（辅佐君主的才能），也具备经国之才，你大可取而代之，自己干。

病体无力，刘备无法多说。不过，他心想短短数言，孔明应该可以明白他的心意。

刘备临终留下这番遗嘱，被视为历史上一段精彩绝伦的演出。《三国志·诸葛亮传》写道：

> 亮涕泣曰："臣敢竭股肱之力，效忠贞之节，继之以死！"

意思是，孔明发誓愿当主君之手足，竭尽辅佐之能事，一直到死为止。

接着，刘备又叫太子刘禅至榻边，说：

"朕原以为只是下痢而已，没想到又并发为其他毛病，现在已经不行了。人只要活到五十岁，就不算夭折了。朕已经活过六十岁，并没有什么遗憾了，只是挂心着你们兄弟的事……丞相说你聪慧，如果是真的话，那朕就没什么好担心的。你要好自为之。坏事再小也不要做，好事再小也得做。你的父亲仁德浅薄，切勿模仿。多读《汉书》《礼记》诸子之作，《六韬》《商君书》也很有助益……朕死后，你们要待丞相如父亲，好好和丞相学做人处世的道理……"

刘备教谕十七岁的儿子，也太过细微了，想必刘禅还欠缺当君主的器量。

刘备一死，孔明令中都护李严留在永安，为刘备守柩，自己则返回成都。刘备被追谥为"昭烈皇帝"。

皇太子刘禅在成都即位，并发布大赦令，改元建兴。一般都是在皇帝崩逝的翌年才改元，但蜀却在新帝即位就改元了。因此，从章武三年五月开始，就变成建兴元年。

失去皇帝刘备的蜀汉，不可能一切都安然无事地由新帝承继下来。早在刘备卧病在床那时候，就已经开始出现动摇的征兆。

汉嘉太守黄元，在孔明被传唤去永安之前，就举旗叛乱。他似乎心想，刘备一死，蜀汉势必大乱，会出现群雄相争的局面，因而先举兵下手为强。黄元本来就讨厌孔明，他料想刘备死后，少年皇帝当朝，孔明的权力必定更为扩张，他当然要先发制人了。

孔明前往永安之后，黄元率兵攻击临邛县，但被蜀军击退。撤退中，黄元被部下拿下，送至成都，遭到处斩。

第十八章 白帝托孤

刘备才刚死，蜀地南方便发生骚动，是交州士燮策动的。士燮虽然臣服于吴，被孙权任命为交州太守，但可以说是半独立的政权。孙权一直想从士氏政权手中取下交州，作为直辖领地，只是在等候时机罢了。士燮已八十五岁高龄，孙权想趁他死的时候展开行动。士燮也察觉此事，想尽办法要令交州存活下去。

办法之一，是将势力伸进蜀地南部的少数民族圈内。如此就算孙权想打击士氏政权，也无法太过深入，可以避免受到致命伤害。况且，纵使被孙权逼紧了，也可以逃至蜀地南部，只要构筑能持续抵抗的基盘，东吴也不敢轻易出手。这是士燮打的算盘。

被汉族称为"西南夷"的少数民族头领雍闿，和士燮取得联系，在其援助下，公然对蜀发动叛乱。他首先攻杀建宁太守正昂，继而捉拿蜀汉派遣的正昂后任者张裔，将他送至东吴。牂牁太守朱褒和高定、孟获等地方领袖，也在雍闿的怂恿下举兵叛乱。

孔明被新帝封为武乡侯，并获准开府（自己的政厅），还被授予"益州牧"这个刘备即位前最高的官职——当然他的责任也相对更为重大。

关羽、张飞和皇帝刘备——三位缔结兄弟之盟的英豪，几乎正好相隔一年相继去世。

官拜"太傅"此形同名誉职却是蜀汉最高地位的许靖，早刘备一年去世。由于年过七十，且终日只顾清谈，他的死并没有给蜀汉政局带来多大的影响，但他毕竟是天下名士，因此，"蜀巨星殒坠"的消息，也传至魏与吴。

凉州军阀二世马超（马腾之子），曾自号征西将军、并州牧。投蜀之后，和平西将军、左将军、车骑将军张飞并列，晋升为骠骑将军。他也继许靖之后不久亡故，年四十六岁。马超被曹操逼近蜀地时，刘备正在包围成都，苦于久攻不下，而马超的加入使刘备阵营获得一大助力。加之，他所率领的军队中，有许多藏系的氐族，他颇用心于民族的融合，因此，他的死对军队内汉族以外的诸民族不能不有所动摇。

蜀因征吴之战惨败，丧失许多人才。其中最大的损失，莫过于失去年轻的白眉马良。

"士元（庞统）、孝直（法正）、云长（关羽）、翼德（张飞）、孟起（马超）、文休（许靖）、季常（马良）……还有子初（刘巴）……"孔明数念着已去世的堪称蜀汉柱石的众英豪字号，不觉叹起气来。

刘巴在法正死后，担任尚书令，负责蜀汉的政务。本来刘巴和刘备素有深怨。

"如果重用怨敌刘巴，将能安定蜀之人心，并取得天下之信服。"

建议重用刘巴的人，正是诸葛孔明。孔明并不只为收揽人心重用刘巴，也因为他很赏识刘巴的才能。刘巴也深知自己在蜀汉的立场，一直过着清俭的生活，完全免除所有私人交际。"非公事不言。"他的寡默如同传记所描述。刘备即帝位时，刘巴负责撰写奉告皇天后土神祇的文书。刘巴也在刘备崩逝前一年去世。

"汉升（黄忠）也……"

赵云在一旁插嘴，说了一位武将的字号。关羽死后翌年、张飞死前一年，后将军黄忠也告别人世。

"人才……培育人才，是吾国当务之急。"孔明说。

蜀汉的确需要新的人才。和刘备一起入蜀的将领，都已经年迈，必须擢用当地出身的人才。

"南方的事情该当如何？"赵云问。

"至少要休兵一年。"

"属下也认为如此。"

赵云点头。

非休兵不可，因为必须等夷陵大败的后遗症痊愈才行。

"较诸用兵南方，与东方和睦更为优先。"

孔明捻须说道。如果不与东吴保持和睦，蜀汉便无法安定。蜀地南方的叛乱，背后有东吴撑腰。孔明希望南征之前能和东吴修好。

于是，丞相府聚集了许多有能的人才。因反对东征而下狱的处士秦宓也出仕丞相府。蒋琬、费祎、李邵、马勋、董允、宗预、杜微、五梁、郭攸之……肩负兴盛蜀汉的众人，都是出身于丞相府。

第十九章 出师表

一

"又'放炮'啦？骨头还真硬啊！"

"没被杀可真庆幸！"

"这种人真罕见。"

东吴的虞翻又被降级的情报传进蜀地，众人如此交头接耳地谈论着。

虞翻，字仲翔，会稽余姚人，是知名的学者，曾注释《易经》，学问超出当时的水准甚多。虽然学问如此优秀，但他目中无人。他原本为孙权之兄孙策所拔擢，不知何故与孙权处不来。他说话往往不给人留颜面，即使对孙权上谏言，也直言不讳，弄得孙权火冒三丈，把他贬至丹阳泾县。

东吴大将吕蒙出兵讨伐关羽之际，曾要求孙权："臣有病在身，可否携虞翻随行？"

孙权应允。虞翻也精通医术。

孙权在宴会上有强迫部属灌酒的坏习惯。有一次，孙权又醉眼蒙眬地提着酒壶，勉强家臣喝酒。虞翻看到孙权走近，当场躺下来，摆出烂醉如泥的模样。孙权才一走过，虞翻立刻坐起身子，毫无醉态。不巧的是，偏偏这时候孙权回过头来，看到虞翻一副若无其事的表情。

"这家伙真是岂有此理，给我斩了！"

孙权当场嚷道。大司农（农业部长）刘基拼命劝止，虞翻才得以保命。

这次左迁，原因亦是虞翻失言。

有一天，孙权和元老张昭聊起神仙之事，提到多羡慕神仙，想去修行之类的话，虞翻正好经过，便说了一句："你们都是死人。"

"你说什么？"

孙权脸色大变。

"这个世界哪来的神仙？神仙只有那个世界才有，会谈神仙等于是死人。"虞翻毫不畏惧地说。史书记载：

> 权积怒非一……

意思是说，孙权对虞翻已积怒多时，这不是头一遭。孙权借此次的"死人问答"，将虞翻贬至交州。

"动作不可太快。"

诸葛孔明在成都的府邸，听到虞翻左迁的消息，双手交叠着如此说道。

"仲翔先生这次左迁，是不是时机不太对？"孔明的妻子绥问。

"东吴可能在交州有什么打算，不可掉以轻心。"孔明回答。

吕蒙和关羽交战，特意带虞翻同行，为的可能不只是虞翻高明的医术。孔明认为东吴对关羽之战，胜利得益于虞翻的"建言"，吕蒙不是拉虞翻去当随军医生，而是请他当参谋长。

"我听说他一喝酒，就什么分寸都没有了。"绥说。

"这可能是他故意作态的。"

"你会不会想太多了？"

"不会。"

孔明语气相当坚决。关于虞翻的种种传说，孔明一向不会有什么就听信什么。徐季所领导的豫章那批佛教徒，一直为提供孔明情报。他们所告知的虞翻这个人，和传说中的虞翻怎样也拼凑不起来。这只能说虞翻是故意塑造这样的形象。问题是为什么？

虞翻被贬抑到泾县乡下时，当地正发生相当严重的农民反抗运动；接下来，他又被拉去参加对关羽的战役……有重要问题发生的地方，都有虞翻的份儿。但是，表面上，虞翻去这些地方，不是因为左迁，就是去当随军医生。为什么非掩饰不可呢？这一次因"死人问答"惹孙权生气，而被流放到偏僻之地。孔明却觉得这当中另有文章。

交州虽然是东吴的势力范围，但可以说是士氏的独立王国。士氏政权独占与南海诸国的交易，孙权当然想从士氏手中抢得交易之利。由于士氏表面上摆出臣服的姿态，如果东吴强行夺取交易权，必然招致士氏激烈抵抗。失去交易之利，士氏政权就无以维持。

与北方的魏、西方的蜀汉鼎立的东吴，眼前已经经不起激战，只能以温和的手段取得交易之利。

"你到当地看看有什么办法？"

虞翻此次必定承受孙权这个意旨，才前去交州的。交州与蜀地南部相连，交州发生的事可不能单独来看。身负特殊任务的东吴之士，目标除了交州的士氏政权，恐怕也指向蜀地南部。

"现在对南部得多加注意了。"孔明自言自语道。

孙权除扰乱士氏政权，甚至派遣虞翻到蜀地南部展开各种活动。

所谓三国鼎立，其实是"一强二弱"。曹氏的魏太过强大，其余二弱为避免遭各个击破，只有结盟一途。魏如想攻吴，会担心背后被蜀偷袭，而不敢倾全力；攻蜀时情况也是一样。

东吴和蜀汉，任何一方都会因对方变得太弱而烦恼。一旦失去袭击魏后背的实力，魏就可以安心地倾全力各个击破。刘备死后，蜀汉内部又有不少人主张与东吴结盟。这是当然的事，因为别无选择。不过，孔明一直对主张结盟的人说："暂时观察情形再说。"

孔明在脑中搜寻适合出使东吴的人，并找到了中意的人。只要这个人开口说出结盟的事，孔明就打算立即任命他为出使东吴的使节。

孔明中意的人是邓芝。邓芝的辩才毫不夸张，但该说的话一定说得淋漓尽致，且他会尽量站在对方的立场思考问题。此外，邓芝是东汉司徒邓禹的后裔，必能讨喜爱名门的孙权欢心。有一天，邓芝向孔明说明与东吴缔结友好关系有多重要，还说应该派遣大使去。

"这件事我也思索好久了，就是找不到合适的人。不过，现在总算找到了。"孔明回答。

"那个人是谁？"

"就是阁下。"

孔明的眼光是正确的，邓芝果然达成任务。日后，大凡有关两国的外交问题，孙权一定指名邓芝为交涉对象。

二

丞相府的后面，便是诸葛家的住宅。虽然不算很大，不过，那个时代稍有地位的家庭，都雇有数十名用人。诸葛府中的男女用人，有一半来自西南夷。

有一天，诸葛夫妇对贴身的侍女，名唤阿绵的少女说："为了方便你工作，你可以找熟人、亲戚来帮忙。"

"他很擅长马术，可以派他到远方办事。"

于是阿绵引见了一位三十多岁的精悍男子，时间在邓芝刚启程出使东吴的时候。男子自称叫"朗"，虽然是西南夷人，却很会说汉语，几乎没什么腔调，且不仅会说，还会读、写。孔明很喜欢他，骑马外出时，经常带他随行。如同阿绵所说，他的确是名骑马高手，而且可以配合对方的骑马技术。

"你很像一位叫伯苗（邓芝的字）的人。"二人骑着马在郊外奔驰时，孔明对阿朗说。

"这位先生是什么样的人？"阿朗问。

"他懂得站在对方的立场思考、说话。你也一样，很懂得配合我的骑术。"孔明回答。

孔明刚接获消息，说邓芝已经抵达吴都建业，还不知道交涉的结果，但是孔明对邓芝有信心。邓芝离开成都之前，曾向孔明出示即将给孙权看的表文草稿，开头这么写着："臣今来亦欲为吴，但非为蜀也。"

意思是，我虽然是蜀的使者，但此番前来不是为蜀，而是为吴。孔明看了，会心一笑，建议他说："你就尽量站在东吴的立场发言吧。"

"丞相刚刚说小的懂得配合丞相，这是怎么说呢？"阿朗低头问。

"就是那样啊。你跟伯苗一样，很懂得对方的心。"

"是吗？丞相。"

"至少你很用心去揣测对方的心思。"

"不！"阿朗这次摇头说道："小的完全不懂丞相的心。"

"不！你很用心在揣度，也许你现在还没懂我的心，但真的不是吗？难道你不是为此而来的吗？"

孔明说着勒住马，就在他才刚要动手这么做时，阿朗已经先勒止了马，简直像是反射动作。

两人在马上相互对看一阵子，高大的孔明在略高的角度凝视着阿朗，阿朗则毫不退缩地承接着孔明的视线。

"阿朗，报出你的本名吧。"

孔明说。表情有点严厉，但声音柔和。

"孟获。"自称"朗"的男子回答。

"你是建宁的渠帅（领袖）？"

"丞相很清楚。"

孟获说道，脸颊肌肉稍微松弛下来。

巴蜀的汉人，尤其是近年来为避战乱而来此地的汉人，对统称为西南夷的少数民族几乎漠不关心，其实，如同俗称的"百蛮"，西南夷分成许多部族，非汉人所能理解。孔明一听孟获这个名字，立即猜出是建宁的渠帅，可见孔明对西南夷的了解极为详细。

建宁即当今云南省曲靖市，在昆明市东北方约一百三十公里处，源头在建宁的南盘江，当时被称为温水，现在仍有很多彝族住民。泸水（现在的金沙江）亦离当地不远，顺着此河，可以很快抵达江阳郡（现在的四川省泸州市）和江州（现在的重庆）等汉族居住区。因此，建宁的西南夷汉化的程度很高，首领等上层人士的学养并不逊于汉族。

孔明和孟获很契合地都下了马，把马拴在路边的柳树干上。此路一直通往成都城西郊的灌县（现在的都江堰市），时值十月的冬天，田园却还是一片秋天的景色。

"前面有一块石头很好坐。"

离柳树不远处，有一块大石头，上面很平滑，正好可以容两人坐下。孔明坐下之后，孟获略微迟疑，但很快地坐在孔明身边。

这时候有两名道士模样的人路过，二人头上都包着黑色头巾。总坛设于

诸葛亮

汉中的五斗米道在当地颇为兴盛，教主张鲁归降于曹操，目前官拜魏的镇南将军，受封为一万户的阆中侯。

"蜀地的五斗米道，虽然教主不在，教势却仍旧不衰。教主张鲁应该算是选对了路，不是吗？"孔明问。

"张鲁的女儿嫁给曹操的儿子，与其说张鲁选对了路，倒不如说曹操顺利地收编了张鲁的势力。"孟获回答。

"不过，并不是所有的势力。前面那两个人，"孔明指着刚路过的两人背影，"就没有成为曹家的臣下，一直当蜀民。曹操也未必真的那么顺利，不是吗？"

"哦。丞相意思是说，没有完全收编就不算成功啰？"

"没错。散落的子民很悲哀呢。"

接下来，一阵静默。

两名道士模样的人走进山丘暗处，再也看不到了。

先打破静默的，是孟获。

"丞相想收编西南夷吗？"

"没错。"孔明回答。

"太难了。"孟获说，"渠帅们各有各的想法。"

"也许是因为受到交州方面的煽动。"

"是有不少人相信那些甜言蜜语，像我这样不信那一套的，算是少数。"

"你为什么不信？"

"如果是士燮的话，我就相信。但他已经八十五岁了，不可能永远活着。他死后，交州就失去约束的力量。"

"仲翔那位古怪的学者被流放到交州来了。"

"仲翔大概是东吴并吞交州的参谋，他的谋略也伸展到西南夷来了。"

"孟获啊，你又是为什么来这儿的呢？想评判东吴和蜀汉的实力吗？那你觉得哪一方强呢？是不是要依靠强的一方？"

"我们评判的不只是用力量……还有用心，就是心啊！"

两人又沉默下来。

"心吗？"

过一阵子之后，孔明喃喃地说。

"我们重视心,甚于力量。所以,我亲自来这儿,我必须亲眼观察才行。"孟获说。

"心可以用眼睛去看吗?"

"我想是可以的。"

"也许用心去看,比用耳朵去听更容易看清楚吧?有什么话想问我吗?"

"像山那么多。"

"那你就先问山的一角吧。"

孔明从石头上提起腰身,站立在坐着的孟获眼前。

三

孟获本来就倾心于孔明。

"绝对不能再让一百七十八年前的悲剧重演。"

孟获突然提到一个明确的年份,孔明并没有反问,他知道孟获指的是建武二十一年(45年)的事件。

西汉末年,在王莽的时代,天下紊乱,西南夷出现难得的大团结。那时候出了一位名叫栋蚕的英杰,结合各民族,形成了一股强大的势力。根据孟获的说法,能统合分散成小势力、相互竞争的诸部族,是源于栋蚕优秀的领导力。但遗憾的是,栋蚕虽然有领导力,却缺乏观察时代的眼力。

混乱的天下被东汉光武帝所统一,其间已耗时约二十年。然而,栋蚕仍旧没有丢弃他的乱世观,他拒绝向东汉缴纳岁贡——象牙、犀角或西南地方的各种物产,而是企图自立,并杀害东汉的官员。益州太守繁胜出兵镇压,反而败退。东汉遂派遣武威将军刘尚出马,历经整整三年的交战,终于击破西南夷联军,处斩栋蚕,平定叛乱。

史书记载,西南夷死者高达数千人,五千七百名族民被带去当奴隶。武威将军缔下获得马三千匹、牛羊三万余头的辉煌战果。

孟获所谓的不可重演的悲剧,正是指此事。由于栋蚕没有观察力,才招致悲剧。有鉴于先祖的失败,孟获想用自己的眼睛,仔细观察这个时代。

"你用实力和心……已经得出结论了吗？"

"我们每个人都认为在实力方面，东吴胜于蜀汉。我个人也这么认为。"

"大概是吧。身为蜀汉丞相的我，也这么觉得。我们在夷陵之战失去太多将士了。"

"丞相也这么认为吗？这也难怪我们这边，把重心放在实力上面的人会主张依附东吴。雍闿、高定他们拒绝缴纳岁贡、举兵作乱，也是理所当然的吧。我就问过雍闿，东吴对我们有什么承诺？"

"东吴的承诺？"

"是啊！东吴答应免除金、银、丹（水银）、漆，还有其他的岁贡。那么，蜀汉呢？"

"现在西南诸夷作乱，一粒金子也没拿给蜀汉。蜀汉这边有人认为，只要乱事平定之后，同样也可以不要求岁贡。但我不以为意，还是会要求岁贡，这是为了壮大蜀汉。只要蜀汉壮大，西南诸夷也能蒙受其惠，两方面都能获利。也许蜀汉会要求更多的岁贡，但只要西南夷能变得更富饶又何妨？如果你们只有五两银子，我们要求四两，那就只剩一两而已。然而，如果你们拥有十两银子，就算我们要求四两，你们手边也还剩有六两，不是吗？"

"这一点我很能理解，但是，我回去向各地的渠帅们这么说，他们是不会理解的。我相信丞相，不过，我们的阵营恐怕还是会依附东吴、拒绝蜀汉。依我之见，蜀汉南征是迟早的事。这一点真是遗憾。"

"那么，孟获，你又为什么潜入我成都的府邸呢？"

"我想和丞相好好商谈战后的事，不，也包括交战中的事。我身为建宁的渠帅，势必得和蜀汉军一战吧？"

"和孟获你交战？这果真是憾事。"

"希望丞相能在尽量不杀人的情况下获胜。因为不吃败仗，我方的渠帅们是不会清醒的。"

"这对我方而言，将是艰难之战。不过，无须孟获你说，我方也打算尽量不让这场战役流太多血。我们想获取西南夷的人心，金、银、丹、漆当然也想要，但是，人心能带给我们更多的东西。"

"不过，反正这些东西都会被蜀汉派去的官员纳入私囊的。"

"等等！"孔明把手一推，"我们不打算派遣官员去西南夷各地。"

"咦？那种种施政……还有岁贡等其他事情呢？"

"我们打算任命当地的人为官员，建宁的首长，当然非孟获你莫属了。"

"这……"

"这不是在施恩惠，反而在蒙受你们的恩惠呢。如果派遣汉人官员，势必还要派军队去驻屯、守护。派了军队，就必须运送粮食去。再怎么避免流血的战争，只要是战役，就一定有人死伤，也必定会造成怨恨，残留到战后……我希望能尽早消除这种怨恨，所以决定不派遣汉人官员。而且，蜀汉也需要更多的其他官员和军队。"

孟获站起身子，伸手向前，孔明则紧紧握住他的手。

"孟获，你能不能多待一阵子？我们来计划一下仗该怎么打。"孔明说。

孟获一时答不出话来，两眼已通红而且濡湿，连嘴角也因呜咽而不能言语，只是用力点头。

"你就尽可能地跑吧！"

孔明大步走向拴着马的柳树，孟获跟在后面。好不容易可以出声了，孟获开口说："丞相，您真的替我们西南夷设想得那么周到？"

"不，我想的是天下大事。西南夷、成都的汉人，乃至魏和东吴的百姓，不也都是天下的百姓吗？"

孔明说着，跨上马，挥鞭喝道："驾！到青城山。"

当时青城山住着许多道士，然而在道士的外表下，其实有不少佛教徒。

"我教丞相南中（西南夷的居住地）的骑马术。"

孟获灵巧地跳上马，挥鞭策马，超在孔明前头。

只见沙尘扬起，才一下子他们就赶上刚才路过的那两位道士。

四

邓芝在建业圆满达成和东吴结好的任务，在他尚未回来之前，就先派急使通知成都。

"东吴只能从与蜀汉结盟或与魏通好两条路中选择其一。大王打算选哪一个?"邓芝逼孙权二选一之后,又进一步质问,"东吴与蜀汉结盟,是对等关系;与魏结盟,可是服从关系。大王可清楚?"

所谓服从关系,由以往的例子就知道,对方将会要求人质。接下来,魏帝必然会强迫吴主入朝。一旦入朝,就必须明确遵守臣从之礼。然后,魏帝可能会要求东吴太子充当侍从……难题就这样陆续上场。如果东吴拒绝,魏必声称"东吴谋叛"而兵戈相向。

"在这种情况下,我们蜀汉当然不会坐失良机,势必决议派遣远征军进入长江。这么一来,江南之地将非大王所有了。"

虽然这是一种恫吓,但条理分明。邓芝站在东吴的立场,陈述这个道理。

在会谈开始之前,孙权先摆出高姿态威压说:"本王不是无意与蜀汉结盟,而是贵国天子年幼柔弱,国土也小,而且似乎苦于不知如何扩展国势。这般窘境,如果遭到魏袭击,岂能自保?本王岂能考虑和这样的国家结盟?"

孙权此话失礼之至,然而邓芝仍旧不加夸张,从东吴的立场分析整个大势。孙权终于深深点头,说一句:"你说得似乎有道理。"

"蜀汉的国势虽然不算强盛,但有丞相诸葛孔明在,足可弥补。这就如同东吴和魏相比,虽然弱小,但东吴拥有三江之险,可以抗拒外来压力。"

邓芝说的句句是实言。

蜀汉建兴二年(224年)邓芝归国不久,轮到东吴孙权派遣张温出使蜀汉。

张温,字惠恕,吴郡人士,父亲张允亦出仕孙权,其父死后,张温才出仕。史书上记载,张温"容貌奇伟"。张温出使蜀汉时,年三十二岁,官拜辅义中郎将。

东吴使节张温当然受到蜀汉的热烈欢迎,诸葛孔明此刻正慎重准备南征,其前提是必须确实与东吴结好。

张温非常倾心于蜀汉,最令他感动的,是诸葛孔明的施政措施。一言蔽之,那是"大德"的政治,绝非施"小惠"。如同孔明对孟获所说的,减少岁贡的数额,收买当地居民人心,是"小惠";纵令增加岁贡的数额亦无妨,只要能帮助居民提高生产即可,这就是"大德"。

信赏必罚也是孔明施政的特色,它不容折扣,亦无法劝说。受惩罚的人

都不会怨恨孔明，因为他对任何人都公正无私。

回到东吴之后，张温对蜀汉的政治和孔明的人格赞不绝口，令孙权颇为不悦。日后，张温失势，有人说他偏袒蜀汉也是原因之一。

为回应张温的来访，蜀汉也派遣答礼使至东吴。这个使节团团长，再次派令邓芝担任，这也是东吴的指定。

"如果天下太平，能由二主（东吴与蜀汉的君主）分治的话，岂不是件乐事？"在建业的宴席上，孙权对邓芝这么说。

邓芝打直腰杆，答道："天无二日，地无二王。在击灭魏之后，大王恐怕还是未能体认天命。那时候两方的君主各自砥砺其威德，两方的臣下则各自尽其忠节，执起袍鼓（鼓槌与战鼓），战争这才要开始呢。"

作为亲善使节，通常都会粉饰言辞。邓芝却不这么做。上一次，他就明白表示，如果东吴臣服于魏，魏一旦以"谋叛"的口实攻打东吴，蜀汉必定进兵长江，攻打东吴。孙权就是欣赏邓芝把难以启齿的话说得淋漓尽致这一点。

"身为蜀汉的臣子，你当然会对东吴这么说。"

孙权大笑道。其实，东吴也同样急着想和蜀汉结盟，甚至可以说，东吴已经到燃眉之急的地步了。

因为魏一直频频举行水军演习，曹丕也自洛阳移至许昌。许昌位于洛阳东南方，此举明显是为远征东吴。侍中辛毗反对此次的远征，但曹丕一直决意要亲征。

"先帝屡次率领精锐南下，但只到江边就折回了。和当时相比，现在六军也未必有所增强。"

这是辛毗反对的基本理由。言下之意是，连身为战争天才的曹操，都对渡江作战裹足不前。如果军队实力增强了，就另当别论，问题是现在的兵力和以前并无两样，如此便不甚妥当。

被臣下拿来和父亲相比较，曹丕很不舒服。他一直很有信心，认为自己可以做父亲做不到的事。

魏在司州（以洛阳为中心的河南、河内、河东、弘农、平阳五郡）大动员和从事水军训练的情报，当然也传至东吴。因此，孙权急着和蜀汉结盟。

当年八月，曹丕令尚书仆射司马懿驻留许昌，他亲自乘坐龙舟南下，经

寿春，于九月抵达广陵（即现在的扬州市一带）。

相对地，东吴依据安东将军徐盛的计策，从江乘（长江南岸、镇江与南京的中间地带）至建业城，沿岸建造假楼（临时搭建类似楼阁的建筑物）。抵达北岸的魏军，就算派出侦察员来到长江中央附近，也会把南岸的假楼看成专门用来抗战的城楼。

据说曹丕临江叹道："魏虽有武骑千群，用之无所，未可图也。"

魏军最后并没和东吴军交战，就撤退北去。魏将司马懿则仍以抚军大将军的身份，驻留许昌，不知大军何时才能南下。

邓芝、张温一来一往之后，东吴和蜀汉的使节便不断相互访问。两国的结盟在短期间内不至于崩溃。

五

蜀汉建兴三年（225年）三月，诸葛孔明亲自率军南征。当时，关羽、张飞亡故，马超、黄忠也已去世，将留守部队委诸赵云，其他就无可以统领大军的武将了。

自赤壁之战以来，孔明虽然曾置身于战阵，却未曾实际指挥、操纵过大军。

"我对统帅的指挥有相当多的观摩经验，而且，我看过的兵法书比谁都多，还懂得天文。"

孔明也相当自负。

蜀汉的野战人才出现了断层，现有的武将不是体力衰弱，就是经验不足，没有适合的人。今后必须多栽培野战人才才行，问题是现在没有人可以衔接到那时候。孔明决定在第二代将军成熟之前，自己担任统帅。

孔明在野战方面虽然是第一次出阵，但他和孟获已经设计好了。孟获在诸葛府邸滞留了一个多月，彼此安排得很周详，只要按谱行事即可。

孟获提出很奇怪的条件。

孔明听完，只是苦笑，事后一五一十和妻子绶商量。

"哈！哈！这不是很好吗？"

绶笑道。孔明确定绶的笑容毫无难色，便回答孟获说："我答应你。"

"我请丞相纳阿绵为侧室。"

这便是孟获的条件。孟获认为西南夷与巴蜀汉族的融合应该从孔明这儿开始。

当时送军队出阵，为壮大声势，依惯例，官吏必须伴行一天的路程——送行的官吏是参军马谡。他是马良之弟，孔明平日对他多加注意，他既是雄辩家，也是蜀汉一流的人物。关于此次南征，孔明对马谡不知谈过多少次了。

到该分手的时候，孔明召集全军，在军队面前对马谡说："参军，我和你谈了几年南征的事。现在在这儿，你告诉我关于此次南征最重要的事。我想全军的弟兄都想知道。"

这当然是事先计划好的。孔明不想由身为统帅的自己亲口告诉全军，希望借由第三者传达——这是孔明经常使用的方法，如同让邓芝先说出与东吴结盟的事。

马谡大大吸一口气，然后慢慢吐出来，双腕环在身后，挺起胸膛，大声说道："南中诸夷靠着他们地方险峻僻远，已经好久不归顺了，就算今天击败他们，明天可能又叛乱。丞相倾军北伐，为的是要打倒强贼魏。西南夷知道此事，也了解我方一旦全军北伐，国中无兵，必定马上叛乱。我方大可以把他们赶尽杀绝，永断后患，但这不是仁者之道，而且旷日费时，没办法一下子就平定。本来用兵之道，攻心为上，攻城为下，心战是最好的策略，兵战是次善之策。所以，最重要的是获取诸夷的人心，让他们心服。"

这番话说服力十足，虽然略有自我陶醉之嫌，但的确感动了全军。"攻心"的大方针理当能贯彻所有将兵。

马谡演说结束，诸葛孔明走上台，补充道："希望诸位牢记刚刚参军所说的话。军律严如秋霜，谁要是做出令诸夷心生叛意的行为，就立刻处斩。记住，不服从我命令的人，一定没命！"

不知马谡是否被自己的话所感动，只见他两眼通红。

孔明突然想起刘备的话，那时候刘备在白帝城边喝苦药，边露出一副苦脸说："马谡话太多了。教他做什么，他能否做到自己所说的那种程度，朕很怀疑……"

刘备在白帝城说的种种，现在都可以当作遗言了。的确，马谡的能力是否赶得上他的辩舌，不无疑问。不过，身为以一门俊杰而知名的马氏兄弟之一，必定是难得的人才。

南征军编制完成，时间是在三月，而孔明的统帅部越渡泸水，则是五月以后的事了。

这期间，魏国曹丕想发兵再度攻击东吴，御史中丞鲍勋劝谏，因为去年就差点沉舟于长江。

> 圣躬（指曹丕）蹈危，臣下破胆，此时宗庙几至倾覆，为百世之戒。今又劳兵袭远，日费千金，中国（指魏）虚耗……

谏言相当严厉，触怒了曹丕，鲍勋因而左迁。

在孔明要渡泸水的同时，曹丕也率领水军进至谯。

蜀汉南征军，由马忠、李恢、张仪等部将统率诸部队。马忠部队为东路军，进至牂牁（现在贵州省遵义市南方），因为牂牁郡太守朱褒叛变，倒向西南夷。

李恢指挥南下昆明方面的军队。李恢本是西南夷出身，熟悉地理。然而，西南夷认为他是臣从汉人的叛徒，可能因此缘故，他的军队是打得最辛苦的一支。

孔明率领的主力，则为西路军，往越巂前进。

就在孔明渡泸水之前，西南夷发生内乱，叛乱首谋雍闿被杀。以前，蜀汉屡屡劝诱雍闿这位西南夷最大实力者，但因他的背后有士燮的势力，又有东吴的支援，反遭他讥讽："我听说天无二日，地无二王。现在地有三王，我们这些远僻的人哪知道该听谁的？"

雍闿个性骄慢，又太爱卖弄策略。西南夷对蜀汉叛乱，也是始于他对各地领袖散布流言："蜀汉要求胸口黑色的黑狗三百头、玛瑙三斗、三丈长的断木三千支作为贡品。"

雍闿所说的贡品都属于稀有物，例如不得弯曲的断木要三千根，每根要三丈，根本是强人所难。

孔明并没有放任雍闿的谋略不顾，一一教人传达说，这些纯属莫须有的流言。孟获也替孔明到处奔波，澄清这些流言。

雍闿可能也有一些言行令人无法信赖，才被越巂领袖高定（又作高定元、高文定）所杀。

六

《三国志·诸葛亮传》极为简略地记述此次的南征："（建兴）三年春，亮率众南征，其秋悉平。"

记事仅有九个字。可能作者认为此次南征对孔明来说，不算是重要的业绩，而改记在马忠、李恢等人的传记中。不过，没有此次的南征，可就没有北伐。因为后背不安定，就无法倾全国之兵力北上。对方可不只是西南夷而已，同盟国东吴也在这个地方展开谋略活动。要落实此地，南征还是不可避免。

雍闿被高定杀掉的那一刻，南征可以说已经成功了，因为接下来就看孟获怎么倾力相助了。

为确实平定南中，除去北伐的后顾之忧，不能只是斩杀魁首高定，既然要获取西南夷的人心，就得有进一步的作为才行。

西南夷在雍闿、高定两位首领相继被杀之后，战意已失去大半。但孟获还纠合残兵，摆出要与蜀汉军抵抗的姿态。接下来的战役，就按照孔明和孟获商定好的剧本上演，如同孟获所期望的，蜀汉军尽量避免流血。

孔明下令："只能心战，不可杀死孟获，一定要生擒。传下去，说这是我的命令。"

孔明最担心的是，在这场"模拟战"中，蜀汉兵要是误杀孟获，可就坏了大事。

于是，上演了"七擒七纵"这个著名的故事。

一如所预定的，孟获遭到活捉，孔明故意引领他看蜀汉军的阵营，然后问他："怎么样？打得过我们吗？"

孟获回答："这之前，我不知蜀汉军的虚实，才会打输。现在既然看过了，一定可以轻易打赢。"

"那么，你就试试看吧。"

孔明释放了孟获。再战的结果，孟获又被抓。如此重复释放七次，抓了七次。最后，孔明说："这样够了吧？我还是放你走吧。"

这一次，孟获没有离去的意思，他心服地表示："丞相拥有天威，有丞相这样的人在，我们南中的人再也不会叛乱了。"

孔明任命孟获为当地的御史中丞。孔明按照自己的理念，不设汉人官吏，全部使用当地的渠帅。七擒七纵的戏，当着众多西南夷的人上演，而且，孟获在当地又有人望。孟获感泣之事，也令他们感泣。

隔一年的建兴五年（227年），诸葛孔明步上他夙愿的北伐之途。他在这时候呈给皇帝刘禅的《出师表》，被奉为千古名文。其中有这么一段：

> 故五月渡泸，深入不毛。今南方已定，兵甲已足，当奖帅三军，北定中原……

想平定中原，一定得渡过泸水，收服南中才行。孔明在文章中把南中形容为"不毛"之地，事实上，孔明自己并不认为这地方是"不毛"之地，主要是因为蜀汉政权中最反对南征的人物王连曾劝谏孔明说："南方诸郡为不毛之地、疫疠之乡也。"

然而，南中地下资源非常丰富，由日后拓建完成的缅甸公路可知，它的交易路线可以通至印度、寮国（现在的老挝），乃至越南。

十二月，孔明凯旋回到成都。

在孔明大略平定南中的八月左右，魏国曹丕亦从谯进入淮河。十月抵达广陵故城，临江举行阅兵典礼，其势：戎卒十余万，旌旗数百里。

不过，上天偏偏又不降福于魏，这一年气象异变，天气极为寒冷，各条水路都结冰，舟船根本无法进入长江。

"唉！难道上天还不准南北统一吗？"

曹丕仰天叹气，终于发布全军撤退的命令。

东吴镇北将军孙韶命令部将高寿袭击归途中的魏文帝。高寿率领五百名敢死队，虽无法掳获曹丕，却也夺走了皇帝的副车和羽盖，令曹丕心寒胆战。

孙韶本姓俞，因获孙策赏识，受赐孙姓，据说其身高八尺，仪貌儒雅。

孔明南征结束归还成都时，曹丕仍在从谯往梁的途中。翌年正月，才好不容易回到洛阳。曹丕回洛阳时，原本想顺原路进入许昌城，没想到许昌城的南门突然崩倒。"这是不好的预兆。"

曹丕决定变更预定计划，不由许昌回洛阳。

当时的时间是魏黄初七年（226年），蜀汉建兴四年，东吴黄武五年。

这一年，蜀汉为准备北伐，几乎无安宁之日。

孔明命令永安（白帝）的李严移至江州（重庆）。由于北伐之战孔明也亲自率兵前往汉中，所以，不做好交代不行。永安派护军陈到驻守。

三月，魏建造九华台，如同铜雀台，"台"意指宫殿。

五月，魏文帝曹丕病死，享年三十九岁。病状严重时，曹丕才立长子叡为皇太子。中军大将军曹真、镇军大将军陈群、抚军大将军司马仲达等人，被召至病床，领受遗诏。

曹丕之所以病危才立皇太子，据说是因为长子叡的生母甄夫人在五年前被赐死。

甄夫人是袁绍儿子袁熙的妻子，堪称绝代美女。曹操攻打袁氏时，十九岁的曹丕夺娶大五岁的甄氏。曹丕即帝位时，后宫最受宠爱的是郭氏。郭氏告状说甄氏怨恨皇帝，曹丕盛怒之下，下令赐死甄夫人。后郭氏晋升皇后，但未产子。曹丕虽然另外有子，但全都弱小，年纪二十岁的只有曹叡而已。在战乱的时代，幼主可是最忌讳的了。

曹叡即位，追谥亡母甄夫人为"文昭皇后"。

趁魏国大丧之际，东吴举兵攻打魏国江夏郡，太守文聘倾力防守。孔明之兄、东吴左将军诸葛瑾亦攻击魏国襄阳，被魏将司马仲达击退。诸葛瑾在此战役中失去部将张霸。

东吴内部也因会稽的山民作乱，问题丛生。不过，这一年士燮亡故，东吴仍得以如预期般地处置交州的士氏政权。

士燮死后，东吴任命其子士徽为安远将军，并按照预定计划，分割交州，以海南三郡（交趾、九真、日南）为交州，海东四郡（苍梧、南海、郁林、合浦）为广州。

东吴安南将军吕岱被任命为广州刺史,将军戴良为交州刺史。士徽当然对此不满,便统兵与吕岱开战,此举无疑是对东吴的叛乱,正中东吴的下怀。最后,士徽兄弟六人投降,但不为吕岱所赦,一一遭到处斩。于是,广州和交州成为东吴的直辖领地。这是东吴的夙愿,大凡能恢复士氏政权的任何根芽,再怎么幼小都得拔得一干二净。

不过,东吴想从这个地方与蜀汉的南中挂钩的谋略,却全部失败,对于孟获牢牢掌握的南中,东吴可是一筹莫展。

七

诸葛孔明提起笔。

时间已经接近北伐的日子了。

蜀汉是弱国,魏是强国,但孔明胸中已有以弱小搏强大的方策。北伐想要成功,前提必须是强大的对手有空隙,弱小的我方有超乎实力的声势。

曹丕死后,曹叡即位,强国魏略有动摇。生于建安十一年(206年)的曹叡,对于他十六岁时被赐死的生母甄夫人的死因,心有怀疑。对身为皇帝的父亲,其命令是绝对不容怀疑的,但他怀疑父亲赐死甄夫人,可能是受了某人的煽诱。现在曹叡当上皇帝,大可为所欲为了。

孔明从佛教徒那边得知,郭太后目前正惶惶不可终日。不过,曹叡却不怎么怀疑郭太后,因为郭太后并无子嗣,而且曹叡又是郭太后一手养大的。此外,郭太后因为陷害甄夫人,心有愧疚,颇善待曹叡。

"也许是郭太后身边的人吧?否则太后岂会擅自向先帝说母亲的坏话?"

皇帝把怀疑的眼光转向属于魏国中枢的诸位重臣。重臣们应当也觉察此事。皇帝太年轻,往往会对强权重臣心怀不安。

孔明由东吴的哥哥的信上,得知襄阳城的情况。诸葛瑾乘魏国大丧攻击魏国襄阳,却为司马仲达击退。其实东吴军是诈败,置有伏兵。司马仲达并没有深追,不,甚至连追击的态势都没有,与其说他知道有伏兵,不如说他从一开始就没有追击的念头。诸葛瑾在给弟弟孔明的信上,提道:"仲达此役获胜,

势力恐怕有所膨胀。"

魏国武将们也怀疑此次赢得太离谱，如果因此对往后的战事有适可而止的保守想法，那未尝不是可乘之机。

蜀汉皇帝刘禅年岁尚轻，而且不甚英明。不过，蜀汉除了诸葛孔明，倒也没有能力足以凌越皇帝的家臣，而孔明对蜀汉的忠诚众人皆知。蜀汉全国上下向心力较魏国强，如果再加以强化，形成坚强的凝聚力，也许可以发挥超乎实力的力量。

孔明亲自上战场，对于他不在的这段时间，多少还是会担心成都宫中的事。皇帝刘禅喜欢游乐，如果因此衍生腐败，那孔明再怎么缔造辉煌的战果，都将付诸流水。对于甫满二十岁的皇帝，必须有所教谕才行，为此孔明才提笔，写出以"表"为形式的文章。当然也有向君主表明心意的意味。

臣亮言。

"表"的开头，必然是这么写的。

先帝创业未半而中道崩殂，今天下三分，益州疲敝……

孔明概括说明现状，语气极为悲观，直指蜀汉国土益州疲敝不堪。先帝创业才一半，便告崩逝。如今虽说天下三分成蜀、吴、魏，但这当中属蜀汉最为疲敝。素有"天府"之称的富裕土地益州，为何会疲敝呢？因为刘备阵营大举迁入，他们大部分是军队，其次是官员群，由于这一大批不事生产的移民，弄得益州也窘迫不堪。

孔明毫不粉饰现状，直言禀报皇帝刘禅。言下之意是，你正值好玩的年纪，但现在可不是游玩的时候，你必须觉悟，自己是鼎立的三国当中最弱国的主君。

此诚危急存亡之秋也。然侍卫之臣不懈于内，忠志之士忘身于外者，盖追先帝之殊遇，欲报之于陛下也。

形容事关存亡的关键时刻，谓之"危急存亡之秋"，是出自孔明这篇文章。孔明概括指出本国疲敝的现状之后，又说，面临这样的时机，宫中朝臣仍然勤奋不息，忠义之士也在外忘我尽责，这是因为他们感念先帝特别的眷顾，而想将此大恩回报给陛下。你年少当皇帝，可不要把诸臣以忠勤回报你父王之恩一事，视为理所当然。

> 诚宜开张圣听，以光先帝遗德，恢弘志士之气，不宜妄自菲薄，引喻失义，以塞忠谏之路也。

所谓开张圣听，是放耳倾听众人的话。青年皇帝往往不太愿意听臣下的话，这可不行啊！唯有多听臣下的意见，才能光耀先帝的遗德，也才能舒展志士的心胸。增强国力要从此事做起。

不太成才的刘禅，从小就察觉别人说"这孩子不行"，因此自己也认为自己就是别人所说的那个样子，而"菲薄（看轻）"自己。并且，还对此事反感，故意引述各种例子，用不合道理的论述，想压服对方。孔明要他改掉这种坏习惯，以免堵住了忠义的谏言。

> 宫中府中俱为一体，陟罚（赏与罚）臧否（正与邪），不宜异同。若有作奸犯科及为忠善者，宜付有司论其刑赏，以昭陛下平明之理，不宜偏私，使内外异法也。

孔明认为强化组织，最重要的是赏罚分明。春秋战国时代的诸种思想中，孔明最热心研究的，是法家系统的思想。法律至上的反面教材是秦始皇，要弥补这方面的缺点，就必须重视人性。孔明一直在钻研自己独有的法家思想。他希望有朝一日天下统一、功成身退的时候，能研究新的法家理论，并从事这方面的论述。但，这一天似乎遥遥无期。

刘备阵营取得益州时，有人主张简化法律，孔明坚决反对，此事众所周知。正确执行法律，是国家昌隆之道。法律的顶点是皇帝，皇帝执行法律，不可"偏私（徇私、偏袒）"。例如，内臣（出入宫廷的家臣）和外臣（政府官

员）犯同样的罪，绝不可因内臣就处罚得轻。孔明担心依这个青年皇帝的个性，很可能做出偏私不公的处置。

> 侍中、侍郎郭攸之、费祎、董允等，此皆良实，志虑忠纯，是以先帝简拔（拔擢）以遗陛下。愚（我）以为宫中之事，事无大小，悉以咨之，然后施行，必得裨补阙漏（欠缺），有所广益。将军向宠，性行淑均（稳健公平），晓畅（通晓）军事，试用于昔日，先帝称之曰能，是以众议举宠为督（军司令官）。愚以为营中（军营）之事，悉以咨之，必能使行阵（军队）和睦，优劣得所。

出兵汉中，必须率领相当多的人才同行，但因皇帝尚未能独当一面，成都有必要留下能服众的干才。孔明为此人事颇为头痛。他决定尽量安排朴直、不会奉承谄媚的人在皇帝身边。于是他指定相当于宰相职的侍中郭攸之和侍中辅佐官侍郎费祎、董允。留守部队的统帅则任派向宠，但皇帝不甚了解此人，孔明特地说明先帝对他颇为赏识。

向宠是由巴西太守当到丞相长史（丞相府秘书长）的向朗之侄。向朗参与北伐，侄子向宠则留在成都。向宠承继社交家向朗的人脉，应该可以使留守军和睦相处。和东吴交战之际，向宠所率领的军队在战败的诸军当中受损最轻，刘备对此相当肯定。

侍中郭攸之性情和顺、有雅量，是所谓的好好先生。辅佐他的侍郎董允则是有风骨的人，董允处理事情干净利落，对皇帝也直言不讳。他如果因此得罪了人，郭攸之应当可以站出来打圆场。费祎则是为处理和东吴之间的外交关系而留守成都的要员。

> 亲贤臣，远小人，此先汉所以兴隆也；亲小人，远贤臣，此后汉所以倾颓也。先帝在时，每与臣论此事，未尝不叹息痛恨于桓、灵也！侍中、尚书、长史、参军，此悉贞良死节之臣，愿陛下亲之信之，则汉室之隆，可计日而待也。

桓、灵二帝的时代，是宦官专横的时期。所谓小人，主要是指负责皇帝身边事务的宦官。"为什么会有今日的乱世？"孔明曾和刘备论及此事，得到结论是皇帝宠信小人。因此，小人绝不可亲近。

皇帝刘禅有依赖宦官的倾向。朝臣们个个一板一眼，没有人可以和刘禅谈他所喜欢的音乐或闲聊，孔明担心刘禅会因此种缺憾，而疏远朝臣、亲近小人。

> 臣本布衣，躬耕南阳，苟全性命于乱世，不求闻达（立身出世）于诸侯。先帝不以臣卑鄙，猥自枉屈（身份高者下访身份低者），三顾臣于草庐之中，咨臣以当世之事，由是感激，遂许先帝以驱驰。后值倾覆（荆州败逃），受任于败军之际，奉命（出使东吴）于危难之间，尔来二十有一年矣。先帝知臣谨慎，故临崩寄臣以大事也。

孔明回想和刘备的会晤经过，无法忘记隆中草庐的三顾之礼。刘备临终之际，说："若嗣子可辅，辅之；如其不才，君可自取。"十七岁的刘禅也在场。

父亲这番话，刘禅应当听在耳里。孔明刻意提醒皇帝这件事。事实上，的确有人运作要拥立诸葛孔明。被孔明从永安召回江州全权委托大事的李严，就曾劝孔明"受九锡，称王"。

九锡，是天子赐予臣下的九种特典，领受者可以称王，更进一步接近天子。曹操也曾受九锡，称魏王。其子曹丕接受献帝禅让，而登基成为皇帝。换言之，受九锡也是成为皇帝的一个过程。孔明回李严说："凡事都得等灭了魏以后再说。"

孔明拒绝领受九锡的劝诱。将劝诱说出口的人虽只有李严，但抱持同样想法的人，应该还有很多。

> 受命以来，夙夜忧叹，恐托付不效，以伤先帝之明，故五月渡泸，深入不毛。今南方已定，兵甲（武器、装备）已足，当奖率三军，北定中原。庶竭驽钝（愚钝的能力），攘除奸凶，兴复汉室，还于旧都。此臣所以报先帝，而忠陛下之职分也。

托付，指孔明承受辅佐嗣子的遗诏。每次提起先帝，孔明总希望青年皇帝记起白帝城父皇临终情景。所谓旧都，指的是洛阳，现在那地方已被奸贼曹叡当作魏国国都。孔明明白表示，讨灭魏国，夺回旧都，是他自己的职责。

  至于斟酌损益，进尽忠言，则攸之、祎、允之任也。愿陛下托臣以讨贼兴复之效；不效，则治臣之罪，以告先帝之灵；（若无兴复之言，则）责攸之、祎、允等之慢，以彰其咎。

讨贼、复兴之任在我孔明，如果没做到，请处分我孔明，以告先帝在天之灵。然后责备郭攸之、费祎、董允的过失，以昭示他们的怠慢。
  （上边括弧部分"若无兴复之言，则"见诸《昭明文选》等书，但《三国志·诸葛亮传》却不得见。如果加上这七个字，则责任的归属相当明确；如果少了这七个字，那讨贼、复兴的大业将不分前线、后方，只是在处分上有所别：将在前线的孔明我处死，后方的诸臣予以谴责。依拙见，没有这七个字比较好）

  陛下亦宜自谋，以谘诹（征询近臣的意见）善道，察纳（听取忠言）雅言，深追先帝遗诏。臣不胜受恩感激。今当远离，临表涕零，不知所言。

孔明搁笔，擦拭垂挂在两颊的眼泪。
  这便是所谓"阅之不泣者非人也"的《出师表》。后来，孔明又再度呈表。为区别起见，这篇呈表也称为《前出师表》。
  蜀汉丞相诸葛孔明统率诸军离开成都，北往汉中，时间在建兴五年（227年）春三月。

第二十章 泣血街亭

第二十章　泣血街亭

一

原本驻屯于成都城外的蜀汉诸营，开始往新都县集结。新都县城位于成都城北方约二十公里处。侍中郭攸之，侍郎费祎、董允以及留守军司令官向宠等留守成都的要员，还有出征军将领的家属们，一路送行到新都城来。

诸葛孔明暂时滞留在新都县令的公署中。送行的留守诸官回成都之后，孔明的妻子和甘海仍停留此地数日。

"如果再年轻几岁的话，我一定亲自去看看。"

甘海边这么说，边向孔明报告各地的情报。虽然这些情报不是他亲眼确认的，但全都来自可以信赖的渠道。

从情报得到的结论是，当前无法指望魏国内部会自行崩溃。曹叡即帝位，一时也没有足以和他抗衡的大势力。他是文帝（曹丕）的长子，八个兄弟中有四个已经亡故，剩下的弟弟个个都还幼小，无法成为竞争者。况且，经过曹操、曹丕两代整顿后的体制，一直都将重心摆在削弱皇族力量上。

明帝曹叡若说有竞争者，那也不是他的几位弟弟，而应该是诸位叔父，但他们对魏国并不具影响力。皇帝如想将权力集中于一身，就不能将权力下放给和皇帝血缘近的皇族。

文帝曹丕是曹操的二子，但曹操喜欢四子曹植的才能，曾经想让曹植成为继承人。不过，曹操基于法家思想，判断想维持政权，还是选择较现实、稍嫌过度冷静而有冷酷一面的曹丕，作为政权首领较为适合。曹丕和曹植两人都具备优秀的才能，弟弟曹植较有诗人气质，感情较丰富，但作为政治家，这些特质反而可能被认为是缺陷。

曹操晚年，魏国传出二子争指定继承人的不和谐声浪。蜀汉也曾经期待

这当中会不会有可乘之机，东吴必定也有同样的期待。

"派情报人员过去那边。"

蜀汉有人这么提议，用意在于使两兄弟互相残杀，造成魏国的混乱。

"行不通，他们两人不是那么轻易上当的浅薄人物。"

孔明排除这个提议。

曹氏兄弟并没有不和到这种程度，只是他们身边的人对继承者之争一头热罢了。

建安二十二年（217年）十月，曹操立曹丕为太子。胜负应该就此分晓了，但曹操却在两年后的秋天诛杀杨修——曹植身边第一号人物。翌年正月，曹操过世。曹操在临死之前诛杀杨修，是想断绝自己死后可能会发生的纷争祸根。

接着，曹丕接受献帝禅让，登基为帝。没多久，丁仪与丁廙也遭到诛杀。丁氏兄弟是继杨修之后的曹植心腹。于是，能引发魏国萧墙之争的火种已不复存在。不过，文帝曹丕死后，还是传出有人秘密拥立曹植的谣言。即帝位的曹叡虽然已经成年，但叔父曹植才三十过半而已，问题是曹植被放逐在偏僻之地雍丘，羽翼也被斩断了。

孔明完全不从事任何扰乱魏国内部的活动。

"我看是没什么效果。"

孔明不接受这方面的提议，主要是从甘海的情报得出的判断——因为曹植的处境甚为凄凉。

　　封建侯王，皆使寄地空名，而无其实。王国使有老兵百余人，以卫其国。虽有王侯之号，而乃侪为匹夫。县隔千里之外，无朝聘之仪，邻国无会同之制。诸侯游猎不得过三十里，又为设防辅监国之官以伺察之。王侯皆思为布衣而不能得。既违宗国藩屏之义，又亏亲戚骨肉之恩。

《三国志》有上述的注解。意思是说，皇族被宫廷派来的监视官盯随着，不准与邻近的家族会面。狩猎也被限制不得超出三十里。在这种情况下，当布衣（平民）反而比较好，但就算有意脱离皇族族籍，也不能获准。

身比鸿毛轻，谤较太山（泰山）重，曹植在《黄初六年令》这么说道。

曹植受这么多束缚，而且身边只有一百名老兵，根本不可能引发什么纷争。

"丞相应该尽快攻入洛阳。"甘海说。

虽然魏国内争无望，但洛阳危急时，各地皇族大概也不会去救援，就算想救援，他们手边也无兵将。

"你说得没错，"孔明虽然同意，后面却加了一句，"王侯是没有力量，但魏国人才济济，要攻入洛阳，可没那么容易……还有个仲达在。"

魏主曹叡是年少不更事，但有司马仲达这位老练的重臣在。

孔明经常会提到仲达这个名字，他是最可怕的敌人。魏国有许多人才，但特别杰出的，当属司马仲达（司马懿）。他是东汉京兆尹司马防之子，出身良好，而且行政能力高强。他策划屯田政策，收到很多成果。曹丕病情恶化时，遗诏指定曹真、陈群、司马仲达三人辅佐年轻的曹叡。

曹真，本姓秦，因系曹操所养，以曹姓自称，为一武勇之士。陈群是知名大儒陈寔之孙，曾制定擢用人才的"九品官人法"。两人都长于内政。但比起曹真偏武，陈群偏文，司马仲达可是文武双全，又具临机应变之才，格局又大了许多。

司马仲达承受辅佐年轻君主的遗诏，成为辅佐的中心人物，这一点可以和蜀汉的诸葛孔明相比拟。孔明要甘海搜集的情报，便是以有关司马仲达的为主。知敌和知己并列，都是作战的基础，如同《孙子》所言。诸葛孔明费很多心思在"知"司马仲达方面。

"对方可能也是一样吧。"孔明喃喃道。

"丞相说什么也是一样？"甘海问。

"我是说，仲达大概也一样，多方面在调查我的事情吧。"

孔明笑着回答。

二

"那我这就回去了。"

妻子绶说道。她将动身回成都，但数个月后，她去了东吴。

孔明的姐夫庞山民出仕魏国，官拜黄门吏部郎，前年去世。因此，姐姐铃回去继母所在的东吴，毕竟长兄诸葛瑾的家才是诸葛氏的娘家。

"我想该去东吴走一趟。"绶这么说。

"嗯，是应该要去。"

孔明点头。夫妇之间不需要多余的说明。

蜀汉和东吴目前关系友好。维持友好关系，亦是此次北伐的前提。如果东吴背叛蜀汉，与魏结盟攻击蜀的话，军队几乎倾巢而出的成都，必将不堪一击。相反地，在东吴方面，如果现在蜀汉与魏联手，由荆州和三峡夹击而来，东吴也无力抗拒。为防东吴背叛，蜀汉必须以事实保证不会背叛东吴。

丞相之妻回诸葛氏的本家——这应当是蜀汉给予东吴的最佳保证。

孔明的继母宋氏已年过七十岁，仍然健在。诸葛瑾服侍继母，恭谨一如生母，颇受好评。此外，宋氏家族中一位名叫弘咨的人物，娶了东吴主君孙权的姐姐为妻，因此，诸葛氏与孙权也算是远亲。

"夫人，属下已经老迈了，可否带身强体壮的年轻人同行？"

甘海这一阵子经常感叹自己年事已高，此次随丞相夫人前去东吴，担心自己照顾不周。

"不要那么费心了，我会照顾自己的……而且我也喜欢自己动手。"

绶以安慰的口吻说道。不过，这也是实话，她喜欢打理各种事情。所谓打理，就是出什么状况，想办法加以解决的智慧。

此次北伐，设计出独特的单轮车，以便在狭窄栈道中搬运辎重的人，正是绶。她身为家庭主妇，经常尝试制作一些可以在短时间内完成烹调的器具，这些器具也可以应用在军队中。

"母亲大人，请不要太过劳累……"儿子乔拱手说道。

"你才不要仗着年轻而太过劳累呢。"绶知道这个养子体格看来强壮，其实并不怎么健康。

"对诸葛家来说，你可是无可取代的人啊。尤其，你可别忘了自己是阿攀的父亲。关于阿攀的事，不用担心，我和亲家都对他寄予厚望。"绶刻意这么一提。

养子诸葛乔在今年正月生一男孩,名字叫攀。绶刻意强调乔是诸葛家不可替代的人,是因为阿绵已经怀孕了。

住在诸葛家的西南夷侍女阿绵,成了孔明的侧室。这是孟获所期望的,绶也接纳这件事。绶已经过了产子的年纪,她一直想为孔明产子,无奈天不从人愿,但她倒也希望至少能替孔明养育小孩。因此,阿绵怀孕,她很高兴。但是,如果阿绵产下男孩,身为养嗣子的诸葛乔也许会觉得自己的地位相当敏感。所以,绶一有机会就告诉他,诸葛孔明家的继承人还是你,之后是你的儿子阿攀。

"就算阿绵生下男孩也是一样。"绶明白点出。

"母亲大人,您看,孩儿不是很健康吗?请不要担心。也请您替孩儿向东吴的伯父致意。"

乔对绶这么说。他称自己的生父为伯父。既然当了孔明的嗣子,这是理所当然。

妻子带着甘海由新都县回成都的翌日,孔明命令已集结完毕的军团向汉中出发。

蜀汉的汉中郡,在当今的行政区划上,隶属于陕西省。郡中有南郑、成固、西城、褒中、沔阳、安阳、锡、上庸、房陵九城,郡太守驻在南郑城。现在地图上的汉中市所在地就是昔日的南郑城,而现在的南郑县则在略微偏南的地方。

孔明沿沔水,将本营设于南郑城西方约四十公里处的阳平关(今勉县一带)。本阵背靠白马山,一名石马山,因此山的石头形状似马,故而得名。

汉中原本是五斗米道张鲁盘踞之地。五斗米道的创始者是张鲁的祖父张陵,他借由祈祷治疗疾病,索取五斗米作为谢礼,所以有此教名,但教团则称天师道。属于东方道教的太平道,因引发黄巾之乱,遭到弹压;而五斗米道则远离政治中心,在汉中构筑良好的组织,形同地方政权。

曹操有意收服汉中,却为马超、韩遂等人所阻,不得不作罢。后来在建安二十年(215年),魏国出兵汉中,总算降伏了张鲁。刘备阵营原本也想怀柔张鲁,但慢了一步。张鲁被迁至洛阳,封为阆中侯。

曹操出兵到宕渠，却留下夏侯渊，自己带着张郃与徐晃两将离去。因为当时魏出现曹丕与曹植两派的继承人之争，曹操不宜长久不在中原。

此后，汉中成为蜀汉与魏的争夺之地，由于刘备亲自出阵，加上张飞与赵云等人的奋战，汉中终于成为蜀汉的领地。魏在此次的争夺战中，失去了主将夏侯渊。

作为诸葛孔明北伐前进基地的阳平关，昔日刘备曾进驻此地，击破魏军，可谓兆头很好的土地。

获知孔明进驻汉中的消息，曹叡想动员大军讨伐，被侍中孙资谏止。魏仍未忘记汉中战败的教训，那次战役殉战的夏侯渊，是曹操官渡战役以来的老部下。夏侯氏是曹操之父当宦官曹腾养子之前的本家，既同族又同乡的夏侯渊，还娶了曹操母亲家的表妹为妻。"南郑是天岳。"战后，曹操经常如此感叹。孙资的说法是，征讨汉中的孔明，必须出动十五六万大军，势必调度防备水贼（孙权）的兵力，如此便极为危险。依孙资的意见，只要休兵数年，中国（魏）必定日益强盛，吴与蜀则日益疲敝。

汉中这块土地，连夸称无敌的祖父曹操，都畏为"天岳"了，曹叡思量之下，决定采纳孙资的意见，暂时不动兵。但针对孔明的进驻汉中，魏还是指派司马仲达为荆州与豫州的军事都督，驻屯于宛（今南阳市，当时为南阳郡太守的驻城）。

三

魏国与蜀汉的武都、汉中、巴西、巴东诸郡接境的领地，西自天水、扶风，南转至魏兴、上庸诸郡。

地处洛阳南方的宛，后方有位于国境上的魏兴、上庸二郡支撑，随时可以获得救援。

上庸郡太守为孟达。上庸郡自属于刘备势力范围那时候起，孟达便为该郡太守，是受刘备任命的。然而，关羽因樊城受攻，孤军奋战之际，刘备命令孟达前往救援，孟达却按兵不动。孟达也有理由，因为这之前他曾派一千人马

去救援，却反遭关羽斥骂。加之，他麾下的副军中郎将刘封，平日又把他这个上司的命令当耳边风。

刘封本是刘备的养子，因刘备亲生儿子刘禅出世，而丧失继嗣的地位。他心里总是想："我本来是这益州、荆州主君的继承人。"岂肯听命于区区太守？

因孟达没派出援军，关羽终告败战而死。刘备大为震怒，孟达心里也有数，才率领贴身卫兵四千，前去投靠曹操。

在那个时代，不管有无实际的效用，大凡投靠对方阵营，都得有一番归顺的作为，就算没产生实际的效用也无妨。曹操这方面自然也曾派人向孟达招降。

孟达降魏，是在曹操去世后没多久。曹丕优遇孟达，任命他为建武将军。优遇降将，当然是想收获抛砖引玉之效。

曹丕和孟达似乎颇为相投，而且孟达有一股老人的持重，在魏国一如桓阶、夏侯尚，被奉为元老。也就是说，孟达在投入魏国麾下后，仍然十分风光。也因为太过风光，引起一部分人的不悦，私下叫他"无节操汉"。孟达坐视任何阵营都敬畏有加的关羽被杀，不论到任何地方都背负着这个罪名。孟达也清楚此事，内心亦不是滋味。

曹丕封孟达为平阳亭侯，令他与夏侯尚、徐晃一起攻击上庸。上庸郡在孟达背叛之后，便由刘封驻守。孟达对上庸最熟不过了，而刘封正是昔日凡事和他作对的讨厌部属。孟达一举击溃刘封军，再度成为上庸的主子，只是，这次不隶属蜀汉，而是魏的太守。

不久，孟达的支持者桓阶、夏侯尚相继故世。处在"下一瞬间就不堪设想"的乱世，必须设想各种状况，为存活早做打算才行。孟达私下和他所背叛的蜀汉展开接触。

"我并无意背叛蜀，那时候实在是被刘封给逼出来的。"

孟达写给蜀汉的旧友一封大意如此的信函。毕竟死人已经不能说话了，当时刘封已被追究上庸失守的责任而遭处斩。诸葛孔明判定这名心怀"我本是这个国家主君"念头的人，可能成为将来的祸根，毅然将他处斩。

诸葛孔明在出征南方与西南夷作战时，收到孟达的信。看完信后，他稍作沉思。信上的内容具体指称上庸是何等丰沃的土地，似乎暗示：应该取下上庸。

如果真含有此意，那接下来必定还暗示：到时候我会充当内应。

信函表面上是报告近况。

孔明也提笔复函，内容也仅叙述近况。因为书信的往来，意义重大。尽管字面上只是寒暄、问候，真的发生状况时，它们便成为彼此间的踏板。

《三国志·武帝纪》中，记载官渡战役之后，曹操曾下令焚烧袁绍遗留下来的信函。因为曹操的部下中，不乏和敌人袁绍通信者，这是生于乱世无可奈何的存活之道。曹操不看内容便下令焚烧，不愧为大将风范。

与对立阵营的人通信，在当时也被视为无可厚非。

孔明此刻正在阳平关的本营中摊视地图。

上庸的西北，也就在汉水畔，有魏兴郡。本来在孔明的地图上，那地方写的是西城，上庸与西城原本都是汉中郡的一城，因为现在已被魏所占领，所以改了名称。

西城，亦即魏兴，其太守名叫申仪，虽然同属魏国阵营，却和上庸的孟达不和。申仪久掌魏兴，形同割据。虽然平常对魏国朝廷有例行的报告，但总任意行事。例如，必须获得朝廷认可的人事案，他完全擅自决定，就连应该由朝廷授予的印信，他也在当地现刻现给。

对于朝廷鞭长莫及的地方，如果过分施行中央集权，可能会导致叛离，尤其魏兴又很接近蜀汉所属的汉中。此地非但接近，以前根本就是汉中的一部分。要背叛魏，投靠蜀，是轻而易举的事。

由于自己独断专行，魏兴的申仪很注意邻近的举动，难免担心邻近的孟达会不会向洛阳告状。事实上，双方都派有谍报人员潜入对方阵营。

"上庸方面，有很多与蜀汉有关系的人出入。"

魏兴这边大有上庸如果有任何怪异动向，便反过来向洛阳告发之势。

文帝曹丕一死，孟达在洛阳便失去支持者。申仪在何时会向洛阳告发何事，孟达不得而知。

"我索性……"孟达最后也将心一横。

阳平关的孔明那边，没多久收到孟达这边明确的表态：即将举事。

费诗对于孟达反魏归蜀的说法，提出劝谏："丞相切不可相信孟达这种

人。请勿理会。"

"我也知道他不可靠，但是，只要他能让我们信得过一成或两成，我们就不妨回应他。上庸现在是魏所有，孟达说要把它还给蜀。即使办不到，事实上也是理所当然的，不是吗？"孔明如此回答。

孟达的来信这么写着：

"司马仲达所在的宛，离洛阳有八百里之远，距离我这边则有一千二百里。他获知我举兵，必定先去洛阳，向天子上表之后，再驱兵来此，时间可能要耗上一个月。这段时间，我大可巩固城池，整军以待。司马公未必真会挥兵至此深险之地。如果换成其他将军，那就不足为惧。"

四

"一个月？孟达想得太如意了，必须设想魏军二十天就赶到，而且还是司马仲达亲自率兵的。"

看完孟达的信，孔明皱起眉头。

推测以往司马仲达的言行，面临此种紧急事件，应当不会先乞求天子的许可。司马仲达只要派遣急使向洛阳天子报备即可，他必定会立即动员大军，自宛直驱上庸，而且不会将军队委诸他人，势必亲自指挥。

理由何在？因为诸葛孔明已进驻汉中。

"马上准备！现在我们也可以并下魏兴。"孔明站起身子。

孟达背叛魏国时，应当会攻下邻郡的魏兴，作为献礼。只不过，现在的对手是司马仲达这种机敏的人物，恐怕不会让孟达有如此的余裕。

当前已不能理会孟达，只能靠蜀汉军独自攻陷魏兴，再与上庸的孟达军合并，对付自宛挥师而来的司马仲达。问题只是，魏兴的申仪不知会做何种程度的抗拒？

然而，没想到孔明大大误算。

非但不是二十天，从宛出发的魏军不分昼夜，才八天就赶到上庸。

"何其神速！"

孟达狼狈不堪地向孔明如此急报。这时候就连堂堂的孔明也心慌起来。

"神速？！"孔明喃喃道。

蜀汉为援救孟达，立即驱军下汉水。东吴也同样摆出要溯汉水的态势，但这些都仅止于牵制，不，甚至也达不到牵制，因为司马军的进击真是神速。

建兴六年（228年）正月，才八天就从宛赶到上庸的魏军，包围郡城——新城，历时十六天即将其攻陷。

司马仲达斩杀孟达，丝毫不留情。紧接着，魏军进击魏兴郡，逮获太守申仪，理由是：擅自刻制印信。

申仪胡乱将擅自刻制的官印授予他人，证据昭昭。无视于远方中央政府的申仪，面对严峻的司马仲达，也两脚发软了。司马仲达解除孟达七千兵马的武装，将他们迁往河北；申仪则被带往洛阳，接受处分。

于是，魏的主力军进驻与蜀汉的汉中邻接的上庸、魏兴二郡。孟达和申仪的地方杂军不足为惧，但魏的主力军就非同小可了。情势对蜀汉反而不利了。

孔明在阳平关的行辕内提起笔来，只觉这笔比平常还要沉重。他正在签署命令书，要召回此刻正驱往汉水的军队。

"要是采纳魏延的建议就好了……"

孔明脑中突然浮现这个念头，但他很快就把它打消了，因为孔明最不喜欢事后说"要是当时这么做就好了"这类的话。

与蜀汉交战败死的魏国征西将军夏侯渊之子夏侯楙，娶曹操的女儿清河公主，他的母亲则是曹操的表妹。良好家世之下，他又是文帝曹丕的妹夫。

夏侯渊战死之后，曹丕封夏侯楙为安西将军，令他驻守长安，并任命他为关中都督，俨然是其父亲的后继者。

蜀汉的丞相司马魏延，曾向孔明进言："夏侯楙仅因和皇帝有血缘关系，才得以任要职，但据说是个胆怯无谋的人。如果丞相授属下精兵五千、辎重五千，自褒中沿秦岭往东，再由子午道往北，十日内应该可到长安。夏侯楙一听属下来到，必定弃城而逃。如此一来，留在长安的，只剩御史和京兆太守。如果夺取侧门的邸阁（官方粮仓）和散逃的百姓粮食，军粮便足够了。魏的援军自东方赶来，也得花二十几天，丞相如从斜谷而来，时间十分充裕。如此咸

阳以西可告平定。"

"这是险计啊。"孔明这么想。他一直认为应该采取正攻法，因为司马仲达在宛城。也许如同魏延所说，司马仲达不会轻易出兵。关羽、张飞死后，魏延堪称是与赵云并列的勇将，气势豪壮，然而他的策略毕竟是空泛的，他太依赖夏侯楙"怯而无谋"的风评，而无视于部署在关中的敌军。

上庸的孟达被司马仲达斩杀以后，孔明反省自己会不会太过谨慎。

按魏延的险计，他需要精兵与辎重合并为一万。而孔明的北伐军共六万，成功的可能性不高，但放弃这一万兵马，采用这个险计，也未必不可考虑。

然而，要以人命做赌注，孔明委实于心不忍。他之所以认为绝不可以让曹操取得天下，不仅因曹操是汉的叛逆者、篡夺者，也因他曾在徐州大屠杀。天下绝不能让给这种冒渎人命的人。就以法家思想为治国根本这一点而言，孔明与曹操的方向是一致的。只是，对于人的尊严这个认知，两人有很大的差距。

获知曹操死讯的那天晚上，孔明梦见自己与曹操争论。

"法家思想如不能彻底执行，便没有意义。我也不反对要尊重人命，但如果因为救一个人的性命，导致一万个人无法获救，面对这种情况，阁下又会怎么做？"

曹操在梦中如此诘问孔明，孔明边受梦魇，边回道："如果杀一人可以救万人，我必定毫不犹豫地下手。问题是，曹公您在徐州的所作所为根本是两码事，您的杀戮究竟是为救活谁呢？""那是为报杀父之仇。""令尊可因此而复生？""哦！复生了，在我的心中。""曹公，你是恶魔！"孔明在梦中想要如此叫嚷，可是叫不出声。这时绶把他叫醒了。"孟德不让我好好睡觉。"孔明勉强露出笑容。上庸对策失败之后，魏延提出险计这件事，很奇怪地滞留在孔明心中，久久不去，这一点也不像孔明平日的作风。

五

疑兵。

这是"阳动"作战。

孔明声称要经由斜谷道取下郿城，命令镇东将军赵云与扬武将军邓芝二将，布阵于箕谷。然而，孔明其实是打算率领本军攻打祁山。

赵云在蜀汉军中，算是最元老级的人物，邓芝则因出使东吴，缔结吴蜀同盟而闻名，谁都会以为这两位将军所率领的军队必定是本军。更何况孔明又如此宣称。

——扬声。

史书这么写道，这不仅指孔明发表声明文字，还意味着孔明故意做了一些让人家以为必定要路经斜谷道的动作。

所谓斜谷道，是指"斜水"这条河的谷道。由汉中沿这条谷道，可以出郿城（位于当时的陈仓县东北方约八公里处）。斜水在郿城附近与渭水汇合。

蜀汉的疑兵，亦即"阳动"作战的部队，抵达陈仓县南方的箕谷。守护郿城的，正是魏的名将曹真。

蜀汉的本军其实正往祁山前进。

孔明表明正式的动向，魏明帝曹叡急忙命令正在荆州与东吴刘阿将军对峙的名将张郃转往祁山。其兵力为五万。

这个决策甚为果断。曹叡判断："东吴将按兵不动。"

曹叡的果断很像祖父曹操。他下决断之前，必定搜集大量情报，加以研判。魏的谍报人员，触角也深入东吴的中枢。

东吴的孙权为维持"独立"，只能与蜀汉合作。但，他未必因此就得与蜀汉同命才行。孔明为巩固与东吴的同盟关系，还特意将妻子绥以回诸葛本家的名义，送至东吴。而且，还屡屡致信给孙权，提议建立共同战线。

曹贼篡逆蔓延及今，虽欲剿灭，今同盟未遂。亮重受昭烈皇帝（刘备）寄托。岂敢不竭力尽忠？今大兵已会祁山，欲灭犯寇于渭水，伏望执事（间接称谓孙权）同盟，同匡汉室。

如果东吴军能牵制魏军，蜀汉的西部作战便极为轻易。孙权表面上也出兵荆州，摆出"同盟国"的态势，其实并不真的那么煞有介事。因此，孔明才不得不屡屡去函给孙权。

秦岭山脉以北沿渭水的三郡，即天水、安定、南安三郡，不久落入蜀汉

的势力范围。

孔明一开始就计划蚕食魏国西境。只要和东吴的结盟关系稳固，魏就得防备南方，无法动员大兵往西。魏的西边诸郡，地方豪族割据，他们并非历代的家臣，谁强就依附谁。他们虽然服从强者，却尽量避免关系过于密切。他们最担心的是被干涉内政，成为直辖领地。

只要有人来攻，他们便很干脆地投降，如果又被原来的主子夺回，他们只要如此辩解即可："我们毕竟没有兵力，而且，也相信终会被夺回，因此才暂时佯降。"

孔明收复三郡，打算利用当地产业养兵，以对抗强国魏。比起指挥野战，孔明对指导生产还是比较得心应手。

一边作战，一边富国强兵，这是此次孔明北伐的基本路线。孔明之所以没有采纳魏延长驱直入长安的提案，便因为它偏离基本路线。孔明明知在争夺继承人的余波，与地方皇族势力单薄的情况下，快速攻入洛阳，是有机会可以瓦解魏国，但孔明内心很清楚蜀汉军的基础"耐心"，挺不住这种长驱。比起往东长驱，向西蚕食才是较坚实的策略。如同《出师表》中所写的"先帝知臣谨慎"，孔明的本领在于慎重用策。

魏国方面，明帝起先打算统率大军，亲征蜀汉军，但被孙资谏止，因为有鉴于吴、蜀同盟的威力。

于是，蜀汉以在三郡生产为目标，魏则等待蜀汉军的疲敝。然而，这时候发生孟达叛变的事件，不得不仓促动兵。等司马仲达在上庸与魏兴布置好主力精锐，原本防备东吴的张郃麾下五万兵马立即转向西北而来。

战局的发展，比孔明预期的还要快速。

这必定是魏判断——东吴并无战意。

至于这是明帝曹叡的判断，抑或司马仲达的判断，孔明不得而知，但他很明确地知道，原因在于东吴的压力已经减弱。

"天下情势如同天文，未必尽从人意。但不同于天文的是，天下之事可以用人力去推动。"

在行辕中，孔明对魏延、吴懿诸将这么说。知道敌方阵营获得增援的消息，蜀汉北伐军多少有点动摇。这种动摇，一部分是因为兴奋，一部分则是因

为恐惧。

"既然我方会害怕，敌方也会害怕。你们可知道曹叡和司马仲达最害怕的是什么吗？"

被孔明这么问，魏延想了一下，回道："应该是丞相亲自出马吧？"

"我出马应该没那么可怕吧？敌方害怕的毋宁说是你魏延担任主将，因为你有险计。"

事实上，孔明排除了魏延直驱长安的险计。

"不、不，这……"魏延一副苦涩的表情说道，"上庸一带的兵马如果被断退路，将孤立于长安，可能自取灭亡。"

魏延事后检讨，发觉直驱策略有很多缺陷。

"我并没有险计，对方怎么会怕我呢？……现在魏怕的是人心的动摇。而动摇毋宁说是倾斜吧。三郡的人如此，西北的氐、羌诸族也倾向我方。马谡的招抚工作必定让魏心寒胆战。"孔明说。

蜀中有很多藏系的少数民族，也有统称为西南夷的少数民族。马谡负责蜀汉少数民族的对策，南征时颇有成果。此次北伐，蜀汉也有藏系诸族从军，马谡利用他们对陇的同族展开招抚，也收到成效，他们陆续归顺于蜀汉阵营。人心的倾向，逐渐形成一股大潮流。

孔明当着将士的面夸奖马谡，是为了推展下一个阶段。孔明想让马谡指挥蜀军的先锋，迎击自东吴战线转进而来的张郃麾下五万大军。

以资格而言，先锋指挥应该以魏延或吴懿较合适，但孔明对马谡的机智有所期待。此事尚未发布，发布之前必须取得魏延与吴懿二人的谅解。就在孔明正要开口之际，马谡走了进来。

马谡满脸笑容。

"恭喜丞相！"马谡说。

"什么事值得恭喜？"

"喜获麟儿啊！刚刚成都来的使者来向丞相禀报此事。"

"是吗？"孔明点头。

成都的阿绵生下男孩。孔明已经取好名字：瞻，意思是"看"。《礼记》有云："夫日月星辰,民所瞻仰也。"取这个名字，是希望他能成为众人所仰望

的人物。

"对了,你来得正好。"孔明说着,回头看魏延与吴懿,"我想委派越巂担任此次迎击张郃军的先锋。"

孔明的语气不是在征询意见,魏延和吴懿都很清楚人事业已决定。马谡是以越巂太守的身份参与此次战役的。

六

蜀汉军出祁山,驱往街亭。马谡以都督的名义统率大军。西汉的街泉县,在东汉被编入略阳县,易名为街泉亭。后来,这个地方被称为街亭。

马谡头一遭统率大军,孔明下了相当细微的指示。

"切不可据守山中。"

孔明甚至连这一点也说了。马谡为此心里不太舒服。

"我就要按自己的意思打仗。这次作战可不是别人在打的,是我在指挥。"

马谡心里这么想。事实上,孔明起先也是听取军界前辈的建议的,马谡无意听从孔明的指示。由祁山前往街亭的山道中,马谡想:"为什么不可据守山中呢?"

当远远可以看到魏国的旗帜在彼方时,马谡已无法拒绝"据守山中"的策略诱惑了。时间是在春季。从山上往下看,渭水一带就在脚下,敌军的动向都在视野之中。由高处攻往低处,兵势倍增。

"布阵!"

马谡发布此令,裨将(副将)王平大为震惊。

"都督不下山吗?"王平问。

"这是命令。"马谡说,"军令由我发布。"

"可是,丞相嘱咐不可据守山中。"

"作战就是要临机应变。孙子也说'前线的指挥官有时需要独断专行'。你看,从这里可以完全掌握敌情。"

"这里是可以看到远方的敌军,却看不到近处的敌军。现在我军应该乘高

势直驱而下。"

"这一点我懂。不过，不宜由主军直驱而下，因为好不容易才占守可以清楚观览敌情的位置。我想应该据守山上，观察敌情，伺时派一部分军马下山。大势由我都督判定，攻击由我下令。"马谡语气坚决。马谡有断言的癖好。他说话鲜烈得令人艳羡。南征的时候，马谡高论"攻心为要"，其辩才连诸葛孔明也为之心动。他的才能因他的辩才而锋芒毕露。但是，也有人讨厌他的这种光芒，刘备便是其中之一。在白帝城临终之际，刘备召孔明前来交代后事，详细做了指示。关于人事，刘备也对重臣一一下了评语。对于马谡，他说："其言过实也，不可大用。"

意思是，马谡的辩才也许高明，但超乎他的实际能力——他的才能被辩才膨胀了。小事起用无妨，但大事绝不可用。

然而，这一次，孔明可是"大用"得无以复加了。孔明起用马谡之际，脑中掠过刘备交代的话。

"非常时刻，需要非常才能。"

孔明心里对刘备这么辩解，但辩解归辩解，还是有所介意。

"这时候有马良在就好了。"孔明想到这儿，不觉叹了一口气。

马家五兄弟中，以白眉马良最为杰出。马谡一直被这位白眉哥哥挡在前面。马谡也一直咬着牙，心有未甘地努力想越过这道无法越过的障壁。真要分胜负，马谡胜不了这位白眉哥哥，也因此他染上思索"奇招"的癖好。利用辩才膨胀自己，也是他的奇招之一。白眉哥哥不幸在夷陵之役战死。尽管如此，他仍然是马谡超越的目标。虽然孔明没有说出口，马谡从孔明的表情，感受到"要是马良在的话就好了……"的心声。

马谡不用奇招，就胜不了白眉。马谡将此次由他指挥大军的街亭战役，视为他和白眉哥哥一生一世的胜负。马谡希望听到人家说："马谡比白眉优秀。"

尤其是想听诸葛孔明这么说。

马谡，违反了"不可布阵于孤山"的兵法常识，也违反了孔明的指示，居然在街亭山布阵。

不可将全军聚守于山中，这是兵法的常识。魏军必定对这种布阵起疑心，怀疑在山中的只是一部分军队，而佯装是全军，一定在某处设有伏兵。

"我就是要让魏军这么认为。"

担心有伏兵的魏军,必定提心吊胆,我就来个逆向攻击,而且不只攻击一处,在四边各地,由高处往低处猛攻,魏军慌乱失措,一下子就瓦解了——这是马谡一厢情愿的如意算盘。

问题是,对手乃是百战名将张郃。对方要诡计,他可以将计就计。张郃一点也不畏惧伏兵,他命令全军包围街亭山,并断绝汲道(补给水的路线)。

断了水,也就断了粮,何况全军都在山中。对方如果分散的话,反向攻击也许还有效,但是现在敌方却紧紧相扣,呈环状包围。不管蜀汉军从何处直驱下山,都只会成了魏军的佳饵罢了。

魏军断绝水路之后,便静静等待蜀汉军被饥渴弄得士气低落。等到马谡自信满满要发动总攻击时,蜀汉军已几乎战意全失。结果,蜀汉军大败。奇招空有其奇,单薄的粉饰,却脆弱无比。"这大概不是孔明布的阵。"连魏将张郃也看穿这一点。只一赌"出奇招"的马谡,完全没有好的对策可以应付其他状况。蜀汉军的惨状是:士卒离散。

孔明也因马谡的大败而无法前进,仅止于迁移千余户陇西百姓,此外别无出手余地,可谓惨败。

街亭山蜀军的散逃一如蜘蛛子,只有一支队伍整齐地敲着军鼓撤退,那就是王平所率领的千余人马。魏军看到这支军队,担心有其他伏兵,反倒使他们可以安然撤离。王平这支军队还一一召回散离的蜀军诸营的将兵。

王平的行动,相当程度地遏止了损害的扩大。

但是,另一方面,负责联络丞相与前线之间的长史(副司令官)向朗,袒护马谡,没有报告军情,而扩大了伤口。如果在决定布阵于山上的那时候,向朗将此事报告孔明,孔明必定会发出下山的紧急指令。

高详所指挥的蜀军预备队,部署于街亭南方的柳城,但遭到魏将郭淮的攻击而告溃灭。此支预备队是用来呼应山上的主力的,如今山上主力崩溃,就形同被切断的蜥蜴尾巴。

出箕谷的赵云与邓芝的部队,也被魏将曹真所败。本来这方面的部队是作为疑兵——也就是"阳动"的部队,不预期要打胜仗,任务在于尽量牵引敌军。为引诱大军,原则上不能败得太不像样,逃也要逃得逼真一点。

蜀汉的军需仓库设于赤崖（一称赤岸），赵云放火烧毁此地以北的阁道长达五十公里，这条道路是在窄道上以木材补强，或架桥，只要烧掉木材部分，魏军便无法追击。因此，赵云、邓芝的军队，在几乎没有放弃军资、辎重的情况下，完成撤退。

七

挥泪斩马谡。

孔明赏识马谡的机智才略，才委派他指挥全军，没想到马谡沉溺于自己的才智。当时也有人反对起用马谡，但孔明强行起用，未料马谡有违孔明的期待。

马谡被关在军狱中，孔明必须下令惩处。孔明在判决文上写了一个字：斩。

这个字迹晕开了，因为上面滴有孔明的泪水。

孔明像对待弟弟般地疼爱马谡，可以说照顾马谡甚于亲弟弟诸葛均。诸葛均的优点是老实、忠厚，交代他的工作会用心去做。但这之外的事就不做了，与其说是不做，毋宁说是不会做。没有指示，他什么都不会做。对于均的个性，孔明多少有点不满。在这方面，马谡即使没有获得指示，也会自己用心思试着去做比所指示的更多的事。孔明看到马谡旺盛的企图心，私下想着："要是均有他一半的企图心就好了。"

如果街亭之役起用诸葛均，替代马谡，情况又会如何呢？可能他不会上山，也就不至于惨败了。

街亭这一役的失败，使蜀汉好不容易纳入势力范围的渭水上游三郡，再度被魏夺回。孔明的"往西生产，向东征讨"的策略，遂成泡影。

马谡犯下的罪太重了，非但独断专行，而且违反命令。战斗中的指挥官违反命令，可以相当程度予以宽贷。但街亭战役属于战斗以前的作战准备阶段，马谡所犯下的违令之罪，已远远超过容许限度。

除了"斩"，别无选择。

孔明疼爱马谡，众所皆知。有人体谅孔明的心情，特意为马谡求情说："禀报丞相，我蜀地人才已经够少了，如再失去才智双全的马谡，岂非可惜至极？"

"我的心已如铁秤。"孔明回答,"我不能因人而有轻重的差别。"

马谡受刑之前,写了一封信给孔明:"……昔日,鲧因治黄河之水失败而被杀。其子禹治水成功,而获舜让位。属下在这个时刻想起这个故事。如果丞相能让属下的遗族知道丞相平日对属下的厚爱,那么,属下也就死而无憾。"

成都方面这时也派遣蒋琬赶来,转达以下的意思:"《春秋左氏传》记载,昔日楚斩杀在城濮战败的能臣,敌方的晋文公听了心喜不已。现在天下尚未平定,杀掉智计之士,岂不是太可惜了?"

这也许是成都方面的舆论。

在行刑完毕之后,孔明流着眼泪答道:"阁下引用《春秋左氏传》,我亦可引用《孙子》,孙武能制天下是因为他执法明确。不是吗?"

《孙子·始计篇》写道:春秋时代,吴王命令孙武将宫女分成两队,实地演练他的兵法。一开始宫女们都嬉皮笑脸,不听命令,孙武于是依法斩杀两名吴王的宠妃。接下来,宫女队伍便肃然听从他的指挥。

"四海分裂,战事才刚开始。此刻废法不顾,又如何能讨伐逆贼?"

孔明任由泪水垂流,加了这么一句话。

马谡之外,将领张休与李盛也被处斩,黄袭被解除军权。长史向朗则以未报军情之罪,遭到革职。另外,赵云的军队虽然从事"阳动作战",赵云也受到由镇东将军贬为镇军将军的降格处分。

败战之际漂亮撤退的王平,则升格为参军(参谋),统率五部(西南夷部队),成为汉中营屯长,并获讨寇将军的称号。

诸葛孔明自觉街亭与箕谷败战无脸见人,以将领配置错误的罪名,请求皇帝处以降职三等的惩罚。孔明被降格为右将军,但因丞相之职无人能替代,以"行丞相事(代理丞相)"的职位,继续执行职务。

"考微劳,甄壮烈",这是孔明战败的善后策略。他仔细考察败战时众人的所作所为,以期做到信赏必罚。

"布所失于境内",这也是孔明的基本方针。意思是,将战败的事实及因此所蒙受的损失细目,公布于全国。孔明不采取掩饰战败的姑息做法,一五一十地告知蜀国百姓真实的情况,希望借此刺激百姓振奋。

赵云虽然败退,但没有丧失军需、辎重,剩有多余的绢布,孔明想将它

分赐给赵云的将兵。同样是战败,还是有差别,孔明认为不能不分辨这个差别。但是,赵云辞退赏赐。

军事无利,何为有赐?其物请悉入赤岸之库,须十月为冬赐。

史书记载赵云的话如上。十月冬赐是惯例。

有参谋建议向成都请求增派援军,孔明摇头答道:"祁山、箕谷的大军,任何一支都较敌军为多,可是不能破敌,反倒为敌所破。问题不在于兵少,而在于身为统帅的我身上。现在兵马量减,将官数少,赏罚分明,正好反省过错,思索将来的变通之道。否则兵马再多,也无济于事。重要的是反省,深入探讨自己的缺失,必定能拓展出大道,消灭敌人。往后必定能顺利推展。"

八

胜败已经分晓。

魏明帝曹叡原本要与蜀军对决而来到长安。虽然此役不是亲征,但其重要性形同亲征。

既然赢得大胜,这一年,魏太和二年(228年)四月,曹叡返回洛阳。夺回渭水上游三郡的曹真,命令将军郝昭固守陈仓城。他预测诸葛孔明出祁山挫败,接下来必定会出陈仓。

令诸葛孔明遗憾的,还有一件事,那就是同盟国东吴的动作太缓慢。魏、蜀两军对峙于街亭时,东吴的态势不够积极,魏国才会将张郃麾下的五万军马投入西部战线。街亭战役结束之后,东吴才对魏国展示新的动向。对孔明来说,这已失之迟矣。

不过,就东吴而言,要将魏国诱入战事,也必须有相当的准备才行。

魏国属于超强,东吴决定使用"险计",而且不是普通的险计,还是"谲计"。

东吴的鄱阳太守周鲂,在魏国秘密策动造反。当然,魏国方面也派有间谍潜伏在东吴,不会轻易上当。

东吴上演周鲂政治失策、孙权问罪的戏码,而且煞有介事。孙权故意屡

屡派遣使者至鄱阳郡，使者在途中的言行举止给人造成周鲂将要被问罪的感觉。东吴希望间谍能将所见所闻传至魏国中枢。

周鲂被判处最重罪"下发"，也就是剃光头发。周鲂一方面演出这出戏，一方面悄悄向魏国扬州牧曹休传告："我蒙受谴责，恐怕会被诛杀，愿献上鄱阳郡乞降。"传话过程极为审慎。魏难免怀疑这会不会是个陷阱，但东吴的戏似乎演得很逼真。曹休终于相信周鲂意图背叛东吴，于是拟定周鲂举兵时将派步骑十万以为呼应的计划：

曹休自皖进兵，支援周鲂。司马仲达进军江陵，贾逵出兵关东。

也就是由三条路线向东吴进军。

东吴确定魏已经上当之后——周鲂举兵一事，本来就是子虚乌有——孙权亲自出马至皖，并任命陆逊为大都督，朱桓与全琮各为左督与右督，亦即大都督的副官，各将以三万军马攻打曹休军。在部署上，陆逊为中央本阵，朱桓、全琮各为左翼和右翼，三路攻击曹休军。

战役发生在石亭（怀宁县与桐城县之间），曹休大败北逃。东吴军的战果，军资器械完全略过不谈，斩获敌兵一万余人，抢得牛马骡车乘一万辆，可谓大胜。

败将曹休上书谢罪，明帝曹叡因曹休是皇族的身份，不予追究责任，和孔明挥泪斩马谡的处置形成对比。然而，曹休终因羞愤，背发疽而死。石亭战役发生在八月，曹休去世在九月，因此也有传说他是自杀的。

满宠奉派为后任的扬州牧。

在汉中的诸葛孔明再度提起重笔，想再次向皇帝上表以便出兵。

先帝虑汉、贼不两立，王业不偏安，故托臣以讨贼也。

孔明写一行停一下笔，写半行叹一口气。

他才刚接到嗣子乔亡故的消息。虽然乔是哥哥的儿子，孔明却早已决定以他为嗣子，也从无要更替嗣子的意念，尽管阿绵已经替他生下自己的骨肉。

乔的体格长得蛮好的，但从小就多病。此次乔要从军，孔明的妻子绶就

不太赞成。身为丞相的孔明无法将儿子留在成都，就算他决定让乔留在成都，乔本人也一定不会答应。

孔明搁下笔，在心中屈算——算已故者的人数：阳群、马玉、阎芝、丁立、白寿、刘郃、邓铜……还有马谡，将官以上者有七十余名，据报战死的兵员人数有一千余人。

今民穷兵疲，而事不可息。

战争只有继续打下去。
"为天下苍生。"
孔明一再说给自己听的这句话，以空泛的声响在他的胸口回荡着。孔明振起精神，再度提起笔来。

臣鞠躬尽瘁，死而后已。至于成败利钝，非臣之明所能逆睹也。

表写完之后，孔明重复阅读，突然将它揉成一团，再撕成两半。
"这算什么？！"
文章充满悲情。这算什么表？它不能鼓舞人心，只会触发人的悲伤罢了。上表给皇帝，势必也要向全军公布，蜀国人民也会传阅。这样一篇令军民心绪沉重的文章，实在不宜发表。

孔明拿出另一张纸。他必须通知哥哥乔死亡的事。在字句上孔明写得很简单。写完之后，孔明略微思索，顺手拿起撕成两半的表文草稿，一起放进给哥哥的纸函内。

（世称《后出师表》的文章，并没被收录在诸葛孔明的文集中，蜀汉的任何文献也未尝提及，《三国志》的本文也未登载。唯《三国志》裴松之注中，提到这篇表是一位叫张俨的人"默记"的，这位张俨是东吴的人）

第二十一章 高树多悲风

第二十一章 高树多悲风

一

陕西省西部、渭水北岸，有一座叫宝鸡的城市。它是通往新疆的铁路和通往成都的宝成线的分界点，自古即为交通要冲。抗日战争期间，中国沿海有一些工厂疏散至此地，因此成为日军轰炸的目标。

宝鸡是唐代时命名的，这之前叫陈仓。它设县始于秦代，三国时代自然也沿称陈仓。据说秦文公（前765—前716年）得一石，视之为宝，祭祀于陈仓。它像流星一样会发光，而且会发出类似鸡鸣的声响。唐代就因它的祥瑞而将此地改名为宝鸡。

"在祁山、街亭战役失败的诸葛孔明，下一步可能会越过散关北进，一过散关就是陈仓。"魏国曹真如此预测，并派名将郝昭防守陈仓。

陈仓城原本就是城壁四绕的城镇，郝昭又加以补强。陈仓城的守军只有千余人，从蜀汉北伐军的编制推测，蜀汉军至少会动员数万兵马。为撑到援军来到，陈仓城必须巩固得像铜墙铁壁一般。

魏料想得到此事，蜀汉也料想到敌方势必加强陈仓城的守备。

"秦岭之山险峻，道路也不好走。即使深入山中，伐倒树木，进行短时间的补强也是有限的。"

诸葛孔明这么认为。原本预定明年春天出兵，现在他决定提前至今年内。不过，陈仓的郝昭也使出一个奇策。

郝昭挖掘陈仓附近的古坟群。当时的棺椁、棺架都使用上等木材，而且坟墓内会埋入相当多的砖块。郝昭由此取得大量的建筑资材，而且亲自站在阵头监督，夜以继日施行堆高城壁、巩固城门的工事。

蜀汉建兴六年（228年）十二月，孔明自汉中基地再度进军。正月铩羽而

归的北伐，是向西出祁山，再北转出街亭。此次北伐自汉中直线北上，越过大散关，指向陈仓。

虽然此次不像上次那样迂回而行，但行程险路连连，尤其大散关至陈仓之间，人称绥阳小谷，是山崖陡峭、溪水纵横的难行之路。

孔明派先遣部队先行开凿、修补道路，也因此，动用的人员相当多。

当时，东吴在石亭击破魏国曹休，接下来就力不从心了，因为东吴兵力不足，正需要向同盟国蜀汉借调兵马。臣仕东吴的诸葛瑾，致函向弟弟孔明请求援军。然而，蜀汉也同样兵力不足。但因东吴领地较广，相形之下比较捉襟见肘。孔明写信拒绝哥哥。

"不得分兵东行（指派援军给东吴）是也。"

孔明以"斫治"绥阳小谷，无法分出兵力作为理由。

为攻击陈仓，孔明准备了云梯和冲车。这是以往攻城战常用的器械，是孔明再加以改良而成的。孔明绘出图面，由妻子绥修改。绥一直有制造器具的手艺，这些器械可以说是夫妻共同制造的。

云梯类似消防梯车，高约两丈。士兵在六轮车中操作，一靠近城壁，即利用转轴再在上面连接两丈高的梯子，也就是说它是可以折叠的梯子。再连接上去的梯子也称"飞梯"，见诸《墨子》和《战国策》，是有很长历史的攻城器具。梯子上面张挂生牛皮，可防箭射。士兵攀上云梯，即可攻入敌城内。

冲车另有一名叫"撞车"，在辕木前端安装大铁块，然后驱马撞破城门——这也是战国时代攻城战常用的器具。

云梯与冲车的体积都很大，孔明的心思花在如何将它们解体，以方便搬运，以及如何在现场迅速组合。

一到陈仓，孔明大为吃惊，因为守备之坚固远超过他所预料——流血已不可避免。数万蜀汉军紧紧包围只有千余名守军的陈仓城。

孔明派与郝昭同乡的靳详去劝降。靳详在城外大声呼喊，郝昭则自楼上高声响应："阁下知道魏的军法，也知道我的为人。我身受魏恩惠良多，也以家室为重，阁下无须多言，我只有一死。阁下回去代我向诸葛致谢，并转告他随时都可以放马过来。"

孔明又叫靳详再去劝说。但是，郝昭叫道："就如同我刚刚所说的，绝不会有任何改变。我认得阁下，箭可不认得阁下！"

由于喊得太大声，郝昭声音都沙哑了。

战争于是开始。

蜀汉军攀上云梯、飞梯，正欲攻入，陈仓城中突然火箭齐射，生牛皮虽然防得住箭射，却防不住火烧。攻城遂告失败。接下来利用冲车撞击城门，城壁却落下巨大的石硙（石臼），将冲车压碎了。

蜀汉军投掷石块填埋壕沟，筑成百尺长的"井阑"，从井阑里而往城内射箭。所谓井阑，是将木材组成井字型高高竖起。相对地，陈仓城立即堆积砖块，将城壁再堆高。从古坟挖掘来的砖块，就摆放在城壁四周，随时都可以堆高。

蜀汉军挖掘坑道，试图进入城内。郝昭从城内将地凿穿，弄垮蜀汉军的坑道。

开战第五天，孔明下令渐减兵粮。

孔明原本估算，陈仓再怎么坚守，十日内必可攻陷，因此才准备十天的兵粮。然而，陈仓城的攻防战，终于进入第二十日。

魏国阵营得知孔明越过大散关，急忙授兵给将军费曜，令他驰往救援，同时召回张郃，驱兵陈仓。张郃当时在方城（在今湖南省）与东吴军对峙，他判定石亭胜利之后东吴军已无后劲，战意尽失。魏明帝趋驾至洛阳城西的河南城，为张郃设宴壮行。

"孔明会不会在将军未到之前攻陷陈仓？"明帝问。

张郃通过奸细得知蜀汉军有多少兵粮，便回道："禀陛下，在臣未到之前，孔明恐怕已经离去了。"

情况果真如此。包围二十余日之后，孔明解围，全军开始往大散关撤退。

魏将王双自陈仓城率兵追击，但遭蜀汉军反击，被蜀汉军斩杀。毕竟蜀汉军是解围撤还的军队，不是残兵败将。

"人！这一次我军没有失误，只是错估了人，责任可谓在我。"

班师回汉中的路上，孔明对杨仪这么说。负责辎重、军粮的，是参军杨仪。说"十日就够了"的人的确是杨仪，但做最后决定的是孔明。事实上，孔

明担心超过这个天数，这场仗就打不得了。

"丞相所谓的'人'，是指郝昭吗？"

杨仪问，孔明点头。如果换成其他人防守陈仓，蜀汉军可能数天就攻陷了。

"不过，"孔明略微思索之后，盯着杨仪的脸说，"郝昭为什么不阻止王双呢？"

"嗯，大概王双不听吧？"

"听说两人处得不好。"

"属下也听到这个谣传。"

"我们这边的谣传，那边大概也听得到吧？哈！哈！哈！"孔明说完，闭上眼睛。

杨仪，襄阳人，本来在襄阳关羽麾下，关羽派遣杨仪出使成都，因受刘备赏识，就留了下来。杨仪是有才能，但人际关系不好。和东吴交战的时候，与尚书令刘巴不和，甚至影响作战，因而转派为弘农太守，被踢出了权力中心。如今到汉中当参军，却又凡事与丞相司马魏延对立。

"也许如丞相所说吧。"

杨仪听出孔明话中之意，露出苦笑。

二

蜀汉军自陈仓撤退完毕，年度已经更新，时为建兴七年（229年）。

诸葛孔明派遣护军陈式至武都、阴平二郡，拉拢氐族与羌族。魏雍州刺史郭淮出兵，想救援二郡，孔明亲自出击，收服建威郡。于是，勇猛的氐族、羌族大致都隶属蜀汉阵营。

从魏国夺得所谓的陇右之地后，蜀汉士气多少提升一些。魏似乎不怎么重视陇右之地，郭淮没怎么抵抗就撤离了。蜀汉未攻下陈仓，军队士气大为不振。孔明此次战役，除要拉拢氐、羌两族入蜀汉阵营，也有提升士气的用意。

此次胜利被刻意强调，皇帝刘禅下诏书，将街亭败战自请降格三级而被贬为右将军、行丞相事的诸葛孔明，复职为丞相。因担心孔明不接受，诏书上

第二十一章 高树多悲风

还嘱咐：

"君其勿辞！"

当年四月，吴王孙权即帝位。魏和蜀汉都已称帝，唯独东吴仍旧为王。

孙权即位，由此也就出现了三位皇帝并立的局面。

诸葛瑾成了大将军、左都护，其子恪也被任命为太子左辅。

三国当中，唯有吴一直为王，主要是对魏存有畏惧。蜀汉因为刘备号称有汉皇室血缘，故而称帝。魏则以承受献帝禅让的名义，即皇帝之位。吴先前向魏称臣，是忧虑形式上称臣的吴主一旦称帝，魏将出兵惩罚，但如今既已击破曹休大军于石亭，再也无须忧虑魏了。

"孙权僭逆，宜显明正义，绝其盟好。"

成都宫廷儒臣之间有这样的呼声。虽然没有主张讨伐，但断绝同盟的声浪不小。在汉中恢复丞相职位的诸葛孔明，听到成都方面的咨询，立即皱起眉头，啐了一句："迂儒！"

违离现实、枯燥无趣的儒者，被称为迂儒，他们是形式主义者、教条主义者。在他们眼中，"天无二日、地无二主"才是正义，希望孔明能彰显此间大义。孔明提笔，回复皇帝：

权有僭逆之心久矣。

孔明很早就知道东吴主子有僭逆之心，但现在如果明确断交，蜀汉在东方国境就必须增派兵员。如此一来，与主要敌人魏交战，战力不免降低。

使北贼得计，非算之上者。

所谓北贼，魏也。和吴断绝同盟关系，只会令魏高兴而已。汉初，文帝对匈奴低声下气，先帝（刘备）与吴结盟，全因"应权通变，深思远益"，如今岂可因"匹夫之忿"而误了国家大计？

我北伐东顾无忧，河南（魏）之众（军队）不得尽西，此（同盟）为利亦已深。蜀汉已充分享有同盟之利，因为太过平常，就不觉可贵。加之，宫廷

方面必定有人又扯说："丞相的哥哥在东吴，丞相夫人也回东吴本家，丞相无法对东吴摆出强硬姿态。"

孔明对这种事也烦透了，他在信函上也明白写出此事，还写道应该派使臣去东吴祝贺，甚至注记卫尉陈震适合担任这个职务。陈震这个人老练而冷静。陈震此行，任务不止祝贺，还交涉两国之间的种种问题，甚至谈到灭掉魏之后，蜀汉与东吴如何二分天下。

双方约定现在的魏国领地由两国平分。魏领有的八州当中，吴取豫、青、徐、幽四州，蜀汉取兖、冀、并、凉四州。司州（魏的畿内）以函谷关为境，两国平分。这些魏国首脑听到会大笑失声的事，双方却谈得煞有介事。

孙权以建业为首都，太子孙登驻留武昌。不久，成都方面送来一封记述陈震已出发前往东吴的告知文书，里面还附上一张纸条，写着：子龙昨卒。

子龙，是赵云的字。关羽和张飞死后，他是蜀汉军的顶尖人物。荆州败逃之际，刘备与诸葛孔明都将家人置于人群中，将他们的家人寻找出来，并护送到汉津来的人，正是赵云。

孔明闭起眼睛，回想当时的情景。

马上的赵子龙，带领两辆罩着布帘的座车，出现在汉津的驻屯地，已经是二十年前的事了。当今皇帝刘禅被母亲甘夫人抱在怀中，由一辆车上走下来，另外一辆车是孔明的妻子绶。

赵云是一个重情义的人。刘备与诸葛孔明为天下国家而抛弃家人，还担心赵云会不会有所谓的无言的抗议。刘禅后来又被赵云救了一次：刘备将进入益州时，也是赵云在陆溪口阻止孙权的妹妹孙夫人带年幼的刘禅回东吴的。

天下豪杰为自己的理想或野心而弃家人不顾，对于这一点赵云想来应该很生气吧？但他从未说出口，这就是赵云的作风。

在汉津，赵云护送刘备与孔明家人前来之后，徐庶跟着出现，孔明忘不了当时的场面。

刘备愿尽三顾之礼来迎聘孔明，是因为徐庶的推荐。徐庶理应和孔明一起投入刘备阵营的，然而，兵入荆州的曹操，以徐庶的母亲为人质，逼他臣侍。

徐庶来汉津，不是赶来追随的，而是来告别的。孔明把手搭放在徐庶两

肩上，说："你就回令堂身边吧，曹公也有知人之明的。""和孔明你分手，是件痛苦的事！"徐庶发自肺腑的言语，如今又再次在孔明耳际响起。

当时应该强行留下徐庶，要他同行的——孔明后来经常这么想。也许诚恳慰留他，徐庶会留在刘备阵营。

现在又失去赵云，孔明不由再次感叹蜀汉阵营人才缺乏。丞相府培植的人才，仍在培育的过程中，再累积数年的经验，应该可以担当重任，一展身手。虽说蜀汉人才不足，其实——审视的话，还是有相当能干的人。之所以会觉得不足，是因为他们之间不能配合，反而相互抵消彼此的能力。

承接先帝刘备遗旨的，有诸葛孔明和李严两人。但是，孔明一直占据了舞台，李严大有被冷落之概。其实他有绝佳的执事能力，只是不愿发挥。

擅长辎重补给的杨仪和猛将魏延形同仇敌，两人水火不容，也因此两人的才能大为削减。

"责任在我。"

孔明颇为懊恼。他现在打算给予李严大任务，首先要将当前在江州担任前将军的李严，升格为骠骑将军，然后召回汉中，派他负责他擅长的军粮补给业务。

"他会不会在江州已构筑了地盘，而不愿离开？"

孔明针对这个疑虑，想出对策。李严的儿子李丰，即将成为将领级的人物，如果将李丰拔擢为江州都督，李严必然可以安心了。

正当孔明在将今后的计划整理成文字的时候，甘海来了，他特意来报告魏的内部状况。

魏国承接文帝遗旨的，有司马仲达、曹真、陈群三人。对于蜀汉和东吴，似乎曹真是主战论者，而陈群则持相反意见。

"据说，陈群的说法是，蜀汉、东吴此为小贼，大可放置不管，没多久就会自灭，没有必要牺牲宝贵的人命去讨伐。"甘海说明概况。

"放置不管就会自灭？未免太小看蜀汉了。"孔明盯着手中的笔尖。

司马仲达似乎在主战、反战两派之间，维持中立。现在仲达最具实力，也因此特别审慎。因为权势一旦过度，往往就会招来猜忌。

"仲达虽然口说中立，但似乎略微倾向曹真那一边。"

"元直呢？"孔明问。

二十年前在汉津分手的挚友，如今在魏国担任御史中丞之职。

"元直先生的意见，还无法上达。属下已经用心调查过了。"甘海回答。

"大概也是如此吧。"

孔明咬着嘴唇。魏可谓人才济济，徐庶虽有才，也只担任御史中丞而已。这个官职，在相当于丞相的御史大夫之下，负责弹劾官吏失职、不法，薪俸一千石。有关国政，会被征询意见的，当属二千石以上的阁僚级。徐庶的意见当然上不了台面。徐庶如果在蜀汉阵营，大概会成为丞相诸葛孔明的左右手，大展其才能吧！

"曹真的意见迟早会通过，我们必须做好准备。"孔明放下笔，似乎下了结论。

同年十二月，丞相府营迁至南山山麓，分别在沔阳造汉城，在成固造乐城，以防备魏西攻。

三

建兴八年（230年），诸葛孔明到了知天命的年纪。

魏国曹真的主战论压过陈群的保守论，决定向蜀汉进兵。以前是魏国应战，这次则由魏国发起战事。曹真由斜谷道、张郃自子午谷攻来，曾出战东吴的司马仲达则绕至西城方面，兵分三路，指向汉中。

孔明按照预定计划，命令李严统率二万兵马自江州直驱汉中。这时其子李丰已经晋升为江州都督。但是，李严却久久按兵不动。

这一年，连下三十余天的大雨，栈道为之断绝，必须一边修补道路，一边行军。曹真军只行进了预定的一半路程，魏国宫廷保守论遂又得势。魏国方面担心军队边做道路工事边行进，恐怕在遭遇敌军之前，就已经疲敝不堪了。

九月，魏国命令曹真等人撤军。

同年，东吴向东方展开大航海行动。

江南人口大增，是六朝以后的事，在孙权统治的时代，这个地方还为人

口过疏而烦恼。土地虽广，人却太少。赤壁战役之前，孔明之所以自信东吴会缔结同盟，是因为他很清楚东吴靠一己之力无法抗拒曹操。人口过疏将会导致兵力的慢性不足。

有人向孙权进言说，大海的彼方，有人口众多的土地，可以从那儿弄一些人来。所谓的那儿，便是夷洲和亶洲。四百多年前，秦始皇命令徐福率领数千名童男、童女，至蓬莱岛寻找懂得炼制长生不老药的神仙，这可是《史记》亦有记载的事实。据说渡海至蓬莱的徐福一行人，在当地寻得平原广泽，便定居下来，其子孙现在已达数万家。

孙权想到那边"猎人"，于是授予将军卫温和诸葛直二人一万名武装兵卒，往东航行。因为夷洲、亶洲一直被认为是昔日的神仙之岛。

此次航海结果惨淡。亶洲遥远难至，只从夷洲掳回数千人。与此同时，一万名武装兵卒却因疾疫"死者十有八九"，仅约两千名返回。此行哪里谈得上什么"猎人"，简直是"失人"。卫温和诸葛直因此被斩。

建兴九年（231年）二月，蜀汉三度北伐，进军祁山。同月，东吴处斩"猎人"失败的两将。

获知孔明出兵祁山，魏国宫廷立即命令司马仲达驻屯西方的长安，督导张郃、费曜、戴陵、郭淮诸将展开防御工作。本来应当由大司马曹真担任总司令的，但他却卧病在床。三月，曹真去世。

"子丹也死了……仲达恐怕会改变战术。"在祁山阵地听到曹真的死讯，诸葛孔明喃喃说道。

承接文帝遗旨的三人中，曹真一死，只剩司马仲达与陈群。陈群是大儒陈寔的孙子，负责内治、文教，曹真与司马仲达二人才是军界的两大巨头。如今一方已死，另一方势必成为独一无二的最高实力者。

处在仅次于皇帝的权威地位，是极危险的。太强的话，会被认为有篡夺王朝的野心；太弱的话，很可能就被斩草除根。因此，必须表现得弱到不会被斩草除根，强到不会篡夺王位。

司马仲达这个立场必将会微妙地反映在战术上。孔明希望能从中找出空隙，并针对此点拟定作战计划。

孔明再次命令李严出兵。李严此时已被任命为骠骑将军，不知何故，改名为"平"，可能"严"字太过苛酷，不喜欢它所造成的印象吧。

原名李严的李平，这一次自江州出兵汉中了。因为他的儿子李丰一如预定地就任江州都督。

此次作战，辎重、军粮全都由名为"木牛"的工具运载，《诸葛亮集》中记载。

方腹曲头，一脚四足，头入领中，舌着于腹……人行六尺，牛行四步，载一岁之粮，日行二十里，而人不大劳。它是形状似牛的搬运工具，设有装置，即使倾倒亦可立即复原，甚至在颠覆的情况下也能拉引。它可以载运一名将士一年的粮食，不太需要人力。此外，还使用名叫"流马"的工具。这是一种形状像马的辎重车，为能驶于窄逆之道，采取单轮车的形态。

陈仓战役失败，原因是军粮不足。敌将郝昭善战也是原因之一，但如果蜀汉军储备更多一些的军粮，应当可以占据陈仓。

鉴于上次珍贵的教训，孔明这一次倾全力于补给上，木牛、流马便全是用来充实辎重的新兵器。此外，兵站的最高指挥官改派原名李严的李平。

但是，虽然改名为"平"，李平内心依然不平，既然他和孔明同样领受先帝遗诏，他也要求拥有府署。孔明是丞相，拥有丞相府此一小机构，即所谓的"幕府"。拥有府署者，除皇族，只限于丞相这种国政顶峰。开府（拥有府）是皇帝赐予的最高优遇。拥有府署，无须朝廷许可，即可任免官员。

孔明因为参与祁山战役，不在汉中，汉中便成为"留府"，由李平全权负责。尽管如此，李平仍旧不平。兵站最为重要，所以才要由他这样的大人物负责，可是，李平觉得自己大材小用。此外，孔明赐兵站专家杨仪为绥军将军，任命他为丞相长史，此事更加深李平的不平。李平心想："这摆明不信任我嘛。岂有此理！"

虽然时值国家关键时刻，李平还存着要扯孔明后腿的念头。

蜀汉军顺利进兵至祁山。因为年前魏延、吴懿等人已展开宣抚氐族和羌族的工作，石城（现宁夏固原）的鲜卑族领袖轲比能也依附蜀汉阵营。

魏军统帅司马仲达命令费曜、戴陵两将率领精兵四千守住上邽（现在甘

肃省天水市），他亲自统率张郃、郭淮诸将，前往救援祁山。

孔明令王平攻击张郃军，自己亲征郭淮军。王平正是街亭败战之际，未失一兵一卒漂亮指挥撤退的部将。蜀汉军两战线皆捷，追近上邦，收割当地的麦子。当时正是麦子的收获期，收割属于魏国领地的麦子，是一种挑衅的行为。

司马仲达并没有接受挑衅。

魏军诸部将不明白统帅的战争指挥，魏军有时追至不该追之处，有时在该追之时止步不前。

"你们还不知孔明的厉害。"

仲达对部将说。仲达对孔明心有灵犀，故意不倾力打胜。

"不可让天下笑总帅畏蜀如虎。"

被诸将这么说，仲达终于发出攻击命令，但魏军却吃了大败仗。蜀汉军斩得敌军甲首三千。仲达折回，加强营阵的防守。

这是五月的事。进入六月之后，来自李平那边的粮食补给发生困难，成都后主发出撤退的命令。孔明只好撤军。由于是大胜之后的撤军，士气非常高昂。"此刻追击有违兵法。"

在张郃反对的情况下，仲达下令追击。追击的魏军在木门（祁山与天水之间）遭伏兵，全数溃灭。将军张郃右膝中箭，最后壮烈战死。

孔明才返汉中，李平开口便问："军粮丰足，为何折返？"

孔明震惊，但没多久即察觉出李平的心态。李平打算将督运（运送主管）岑述治罪，并且向成都的宫廷报告："我军假撤退，目的在于诱敌。"

言下之意是，此事和粮运无关。

李平抹杀诸葛孔明所指挥的蜀汉军重溃魏军、制服渭水平原的战果，心想借由治罪部下，可以混乱此事。但是，孔明与汉中留府往返的文书，全都留下抄本，保存起来。连他口头的指令、联络，也立即付诸文书。甚至连留府派来的使者的问候语，也一五一十地记述下来。可谓证据确凿。

对质之下，李平无以应对，只有服罪，最后被逐至梓潼郡，摘除所有官爵。

身为法家思想的理念者，孔明的处断甚为严正。但斩马谡之后，孔明对其遗族照顾有加。此次李平之子李丰也仅从江州都督转任中郎将、参军事。孔明还致函说："望君能努力恢复李家的名誉。"

事情告一段落之后，孔明在汉中丞相府对甘海说："必须让军队休养两年。就在斜谷建造粮仓，尽可能储存。"

甘海在孔明说话时，有时会插嘴表达意见，有不懂的地方，也会当即发问。孔明要上表禀报成都，执笔之前，把想法说给甘海听，甘海表示赞同，孔明才决定下笔。

"要休养的，不只兵士而已，最需要休养的人，应该是丞相。"甘海回答。

但是，孔明并没有在表中提到自己要休养的事。

翌年的建兴十年（232 年），蜀汉在景谷白马山这个木材丰富的地方，制造大量的木牛、流马。在斜谷建造邸阁（粮仓），则是翌年的事。

孔明想在建兴十二年（234 年）出兵五丈原之前，听从甘海的意见，尽量休养。

"正方（李平）先生处置完了，下一个人不处置也不行……"

甘海这么说，孔明深深点头。

甘海所谓的下一个人，是官爵次于李平的车骑将军刘琰。刘琰，鲁人，从刘备在豫州时就已经仕官了。刘备进入益州，他担任固陵太守，官职是升了，但未尝参与国政。他这个人好辩，酒一下肚，目中无人。因此和同样盛气凌人的魏延、杨仪都处不来。

面对这位酒品不好的高官，汉中的将领都避之唯恐不及。作战期间情况紧张，大家各忙各的，但一到休养期，刘琰这种人就令人头大了。

"我这人脑袋空空，操守平平，而且酒品欠佳。"

刘琰也有自知之明。在汉中，他的职务是所谓的顾问，手边只有兵卒千余，无助于战争。加上他喝了酒谁都拿他没办法，哪还有人敢去找他这个顾问？可以说是大而无当的人。此外，他在车服饮食方面极为奢侈，经常召数十名侍女伴乐助兴，任性不知收敛。

孔明决定让他维持原来的官位，一直到返回成都。

在决定放逐刘琰的当天晚上，孔明咯血了。他没有告诉任何人，自己来日不多的事，只要自己知道就好。

四

蜀汉建兴十二年（234年），魏青龙二年，二月，诸葛孔明统率十万军众，自汉中四度北上。

"他们那种人，有个词叫'涅槃'，甘老应该知道意思吧。"

在丞相府里侧的房间内，孔明对老迈的甘海说道。对方虽然是诸葛家的管家，但已是年过八十岁的老人了。不知从什么时候开始，孔明都称呼他为"甘老"。

"意思是火熄了。"甘海回答。

甘海一直担任孔明的耳目，不知不觉中和最正确、公平的情报来源者佛教人士，建立深厚的交情。关于此事，孔明未置一语。因为孔明自己小时候也和佛教教团的人结下不浅之缘。

经常要面对现实，一直专注于实际事务的孔明，在过了五十岁之后，也注意到佛教人士的言语，而且似乎被它们吸引了。

"也许和最近总想到死有关吧？"

孔明心里这么想。

信徒经常把"涅槃"这个词挂在嘴边，那是天竺语，很难翻译。

"也就是'死'嘛！"

孔明也知道。信奉佛教的教义，是为了临死不用害怕吧。它的最终教义大概是涅槃吧。孔明作如是的看法。

"火熄了？我想我也接近了。"孔明说。

"丞相可别这么说。"

"最后什么都没有了。"

"丞相再健康不过了。"

"这对任何人都是一样的吧？"

"是的，丞相。"

甘海立即回答，这对他而言，是无须思考的。

"其实这未尝不是件好事。甘老也上了年纪，可以回家人所在的江陵，是件好事。"

"一起回江东吧。"甘海说。

孔明的妻子在江东。孔明轻轻摇头。

"江东方面，我在书信上已经写得很清楚了。该说的话都说了，'涅槃'之后的事也说了。很幸运的，现在还算健康，不过，在熄灭之前，火还是必须燃烧的啊。"

"丞相说的是。"

"虽说凡人都一样……我和佛教人士不同的地方，在于我认为唯有充分燃烧的人，其涅槃才是最美的。我知道熄灭之后全都一样，但是，我看重的是熄灭的方式。"

"属下不怎么明白。"甘海回答。

涅槃是天竺语，因为找不到相称的汉语，只好维持原音，用"涅槃"来表现。那是一种从所有烦恼解脱的境地，孔明认为唯有通过"死"才能得到。对于涅槃的仰慕，孔明不逊于佛教之徒，只不过，他更珍惜熄灭之前的燃烧方式。

"我也许是他们所谓的无缘的众生。"孔明边打开砚台盖子，边说道。

"嗯……怎么说呢？"甘海不知怎么回答。

"我的生命之火点燃之时，烦请甘老告诉世人，熄灭的时候也有劳甘老。"

"如果属下还在燃烧的话。只是，属下的火是丞相的火种，如果火种消失了，那该当如何？"

"这个我倒还没想到。"

"请保重。"

甘海行礼离去——因为打开砚台盖子，可以说是孔明开始工作的信号。

孔明摊开纸，拿起笔。在前一天写下次日要做的事，是他长久以来的习惯。行辕明确将迁离汉中。魏延所率领的先锋部队，已经在数天前进入斜谷。长安方面也传来司马仲达指挥大军西进的情报。详细兵数不明，但魏国号称三十万。

蜀汉军出斜谷，才一抵达武功县，便接获情报，三月庚寅，山阳公卒，魏帝素服发丧。

第二十一章 高树多悲风

山阳公正是东汉献帝刘协。十四年前,将帝位禅让给魏曹丕,被赐"山阳公"的称号,还享有皇帝的优遇(准许自称为"朕",保有车马、服饰等皇帝的"行头")。

山阳公刘协与诸葛孔明同年生,年寿五十三岁。后世,被废的皇帝通常遭杀害(如隋恭帝、唐昭宣帝等),但刘协还享有皇帝优遇长达十四年,比他所让位的魏文帝曹丕还多活了八年。同时,曹丕还比山阳公小六岁。

"这是寂静熄灭的火。"

孔明仰望天空,想起"涅槃"这个天竺语。和哥哥曹丕争继位失败,心腹杨修、丁氏兄弟全遭肃清的曹植,两年前也在黯然不遇的窘境中结束了生涯。孔明很喜欢曹植的诗。

"高树多悲风"这是孔明经常诵念的曹植诗句。高耸的树,总会受到强风的刮袭。身为蜀汉阵营的高树,孔明颇能体会曹植的心境。

曹丕、曹植,以及汉献帝(山阳公)刘协,全都已经涅槃。以马谡为首,殒命于北伐的众人,尤其是长年僚友赵云,死于非命的关羽、张飞,以及在白帝城下遗诏的先帝刘备,乃至死于二十年前的庞统……这些离开尘世的人,经常浮现在孔明脑海中。

"休兵两年,我也老了两年。"

孔明经常半开玩笑地对甘海这么说。

"火快烧完了。"

孔明发觉随着肉体衰弱,精神也跟着衰弱。仰慕涅槃、想起已故世的人,想必也是因为这个缘故。

进军当中,孔明也经常提笔。每当一天结束,孔明总会详细记述当天发生的事,并对种种事项加注自己的意见。接着,记下次日预定要做的事。事情是否如预定般进行,或有所出入,理由何在,孔明都会注记在预定事项的栏外。

凡事委诸天命的孔明,如果有遗憾的话,应该只是恨没有足够的时间培植后继者。

至少也要两年。孔明心里这么想,但情况似乎不允许了。他每天记述的日志,算是对后继者的指导。

413

"全军朝西方五丈原迈进！"

出斜谷，孔明对全军下令，如同前一天他写在预定栏上的。事实上，他也已经如此指示过军队的领导层。

自长安西进而来的魏军，屏息观察蜀汉军的行进路线。他们当然派遣了间谍潜入其中，但仍未侦出最高机密。统帅司马仲达对部将说："如果蜀汉军出斜谷之后，沿山迂回向东，诸位就有得忙了。如果朝经西方的五丈原，那暂时应该没什么大不了的事。"

过武功，转往东方，就指向长安，魏军无论如何都得防备。如果转往西方的五丈原，就可以视为蜀汉军将借助于西方的氐、羌族，展开长期战。

"转向西方了。"

接获斥候的急报后，司马仲达下令："不可急躁，要养足精神。"

诸葛孔明还是相当"谨慎"——谨严而慎重。

如果往东指向长安，就必须展开短期决战，蜀汉军胜算小。两者对外号称的兵力是三十万对十万，蜀军不占优势，在军需补给方面魏军也有利太多。孔明不采取奇计，这之前，他才排除魏延所提议的"走子午道，直驱长安"的策略。

"果然还是这么做。"

司马仲达也预料孔明会在五丈原布阵。

打长期战，兵力的差距就无关紧要了，而且，兵站线再怎么短，兵力多的一方负担都很沉重。孔明在斜谷建造邸阁，储备军粮，而且采行屯田兵制，命令士兵和农民一起从事杂耕。起先，农民面有惧色，但蜀汉军军纪严正，士兵几乎没有不法的行为。

孔明接下来的期望，便是东吴军的呼应。依据同盟约定，东吴军于五月由三路同时北上。

吴国皇帝孙权亲自进驻巢湖口，统率号称十万的军众，驱往魏将满宠构筑的合肥新城。陆逊、诸葛瑾等人带领万余兵力由江夏、沔口前往襄阳。孙韶、张承等人则由淮水流域向广陵、淮阴迈进。

魏国守将满宠奋战，东吴孙权侄子孙泰战死，更惨的是，军中恶疫流行。

第二十一章 高树多悲风

七月，魏明帝曹叡亲乘龙舟东征。皇帝亲征应当有万全的准备，于是，孙权退兵，孙韶也撤兵。

陆逊与诸葛瑾等襄阳方面军，因为两者联系作战得当，击溃江夏、新市、安陆、石阳诸城，获得斩敌千余的战果。但这也只是局部胜利。东吴军似乎向蜀汉表示"我可尽了义气了"，便撤离本据地。

东吴北进作战仅历时两个多月，出乎孔明期待。魏国方面一边承受东吴的进攻，一边授予护军秦朗步骑二万，增援西部战线的司马仲达。不过，魏军的基本方针是：坚壁拒守。

目的是要让蜀汉军陷于进不得、退不成的状态，等蜀汉军撤退之际，再展开追击，一举歼灭。

司马仲达已知道诸葛孔明的健康状态，也向皇帝报告过此事。魏之所以不积极应战，是在等待孔明智谋的消失。据说蜀汉军使来到魏军营时，司马仲达只问候丞相诸葛孔明的日常和执务状况，军事一概不提。军使回答："诸葛公非常勤奋，从清晨至深夜，只要是鞭罚二十下以上的事务，一定亲自裁决。吃得也不多，听说一天才数升。"

事后，仲达对身边的人说："孔明大概活不久了。"

身为丞相，还去顾及琐细的事，这是孔明的个性。此次北伐更是如此。

"丞相年纪愈大，管的事却愈多。"

蜀军营寨里的人也如此交头接耳。审理鞭罚二十下这种小罪，其实是孔明未曾有过的事。孔明想趁现在制定军律规范，如同记述日志，他认为必须留下"判例"给后继者。孔明的确太过忙碌了，因为他自觉时间所剩不多。

虽然双方都觉得要打持久战，但蜀汉挑战的情况居多。

在五丈原上，经常看得到乘坐白木轿舆、覆戴纶巾、拿着白羽扇指挥军队的孔明。所谓纶巾，是以蓝色布带制成的简易头巾，日后世人称之为"诸葛巾"。孔明的装扮很轻便——轻装指挥三军，表面上对魏也是一种挑衅，然而，事实上孔明已经没有体力承受甲胄了。

蜀汉阵营故意赠送司马仲达巾帼（女性的发饰）、妇人衣服，用意在于嘲笑。

——为何不敢像男子汉一样出战，莫非魏军的指挥是妇道人家？

司马仲达因为接获皇帝的指令，并不在意这类挑衅，但底下一些性子较刚烈的部属按捺不住。司马仲达只好说："好吧。我派人去请求皇上恩准。"

于是，便派使者去许昌谒见明帝。

亲征东吴归来的明帝，排除了再往西部战线亲征并行幸长安的建议。

"既然孙权败逃，孔明想必也吓破了胆，而且大军已经出动，朕就无须再担心西部战线的事了。"明帝说。

事实上，他担心西部战线有诸葛孔明在。但据司马仲达传来的情报，孔明的日子所剩不多了，他无须在这个时候去冒这个险。明帝派遣卫尉为军使，去抑制这些血气刚烈的诸将。

八月，诸葛孔明病情恶化。这时成都方面派遣尚书仆射（行政府次长）李福前来，代表皇帝刘禅咨询国家大计。

"关于国政，臣已巨细靡遗地记述在文书上。除了臣现在所说的大计之外，陛下可以因时因地参考。"

孔明逐条答复皇帝的咨询之后，又加注这么一句话。由于是皇帝的咨询，孔明恭谨回答，但音量很小，而且常要换气歇息。

李福离去之后，过了几天又回来。

"哈，哈，我料想到你还会回来。你问的这件事……我已决定将上次我所说的那份文书交给公琰。"孔明说。

公琰，蒋琬的字也。李福忘了问丞相的后继者是谁。所谓后继者，就是承接孔明"文书"的人。

"蒋琬之后呢？"李福问。

"文伟应该适合吧。"

文伟是费祎的字。

"之后呢？"

孔明没再回答李福的问题。不知孔明的意思是既然指定了两人，就已经足够了，还是接下来就没有堪任丞相的人才了？李福也无法意会，但他并没有进一步追问，便返回成都的宫廷。

有星赤而芒角，自东北西南流，投于亮营，三投再还，往大还小。

俄而亮卒。

《三国志》的批解，如上记载诸葛孔明去世时有天变发生。

孔明临终之前，召见长史杨仪、司马费祎、护军姜维三人，指示蜀汉军该如何撤退。这是孔明从汉中出发以来就一直在思考的事。较诸由五丈原东进，直攻魏都的计划，孔明对撤退的步骤想得更为周详，连一些细节都设想到了。尽管生命之火即将燃尽，他也不愿引线过分地单薄。

临终召见的将领当中，不包括魏延，因为魏延是极端主战论者。孔明的"退军节度（撤退计划）"，表面上指派魏延"断后"，其实已经委派姜维执行真正的断后任务。

孔明担心魏延不愿撤退，甚至放弃殿军的任务，突击魏军。争取时间让本军撤退，是殿军的任务。孔明不敢指望魏延，所以嘱咐姜维。

"仲达大概不会追击，"孔明声音沙哑地说着，"千万不要弄得让他非追来不可……"

杨仪凑近孔明耳边，问道："如果有人这么做……"

"斩！"

比起先前虚弱的声调，这句话相当果断有力。

在意识即将模糊之际，诸葛孔明开始和另一个自己问答起来。

"你追随玄德，是因为不愿意让曹操取得天下？定出三分天下之计，也是因为你憎恨视徐州百姓性命如草芥的曹操？"

"没错，不过，不止这些。人的心总悬挂有几条线，憎恨曹操只是其中的一条。"

"曹操死后，你不就已经没有假想敌了吗？何苦还如此劳累？"

"那条原本不太强韧的线，在我心中已经变粗了，所以我只有鞠躬尽瘁。"

"你得到回报了吗？"

"你是指成效吗？有的，那就是完成三分天下之计。壮大蜀汉，兼并魏和东吴，以统一天下，这并不是我的夙愿。天下统一反而可能是万民的不幸。"

"为什么？"

"在秦始皇统一之下，天下万民可幸福？"

"秦始皇比较特别,应该算是例外吧?"

"不是。曹操可能是第二个秦始皇。"

"那么,你打算让天下一直三分下去吗?"

"我不像佛教之徒,认为有'永劫'这等事。我想大概百年吧。天下能分一百年就好了。因此,就得削弱魏的力量。"

"天下三分,不就战乱不绝了吗?"

"三者势必相争,但那不只是战争,也是使百姓幸福的竞争、富强的竞争、争取民心的竞争、学问的竞争……不服输的竞争时代……如果能持续下去,那就是万民之幸。"

"你后悔吗?"

"没有……我真希望能有机会和司马仲达交谈。他大概也不希望魏强盛吧?应当会希望十万蜀汉军能安然回蜀。因为蜀汉一亡,魏帝势力变强,大将军司马仲达就性命不保。他大概不会遵守'追击歼灭'的敕令。我们必须给他不遵守的借口才行。"

"什么……丞相在说什么?"

看到孔明的嘴唇微微动着,杨仪凑近耳边问道。

"窗帘……"

孔明只略微动着下颚。

虽然已经是秋天,渭南平原暑气仍旧未消。

"丞相大概是要打开窗帘吧。"

杨仪小声说道,姜维轻轻拉起窗帘。房间顿时较亮了。诸葛孔明似乎想将脸朝向窗户。

"回旗……返鼓……"

这是孔明的最后一句话。

所谓赤星坠于孔明阵营,大概就在这一瞬间吧。孔明临终的地点在五丈原的郭氏坞。

五

魏国间谍从附近百姓口中得知蜀汉阵营似乎发生异变。所谓异变，想必是孔明已死。魏国阵营为之骚动。于是，司马仲达优哉地进兵，不料却看到杨仪的部队挥着军旗，大敲军鼓，进击而来。

"撤退！这可能是孔明的计谋，千万不能中计！"

仲达下令撤退。

"死诸葛吓走活仲达。"

后来，司马仲达听到五丈原百姓这么谣传，说了一句名言："吾能料其生，不能料其死也！"

其实最希望十万蜀军能安然归返的，的确是魏国大将军司马仲达。日后，司马仲达视察孔明留下来的五丈原营垒，又说了一句广为人知的感叹语："此天下奇才也！"

杨仪等全军都进入斜谷之后，才发布孔明的死讯。主战派的魏延果然反对撤退。

"丞相虽亡，吾今尚在。府亲官属便将丧还葬，吾当自率诸军击贼。岂可因一人之死，废天下之事耶？"

魏延一直把孔明的谨慎视为怯懦，很看不惯。孔明死后，他放言要指挥全军，并且向成都急报承受孔明遗命指挥撤军的杨仪"谋叛"。而杨仪也向成都宫廷报告魏延拒绝殿军的任务，还放火烧阁道阻止撤退，已然"叛变"。

皇帝刘禅询问到底哪一个人谋叛？留府长史蒋琬和侍中董允，异口同声回道："魏延谋叛。"

杨仪命令王平和马岱攻击魏延。因为病床上的孔明指示过，只要有人想做出足以令仲达追击的事，就"斩"。魏延被判定谋叛，部属四散，他与儿子、数名家臣一起逃至汉中，最后被马岱所斩。

如孔明所建议的，蒋琬成为蜀汉最高官，官拜尚书兼益州刺史。蜀汉在孔明死后，就不再授予"丞相"的官职。

孔明死后五年，倭邪马台国（日本）女王卑弥呼派遣使者至魏，时间是魏景初三年（239年）。这一年明帝曹叡崩逝。

在诸葛孔明去世以后，蜀汉又维持了三十年。炎兴元年（263年），刘禅迎奉魏国大军入境，受封为安乐公。

魏大军进击而来时，身为蜀汉行都护卫将军的诸葛瞻及其子尚，拒斥劝降状，最后壮烈牺牲——他们正是孔明的儿子及孙子。诸葛氏堪称三代忠烈，相信他们麾下有许多西南夷出身的猛士。

后记

　　这部拙作曾在杂志《中央公论文艺特集》连载五年有余。

　　将历史英雄化成普通人，诉诸小说，往往不是过分夸大，就是特别矮化。为尽可能逼真，实有必要仔细吟味史料。很庆幸拙作是连载于季刊杂志上，让笔者有足够的时间去吟味。只不过，是否有效地利用了这理应充足的时间，个人委实毫无把握。

　　诸葛孔明的生涯之所以感动众人，也许是因为他那坦然面对乱世的诚实，以及壮志未酬身先死的悲剧性。

　　人所怀抱的志向，因时代而有不同。深入了解那个时代，可以说是体会历史人物的"王道"。以往笔者写历史小说，是从了解时代开始，这部拙作自不例外。

　　在描绘时代之际，人物便跃然浮现。笔者一边下笔，一边等待。极少作品能拥有如此宽裕的时间。在此向以无比耐心宽待拙作长期连载的历代总编辑——青柳正美、横山惠一、宫田球荣三位先生致上敬意。此外，亦向鼎助拙作付梓的中央公论社诸位同人，寄以深厚谢意。

陈舜臣
一九九一年一月于六甲山房